AI로 7일 만에 사업 시작하기

AI로 7일 만에 사업 시작하기
Start a Business in 7 Days with AI

초판 1쇄 발행 · 2025년 6월 16일
초판 2쇄 발행 · 2025년 8월 20일

지은이 · 로사장 (김다솔)
발행인 · 이종원
발행처 · (주)도서출판 길벗
출판사 등록일 · 1990년 12월 24일
주소 · 서울시 마포구 월드컵로 10길 56(서교동)
대표전화 · 02)332-0931 | **팩스** · 02)323-0586
홈페이지 · www.gilbut.co.kr | **이메일** · gilbut@gilbut.co.kr

기획 및 책임 편집 · 최근혜(kookoo1223@gilbut.co.kr)
디자인 · 장기춘 | **제작** · 이준호, 손일순, 이진혁 | **영업마케팅** · 전선하, 박민영, 서현정
유통혁신 · 한준희 | **영업관리** · 김명자 | **독자지원** · 윤정아
교정교열 · 조서희 | **전산 편집** · 이도경 | **CTP 출력 및 인쇄** · 예림인쇄 | **제본** · 예림원색

- 잘못된 책은 구입한 서점에서 바꿔 드립니다.
- 이 책은 저작권법에 따라 보호받는 저작물이므로 무단전재와 무단복제를 금합니다.
  이 책의 전부 또는 일부를 이용하려면 반드시 사전에 저작권자와 (주)도서출판 길벗의 서면 동의를 받아야 합니다.
- 인공지능(AI) 기술 또는 시스템을 훈련하기 위해 이 책의 전체 내용은 물론 일부 문장도 사용하는 것을 금지합니다.

ⓒ 김다솔, 2025

ISBN 979-11-407-1355-4 03000
(길벗 도서번호 007205)

정가 22,000원

사용하는 컴퓨터의 사양과 소프트웨어의 업데이트 상황에 따라 화면의 모양이 다를 수 있으나 학습에는 무리가 없습니다.

독자의 1초까지 아껴주는 정성 길벗출판사

길벗스쿨 | IT교육서, IT단행본, 경제경영서, 어학&실용서, 인문교양서, 자녀교육서 ▶ www.gilbut.co.kr
(주)도서출판 길벗 | 국어학습, 수학학습, 어린이교양, 주니어 어학학습, 학습단행본 ▶ www.gilbutschool.co.kr

페이스북 ▶ www.facebook.com/gilbutzigy
네이버 블로그 ▶ blog.naver.com/gilbutzigy

로사장 지음

길벗

사업의 격차를 만드는 AI라는 무기

1. AI, 이젠 사업 성공의 필수 치트키

광고회사 기획자로 일하다 퇴사한 후 얼결에 시작했던 PPT 사업은 예상보다 순조롭게 성장하고 있었습니다. '기획자 출신이 PPT를 디자인해준다.'는 차별화 포지셔닝이 효과를 발휘했고, 사업은 본격적인 궤도에 올라섰습니다.

저희는 회사소개서와 사업계획서를 전문적으로 디자인하는 PPT 에이전시로 성장했으며, 대기업들과의 프로젝트도 진행하고 있었습니다. 특히, PPT 기획 부문은 문의만 들어오기만 하면 높은 수주율을 보였기에, 사업 가능성에 확신을 갖고 기획 팀장까지 채용했습니다.

하지만 운명의 장난처럼 그 순간 PPT 기획 문의가 갑자기 뚝 끊기기 시작했습니다. 시즈널 이슈일 수도 있다고 생각하며 다시 문의가 들어오기를 기다렸지만, 1년 가까운 시간 동안 문의는 거의 '제로'에 머물렀습니다.

그 당시에는 이유를 도무지 알 수 없었는데 다시 돌이켜보니 그 시기와 정확히 맞물리더군요. 바로 전 세계를 뒤흔든 생성형 AI, 챗GPT의 출시였습니다.

챗GPT의 등장, 사업의 판도를 뒤흔들다

챗GPT라는 AI가 리서치부터 기획적 사고, 논리 구조 설계까지 알아서 해낸다더군요. 회사소개서나 IR 자료 같은 것도 AI가 스스로 기획해준다니, 누가

앞으로 에이전시에 일을 맡길까요? AI 때문에 밥줄이 끊기는 일은 먼 미래의 SF 소재로만 생각했는데, 벌써 이렇게 현실로 다가오니 당황스러웠습니다.

SNS에 'AI 때문에 사라질 직업 리스트'가 떠돌 때만 해도 '설마 내 일은 아니겠지' 싶었죠. 하지만 주변 에이전시들이 하나둘 무너지는 걸 직접 목격하면서, 이제는 내 사업에도 위기가 찾아왔다는 걸 실감하게 됐습니다.

문득, 이런 생각이 들더군요.
'그런데, 이 AI라는 게 대체 뭔데 이렇게 세상을 뒤흔드는 걸까?'

위협을 제대로 이해해야 정확히 대응할 수 있을 것 같았습니다. 그래서 애써 외면하던 AI를 본격적으로 공부하기 시작했죠. 그리고, 금세 AI의 매력에 푹 빠지고 말았습니다. 생성형 AI를 내 사업에 직접 적용해보면서 점점 확신하게 됐습니다. AI를 내 무기로 활용하면, 사업의 압도적인 격차를 만드는 치트키가 될 것이란 걸요.

300만 원 vs 3만 원, 100배의 가성비

사실, 사업에 AI를 도입하게 된 건 '절박함' 때문이었습니다. 아무것도 모른 채 무작정 사업에 뛰어든 지 3년쯤 되었을 무렵, 모든 게 엉망진창이란 걸 직감적으로 느꼈죠. 몇 안 되는 직원들과 함께 운영하는 스몰 브랜드였기 때문에 한 사람이 A부터 Z까지 도맡아야 했습니다. 대표인 저도 예외는 아니었습니다. 하루하루 정신없이 일에 매달리다 보면 정작 중요한 것들은 놓치기 일쑤였습니다.

바쁘고 숫자는 머리 아프다는 핑계로 내가 운영하는 사업체의 매출, 수익, 비용조차 제대로 파악하지 못한 채로 3년이 지나버렸습니다. 마케팅도 해야 하고, 새로운 프로젝트도 해야 한다고 늘 말했지만, 기존 인원으로는 역부족이었고 채용은 고정비 부담 때문에 엄두가 나지 않았습니다. 그렇게 놓치는 일들이 점점 많아졌고, 급한 일만 쳐내며 간신히 버텨온 3년이 지나고 있었습니다. 그러던 어느 날, 저는 AI라는 신세계를 발견하게 된 것입니다.

스몰 브랜드는 인력도, 자원도, 시간도 부족합니다. 대기업이라면 수십 명이 투입될 일을 우리는 몇 명이서 빠르게 해내야 합니다. 그런데 AI 직원을 채용해보니 마치 10명의 팀원을 얻은 것과 같은 효과가 나타났습니다. 월 3만 원으로 300만 원짜리 직원이 하는 일을 해주는 AI라니! 100분의 1의 비용으로 말도 안 되는 생산성을 얻게 된 셈이었죠.

AI를 실무에 도입하기 위해 우선 회사에서 이루어지는 모든 업무 프로세스를 포스트잇에 적어 화이트보드에 붙였습니다. 그리고 그중에서 AI로 생산성을 높일 수 있는 업무들을 라벨링하기 시작했죠. 기획, 디자인, 운영, 마케팅 등 다양한 업무 중, AI로 효율화할 수 있는 작업들을 하나씩 'To-Do'로 정리했습니다. 업무에 AI를 성공적으로 도입하면 해당 포스트잇은 'Done'으로 옮겨 붙였습니다.

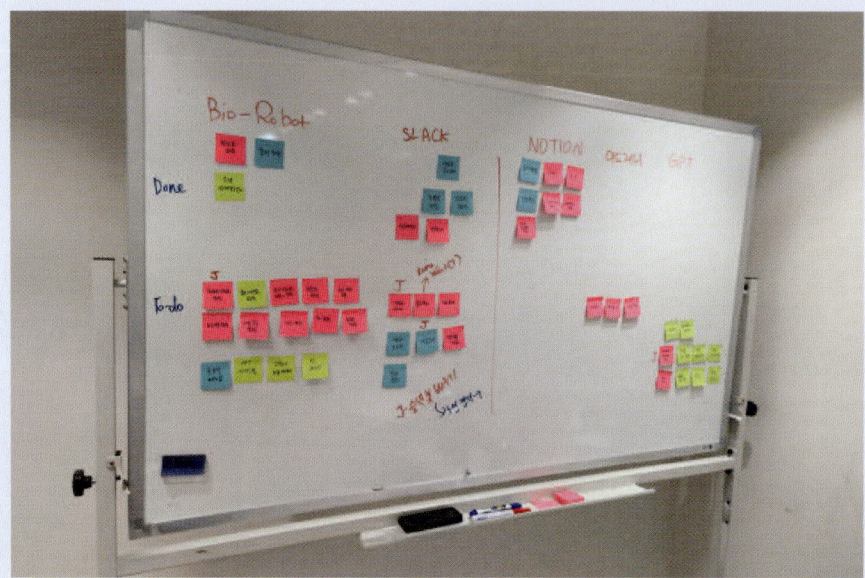

▶ AI 도입 초창기에 회사 화이트보드에 포스트잇에 '사람이 할 일'과 'AI가 할 일', 그리고 도입 완료 'Done'과 도입 예정 'To-do'로 구분

▶ AI 도입 후 1년 뒤, 초창기보다 더 많은 업무들을 도입 완료한 '현재'로 옮기는데 성공

이렇게 순차적으로 실무에 AI를 도입했고, 결과는 다음과 같습니다.

업무 리스트	AI 도입 전	AI 도입 후
회의록 작성	1시간	5분
기획 리서치 및 구성안 작성	1일	1시간
디자인 시안 작업	1~2일	2시간
마케팅 콘텐츠 기획	4시간	20분
이미지 촬영+합성	3시간	10분
보고 및 데이터 관리	매주 N시간	자동화

　기존에 에너지와 시간을 투입해야 했던 작업들이 이제는 몇 배 빠르게 처리되기 시작했습니다. 직원들이 "AI 없던 시절엔 어떻게 일했는지 모르겠다."고 할 정도였죠. AI가 단순하고 반복적인 업무를 맡으면서 사람들은 더 창의적이고 전략적인 일에 집중할 수 있게 되었습니다. 결과적으로 AI란 치트키를 통해 회사의 생산성이 거의 10배는 높아졌습니다.

　AI가 시간과 리소스를 아껴주자, 여유가 생기면서 저는 파이프라인을 늘리기 위한 신사업에 집중할 수 있었습니다. 본업인 디자인 에이전시를 운영하면서도 추가 채용 없이 빠르게 신사업 첫 상품을 론칭했고, 단숨에 400만 원의 매출을 만들었습니다. 몇 년을 미뤄왔던 일을, AI 덕분에 단 7일 만에 해냈다면 믿어지시나요?

2. 1인 사업가가 살아남기 위한 AI 시크릿

　AI라는 신세계를 맛본 뒤, '이 좋은 걸 왜 사람들이 아직 모르지?'라는 생각이 들었습니다. 그래서 AI툴을 어떻게 비즈니스에 활용할 수 있을지 정보성 콘텐츠를 인스타그램에 올리기 시작했죠. AI툴을 추천하는 인스타그램 릴스 조회 수가 85만을 돌파했고, 댓글 수는 4,000개가 넘었습니다. 주변 대표님들로부터도 AI를 어떻게 사업에 적용하냐고 질문이 쏟아졌습니다. 그 순간 확신했습니다. 사업하는 많은 분의 고민을 해결해줄 치트키가 바로 AI라는 것을요.

　'그럼 아예 사업가를 위한 AI 사용법을 알려주는 챌린지를 열어볼까?'라는 아이디어가 떠오르자마자 AI 정보를 나누는 무료 웨비나를 기획하기 시작했습니다. 광고비도 쓰지 않고, 5일 만에 150명을 모집 성공했죠. 그리고 웨비나 마지막에는 AI 강의 상품을 살짝 홍보했고, 7일 만에 상품 기획부터 모객, 세일즈까지 해서 첫 매출 400만 원이 생겼습니다. 예전이라면 몇 달을 기획하고, 준비하고, 비용을 써야 론칭할 수 있던 신사업을 단 7일 만에 해낸 것이죠.

혼자서 7일 만에 신사업 론칭, 어떻게 했을까?

실제로 제가 7일 간 준비했던 신사업 론칭의 과정을 그대로 보여드릴게요.

DAY 1 2024년 7월 18일 (목) 신사업 상품&퍼널 기획

사업가들이 AI를 이론으로만 배우는 게 아니라, 실제 사업에 쓸 수 있는 결과물까지 만들어내면 좋겠다는 생각이 들었습니다. 제 본 사업이 PPT 기획&디자인 에이전시이다 보니 사업가들이 AI를 활용해서 회사소개서를 만드는 챌린지를 준비하면 좋을 것 같았죠. 테스트 상품이다 보니 광고비를 쓰지 않고, SNS 콘텐츠로만 모객을 해보고, 시장 반응을 확인해보자 했습니다. 이 아이디어는 전부 챗GPT와 논의하며 구체적인 전략을 세워갔습니다.

DAY 2 2024년 7월 19일 (금) 웨비나 모집 릴스 업로드

빠르게 시장 반응을 테스트해보기 위해 AI 노하우를 공유하는 무료 웨비나 모객부터 시작했습니다. 아직 웨비나 내용이나 상품 기획이 100% 완성되진 않았지만, 사람들 반응을 보기 위해 웨비나 신청하라는 릴스를 인스타그램에 업로드했죠. 릴스에 댓글을 달면 자동 메시지 AI인 매니챗이 웨비나 신청을 위한 구글폼 링크를 보내주는 구조였습니다.

DAY 3 2024년 7월 20일 (토) 챌린지 상품 기획

모객을 시작했으니 이제 웨비나 전까지 챌린지 상품을 기획해야 했죠! 4주 커리큘럼으로 구성하여 매주 어떤 강의를 하고, 매주 어떤 과제를 줄 것인지, 어떻게 해야 사업가분들께 실질적인 도움이 될지 고민해야 했습니다. 챗GPT에게 우리의 타깃을 학습시키고, 가장 효과적인 강의 커리큘럼을 함께 디벨롭 해나갔습니다.

DAY 4 2024년 7월 21일 (일) 챌린지 랜딩페이지 제작

고객이 상품에 대한 설명을 읽고 결제까지 유도할 수 있는 랜딩페이지가 필요했습니다. 고객이 읽고 '구매하기' 버튼을 누르고 싶게끔 매력적인 셀링 포인트를 도출해야 했죠. 이것도 마찬가지로 챗GPT와 상품 랜딩페이지 구성이나 카피라이팅을 같이 얘기해나갔습니다. 테스트용 상품이다 보니 디자인 퀄리티나 완성도보다는 글 위주로 간단하게 랜딩페이지를 만들었습니다. 이때, 아임웹이라는 웹사이트 빌딩 구독 비용 월 24,000원을 결제했습니다.

DAY 5 2024년 7월 22일 (월) 무료 AI 웨비나 자료 준비

웨비나 D-1이니 웨비나 내용을 열심히 준비할 차례였습니다. 우리의 타깃인 1인 사업가, 스몰 브랜드 오너, 혹은 프리랜서들이 가장 관심 있어 할 웨비나 내용으로 구조를 짜야 했죠. 챗GPT에게 웨비나 퍼널의 유명 전문가인 '마케팅 설계자'의 저자 러셀 브런슨의 인사이트를 바탕으로 제안해달라고 했습니다. 웨비나 마지막에 우리 상품 세일즈 덱을 하기 위해 어떤 구성을 짜야할 지 조언해주었습니다.

DAY 6 2024년 7월 23일 (화) AI 비즈니스 웨비나 진행

드디어 무료 AI 웨비나 날입니다. 인스타그램 & 스레드에서 콘텐츠로만 홍보를 진행했고, 별도 광고비 없이 모객 기간인 4일동안 무려 150명이 신청해주었습니다. 구글폼을 신청해주신 분들 대상 메일로 줌 링크를 공유했고, 웨비나를 성공적으로 진행했습니다. 아직 챌린지 상세페이지 오픈이 100% 준비되지 않아서 다음날 웨비나 참여자들 대상으로 메일로 챌린지 오픈 소식을 공유드린다고 하며 마무리를 했습니다.

DAY 7 2024년 7월 24일 (수) AI 챌린지 상품 오픈

웨비나 참여자들에게 예고했던 'AI로 4주 만에 회사소개서 만들기 챌린지' 랜딩페이지를 오픈했습니다. 웨비나 참여자들에게만 준 쿠폰코드와 함께 소식을 메일로 전달했죠. 이렇게 7일 만에 스타트했던 사업, 첫 상품의 매출은 400만 원이었습니다. 광고를 돌리지 않고 순수 인스타그램 릴스 콘텐츠로만 모객을 했기 때문에 쇼핑몰 오픈을 위한 웹빌더 비용 24,000원 외에는 순수익이었습니다.

선 검증, 후 사업화! AI로 빠른 시장 검증 후 브랜드로 만들기까지

7일 만에 론칭했던 첫 제품의 반응에서 성공 가능성을 확인했습니다. 뜨거운 시장 반응을 확인한 끝에 1% 비즈니스를 위한 AI 교육 브랜드, 1프로클래스를 정식 론칭하기로 했죠. 몇 달간의 베타테스트를 통해 인스타그램과 스레드에서 순수 콘텐츠로만 유입된 웹사이트 회원 수는 1,000명에 달합니다. 광고비 거의 0원으로 잠재 고객을 1,000명을 모객할 수 있었던 거죠. 이 과정에서 새로운 직원을 채용하지 않고, AI를 제 경영 컨설턴트이자 마케팅 자문가, SNS DM 자동화 전문가 등으로 활용했습니다.

기존에는 1인이 할 수 있는 사업에는 제한과 한계가 너무 많았습니다. 대표 혼자서 마케팅, 세일즈, 콘텐츠, 실무, 디자인, 운영, CS까지 모든 것을 맡아야 했기 때문이죠. 하지만 이제는 AI라는 슈퍼직원들을 고용하면서 1인의 생산성의 가능성은 무한대로 넓어졌습니다. 제 케이스만 특별했냐고요? 제 강의를 들은 수백 명에게 AI란 무기를 쥐어 주면서 그 가능성을 충분히 확인했습니다. 여러분들도 7일 만에 사업 시작하기, AI와 함께라면 충분히 가능합니다. 그럼, 이 생성형 AI가 대체 무엇인지, 어떻게 내 직원으로 활용할 수 있을지 살펴보겠습니다.

사업의 게임체인저, 생성형 AI와 친해지기

AI는 '인공지능(Artificial Intelligence)'의 줄임말로, 인간의 지능을 모방해 다양한 문제를 해결하는 기술입니다. 흔히 우리는 영화나 소설 속에서 인간처럼 생각하고 행동하는 로봇을 떠올리지만, 오늘날 AI는 업무 자동화, 데이터 분석 등 생각보다 일상 속에 깊숙이 스며들어 있습니다.

그렇다면 '생성형 AI'란 무엇일까요?

생성형 AI는 단순히 데이터를 분석하는 것을 넘어 새로운 콘텐츠를 "창조해내는" 능력을 갖춘 AI를 말합니다. 이를 통해 텍스트, 이미지, 음성, 영상 등 다양한 형태의 콘텐츠를 직접 생성할 수 있죠. 비즈니스에서 AI를 무조건 고용해야 하는 이유는 단순히 시간을 절약하거나 반복적인 작업을 자동화하는 데 그치지 않습니다. AI는 방대한 데이터를 실시간으로 분석하여 사람이 놓치기 쉬운 인사이트를 포착하고 대표가 생각지 못한 새로운 관점과 솔루션들을 제안해줍니다. 게다가 AI는 저렴한 월 구독료, 혹은 심지어 무료로 24시간 내내 일할 수 있는 직원인데 놓치면 안 되겠죠?

1. AI에 대한 오해 3가지 파헤쳐보기

AI가 빠르게 발전하고 영향력이 커지면서 AI에 대한 다양한 의견들이 쏟아지고 있습니다. 그저 지나가는 기술 유행일지, 인간의 일자리를 빼앗을 위협일지, 누구나 접근하긴 어려운 기술일지. AI를 둘러싼 대표적인 오해 3가지를 먼저 짚어보겠습니다.

오해 1 AI는 그저 지나가는 유행이다?

그동안 새로운 기술이 뜨겁게 주목받다가 어느새 조용해진 사례를 숱하게 봐왔습니다. 메타버스, NFT, AR 같은 기술처럼, AI도 역시 일시적인 트렌드에 불과하다는 의견도 있죠. 하지만, AI는 본질부터 다릅니다. AI는 지속적으로 진화하며, 실질적인 사용성을 갖춘 기술입니다. AI가 특별한 이유는 딥러닝을 통해 끊임없이 데이터를 학습하고 스스로 발전한다는 점에 있습니다. 처음 이미지나 영상을 생성하는 AI가 등장했을 때만 해도 엉성하기 그지없는 결과물에 다들 웃어넘겼습니다. 그러나 AI는 무서운 속도로 학습을 거듭했고, 이제는 엄청난 퀄리티의 이미지와 영상 결과물을 몇십 초 만에 만들어내고 있죠.

챗GPT는 출시된 지 불과 2개월 만에 월간 활성 사용자 수(MAU) 1억 명을 돌파했습니다. 참고로 인스타그램이 같은 기록을 세우는 데 2년 6개월이 걸렸다는 점을 생각하면 전례 없는 속도입니다. 생성형 AI는 마케터, 비서, 사업파트너, 기술자 등의 역할을 하며 즉각적인 문제 해결이 가능하다는 점이 달랐죠. 그 어떤 기술보다 빠르게 실용성과 필요성을 입증하며 미래 비즈니스의 핵심 기술로 떠올랐습니다. 앞으로 AI를 얼마나 잘 활용하느냐에 따라 빠르게 변화하는 시장에서 살아남을지, 남들보다 경쟁력을 가질 수 있을지가 결정될 것입니다.

오해2 AI가 인간의 일자리를 뺏을 것이다?

많은 사람이 AI가 발전하면서 인간의 일자리를 빼앗을 것이라는 두려움을 느끼고 있습니다. AI가 데이터를 분석하고, 문서작성, 코딩까지 해내는 모습을 보면 그런 생각이 들 법도 하죠. 하지만 AI가 방대한 데이터 기반의 결과를 제시했을 때 데이터를 해석하고 가치를 끄집어내는 통찰력, 그리고 새로운 관점을 창출하는 창의력은 여전히 인간의 몫입니다.

AI가 시장분석을 빠르게 끝내도 그 데이터 기반으로 새로운 비즈니스 기회를 발굴하는 건 인간의 직관과 경험이 필요한 영역입니다. AI가 이미지나 영상을 생성할 수 있어도 그중 좋은 소스를 선택해내는 디렉터의 역할은 필수입니다.

다만, AI와 협업하는 사람과 모든 업무를 A-Z까지 도맡는 사람 간의 생산성 격차는 분명 벌어질 것입니다. AI에게 80%의 초도작업을 맡기고, 20%의 핵심 업무에 집중한 사람의 성과는 차이가 날 수밖에 없죠. AI 덕분에 인간이 창의적이고 가치 있는 업무에 오롯이 투자할 수 있게 되면서 생산성의 차이는 더욱 극명해질 것입니다.

오해3 AI를 배우기엔 진입장벽이 높다?

"AI가 너무 많아서 어디서부터 시작해야 할지 모르겠다."
"AI를 다루려면 전문지식이 필요할 것 같다."

요즘 이런 이야기를 자주 듣습니다. 챗GPT, 미드저니, 달리, 퍼플렉시티 등 새로운 AI 도구들이 끊임없이 쏟아지고 있죠. 그만큼 선택지가 많아 혼란스럽고, 마치 모든 AI를 다 배워야 할 것 같은 부담감을 주기도 합니다.

AI라고 하면 뭔가 복잡하고 기술적인 느낌이 들 수도 있지만, 지금 우리가 활용할 AI 툴들은 대부분 '누구나 쉽게 쓸 수 있도록' 만들어진 사용자 친화적인 서비스입니다. 예를 들어, 챗GPT는 그냥 채팅창에 말을 걸듯이 입력만 하면 답변이 나옵니다. 미드저니나 클링은 프롬프트 한 줄만 입력하면 이미지나 영상을 생성해줍니다. 복잡한 설정 없이 바로 사용할 수 있도록 인터페이스가 직관적으로 설계되어 있어요.

AI를 배운다는 것은 수많은 도구를 하나하나 마스터해야 한다는 뜻이 아닙니다. 그보다 중요한 것은 AI의 본질과 작동 원리를 이해하는 일이지요. AI는 본질적으로 '프롬프트'라는 명령을 해석하고, 그에 맞는 결과물을 생성해 내는 도구입니다. 이 핵심 원리만 제대로 파악하면 어떤 AI 플랫폼이든 손쉽게 다룰 수 있습니다. 그리고 그 핵심 포인트를 바로 이 책에서 짚어 드릴 거예요.

2. 24시간 일하는 직원, AI를 지금 고용하세요!

시간과 비용을 10배로 아껴주는 AI

사업 초기에는 자금과 시간이 가장 부족합니다. AI는 비싼 전문가를 고용하지 않고도 좋은 콘텐츠를 생성해 비용을 대폭 줄여줍니다. 예를 들어, 기존에는 제품 촬영을 위해 포토그래퍼, 모델, 스튜디오 섭외 등 많은 시간과 비용이 필요했습니다. 그러나 AI 구독료 월 몇 만 원만 지불하면 몇 분 만에 전문적인 제품 컨셉샷부터 모델 컷까지 고퀄리티 이미지를 뽑아낼 수 있게 되었죠. 이로써 사업 초기에 가장 부담스러운 인건비를 아끼고, 성장에 꼭 필요한 다른 업무에 온전히 집중할 수 있습니다.

초보자도 전문가처럼, ZERO TO PRO

맨땅에서 사업을 시작하는 과정을 '제로 투 원(Zero to One)'이라고 말합니다. 이제 AI 툴 덕분에 기술적 지식이 부족한 초보자(Zero)도 전문가(Pro) 수준의 결과를 만들어낼 수 있게 되었죠. 그래픽 디자인을 배워본 적 없어도 클릭 몇 번에 AI가 이미지 편집이나 합성도 뚝딱 처리합니다. 코딩을 모르는 사람도 AI의 도움으로 실제 사업 프로토타입을 구현할 수 있습니다.

원래라면 전문 기술이나 오랜 경험이 있어야만 가능했던 직업들이 이제는 AI가 복잡한 작업을 대신 담당합니다. 그 결과, 초보자가 전문가로 성장하는 데 걸리는 시간이 획기적으로 단축되고, 대표 혼자서도 담당할 수 있는 업무 영역이 훨씬 넓어졌습니다.

24시간 의사결정을 돕는 '나만의 비서'

AI는 단순 자동화 도구를 넘어, 데이터 기반으로 실시간 결정을 돕는 비서 역할을 합니다. 사업 초기에는 내 의사결정에 대한 객관적인 피드백을 받기 어렵습니다. 이때, AI가 방대한 데이터를 빠르게 분석해서 인사이트를 제공합니다.

예전에는 감에 의지해 의사결정을 하거나 데이터 분석에 너무 많은 시간을 쏟아 타이밍을 놓쳤다면 AI는 실시간으로 고객 행동 패턴이나 시장 데이터를 파악합니다. 인간이 리서치할 수 있는 한계보다 수십, 수백 배의 데이터를 단 몇 초 만에 분석해서 최적의 결정을 도와주죠.

앞서 말했던 것처럼, 월 2~3만원짜리 AI를 구독하면, 월급 2~300만원을 주는 마케터, 포토그래퍼, 기획자를 고용하는 것이나 마찬가지입니다. 어떤 AI 툴을 어떻게 활용하느냐에 따라 내 사업의 성장 속도는 완전히 달라집니다. 이 책에서는 내 사업의 단계별로 어떤 AI 직원을 고용해야 하는지, 제가 직접 경험해 본 실전 노하우들을 알려 드릴 겁니다. 여러분의 시간과 비용을 10배, 혹은 그 이상을 아낄 수 있게 될 거예요. AI를 단순한 자동화 툴이 아닌, 사업을 100배 성장시키는 레버리지 툴로 활용해보세요!

2025년 로사장

이 책이 차별화되는 3가지 이유

요즘 AI 열풍으로 관련 강의와 책들이 쏟아지고 있습니다. 하지만 이 책은 다릅니다. 단순한 툴 소개서가 아니라, 지금 바로 실행할 수 있는 실전형 로드맵을 담았기 때문입니다.

첫째, 초보자도 쉽게 시작할 수 있습니다.

저는 개발자 출신이 아닙니다. 하지만 오히려 그렇기 때문에, 철저히 '사용자'의 입장으로 AI를 쓰는 방법을 제일 잘 압니다. LLM, 토큰, 파인튜닝 등… 어려운 전문 용어가 아니라, 실사용자가 일상이나 실무에서 어떻게 AI를 써야 하는지를 다룹니다. AI를 실제 사업에 접목하고, AI를 직원으로 누구보다 적극적으로 활용하는 대표로써 제일 효율적이고 쉬운 팁들만 책에 담았습니다.

둘째, 실제 현업에서 검증된 전략만 담았습니다.

저는 현재 5년 차 현업 사업가로, 이 책에 나오는 전략들을 모두 제 사업에 직접 테스트해왔습니다. 이론이 아닌 '실전'을 바탕으로 썼기에, 현실적으로 적용할 수 있는 내용만 골라 담았습니다. 실제 수많은 기업을 대상으로 AI 강의 및 컨설팅을 해오며, 이 AI 사용법이 효과가 있는지 계속해서 검증해왔습니다. 단순한 AI 사용법이 아니라, 매출을 만들기 위한 전략적 흐름까지 함께 설명합니다.

셋째, 지금 당장 실행 가능한 방향성을 제시합니다.

수백 명의 수강생들과 함께 AI 챌린지를 진행하면서 가장 효과적이었던 '7일 완성 AI x 사업 론칭의 여정을 구성했습니다. 여기에는 스타트업에서 자주 쓰는 MVP(Minimum Viable Product, 최소 기능 제품)로 AI와 함께 빠르게 런칭하는 방식이 녹아 있습니다. 제품을 완성한 뒤에 출시하는 것이 아니라, 먼저 랜딩페이지로 사람들을 모으고 시장 반응을 테스트한 후에 실제 제품과 브랜드를 완성하는 순서입니다.

이 방식은 원래 시간이 오래 걸리던 시장 검증 과정을 AI 툴들로 며칠 만에 돌파할 수 있게 만들어 줍니다. 단 7일이면 '아이디어→모객→검증→실행'까지 사업의 전 과정을 경험할 수 있습니다. 복잡한 이론은 모두 걷어내고 하루 한 챕터씩만 따라오면 됩니다. 자, 그럼 7일간의 여정을 시작해볼까요?

CONTENTS

DAY 1 — AI, 내 비즈니스 슈퍼직원 채용하기

CHAPTER · 01 상위 1% 비즈니스 시크릿, PRO 전략 22p
- AI와 사업 시너지를 높이는 PRO 전략이란? 22p

CHAPTER · 02 어벤져스 팀을 만드는 TOP 1% AI 추천 28p
- 사업을 기획하는 전략팀, '텍스트 생성 AI' 28p
- 비주얼을 구현하는 디자인팀, '이미지 생성 AI' 31p
- 콘텐츠를 제작하는 크리에이티브팀, '영상/음악 생성 AI' 33p
- 다양한 AI 체인 활용의 시너지 효과 36p

CHAPTER · 03 AI를 300% 활용하는 프롬프트 엔지니어링 비법 38p
- 상위 1% 프롬프트의 비밀, PRO 법칙 38p

DAY 2 — 챗GPT로 잘 팔리는 사업 아이템 찾기

CHAPTER · 01 나만을 위한 AI 비서, 챗GPT 맞춤 세팅법 46p
- 챗GPT 100% 파헤치기 46p
- 개인화된 채팅을 위해 챗GPT 맞춤 설정하기 48p
- 하나의 작업에 특화된 맞춤형 챗봇, 나만의 GPT 51p
- 키워드로 원하는 용도의 GPT 검색하기 52p
- 챗GPT가 못하는 일까지 해주는 맞춤형 GPT 52p

CHAPTER · 02 AI 분석으로 잘 팔리는 사업 아이템 찾기 56
- 나에 대한 메타인지 기반 아이템 도출하기 56
- 퍼플렉시티와 챗GPT로 시장전망 분석하기 60
- 젠스파크로 고객 트렌드 분석하기 65

CHAPTER · 03 AI와 경쟁사 분석을 통해 포지셔닝 파악하기 70
- 퍼플렉시티로 경쟁사 리스트업하기 70
- 챗GPT로 경쟁사 제품과 서비스 리뷰 분석하기 72
- 경쟁사들과 차별화 되는 포지셔닝맵 그리기 73

DAY 3 챗GPT로 성공하는 비즈니스 모델 만들기

CHAPTER · 01 전략적인 비즈니스 모델 캔버스 설계하기 77
　비즈니스 모델 캔버스로 가치 정의하기 77
　운영 효율화를 위한 핵심 요소 파악하기 81
　수익 실현화로 비즈니스 모델 캔버스 완성하기 85

CHAPTER · 02 성공률 높이는 샘플 아이템 아이데이션하기 89
　타깃 고객의 니즈에 대한 가설 세우기 89
　최소 기능 제품, MVP 찾아서 설계하기 92
　고객 반응 테스트를 위한 실행 로드맵 계획하기 96

CHAPTER · 03 AI로 완성하는 나만의 브랜드 아이덴티티 99
　첫인상을 결정짓는 브랜드 네이밍 법칙 99
　매력적인 브랜드 슬로건과 스토리 빌딩하기 102
　브랜드 핵심 가치와 미션, 비전 세우기 106

DAY 4 미드저니로 사업 비주얼 완성하기

CHAPTER · 01 이미지 생성 AI 미드저니와 친해지기 111
　이미지 AI 중 No.1, 미드저니 100% 파헤치기 111
　미드저니로 내가 원하는 AI 이미지 생성하기 116
　미드저니 프롬프트 주요 키워드 알기 119

CHAPTER · 02 상위 1% 이미지 AI 프롬프트 비밀, PRO 법칙 124
　PARAMETER [파라미터]를 설정하세요 124
　REFERENCE [레퍼런스]를 활용하세요 128
　Optimize [최적화] 모드로 개선하세요 129

CHAPTER · 03 AI로 나만의 브랜드 비주얼 시각화하기 135
　챗GPT와 브랜드 비주얼 컨셉 결정하기 135
　미드저니로 브랜드 로고 이미지 생성하기 140
　미드저니로 브랜드 키 비주얼 시각화하기 148

DAY 5 AI로 랜딩페이지 기획부터 디자인까지 끝내기

CHAPTER · 01 매력적인 상품 USP 컨셉 도출하기 — 156
- 챗GPT 프로젝트 기능 활용해서 퍼널 설계하기 — 156
- 상세페이지 레퍼런스 조사하기 — 160
- USP 기반 컨셉 키워드 뽑아내기 — 163

CHAPTER · 02 설득력 있는 랜딩페이지 구성 설계하기 — 168
- 스토리텔링 기반한 랜딩페이지 구조 설계 — 168
- 챗GPT 캔버스 기능으로 카피라이팅 완성하기 — 172
- AI로 데이터 리서치 및 시각화하기 — 177

CHAPTER · 03 상세페이지 디자인 완성하고 오픈하기 — 183
- 미드저니 무드보드 기능 활용해서 3D 비주얼 생성하기 — 183
- 파이어플라이로 3D 한글 타이틀 완성하기 — 187
- 상세페이지 디자인 완성하고 론칭하기 — 194

DAY 6 AI로 고객을 사로잡는 SNS 마케팅하기

CHAPTER · 01 스레드와 블로그로 0원 고객 퍼널 만들기 — 205
- 스레드와 블로그 콘텐츠로 고객 모으는 전략 — 205
- 챗GPT로 후킹하는 스레드 콘텐츠 만들기 — 210
- 판다랭크AI로 SEO 최적화된 블로그 포스팅 쓰기 — 214

CHAPTER · 02 타깃 맞춤형 인스타그램 광고 세팅하기 — 220
- 매출을 높일 수 있는 인스타그램 광고 서비스 — 220
- 챗GPT & 미드저니로 광고 소재 비주얼화하기 — 226
- 디자인 플랫폼으로 완성도 높은 광고 제작하기 — 229

CHAPTER · 03 SNS 대세, 숏폼 영상으로 바이럴 마케팅하기 — 235
- 바이럴의 필수, 숏폼 영상 콘텐츠의 대세 — 235
- 숏폼 레퍼런스 참고하고 AI로 영상 기획하기 — 241
- AI로 이미지를 실사 영상처럼 움직이게 만들기 — 246

DAY 7
AI로 성장하는 비즈니스 시스템 구축하기

CHAPTER · 01 AI로 비즈니스를 어필하는 프레젠테이션 완성하기 — 255
- AI에게 비즈니스 자료에 필요한 정보 인풋하기 — 255
- 챗GPT로 회사소개서 작성하고 파일로 다운로드하기 — 259
- 감마 AI로 회사소개서 제작 완성하기 — 262

CHAPTER · 02 코딩 없이도 노코드 툴로 웹사이트 론칭하기 — 269
- 누구나 웹사이트를 만들 수 있는 노코드 툴 — 269
- 아임웹으로 브랜드 소개 웹사이트 만들기 — 275
- 아임웹으로 내 상품을 판매하는 쇼핑몰 런칭하기 — 281

CHAPTER · 03 AI로 자동화 사업 시스템 구축하기 — 287
- 데일리 업무를 자동화시키는 AI봇 만들기 — 287
- 마케팅 자동화로 오가닉 트래픽 확보하기 — 292
- 생산성 높이는 협업툴 시스템 구축하기 — 296

인덱스 — 304

AI, 내 비즈니스 슈퍼직원 채용하기

사업의 첫걸음은 바로 내 사업을 도울 수 있는 동료를 찾는 것입니다. 다만 직원 채용부터 하기에는 고정비용에 대한 부담이 매우 크죠. 부담을 덜기 위한 방편으로 적은 비용으로 최대 효율을 낼 수 있는 AI를 직원으로 채용하려고 합니다.

AI는 단순한 도구를 넘어 비즈니스의 핵심 경쟁력을 만들어내는 슈퍼직원이 될 수 있습니다. 예전에는 사람이 해야 했던 복잡한 작업들이 AI에 의해 자동화되면서 시간과 비용이 대폭 줄어들고 있습니다. AI를 도입한 사업과 그렇지 않은 사업의 격차는 점점 더 벌어질 수밖에 없는 추세입니다.

AI를 내 비즈니스에 제대로 활용하기 위한 1% 비즈니스의 PRO 전략을 알아봅니다. 슈퍼직원 중에서도 사업에 최적화된 AI가 어떤 것이 있는지 기획, 디자인, 제작의 카테고리별로 소개합니다. 마지막으로, AI를 300% 활용하기 위한 중요한 기술인 프롬프트 엔지니어링을 알려드릴게요.
AI란 슈퍼직원을 고용하는 것이 우리 비즈니스 성장의 시작이 될 것입니다.

chapter 01

상위 1% 비즈니스 시크릿, PRO 전략

AI가 우리 비즈니스에 들어오면서 많은 변화가 일어났지만 전략적으로 활용하지 않으면 그저 하나의 툴에 불과합니다. 아무리 뛰어난 도구라 하더라도 그것을 어떻게 사용하느냐에 따라 결과는 완전히 달라집니다. 생산성을 극대화하고 프롬프트 엔지니어링을 통해 AI의 능력을 300% 끌어올려 그 결과 수익을 극대화하는 것이 핵심이죠.

AI와 사업 시너지를 높이는 PRO 전략이란?

AI가 대세라는 것은 알지만, 막상 사업에 어떻게 써먹어야 할지 막막한가요? 사업을 운영하면서 많은 AI 툴을 직접 테스트하고 실무에 직접 적용해보면서 핵심 전략을 발견했습니다. AI를 단순 툴로만 쓰고 그칠지, 혹은 슈퍼직원으로 평생 고용할지는 이 키워드들에서 결정됩니다. 바로 생산성(Productivity), 프롬프트(Prompt), 수익(Profit)입니다.

각 키워드의 앞글자인 'PRO'를 따서, 상위 1PRO가 되는 비즈니스 전략이라고 이름을 붙였는데요. AI로 기존 수작업 업무들을 대체해 생산성을 높이는 것, AI의 능력을 300% 활용할 수 있는 프롬프트 기술을 적용하는 것, 최소 자원으로 최대 아웃풋을 내며 수익을 극대화하는 것이 핵심입니다. 한가지씩 사례별로 살펴보겠습니다.

◆ PRODUCTIVITY, 업무 효율 10배 올리는 생산성 레버리지

사업 초반에는 시간과 에너지를 확보하는 것이 가장 중요합니다. 기존에 시간을 투입해야 했던 업무들을 AI로 자동화하여 생산성을 높일 수 있습니다. 예를 들어, 직원이 일일이 데이터를 입력하거나 보고서를 작성하는 대신, AI가 실시간으로 데이터를 처리하고 보고서를 만들면 업무 효율성을 극대화할 수 있죠.

실제로 제가 운영하는 디자인 에이전시인 프레젠트랩에서 쓰는 보고봇(Bot) 시스템을 보여드릴게요. 커뮤니케이션 툴인 '슬랙(Slack)'에 보고 템플릿을 저장해서 상황별로 보고하는 자동화 봇들을 세팅해 놓았습니다. 슬랙에서 프로젝트 시작 미팅인 킥오프 보고를 올리면, AI 봇이 자동으로 구글 스프레드시트에 데이터를 연동하고 실시간으로 업데이트 해줍니다. 이를 통해 수작업으로 데이터를 입력할 필요가 없어지고, 데이터 입력 과정에서 발생할 수 있는 실수도 줄일 수 있습니다.

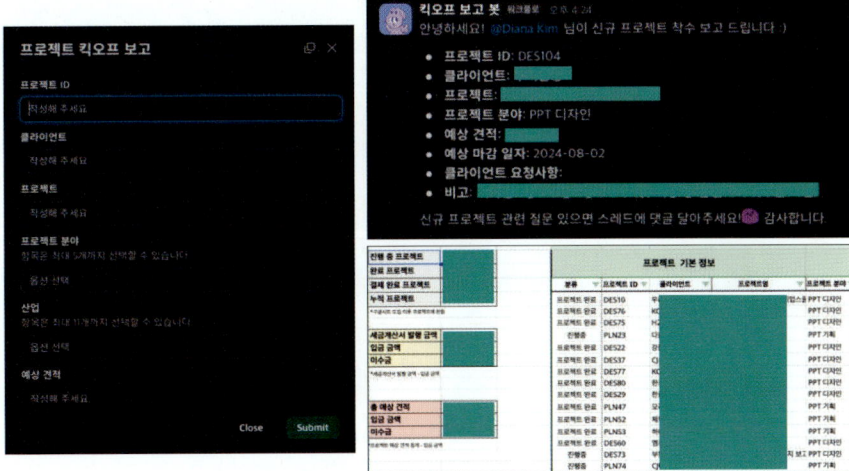

▶ 슬랙봇에 자동화된 템플릿으로 보고를 올리면, 구글 스프레드시트와 연동됨

회사 시스템에 100% 맞춤화된 GPT 챗봇을 구성할 수 있습니다. 챗GPT 사용자가 챗GPT를 특정 목적에 맞게 커스터마이징해서 만든 챗봇을 GPTs라고 하는데요. GPTs 만들기에서 회사의 회의록 기록 시스템 및 템플릿을 학습시켰습니다. 이제, 회의가 끝난 후 클로바(CLOVA) AI로 녹취한 내용을 텍스트 파일로 변환하고 업로드만 해주면 끝입니다. AI가 빠르고 정확하게 내용을 요약해 체계적인 보고서를 만들어 주죠. 이렇게 하면 수작업으로 회의록을 작성하는 번거로움을 덜 수 있고, 시간도 크게 절약됩니다. 이 방식을 통해 기존에는 1시간

30분 정도 소요됐던 킥오프 미팅 리포트를 5분 만에 완성할 수 있습니다.

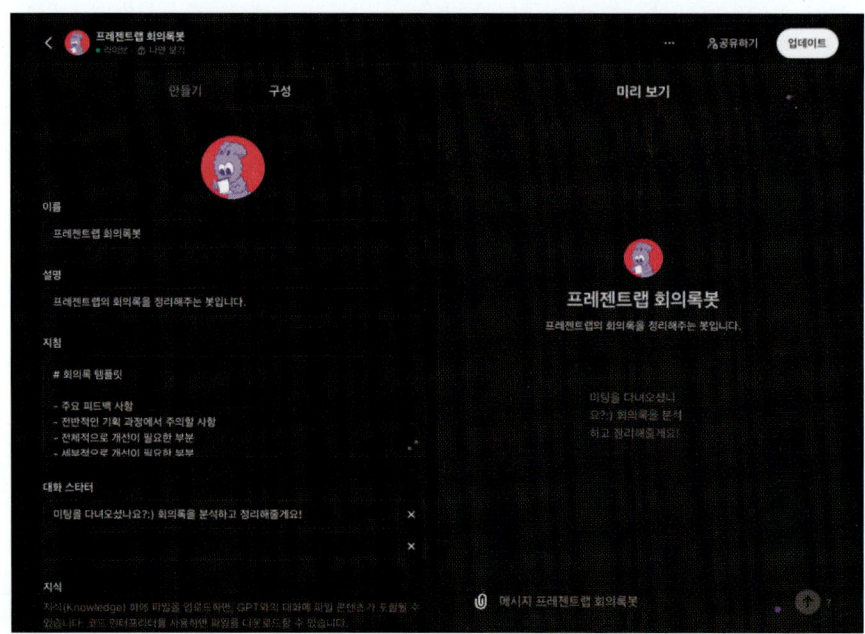

▶ 챗GPTs에 회사 회의록 작성 체계를 학습시켜 만든 커스텀 봇

생산성 레버리지에서는 단순 반복 업무들을 AI로 자동화해 남는 리소스를 창의적이고 전략적인 기획에 집중투자하는 것에 초점을 두고 있습니다.

● PROMPT, AI 능력을 300% 끌어내는 프롬프트 기술

AI에게 어떤 명령을 내리느냐에 따라서 결과물의 퀄리티가 달라집니다. 이 명령을 '프롬프트'라고 부르는데요. 최고의 아웃풋이 나오는 프롬프트를 찾아내는 과정이 중요하죠. 프롬프트를 자동화 시나리오에 설정만 해두면 클릭 한 번만으로 원하는 콘텐츠들을 뽑아낼 수도 있습니다.

비즈니스 AI 교육 브랜드, 1프로클래스의 데일리 아티클 자동화 시스템을 보여드릴게요. AI 관련된 뉴스 아티클만 넣으면 검색 AI 퍼플렉시티가 내용을 요약하고 텍스트 생성 AI 챗GPT가 채널에 맞는 카피라이팅을 하도록 프롬프트를 세팅해두었습니다. 여기서 인스타그램, 링크드인, 아티클 등 플랫폼별로 글쓰기 스타일이 달라지도록 프롬프트를 만들었는데요. 이 모든 과정을 MAKE라는 자동화 툴을 통해서 플랫폼별 시나리오 설정을 했습니다.

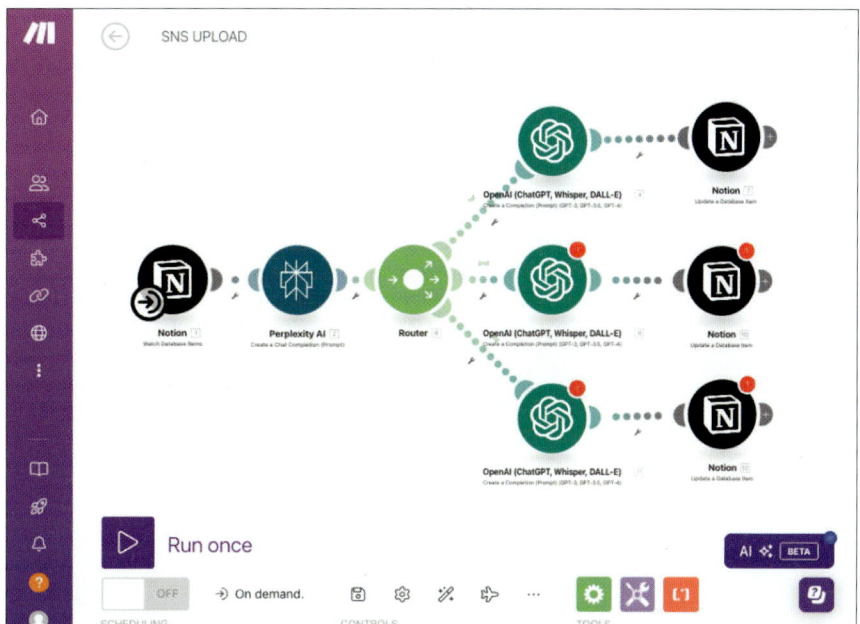

▶ SNS 플랫폼별로 다른 프롬프트를 입력해서 MAKE 자동화 툴에 시나리오 세팅

이 모든 콘텐츠를 노션(Notion)으로 연동하여 버튼 한 번만 클릭하면 챗GPT가 세 가지 버전의 SNS 콘텐츠 카피를 뽑아줍니다. 플랫폼에 따라 이모티콘을 넣거나, 전문적인 말투 혹은 친근한 말투 등 프롬프트 기반으로 결과물이 달라집니다. 기존에 일일이 SNS 특성에 맞는 카피를 쓰느라 시간을 썼다면, 좋은 프롬프트는 이 과정을 압도적으로 단축시킵니다.

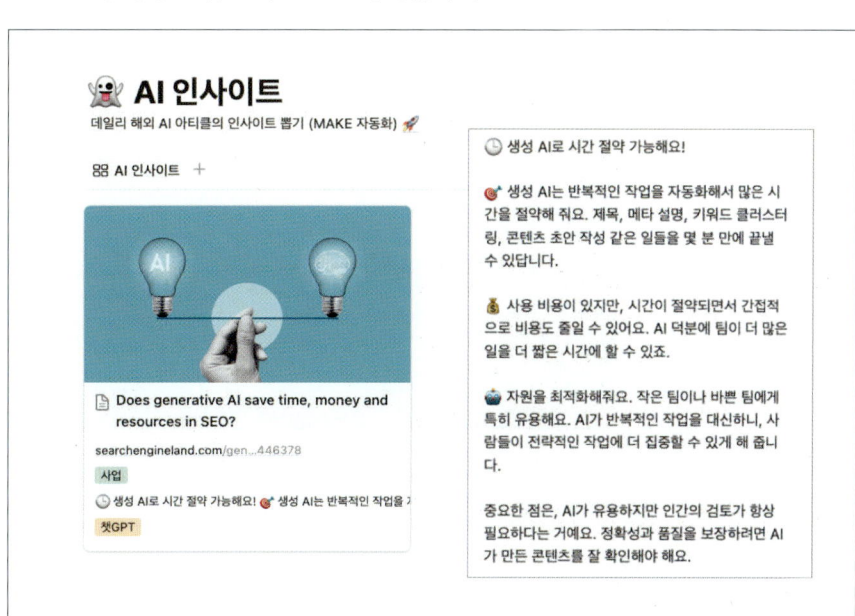

▶ MAKE 자동화를 RUN하면 아티클 기반의 콘텐츠 카피가 생성돼 노션에 자동 기록

AI를 잘 활용하는 비즈니스들이 시간과 에너지를 크게 아끼게 되면서, AI를 쓰지 않는 사업과는 점점 격차가 벌어지게 될 것입니다. 같은 자원으로도 훨씬 더 많은 것을 할 수 있는 사업이 한발 앞서 나갈 수밖에 없죠.

✤ PROFIT, 비용과 시간 리소스 최소화로 수익 극대화

비즈니스를 운영하다 보면 회사 내부에서 커버할 수 없는 작업은 아웃소싱을 하게 됩니다. 디자인, 마케팅, 영상 제작 등을 외주를 맡기는 데 비용과 시간이 크게 들던 이전에 비해, AI를 통해 아웃소싱 비용을 최소로 줄이면서 질 좋은 결과물을 빠르게 얻을 수 있습니다.

예컨대 브랜드 영상 제작은 기본적으로 몇백만 원에서 몇천만 원이 드는 큰 프로젝트입니다. 전문 촬영팀을 고용하고, 장비를 대여해 여러 날 동안 촬영한 뒤 편집까지 마치려면 시간과 비용이 엄청나게 소요되죠. 그래서 초기 사업자들은 엄두를 못 냈지만, 이제는 100% AI툴만 활용해서 브랜드 영상을 완성할 수 있습니다.

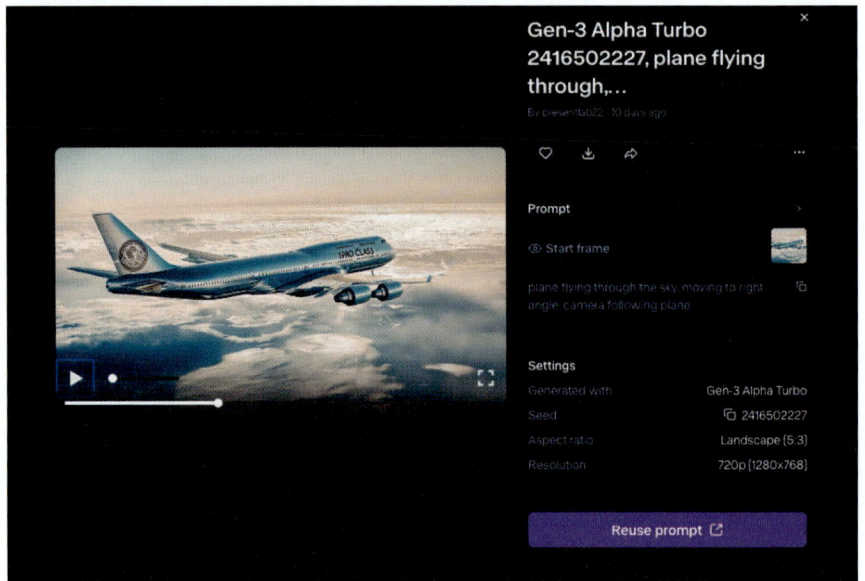

▶ 미드저니로 생성한 이미지를 런웨이 Gen-3 모델로 영상 움직임 구현

비즈니스 AI 교육 서비스, 1프로클래스의 영상 광고를 단 2시간 만에 완성할 수 있었는데요. 텍스트에서 이미지를 생성하는 프로그램인 미드저니(Midjourney)로 원하는 분위기의 고품질 이미지들을 생성했습니다. 이런 이미지들을 런웨이(Runway AI)를 통해 영상화 했죠. 생성형 영상 AI 프로그램인 루마 드림머신(Luma Dream Machine)으로 1프로클래스의 3D 모션 그래픽 작업까지 가능했습니다. 모델 촬영, 영상 제작, 모션그래픽 등을 외주 없이, 월 구독료 몇 만원의 비용으로 대표 혼자서 작업할 수 있습니다. 각 프로그램에 관해서는 뒤에서 자세히 알아보겠습니다.

▶ 미드저니, 런웨이, 루마 드림머신으로 만든 브랜드 필름

생성형 AI를 통해서 기존에 지출된 인건비 혹은 아웃소싱 비용을 압도적으로 줄여서 순수익 비율을 높일 수 있습니다. 업무 생산성을 높이고 프롬프트로 AI 능력을 극대화해 비즈니스 순수익을 높이는 것. PRODUCTIVITY(생산성), PROMPT(프롬프트), PROFIT(이익), 이 세 가지 키워드를 꼭 기억하세요.

chapter 02
어벤져스 팀을 만드는 TOP 1% AI 추천

하루에도 수많은 AI 툴이 쏟아져 나오는 시대입니다. 그중에서 어떤 AI가 정말 비즈니스에 도움이 되는지 선택하기란 쉽지 않죠. 2장에서는 제가 사업 운영에 직접 사용해보며 엄선한 TOP 1% AI 툴을 소개합니다.

AI는 하나만 사용할 때보다 여러 AI를 함께 활용할 때 엄청난 시너지를 발휘합니다. 텍스트 AI로 기획한 내용을 이미지 AI로 시각화하고, 영상 AI로 콘텐츠를 완성하는 식으로 서로를 보완할 수 있죠. 이처럼 AI 툴들로 어벤져스 팀을 이루면 비즈니스의 생산성을 극대화할 수 있습니다.

사업을 기획하는 전략팀, '텍스트 생성 AI'

텍스트 생성 AI는 비즈니스의 기획 및 전략 본부에서 중요한 역할을 하는 팀원들처럼 아이디어 기획부터 데이터 분석, 시장 조사까지 다양한 작업을 도와줍니다. 이 본부는 비즈니스의 방향을 정하고 실행하는 데 있어 필수적인 역할을 담당하죠. 챗GPT, 클로드, 퍼플렉시티는 이 본부의 핵심 팀원으로서 각각의 강점을 활용해 비즈니스의 성장을 촉진합니다.

❖ A-Z 기획의 모든 것을 해결하는 만능 AI, 챗GPT
(https://chatgpt.com)

챗GPT(chatGPT)는 마치 회사의 기획 총괄 팀장처럼 비즈니스 전략 수립에서 브랜딩, 마케팅 카피 작성까지 다양한 역할을 소화합니다. 빠르게 아이디어를 제시하고, 필요한 정보를 즉각 제공하며, 텍스트의 톤과 스타일을 유연하게 조정해 각 상황에 맞는 결과물을 만들어내죠.

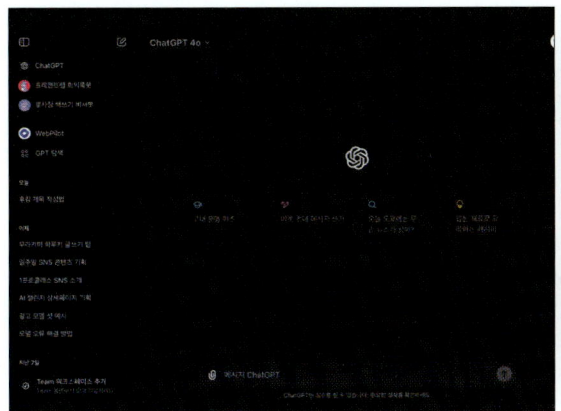 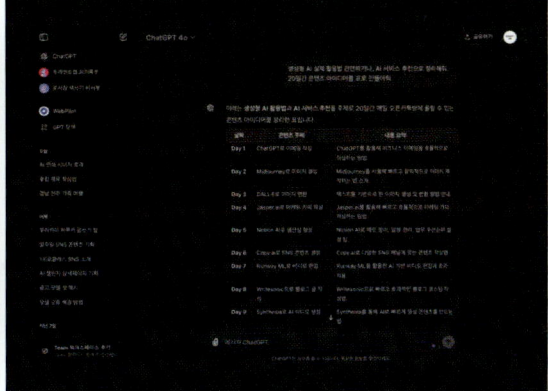

▶ **다양한 텍스트 생성**: 마케팅 카피, 이메일, 블로그 글 등 여러 분야의 콘텐츠를 빠르고 유연하게 생성

▶ **유연한 스타일과 톤**: 요청에 따라 다양한 톤과 스타일로 문장 작성 가능, 브랜드에 맞는 콘텐츠 제작에 유용

▶ **피드백 기반 발전**: 사용자의 피드백을 받아 실시간으로 수정하고 구체화할 수 있는 대화형 AI

❖ 실시간 검색과 빠른 정보 전문 검색 AI, 퍼플렉시티
(https://www.perplexity.ai)

퍼플렉시티(Perplexity)는 리서치 팀장처럼 비즈니스에서 필요한 실시간 정보 탐색과 데이터 분석을 담당합니다. 이 AI는 웹에서 최신 정보를 빠르게 검색해 필요한 자료를 정확하게 제공하며, 단순한 검색을 넘어 심층적인 인사이트까지 도출해내죠. 시장 조사, 업계 동향 파악, 경쟁사 분석 등 다양한 리서치 작업에서 퍼플렉시티는 신속한 정보 탐색으로 중요한 결정을 돕습니다.

 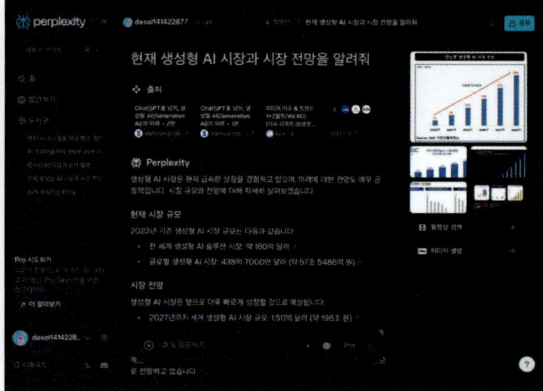

▶ **실시간 정보 검색**: 최신 데이터나 정보를 신속하게 검색해 빠르게 답변 제공

▶ **정확한 인사이트 도출**: 심층적인 정보 분석을 통해 중요한 인사이트를 도출

▶ **필수로 출처 표기**: 모든 답변에 대한 출처를 표기해 원문 뉴스나 논문을 확인 가능

✦ 코딩까지 구현하는 다재다능 전문가, 클로드
(https://claude.ai)

클로드(Claude)는 단순한 데이터 분석을 넘어, 실제로 코딩을 통해 프로토타입을 구현할 수 있는 능력을 갖춘 개발팀 리더입니다. 클로드는 방대한 데이터를 정확히 분석하고, 이를 바탕으로 실행 가능한 전략을 제안하는 동시에 코딩 작업도 지원해 실제 프로토타입을 제작하는 데 도움을 줍니다. 어떤 서비스를 가상으로 구현해보고 싶다면 클로드는 필수입니다.

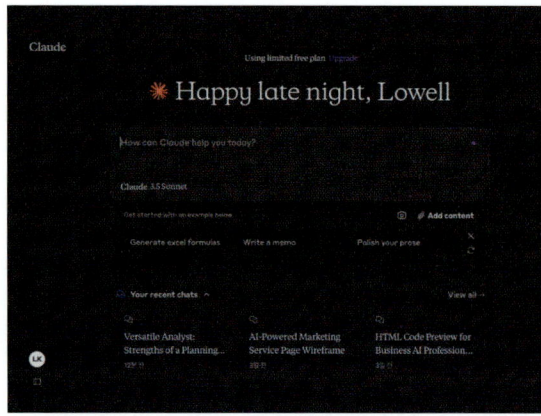 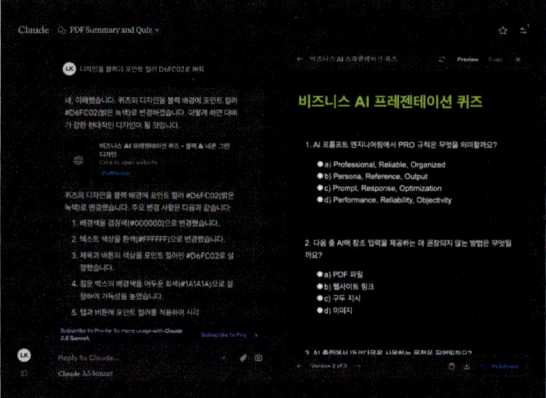

▶ **프로토타입 개발 능력**: 클로드가 생성한 콘텐츠를 별도의 창에 시각적으로 구현해주는 아티팩트(Aritfacts) 기능으로, 코드, 다이어그램, SVG 등을 즉석 구현하여 아이디어를 빠르게 구체화 할 수 있음

▶ **대용량 데이터 처리**: 긴 텍스트와 복잡한 주제에 대한 깊이 있는 이해와 분석 제공

▶ **뛰어난 한국어 카피**: 한국어 카피를 가장 자연스럽고 다양한 톤으로 구사 가능

비주얼을 구현하는 디자인팀, '이미지 생성 AI'

디자인팀에서 이미지 생성 AI는 창의적인 아이디어를 시각적으로 구현하는 핵심 역할을 담당합니다. 미드저니, 파이어플라이, 캔바 같은 AI 도구들은 사용자의 프롬프트를 바탕으로 고퀄리티의 이미지, 그래픽, 디자인을 빠르게 생성해 비즈니스의 비주얼 콘텐츠 제작을 시각화하죠. 고객들에게 시각적으로 우리 브랜드를 각인시키기 위해 필요한 AI 툴들입니다.

● 상상 속 이미지를 현실로 구현하는 AI, 미드저니 (https://www.midjourney.com)

미드저니(Midjourney)는 프롬프트 기반 이미지를 생성하는 AI 툴로, 상상력을 시각화하는 아트디렉터 역할을 합니다. 간단한 텍스트 명령만으로 고퀄리티의 이미지를 자동으로 생성하며, 광고, 마케팅, 브랜딩 등에서 비주얼 콘텐츠를 빠르고 창의적으로 제작할 수 있습니다. 유료 구독이 필수지만 이미지 생성 AI 툴 중 압도적인 퀄리티를 자랑합니다.

▶ **텍스트 프롬프트 기반 이미지 생성**: 사용자의 간단한 텍스트 입력만으로 고퀄리티의 이미지를 빠르게 생성

▶ **창의적인 비주얼 제공**: 브랜드 무드와 콘셉트에 맞춘 고해상도의 창의적인 이미지 제작

▶ **압도적인 스타일 파라미터**: 원하는 비주얼 콘셉트와 무드를 참고할 수 있는 스타일 레퍼런스 기능

◆ 이미지 편집과 합성에 뛰어난 AI, 파이어플라이 (https://firefly.adobe.com)

파이어플라이(Firefly)는 이미지 편집과 합성에 특화된 비주얼 아티스트 역할을 합니다. 포토샵, 일러스트레이터 등 그래픽 디자인 툴로 유명한 어도비사(Adobe)에서 출시한 AI 툴로, 편집 능력이 강력합니다. 고난도의 이미지 합성과 창의적인 비주얼 편집 등에 특화된 AI입니다.

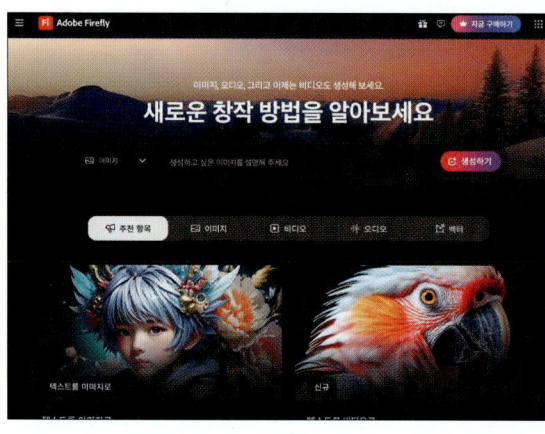 

▶ **고급 이미지 편집**: 이미지 보정, 배경 제거 혹은 확장 등 정교한 편집 작업을 빠르게 처리

▶ **이미지 합성 기능**: 프롬프트로 원하는 장면을 생성해서 기존 이미지에 합성 가능

▶ **한국어 프롬프트 사용**: 이미지 관련 AI 중, 한글 프롬프트를 가장 훌륭하게 인식

◆ 누구나 전문가처럼 제작 가능한 디자인 AI, 캔바 (https://www.canva.com)

캔바(Canva)는 그래픽 디자인을 쉽게 할 수 있도록 도와주는 AI 기반의 만능 디자이너입니다. 템플릿 기반으로 손쉽게 소셜 미디어 포스트, 프레젠테이션,

포스터 등을 제작할 수 있죠. 사용자 친화적인 인터페이스로 누구나 전문가 수준의 디자인을 구현할 수 있다는 장점이 있습니다.

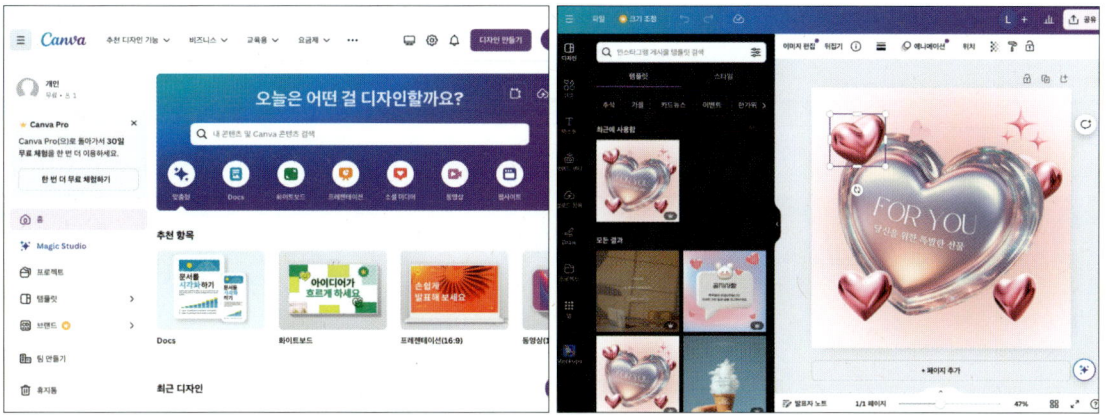

▶ **간편한 템플릿**: 다양한 디자인 템플릿을 제공해 초보자도 쉽게 콘텐츠 제작 가능

▶ **쉬운 인터페이스**: 직관적인 드래그 앤 드롭 방식으로 빠르고 쉽게 그래픽 작업 완성

▶ **다양한 디자인 포맷**: SNS 포스트, 프레젠테이션, 로고 등 다양한 비주얼 콘텐츠 제작

콘텐츠를 제작하는 크리에이티브팀, '영상/음악 생성 AI'

크리에이티브팀은 브랜드의 시각적 및 청각적 콘텐츠를 제작하며 마케팅, 브랜딩, 광고에서 필수적인 역할을 합니다. 이 팀은 고품질의 영상, 모션 그래픽, 음악을 빠르고 효율적으로 제작해 브랜드 메시지를 효과적으로 전달하죠. 런웨이는 텍스트나 이미지를 바탕으로 영상을 자동 생성해 빠르게 영상 콘텐츠를 제작하고, 루마 머신은 복잡한 3D 모션 그래픽과 애니메이션을 구현해 시각적인 임팩트를 더합니다. 수노는 맞춤형 배경음악과 사운드를 생성해 영상 콘텐츠에 감성적인 요소를 부여합니다.

❖ 역동적인 영상을 생성하는 AI, 런웨이 (https://runwayml.com)

런웨이(Runway)는 고퀄리티 영상 생성에 특화된 AI로, 영상 디렉터의 역할을 합니다. 텍스트 프롬프트 혹은 이미지를 기반으로 완성도 높은 영상 콘텐츠를 빠르게 제작할 수 있습니다. 브랜드 광고나 SNS 콘텐츠에 필요한 영상을 만든다면 반드시 필요합니다.

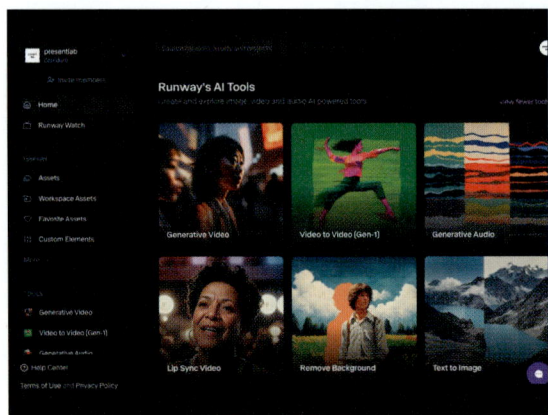
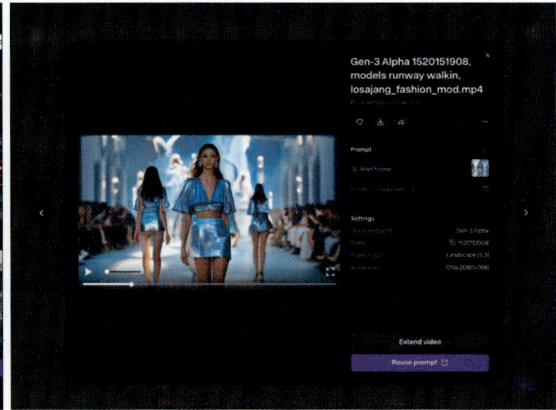

▶ **텍스트 기반 영상 생성 (Text-to-Video)**: 텍스트 프롬프트를 입력하면 AI가 영상 생성

▶ **이미지에서 영상으로 (Image-to-Video)**: 원하는 이미지를 움직이도록 영상화 작업

▶ **립싱크 영상 제작**: 음성이나 텍스트에 맞춰 자연스러운 립싱크 영상으로 제작

❖ 모션 그래픽 제작을 간편하게, 루마 드림머신 (https://lumalabs.ai)

루마 드림머신(Luma Dreammachine)은 런웨이와 같은 영상 제작은 물론, 3D 텍스트까지 구현 가능한 모션 디자이너입니다. 브랜드 네이밍이나 로고를 모션으로 움직이게 하고 싶다면 루마 머신이 멋지게 만들어 줄 거예요. 강력한 브랜드 영상 콘텐츠의 인트로나 시그니처를 만들고 싶다면 루마 드림머신을 이용해보세요.

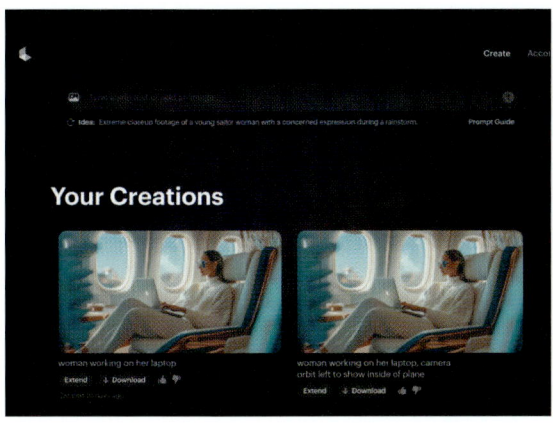 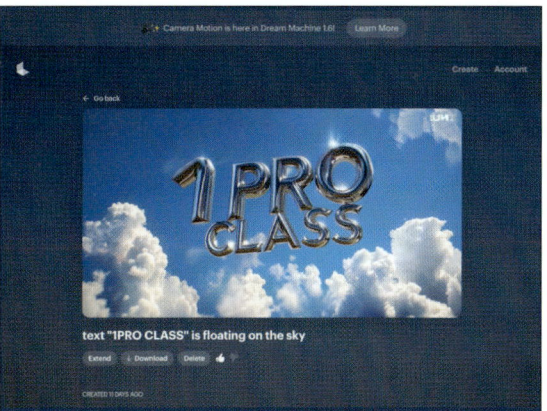

▶ **모션 그래픽 생성**: 3D 텍스트의 모션까지 구현해내 몰입감 있는 영상 제작

▶ **텍스트 프롬프트 기반**: 간단한 키워드뿐만 아니라 이미지 첨부 기능으로 영상 생성

▶ **카메라 모션 기능**: 초보자도 간단한 키워드만으로 카메라 모션 무빙 설정 가능

◆ 각종 장르의 노래와 BGM 메이커, 수노
(https://suno.com)

수노(Suno)는 맞춤형 음악을 생성하는 AI로, 배경 음악이나 사운드트랙이 필요한 다양한 콘텐츠에서 중요한 사운드 디렉터입니다. 저작권 걱정 없이 AI가 생성한 음원을 활용할 수 있죠. 더불어 원하는 키워드가 담긴 가사까지 작사할 수 있어 브랜드 메시지를 전달하기 좋습니다.

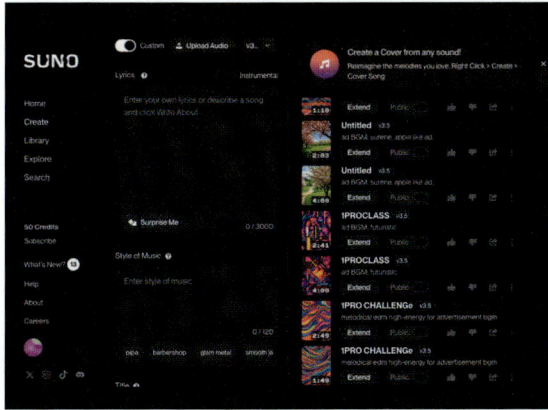 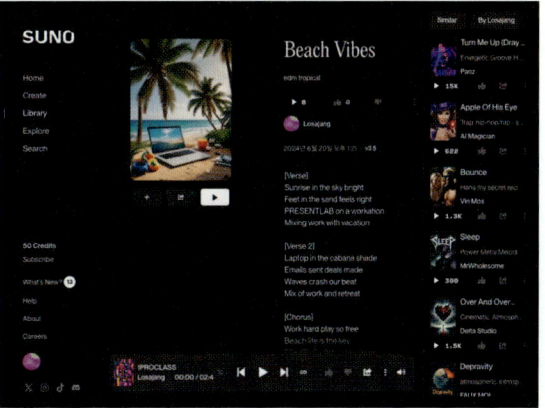

- ▶ **맞춤 음악 생성**: 간단한 프롬프트로 광고, 영상, 프레젠테이션에 필요한 맞춤형 음악 생성 가능
- ▶ **다양한 음악 스타일**: EDM, 힙합, K-POP, 재즈, 클래식 등 수많은 장르와 분위기의 음악
- ▶ **가사 작사 능력**: 영어뿐만 아니라 한국어 가사까지 라임에 맞춘 작사 실력

다양한 AI 체인 활용의 시너지 효과

직장에서 각 팀원이 자신의 장점을 발휘하며 협업할 때, 마치 어벤져스처럼 강력한 시너지 효과를 낼 수 있습니다. AI도 마찬가지로, 솔로 플레이보다 팀 플레이에서 빛을 발합니다. 각각의 전문 분야에 특화된 AI를 프로젝트마다 TF 팀처럼 꾸리면 비즈니스에서 엄청난 시너지 효과를 일으킬 수 있죠.

가령, 디자인 시안 작업을 할 때 여러 AI툴을 체인처럼 연쇄적으로 활용할 수 있습니다. 먼저, 이미지 생성 AI인 미드저니로 기본적인 비주얼 아이디어와 무드보드를 빠르게 생성합니다.

▶ 그린 네온이 포인트 컬러인 패션 브랜드의 무드보드 이미지를 만들어 본 사례

그다음 텍스트 생성 AI 챗GPT를 활용해 클라이언트를 설득하기 위한 디자인 콘셉트 논리를 추출합니다. 네온 액센트, 미니멀리즘, 테크웨어 감성 등 전문적인 디자인 키워드를 잘 뽑아줍니다. 그런 다음, 비주얼 편집 AI 파이어플라이로 최종 이미지를 세세한 부분까지 수정 및 보완해 완성도를 높입니다.

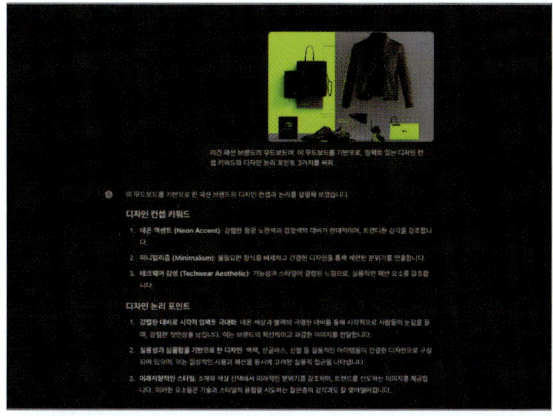 

▶ 미드저니로 생성한 무드보드를 첨부하고, 디자인 콘셉트 키워드와 논리 포인트 세 가지 써달라고 요청

▶ 파이어플라이에 무드보드 이미지를 업로드한 후, 영역을 지정하고 선글라스를 추가해달라고 요청

내 프로젝트에 필요한 업무가 무엇인지 파악하고, AI들을 적재적소에 배치해 어벤저스 팀을 꾸리는 것이 AI를 통한 비즈니스의 핵심입니다. 그러기 위해서라면 각각 AI들의 특장점들을 잘 파악하고 있어야겠죠? 이제, 이런 슈퍼직원 AI들에 명령을 잘 내리기 위한 비법을 알아보겠습니다.

chapter 03

AI를 300% 활용하는
프롬프트 엔지니어링 비법

생성형 AI는 크게 인풋, 아웃풋 구조로 작동합니다. 사용자가 명령어를 입력(Input)하면 AI가 그에 따른 결과물을 출력(Output)하게 됩니다. 이때 AI에게 입력하는 명령어를 '프롬프트'라고 부른다고 했죠? 프롬프트를 어떻게 입력하느냐에 따라 AI의 아웃풋 퀄리티도 크게 달라집니다.

처음에 몇 번 AI를 써보고, 생각보다 마음에 안 드는 결과물에 실망했다면 '프롬프트 엔지니어링'이 필요합니다. 신입사원에게 아무런 설명 없이 "이번 분기 마케팅 기획안을 가져와"라고 던지면 직원은 당황하고 헤매다 어설픈 기획안을 들고 올 수밖에 없습니다. 마케팅 캠페인의 목적이 무엇이고, 프로젝트 배경은 어떤지, 어떤 형태의 기획안을 원하는지 자세한 설명이 필요하죠. AI도 마찬가지입니다.

상위 1% 프롬프트의 비밀, PRO 법칙

생성형 AI가 등장한 후 프롬프트 엔지니어링 비법에 대한 수많은 연구와 논문들이 쏟아졌습니다. 그중에서도 핵심 프롬프트 엔지니어링 노하우만 선별해보았는데요. 기억하기 쉽도록 프롬프트(PROMPT) 앞글자인 프로(PRO)로 정리했습니다. 프롬프트 엔지니어링하는 상위 1% 비밀, 'PRO' 법칙만 기억하세요. PRO 법칙은 'Persona(페르소나)', 'Reference(레퍼런스)', 'Output(아웃풋)'으로 이루어져 있습니다. 각각의 법칙을 설명하겠습니다.

✦ PERSONA (페르소나)를 정의하세요

페르소나는 사람이 특정 상황에서 보여주는 역할이나 정체성을 의미합니다. 프롬프트 엔지니어링에서 페르소나 법칙은 AI에 특정 역할을 부여해 맥락에 맞는 결과를 얻어내는 것이 핵심 원칙인데요. AI는 주어진 페르소나에 맞춰 행동하고, 그에 맞는 방식으로 응답하게 되죠.

이 법칙을 통해 AI는 단순히 정보를 제공하는 것이 아니라, 마치 경험 있는 전문가나 특정 상황에 적합한 조력자처럼 행동할 수 있습니다. 예를 들어, 챗GPT에 아무런 페르소나를 부여하지 않고 상세페이지를 만들어달라는 프롬프트를 입력해보겠습니다.

Prompt 1% 비즈니스를 위한 AI 챌린지의 상세페이지를 만들어 줘.

Chat GPT 1% 비즈니스를 위한 AI 챌린지 - 상세 페이지

챌린지 소개
1% 비즈니스를 위한 AI 챌린지는 AI를 활용해 비즈니스 성과를 극대화하고자 하는 기업가와 스타트업을 위한 특별한 프로그램입니다. 이 챌린지는 최신 AI 기술을 통해 비즈니스에서 어떻게 혁신을 이루고, 생산성을 1%씩 지속적으로 향상시킬 수 있는지를 집중적으로 다룹니다.

참가 대상
AI 기술을 통해 비즈니스를 혁신하고자 하는 기업가
스타트업 창업자 및 비즈니스 리더
데이터를 활용한 비즈니스 인사이트를 얻고자 하는 기업
AI를 도입하고 싶은 중소기업 및 대기업

챌린지 목표
AI를 활용한 비즈니스 혁신 사례 공유 및 학습
각 비즈니스 모델에 맞춘 AI 솔루션 개발 및 적용
1%씩 성과를 향상시키는 방법론 학습 및 실천
실무 중심의 AI 기술 이해 및 도입 전략 마련

아무런 역할을 주지 않았더니 평이한 대답을 해 줍니다. 아이디어를 구하기 위한 단순 아이데이션(ideation)이나 보고서에 쓸법한 대답으로, 당장 상세페이지에 쓸만한 카피라이팅은 아닙니다. 이번에는 '전문가'란 역할을 부여해볼게요.

> **Prompt** 너는 10년차 상세페이지 기획 및 카피라이팅 전문가야. 1% 비즈니스를 위한 AI 챌린지의 상세페이지를 만들어 줘.

> **Chat GPT** 1% 비즈니스를 위한 AI 챌린지 상세페이지 기획 및 카피

챌린지 소개

1. 헤드라인(H1):
"당신의 비즈니스를 1%의 성공으로 이끌 AI 챌린지!"
짧고 강렬한 문구로 사용자에게 도전의식을 고취하며, 1%라는 목표가 비즈니스 성공의 상징임을 강조합니다.

2. 서브헤드라인(H2):
"7일 만에 AI를 활용해 비즈니스를 혁신하세요!"
짧은 시간 내에 달성할 수 있는 결과를 제시해 사용자의 관심을 끌고, '혁신'이라는 단어로 변화와 성장을 암시합니다.

3. 주요 혜택(Key Benefits):
7일간의 집중 AI 교육: AI를 실제 비즈니스에 적용해보는 실전형 학습.
1:1 맞춤형 코칭: AI 전문가와 함께하는 비즈니스 문제 해결.
AI로 자동화된 비즈니스 도구 제공: 실시간으로 효율성을 높이는 도구 활용.
실전에서 검증된 전략: 실무에서 바로 적용 가능한 인사이트와 사례들.

이번에는 챗GPT에 '10년차 상세페이지 기획 및 카피라이팅 전문가'라는 페르소나를 부여했습니다. 그러자 섹션별로 헤드라인, 서브 헤드라인까지 구분해서 대중을 낚아채는 '후킹(hooking)'한 카피라이팅을 제안합니다. 각각 문장이 어떤 목적성이 있고, 고객에게 어떤 심리적 효과가 있는지까지 덧붙여서 설명해 주죠? 이처럼 페르소나 기법은 AI의 능력을 최대치로 끌어올리는 중요한 기술입니다.

◆ REFERENCE [레퍼런스]를 인풋하세요

레퍼런스란 참고할 수 있는 자료나 정보를 말합니다. AI는 주어진 정보를 바탕으로 학습하고 답변을 생성해 참고하는 자료가 중요한데요. 그래서 AI에 사전에 많은 레퍼런스를 학습시킬수록 결과의 퀄리티가 크게 달라집니다.

AI에 PDF, 웹사이트 링크, 이미지와 같은 구체적인 자료를 제공하는 것이 레퍼런스 기법의 핵심입니다. 예를 들어, 챗GPT에 아무런 레퍼런스 없이 SNS 콘텐츠 카피라이팅을 써 달라고 요청해 보겠습니다.

Prompt 1% 비즈니스를 위한 AI 교육, 1프로클래스에 대한 인스타그램 소개 피드를 써 줘.

Chat GPT **1% 비즈니스를 위한 AI 교육, 1프로클래스**

성공적인 비즈니스 성장을 위한 핵심은 바로 AI 기술! 1프로클래스에서 제공하는 맞춤형 AI 교육을 통해, AI를 비즈니스에 도입하고 효율성을 극대화하는 방법을 배워보세요.

1%의 비즈니스를 100%로 성장시키는 비결
✓ 실무에 바로 적용 가능한 AI 활용법
✓ AI를 통해 비용 절감과 생산성 향상
✓ AI 전문가들의 실전 노하우 공유
✓ 초급부터 고급까지 단계별 교육 과정 제공

이제 AI 기술을 활용해 비즈니스에서 앞서 나가세요!
지금 바로 1프로클래스와 함께 비즈니스의 새로운 가능성을 열어보세요!

레퍼런스 자료 없이 인스타그램 피드를 써달라고 했더니, 일반적인 AI 교육 회사에서 할 수 있을법한 카피를 써줬습니다. 사실 괜찮은 대답이었지만, 우리 브랜드만의 뾰족함은 부족합니다. 이번엔 기존에 1프로클래스 인스타그램에 올렸던 콘텐츠 이미지를 첨부해 보겠습니다.

Prompt (SNS 이미지 첨부) 1% 비즈니스를 위한 AI 교육, 1프로클래스의 SNS 콘텐츠를 참고해줘. 이 내용을 기반으로 1프로클래스에 대한 인스타그램 소개 피드를 써 줘.

> **Chat GPT** 1%의 차이를 만드는 비즈니스 챌린지, 애.안.상.챌

더 이상 막막한 상세페이지 제작은 NO!
상세페이지 기획부터 디자인까지 4주만에 완성하는
"애.안.상.챌 1기"가 시작됩니다!

ChatGPT, 클로드, 미드저니 등 AI 도구들을 활용해
비용과 시간을 획기적으로 절감하고,
하루 만에 상세페이지 제작 가능!

무엇을 얻을 수 있나요?
- 상세페이지 제작 외주 비용 절감(300만원 이상 → 하루만에!)
- 프로 같은 결과물, 수익 극대화를 위한 프로 전략 세팅!
- AI로 사업 생산성 10배 증가!

이 과정은 단순한 강의가 아닙니다.
직접 도전하며 경험을 쌓고,
완성된 상세페이지로 실전 경쟁력을 갖추세요!

누적 수강생 2,000명, 대기업 출강 이력을 자랑하는 로사장이 이끄는 강의입니다!

SNS 이미지를 첨부하자 해당 내용을 학습한 굉장히 구체적인 인스타그램 피드 글이 나왔습니다. 실제로 진행하는 AI 챌린지 제목, 어떤 AI 툴을 배우게 되는지, 얻을 수 있는 이익은 무엇인지까지 세밀하게 써주죠? 정확한 수치와 이력까지 언급될 정도로 잘 학습했습니다. 레퍼런스 자료가 많고 구체적일수록 AI는 그 정보를 활용해 더 높은 수준의 맞춤형 결과를 제공합니다.

◆ OUTPUT (아웃풋) 포맷을 요청하세요

회사에서도 일 잘 시키는 상사의 덕목은 결과물 형태를 구체적으로 명시하는 것입니다. '이번 달 매출 데이터를 분석해 줘'라고만 말하면 매출 데이터를 엑셀로 보고할지, PPT로 보고할지, 어떤 템플릿에 맞춰야 할지 모르겠죠. '이번 달 매출 데이터를 월간 보고 엑셀 템플릿에 맞춰 보고해 줘'라고 하면 원하는 형식의 보고서가 올라옵니다.

AI도 마찬가지로, 원하는 형태와 포맷을 구체적으로 요청해야 합니다. 지금 요청하는 카피가 웹사이트 아티클로 올라갈지, 특정 SNS 플랫폼에 올라갈지, 광고 카피로 쓰일지 목적을 명확히 명시해주세요. 또는 엑셀, 워드, PDF 등 필요한 포맷을 정확히 지정하는 것이 아웃풋 법칙의 핵심입니다. 특정 아웃풋 포맷을 언급하지 않고 주간 콘텐츠 기획을 프롬프트로 요청해 보겠습니다.

> **Prompt** 1프로클래스의 일주일의 SNS 콘텐츠 기획안을 짜줘.

> **Chat GPT**
>
> **Day 1:** 인사이트 포스트 - "AI와 비즈니스 혁신"
> AI가 비즈니스에 미치는 영향 및 글로벌 성공 사례 소개.
> **Day 2:** 교육 과정 소개 - "1프로클래스 AI 교육"
> AI 교육 과정, 수업 내용, 차별점 강조.
> **Day 3:** 실전 팁 - "비즈니스 적용 AI 팁 3가지"
> 비즈니스에 바로 적용할 수 있는 간단한 AI 팁 3가지.
> **Day 4:** 수강생 후기 - "성공 사례 공유"
> 수강생들의 AI 활용 성공 사례 공유.
> **Day 5:** 강사 인터뷰 - :AI 전문가의 조언"
> 1프로클래스 강사의 AI 활용 조언 인터뷰.
> **Day 6:** 무료 리소스 제공 - "AI 활용 가이드"
> 비즈니스에 도움이 되는 AI 가이드 또는 템플릿 제공.
> **Day 7:** 이벤트 안내 - "AI 워크숍"
> 실습 중심의 AI 워크숍 이벤트 안내.

별도의 아웃풋 포맷을 지정하지 않으면 챗GPT는 기본적으로 줄글 형태의 대답이 돌아옵니다. Day 1부터 Day 7까지 정리해주는데 한눈에 일주일 기획안을 보기엔 어렵습니다. 이번에는 표 형태로 정리해달라는 아웃풋 기법을 활용해보겠습니다.

Prompt 1프로클래스의 일주일간의 SNS 콘텐츠 기획안을 짜 줘. 콘텐츠 주제, 콘텐츠 내용, SNS 플랫폼 별로 표로 정리해 줘.

Chat GPT 1프로클래스의 일주일간 SNS 콘텐츠 기획안을 아래와 같이 표로 정리했습니다.

	콘텐츠 주제	인스타그램	페이스북	유튜브
월요일	AI 강의 소개	강의 하이라이트 슬라이드 및 설명	강의 소개 포스트 및 링크 공유	강의 요약 영상 (2-3분)
화요일	수험생 후기	후기 이미지 카드, 짧은 인터뷰 영상	수강생 후기 포스트	수강생 인터뷰 영상 (5-7분)
수요일	AI 트렌드	AI 트렌드 인포그래픽 카드 뉴스	트렌드 관련 긴 포스트	AI 트렌드 소개 영상 (3-4분)
목요일	교수진 인터뷰	인터뷰 하이라이트 이미지 및 짧은 영상	교수진 인터뷰 포스트	인터뷰 풀버전 영상 (7-10분)
금요일	AI 활용 팁	AI 활용 팁 동영상 클립	팁 관련 포스트 및 링크 공유	AI 팁 튜토리얼 영상 (5분)
토요일	이벤트/프로모션	이벤트/할인 정보 및 참여 유도	이벤트 및 프로모션 포스트	이벤트 소개 영상 (2-3분)
일요일	주간 콘텐츠 요약	주간 요약 이미지 및 다음 주 예고	주간 요약 및 다음 주 일정	주간 요약 및 다음 주 일정 영상 (3분)

주제, 내용, 플랫폼별 형태까지 한눈에 보기 쉽게 표로 깔끔하게 정리되었습니다. 나아가, 해당 표를 엑셀 파일로 만들어달라고 요청하면 편집하기 쉽게 엑셀 파일 형식으로 출력됩니다.

PRO 법칙은 AI를 단순한 도구가 아닌 비즈니스의 강력한 파트너로 만드는 핵심 원칙입니다. 페르소나 기법으로 AI에 역할을 부여하고, 레퍼런스 기법으로 명확한 자료를 제공하며, 아웃풋 기법에서 원하는 결과물의 포맷을 지정함으로써 AI의 잠재력을 최대치로 끌어올릴 수 있죠. 세 가지 법칙을 제대로 활용하면 AI는 여러분의 비즈니스에서 효율성을 극대화하고, 전략적 의사결정에 중요한 인사이트를 제공하는 슈퍼직원이 될 것입니다.

DAY 2

챗GPT로 잘 팔리는 사업 아이템 찾기

AI라는 슈퍼직원을 고용했으니, 본격적으로 사업 아이템을 구상할 차례입니다. 그전에 AI와 좋은 시너지의 협업을 할 수 있도록 챗GPT의 능력을 100% 활용할 수 있는 노하우를 소개합니다. 팀워크를 맞춰서 앞으로 이루고자 하는 비즈니스 목표가 무엇인지, 챗GPT가 어떻게 응답하면 좋을지 맞춤형으로 세팅해 봅니다.

챗GPT와 함께 내 이력과 장점을 극대화할 수 있는 사업 아이템을 찾아봅니다. 구상하는 사업 아이템의 시장 전망성, 현재 고객들의 니즈, 경쟁사의 움직임에 관한 조사가 필요한데요. 이를 위해 퍼플렉시티와 젠스파크라는 검색 최적화 AI를 활용하는 법을 알아보겠습니다. 리서치한 내용을 바탕으로 사업의 차별화 전략을 세워봅니다. 사업 파트너 챗GPT와 함께 경쟁사에 차별화할 수 있는 포지셔닝이 무엇인지도 논의해봅니다.

자, 그럼 시장에서 잘 팔리는 사업 아이템을 찾으러 떠나 볼까요!

chapter 01

나만을 위한 AI 비서, 챗GPT 맞춤 세팅법

챗GPT는 OpenAI에서 개발한 인공지능 기반의 대화형 모델로 자연어 처리를 통해 질문에 대한 답변과 다양한 문제 해결법을 제안합니다. 또한 텍스트 기반 대화로 사람들과 소통하며, 단순한 정보 검색에서부터 복잡한 분석, 콘텐츠 생성, 전략 수립까지 다양한 작업을 수행할 수 있죠. 특히 비즈니스, 학습, 창의적인 프로젝트 등 다양한 분야에서 챗GPT는 유용한 파트너로 활용되고 있습니다. 필수 비즈니스 파트너인 챗GPT의 능력을 몇 배로 극대화할 수 있는 기본 설정과 노하우를 살펴보겠습니다.

챗GPT 100% 파헤치기

챗GPT는 웹기반으로 사용할 수 있는 AI 서비스로, 챗GPT 사이트(https://chatgpt.com)에 접속해서 대화할 수 있습니다. 처음 사이트에 접속하면 챗GPT의 시작 팁 세 가지가 나타납니다.

◆ 챗GPT에게 무엇이든 물어보세요

챗GPT는 질문에 답변하고, 학습을 도우며 코드를 작성하고, 함께 브레인스토밍하는 등 다양한 작업을 수행할 수 있습니다. 내 사업 파트너이자 고용한 디지털 직원이라고 생각하고 많은 질문을 던져보세요.

◆ 민감한 정보는 공유하지 마세요

챗GPT는 오픈소스 정보들을 학습하기 때문에 챗GPT에 공유하는 정보들도 학습 대상이 됩니다. 민감한 정보들은 마스킹 처리를 하거나, 회사 기밀 정보들은 공유하지 않는 것을 추천합니다.

◆ 사실 여부를 확인해보세요

AI가 오픈소스에서 정보를 수집하다 보니 때때로 부정확한 정보를 제공합니다. 틀린 정보를 진짜처럼 말하는 AI의 거짓말을 할루시네이션(Hallucination) 즉 환각 증상이라고 하는데요. 믿을만한 출처에서 가져온 정보인지 이중으로 체크하는 습관을 들이면 좋습니다.

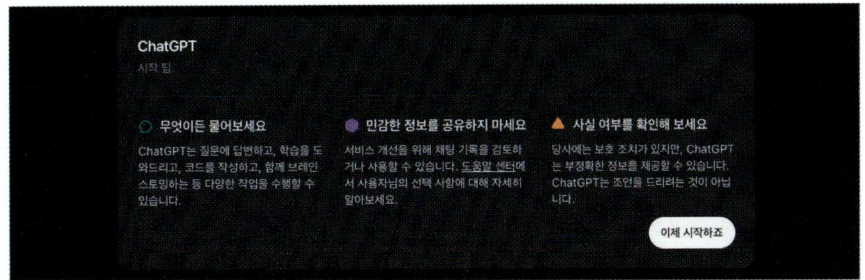

무료 사용자로 로그인하면 상단에 있는 모델 설정이 '챗GPT 자동'으로 설정됩니다. 무료 사용자가 사용할 수 있는 챗GPT 모델들은 한정돼 있습니다. 또 일일 사용량 제한이 있어 서버 부하가 높을 때 응답이 제대로 나오지 않기도 하죠. 'chatGPT Plus'에 있는 '업그레이드' 버튼을 클릭하면 챗GPT의 구독 모델을 볼 수 있습니다.

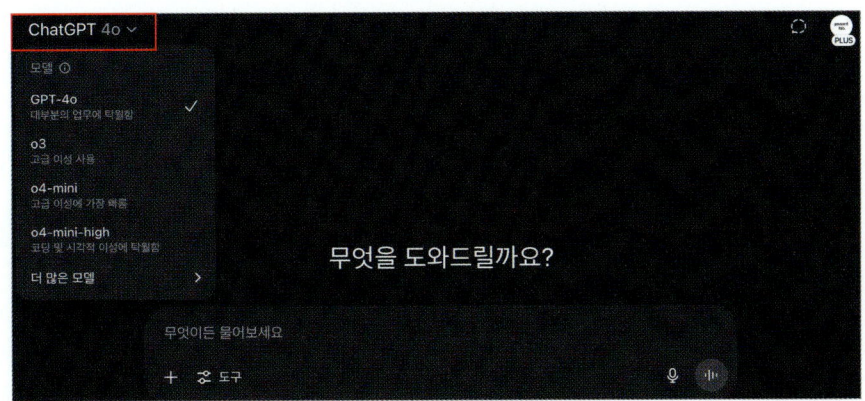

챗GPT 구독 모델은 개인&비즈니스로 나뉘어 있습니다. 무료 사용자는 GPT-4o mini를 활용하게 되며, 제한적으로 GPT-4o 모델도 사용 가능합니다. 다만 데이터 분석이나, 파일 업로드, 웹 브라우징, 이미지 생성에 제한이 있습니다.

한화 약 2만 원(월 20달러)만 내면 모든 챗GPT 모델을 활용하고, 맞춤형 GPT를 생성하고 사용할 수 있어 유료 버전을 추천합니다. 서버가 혼잡해도 유료 사용자에게 우선 응답을 주고, 문제 해결 능력이 월등해 비즈니스 효율성을 위한 투자라고 생각하면 좋습니다.

팀원들과 함께 챗GPT를 활용하고 싶다면 비즈니스 플랜을 보면 좋습니다. 매월 약 3만 5천 원(월 25달러)로 협력하기 편한 워크스페이스가 제공돼 팀과의 협업에 수월합니다. 대규모 조직용이 필요하다면 OpenAI에 별도로 문의해야 합니다.

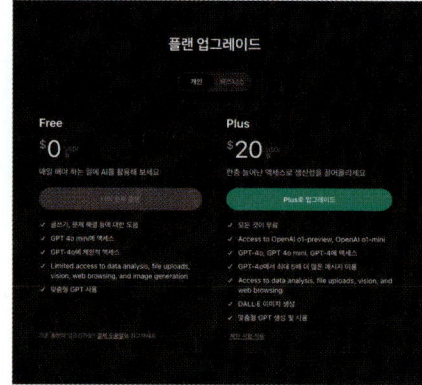
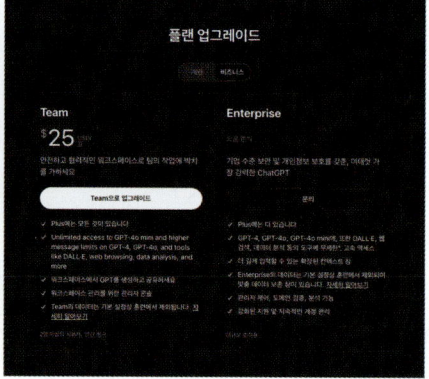

개인화된 채팅을 위해 챗GPT 맞춤 설정하기

본격적으로 챗GPT를 사용하기 전에 반드시 챗GPT 맞춤 설정을 해야 합니다. 사용자의 직업이나 목표, 챗GPT의 응답 방식 등을 미리 설정하면 챗GPT가 더욱 개인화된 답변을 해줍니다. 챗GPT는 새로운 채팅이 시작될 때마다 기존 내용을 모두 기억하지 않아 매번 직업과 비즈니스 목표를 입력해야 합니다. 맞춤 설정을 해놓으면 더욱 효율적으로 일관성 있는 답변을 얻을 수 있습니다. 맞춤 설정은 간단합니다. 챗GPT 사이트 오른쪽 상단의 '내 프로필'을 클릭하고, 'chatGPT 맞춤 설정'을 선택하면 창이 열립니다.

◆ 나에 대한 프로필 입력하기

'chatGPT 맞춤 설정' 창이 열리면 두 가지 답변란이 보입니다. 첫 번째 질문은 사용자인 '나'에 대한 정보를 입력하는 란입니다.

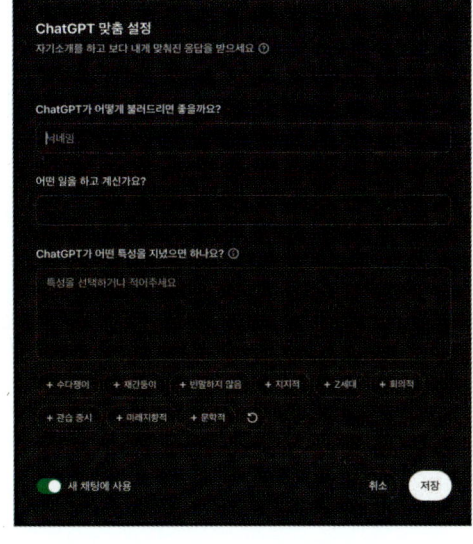

TIP 챗GPT의 업데이트 상황에 따라 화면 구성이 다를 수 있습니다.

내가 하는 일과 관심사 입력하기

챗GPT가 우리의 역할을 이해할 수 있도록 직업이나 관심사를 명확히 전달하세요. 챗GPT는 우리의 직업이나 환경에 따라 맞춤형 조언을 주기 때문에 최대한 구체적으로 적어주면 좋습니다. 활동하는 지역뿐 아니라 최대 관심사가 무엇인지까지 모두 입력해 주세요.

> **예시** "나는 서울 강남에서 '프레젠트랩'이라는 4년차 회사를 운영하고 있어. 프레젠트랩은 PPT 기획&디자인부터 웹사이트 제작까지 담당하는 디자인 에이전시야. 회사소개서, IR, 제안서와 같은 PPT를 기획하고 디자인 하는 일을 해. 내 관심사는 AI, 사업, 논리적 사고, 비즈니스 글쓰기야. 생성형 AI를 비즈니스에 활용하는 법에 대해서 SNS를 운영하고 있어."

목표 명확히 설정하기

달성하려는 목표를 구체적으로 제시하면, 챗GPT가 맞춤형 전략을 제안할 수 있습니다. 챗GPT를 통해서 우리가 얻고자 하는 비즈니스 목표가 무엇인지 생각해보고, 같은 공동 목표를 설정해 보세요.

> **예시** "내 목표는 성공적인 사업 운영으로 매출 증가&시장 확장을 이뤄내는 거야. 사업 경영이나 고객 관리에 대한 노하우를 얻고 싶어. 또, SNS, 마케팅, 기획 전략, 비즈니스 라이팅 스킬도 발전시켜야 해. 한 달 안에 AI 관련된 신사업을 런칭하는 게 목표야."

◆ 챗GPT 응답 방법 입력하기

두 번째 란에서 챗GPT의 응답 형식을 설정할 수 있습니다. 챗GPT의 기능을 세 배는 더 활용할 수 있는 노하우를 소개합니다.

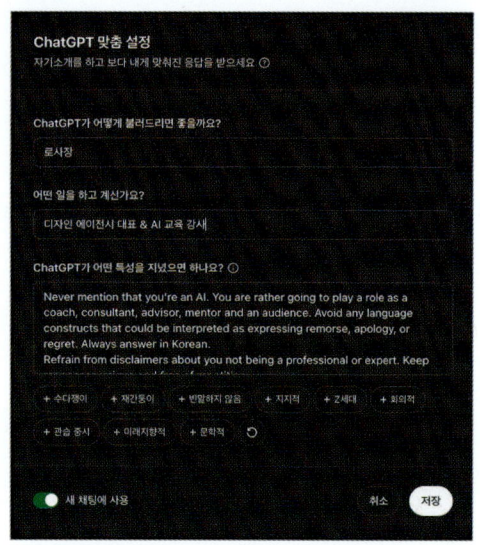

AI의 역할 설정하기

챗GPT가 스스로를 AI로 인지하지 않고, 전문가로 대답할 수 있도록 역할을 지정해 주세요. 가끔 복잡한 질문에 'AI라서 한계가 있다'라고 하는 경우가 있는데요. AI임을 언급하지 말고 한 분야의 전문가로서 반응하라고 설정해 주는 겁니다.

> **예시** "절대 AI라고 언급하지 마. 너는 코치, 컨설턴트, 멘토, 조언자의 역할이야. 후회나 사과하지 말고, 전문가가 아님을 언급도 하지 마. 10년 이상 경력의 사업, 마케팅 전문가로서 통찰력 있는 대답을 해 줘."

믿을만한 출처 요청하기

챗GPT는 가끔 잘못된 상황을 사실처럼 말하는 '할루시네이션'이 발생한다고 설명했습니다. AI의 실수를 최대한 방지하도록 요청 사항을 설정해야 합니다.

> **예시** "모르는 정보는 추측하지 말고, 모르면 '모르겠다' 라고 대답해 줘. 신뢰할 수 있는 출처에서 정보나 레퍼런스를 가져오고, 출처를 표기해 줘. 지난 답변에서 실수가 있었다면 실수를 인지하고 정정해 줘."

팔로우업 질문 요청하기

챗GPT가 답변 후에도 추가로 고려해야 할 사항이나 다음 단계의 질문을 하도록 지시하세요. 그러면 우리가 생각지도 못했던 질문이나 주제에 대해서 더욱 깊이 있게 대화를 진행할 수 있습니다.

> **예시** "대답이 끝난 후에, 세 가지 팔로우업 질문을 해 줘. 현재 대화 주제에서 더욱 인사이트 있는 대화를 나눌 수 있는 질문이어야 해. 다음 단계로 무엇을 해야 하는지 알려주거나, 추가로 고려해야 할 요소가 있으면 말해 줘."

하나의 작업에 특화된 맞춤형 챗봇, 나만의 GPT

챗GPT가 업무의 A~Z 까지 맡아준다면 특정 작업에 특화된 GPT를 사용할 수도 있습니다. 마케팅 전략, 글쓰기, 데이터 분석, 코딩 지원 등 원하는 목적이 분명하면 이미 해당 작업을 위해 프롬프트가 세팅된 GPTs가 더 좋은 결과를 줄 수 있습니다.

챗GPT 사이트 화면 왼쪽에 'GPT 탐색'을 클릭하면 수많은 GPT를 볼 수 있으며, 글쓰기, 생산성, 교육 등 카테고리를 클릭하면 해당 업무에 최적화된 챗봇들이 나타납니다.

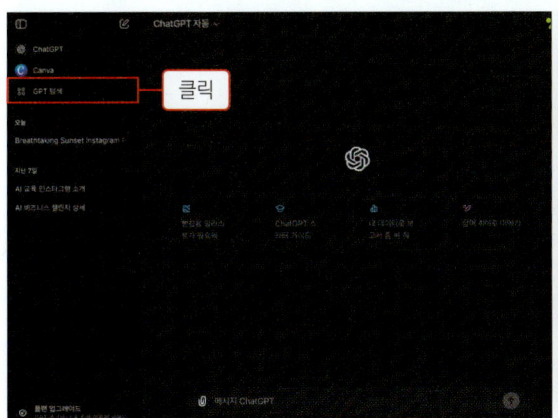 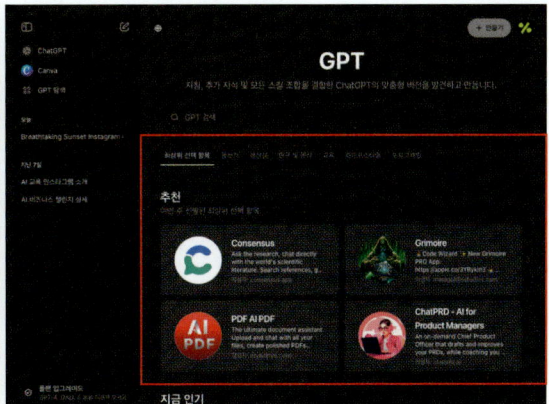

키워드로 원하는 용도의 GPT 검색하기

키워드를 통해서 내가 찾는 목적의 챗GPT를 찾아볼 수 있습니다. 'GPT 검색'란에 키워드를 입력해볼게요. 웹서핑이 가능한 용도의 챗GPT를 찾기 위해 'web'이라고 검색해보겠습니다. 'web'이 들어간 이름들의 GPT들이 다양하게 표시됩니다. 여기서 나오는 수치는 얼마나 많은 사람이 해당 GPT를 활용했느냐에 대한 지표입니다. 가장 높은 1Million이 기록된 'WebPilot'을 클릭해볼게요. WebPilot은 웹사이트를 검색하고, 브라우징하면서 글쓰기까지 해주는 역할을 한다고 합니다. '채팅 시작'을 클릭하면 웹 검색에 특화된 WebPilot과 대화가 시작됩니다.

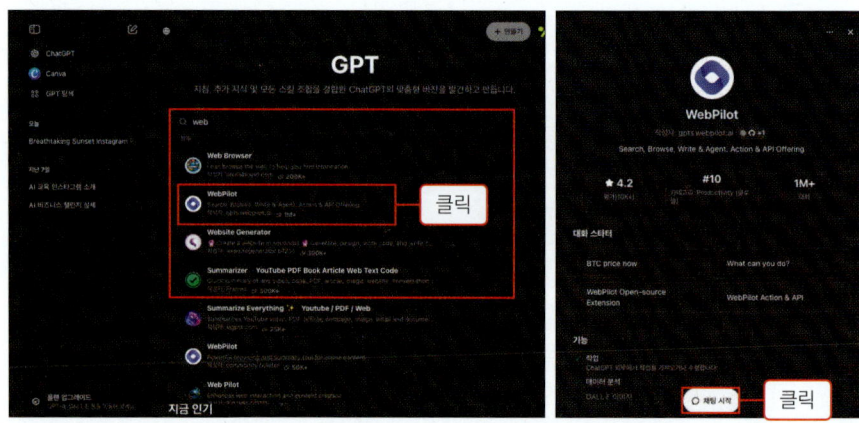

챗GPT가 못하는 일까지 해주는 맞춤형 GPT

일반 챗GPT와의 채팅에서 웹 링크를 주면서 분석해달라고 하면 해당 웹사이트 액세스가 없다는 답변이 표시됩니다. 기본적으로 챗GPT 모델이 실시간 웹 브라우징에 특화되어 있지 않기 때문인데요.

웹 브라우징에 특화된 지침과 프롬프트로 학습된 GPT, 'WebPilot'에게 똑같은 질문을 해보겠습니다. 웹 링크를 주면서 주요 내용을 정리해달라고 요청하니 웹사이트 내용을 정확하게 학습하고 요약해줍니다. 이렇게, 하려는 작업이 명확하다면 해당 임무에 최적화된 GPT를 찾아보세요.

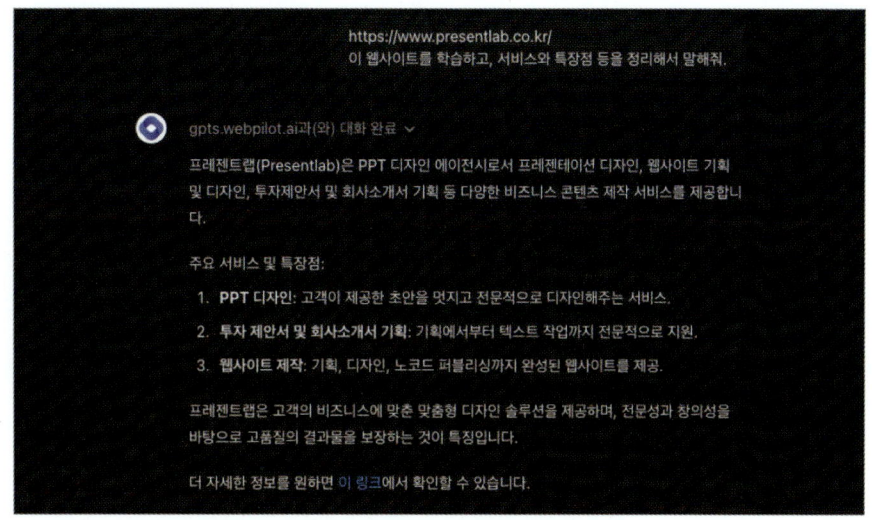

✦ 내 비즈니스만을 위한 GPT 만들기

유료 버전 사용자라면 직접 나만의 챗GPT를 만들고, 오픈된 마켓인 'GPT 스토어'에 공유할 수도 있습니다. '챗GPT 탐색' 페이지에서 오른쪽 상단의 〈만들기〉 버튼을 클릭하면 나만의 새로운 GPT를 만들 수 있는 설정 페이지가 나타납니다.

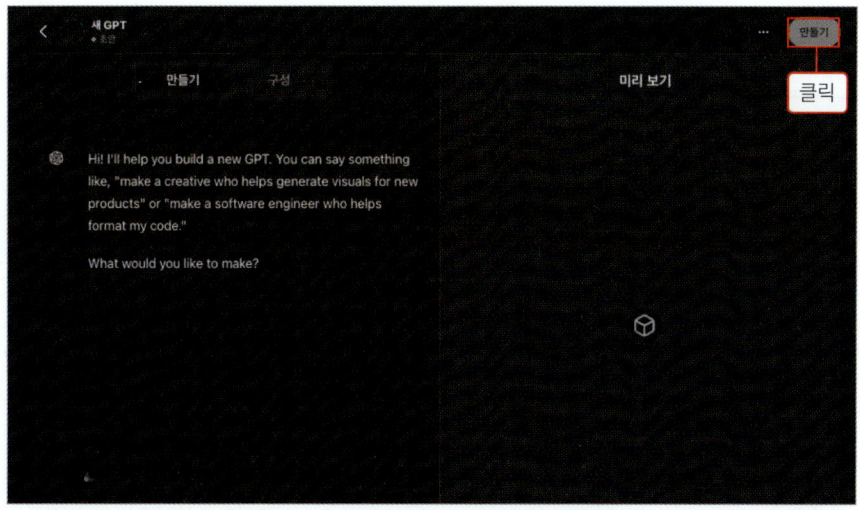

[만들기] 탭에서는 GPT와 대화를 통해서 GPT를 만들어 나갈 수 있습니다. [구성] 탭에서는 직접 GPT의 이름, 설명, 지침, 대화 스타터, 지식 등을 세팅할 수 있죠. 지침에서는 구체적으로 GPT의 역할, 목적, 템플릿 등의 프롬프트를 입력

합니다. 지식(Knowledge)에 참고자료나 매뉴얼을 업로드하면 GPT가 해당 파일 기반으로 대답을 해줍니다.

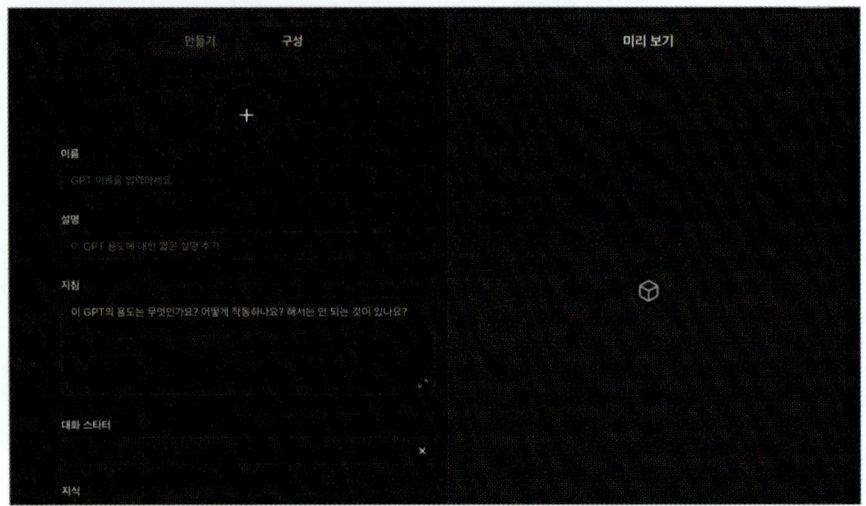

예를 들어, 우리 회사의 매뉴얼과 템플릿에 맞는 회의록을 만들도록 GPT를 설정할 수 있어요. 지침에서 회의록 녹취 텍스트를 분석하고 주요 피드백 사항, 일정 및 개선 사항 등을 템플릿에 맞춰서 정리해달라고 했습니다. 이렇게 설정한 후 화면 오른쪽 상단에 〈만들기〉를 클릭하면 매번 회의록 템플릿을 알려주는 프롬프트를 쓰지 않고도 알아서 GPT가 회의록을 만들어 줍니다.

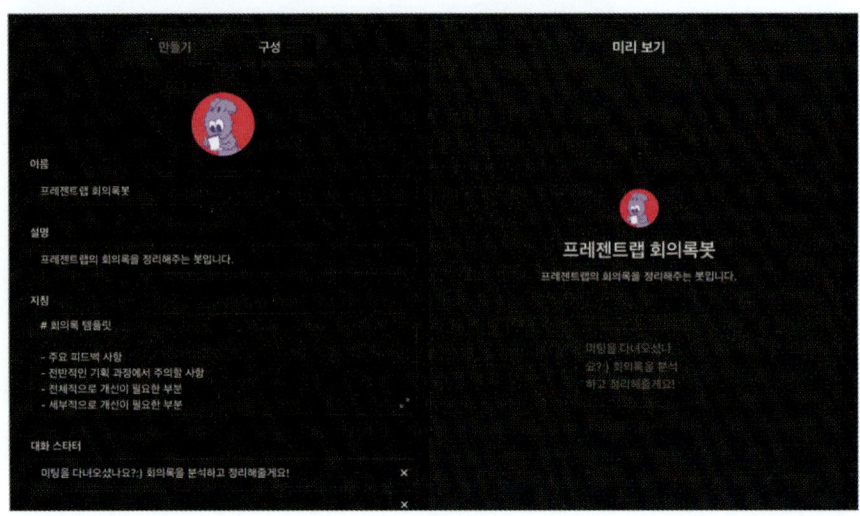

회사 내규가 공개되는 것이 신경 쓰인다면 GPT 공유 설정을 할 수 있습니다. 오른쪽 상단의 〈공유하기〉를 클릭하면 '나만 보기'로 나만 쓸 수 있는 GPT를 만들거나, '링크가 있는 모든 사람'을 통해서 팀원들에게만 공유할 수도 있습니다. 'GPT 스토어'는 모든 사람에게 공개됩니다. 각자의 목적에 맞게 공유 옵션을 선택하면 됩니다.

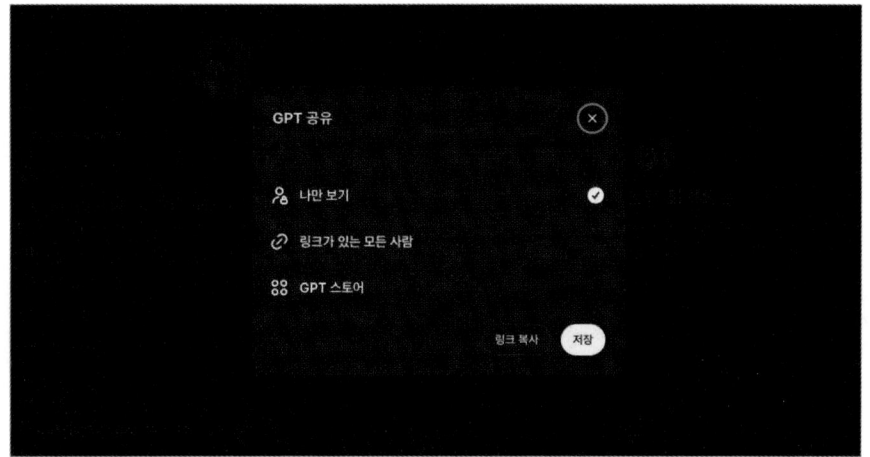

chapter 02

AI 분석으로
잘 팔리는 사업 아이템 찾기

챗GPT를 활용해 본격적으로 비즈니스 구축을 시작합니다. 성공적인 사업 아이템 발굴이 첫걸음입니다. 이 아이템이 시장에서 잘 팔릴 확률을 높이기 위해 탄탄한 사전 조사는 필수입니다. 기존에는 사람의 직관과 경험에 의존했고, 시장 조사, 트렌드 분석, 고객 피드백 수집에 많은 시간과 에너지를 쏟아야 했죠. 사람이 며칠 혹은 몇 주에 걸리는 분석을 AI는 방대한 데이터를 빠르고 정확하게 분석하는 능력으로 몇 분 만에 끝낼 수 있습니다. 2장에서는 챗GPT와 퍼플렉시티를 활용해서 '나'에 대한 분석, 시장과 고객 트렌드 파악, 경쟁사를 분석해보겠습니다.

나에 대한 메타인지 기반 아이템 도출하기

성공적인 사업 아이템을 찾기 위한 가장 중요한 키워드는 바로 나에 대한 정확한 이해, 즉 '메타인지'입니다. 메타인지는 자신의 생각과 행동, 그 과정에서 발생하는 강점과 약점을 객관적으로 인식하고 평가하는 능력을 말합니다. 내가 뭘 잘하고 좋아하는지, 어떤 경력과 역량이 있는지를 분명히 파악하고 사업 아이템을 고르는 것이 중요하죠. 생각보다 많은 사람이 자신의 장점을 작게 보거나 이력을 대단하지 않다고 치부하기도 합니다. 이때, 챗GPT는 객관적으로 나를 분석하고 피드백을 주는 멘토가 될 수 있습니다.

◆ 나의 이력서와 포트폴리오를 인풋시키기

이력서와 포트폴리오는 '나'라는 사람의 이력을 가장 압축적으로 표현합니다. 취업 준비를 하거나 프리랜서로 일 해 본 분들이라면 이력서와 포트폴리오 하나씩은 갖고 있을 텐데요. 이력서와 포트폴리오를 챗GPT에 학습시켜서 나라는 사람을 분석해보겠습니다.

> **Prompt** (이력서 PDF 파일 첨부) 이 이력서를 기반으로 내가 할 수 있는 사업 아이템들 추천해 줘.

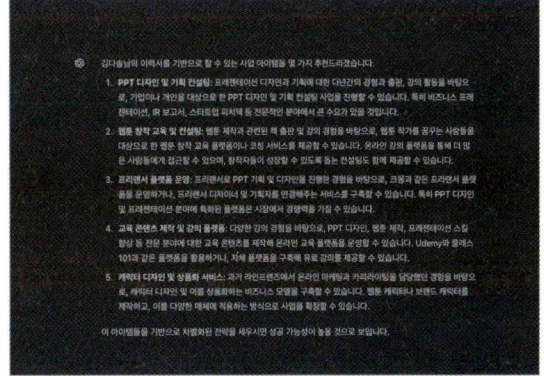

이력서에 광고 회사 기획자, PPT 디자인 경력, 웹툰 책 출간 및 다양한 강의 경험을 적었습니다. 기록된 경력을 바탕으로 사업 아이템을 다섯 가지나 추천해줬습니다. PPT 디자인&기획 컨설팅, 웹툰 창작 교육, 프리랜서 플랫폼 운영, 교육 콘텐츠 제작, 캐릭터 디자인 상품화 서비스네요. 이중에서 어떤 사업 아이템이 가장 경쟁력 있을지 물어보겠습니다.

> **Prompt** 위 사업 아이템들 중에서 내가 가장 차별화 될 수 있는 아이템은 무엇일까?

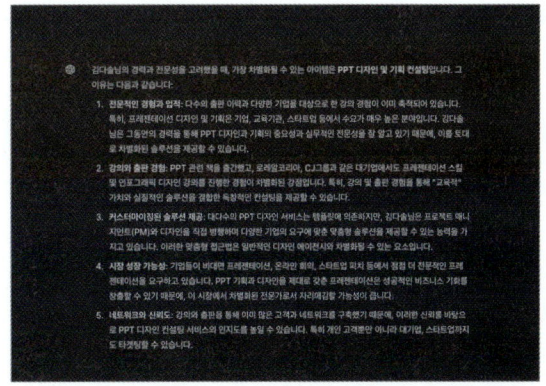

경력과 전문성을 고려했을 때, 가장 차별화되는 아이템으로 'PPT 디자인 및 기획 컨설팅'을 추천해줬습니다. 다수의 출판 이력, 기업 대상 강의 경험 뿐만 아니라 시장 성장 가능성과 네트워크 신뢰도를 이유로 들어주었네요. 실제로 제가 PPT 기획 디자인 회사를 4년째 운영 중이니, 챗GPT의 안목이 정확한 것 같죠?

◆ 나의 SNS를 학습시켜 사업 아이템 추천받기

이력서나 포트폴리오가 우리들의 경력을 담고 있지만, 우리의 관심사까지는 파악하기 어렵습니다. 그래서 이번에는 운영하는 SNS 콘텐츠를 학습시켜서 잘 팔릴 수 있는 사업 아이템을 도출해 보겠습니다. 제 인스타그램의 인사이트 분석에 들어가서 최근 가장 인기 있었던 콘텐츠 위주로 정리해서 캡처했습니다. 가장 반응 좋았던 콘텐츠들의 캡션도 캡처해서 이 이미지들을 모두 챗GPT에 첨부했습니다.

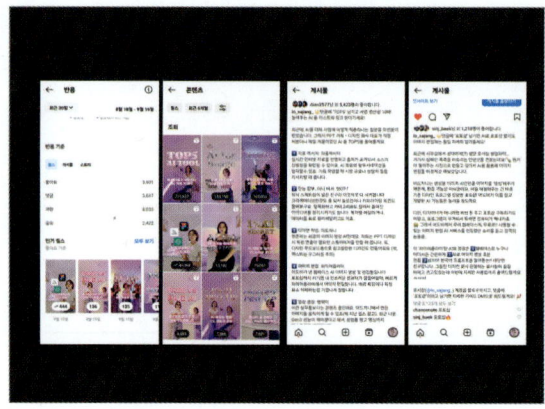

Prompt 이건 내 인스타그램에서 가장 반응이 좋았던 콘텐츠들이야. 이것을 분석해서 내가 할 수 있는 사업 아이템들을 추천해 줘.

그러자 챗GPT가 1차적으로 제 인스타그램 콘텐츠를 분석해줬습니다. 팔로워들에게 가장 높은 반응을 얻은 것으로 AI 도구, AI 비즈니스 활용, AI 교육 콘텐츠 3가지를 꼽았고, 이에 대한 수요가 크다는 것으로 분석했네요.

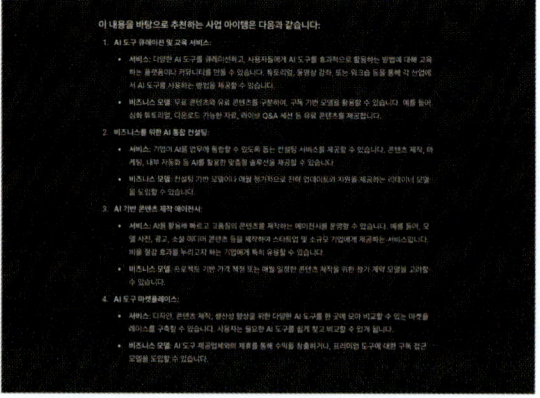

분석 내용을 기반으로 사업 아이템들을 추천해줬습니다. AI 툴 교육 서비스, 비즈니스를 위한 AI 통합 컨설팅, AI 기반 콘텐츠 제작 에이전시, AI 툴 마켓플레이스, AI 웨비나& 워크숍을 제안해줬습니다. 이 중에서 바로 시작해서 수익화가 가능한 사업 아이템을 물어봤습니다.

> **Prompt** 지금 당장 시작해서 수익화할 수 있는 사업 아이템은 뭘까?

AI 툴 활용 강의와 컨설팅을 추천해주며, 교육에 대한 높은 관심과 빠른 실행 가능성, 즉각적인 수익화를 이유로 들었습니다. 추진 전략으로 수익화하는 방법도 도출했습니다.

✦ 이키가이 프레임워크로 사업 아이템 분석하기

이키가이(Ikigai) 프레임워크란 개인의 삶의 목적과 가치를 찾기 위한 도구입니다. 좋아하는 일, 잘하는 일, 세상이 필요한 일, 돈을 벌 수 있는 일의 네 분야가 교차되는 지점이 바로 '삶의 가치'라는 것인데요. 단순 시장의 요구나 수익성만 고려하면 보람이나 성취를 느끼지 못하고 금방 그만둘 때가 많습니다. 이키가이가 일치되는 일을 해야 사업가도 지속 가능한 사업을 설계할 수 있게 됩니다. 챗GPT에 제 정보를 바탕으로 이키가이를 구성해달라고 요청했습니다.

> **Prompt** 내 이력서와 인스타그램 콘텐츠를 기반으로 이키가이 프레임워크를 만들어 줘.

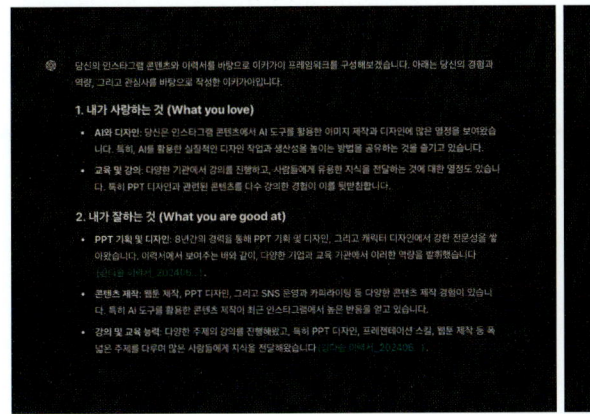

이키가이는 유명한 프레임워크여서 별도의 자료를 레퍼런스로 넣지 않았습니다. 내가 사랑하는 것으로 AI와 디자인, 교육 및 강의를 꼽아주었네요. 잘하는 것으로는 PPT 기획 및 디자인, 콘텐츠 제작, 교육 및 강의 능력이라고 정리해 주었습니다.

세상이 필요로 하는 것은 무엇일까요? 많은 중소기업과 스타트업들은 AI로 비용을 절감하고 효율적으로 실무를 하려는 니즈가 있습니다. 그래서 AI 툴을 활용한 비즈니스 효율성 향상과 관련된 교육 및 학습 기회가 중요한 영역이라고 하네요. 내가 수익을 얻을 수 있는 분야로는 AI 교육, PPT 기획&디자인, 콘텐츠 에이전시를 꼽았습니다.

이렇게 네 가지 분야를 도출했을 때, 챗GPT가 뽑은 이키가이 교차점은 'AI 툴 활용 교육 및 컨설팅'이네요. 이미 있는 강의 경험과 인스타그램에서 쌓은 인지도, AI툴에 대한 높은 관심 기반으로 빠르게 사업을 확장할 수 있다고 추천해 줍니다.

퍼플렉시티와 챗GPT로 시장전망 분석하기

사업 아이템이 시장에서 반응이 있을지 검증 단계는 필수입니다. 철저한 시장 분석과 타깃 고객에 대한 이해로 성공률을 높여야 하죠. 퍼플렉시티와 챗GPT는 이런 시장조사와 분석에 최적화된 툴입니다.

✦ 실시간 검색 전문 AI, 퍼플렉시티

퍼플렉시티(https://www.perplexity.ai)는 검색에 특화된 AI 툴로, 시장 조사 혹은 리서치 자료가 필요할 때 찾는 핵심 AI입니다. 퍼플렉시티의 모든 대답에 해당 자료의 출처 링크가 첨부된다는 점이 가장 큰 특징인데요. 데이터의 출처를 이중으로 확인할 수 있어서 AI의 오류 걱정 없이 신뢰할 수 있는 수치를 얻을 수 있습니다.

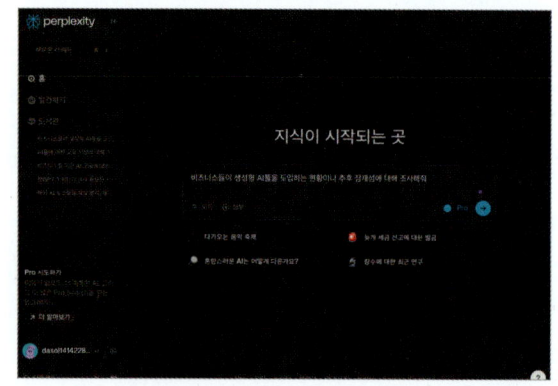

Prompt 비즈니스들이 생성형 AI 툴을 도입하는 현황을 조사해 줘.

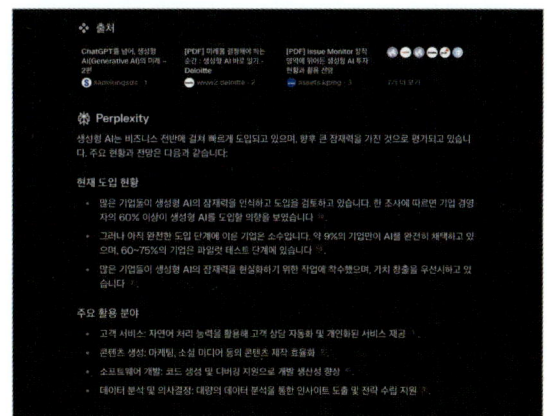

퍼플렉시티가 기업들이 생성형 AI를 도입할 의향이 60% 이상이라는 수치를 찾아줬는데요. 해당 내용 끝에 있는 숫자로 표기된 주석을 클릭하면 해당 데이터의 원본 출처로 랜딩됩니다. 클릭해보니 삼일PwC에서 2024년 5월에 발간된 '생성형 AI를 활용한 비즈니스의 현주소'라는 보고서가 출처네요. 또 보고서에 따르면 아직까지는 기업의 9%만이 AI를 완전히 채택하고, 60~75% 기업은 파일럿 테스트 중이라고 합니다. 나아가 추후 전망도 질문해보겠습니다.

Prompt 비즈니스들이 생성형 AI툴을 도입하는 전망과 성장 가능성은?

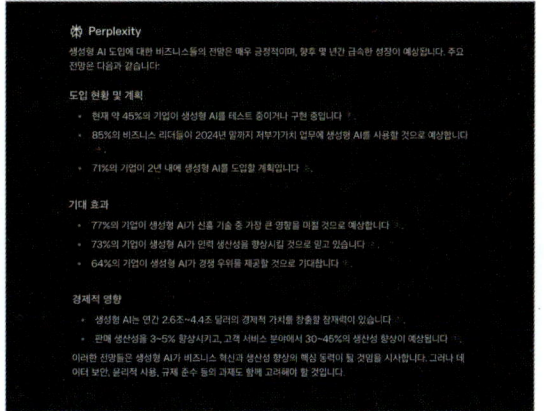

퍼플렉시티가 도입 현황 및 계획, 기대 효과와 경제적 영향까지 찾아주었습니다. 85%의 비즈니스 리더들이 2024년 말까지 저부가가치 업무에 생성형 AI를 사용할 것으로 예상한다는데요. 출처를 클릭해보니 MIT/Telstra로 해외 기업들 대상의 조사입니다. 생성형 AI가 연간 2.6조~4.4조 달러의 경제적 가치를 창출할 잠재력이 있다고도 합니다. 글로벌과 한국의 조사 결과, 잠재 가치가 큰 시장으로 보입니다.

✚ 네이버 데이터랩 검색어 트렌드 살펴보기(https://datalab.naver.com)

실제 고객의 관심도를 확인하기 위해 검색어 트렌드를 살펴보겠습니다. 한국에서 데이터 트렌드를 분석할 수 있는 '네이버 데이터랩'에서 검색량 추이를 확인할 수 있는데요. 네이버 데이터랩에서 '검색어 트렌드' 탭을 클릭합니다.

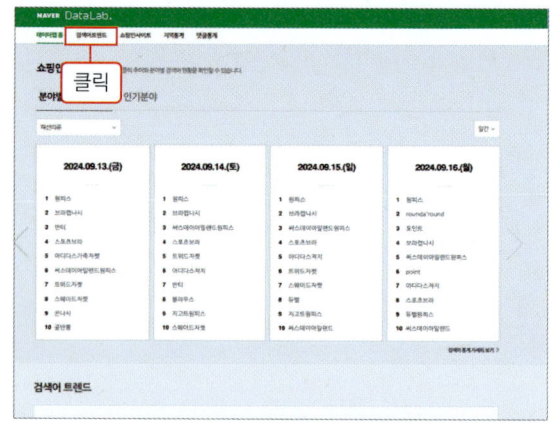

국내에서 생성형 AI에 대한 관심도가 궁금해서 다양한 생성형 AI를 키워드로 넣었습니다. 대주제로 AI, 챗GPT, 미드저니, 클로드를 주제어로 넣고 지난 1년 간의 검색어 추이를 살펴봅니다.

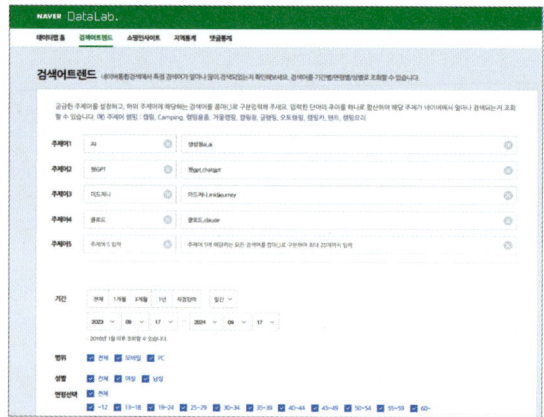

1년 간의 검색어 추이가 그래프 형태로 표시됩니다. 그래프 밑에 '다운로드' 버튼을 클릭하면 로데이터(raw data)의 엑셀 파일을 다운로드할 수 있는데요. 이 엑셀 파일을 챗GPT에게 인풋시켜서 인사이트를 뽑아보겠습니다.

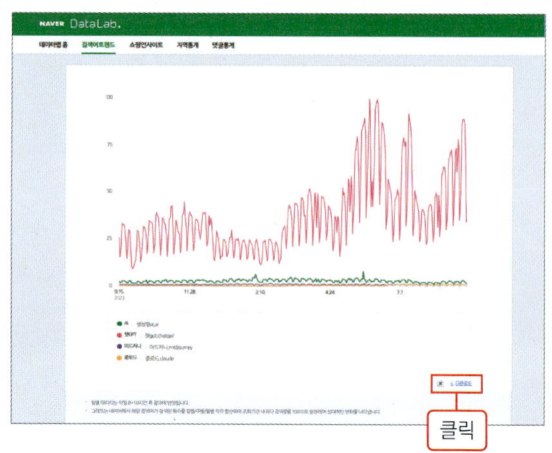

Prompt AI 관련된 네이버 검색어 트렌드야. 여기서 AI에 대한 관심도와 앞으로의 전망 등 인사이트를 뽑아 줘.

그러면 챗GPT가 데이터를 분석하고 앞으로의 관심도 전망에 대한 인사이트까지 줍니다. 꾸준한 검색량으로 AI툴이 한국 내 일상적인 업무 흐름에 더욱 필수적으로 자리 잡고 있을 것으로 예측하였습니다.

◆ 구글 트렌드 탐색 살펴보기

네이버 뿐만 아니라, 최대 글로벌 포털사이트인 구글 검색어도 함께 확인해보겠습니다(https://trends.google.com/trends). 구글 트렌드는 전 세계적으로 사용 가능한 검색 트렌드 분석 도구로, 구글의 검색 데이터를 기반으로 특정 키워드의 인기도 변화를 시각적으로 보여줍니다. 글로벌 시장을 분석하거나 특정 국가 및 지역에서의 검색 동향을 파악할 때 매우 유용합니다.

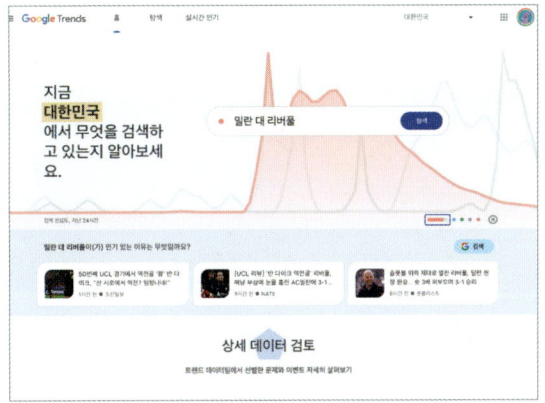

우선 국내 시장의 트렌드를 살펴보기 위해 대한민국으로 설정하고 지난 1년의 검색어 추이를 보겠습니다. 역시나 AI, 챗GPT, 미드저니, 클로드를 검색어 키워드로 넣고 관심도를 살펴봅니다. 구글 트렌드에서도 그래프 상단 오른쪽의 다운로드 아이콘을 클릭해서 csv 파일로 내려받을 수 있습니다.

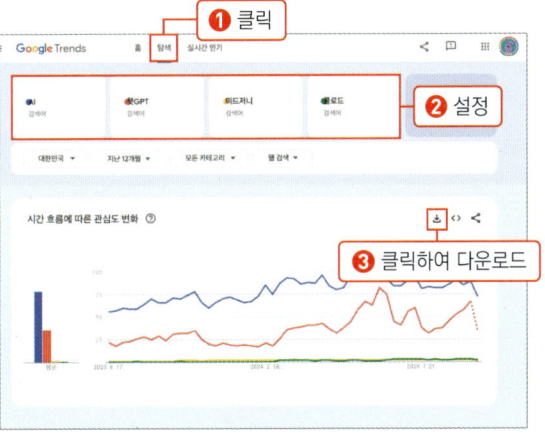

이 csv 파일도 마찬가지로 챗GPT에 넣고 데이터 분석 및 전망을 알려달라고 요청했습니다.

Prompt 이 검색어 트렌드를 분석하고, 국내에서 AI의 활용성과 관심도의 전망을 알려 줘.

이제 네이버와 구글의 검색어 트렌드를 기반으로 사업 아이템에 대한 전망을 물어보겠습니다.

Prompt 비즈니스를 위한 AI 교육업을 런칭하려고 하는데, 위 데이터를 봤을 땐 전망이 어떤 것 같아?

챗GPT의 분석에 의하면, AI 관련된 기술에 대한 수요가 높아지며 교육 수요도 증가할 것으로 보인다고 합니다. 아직은 인지도가 낮지만 미드저니나 클로드와 같은 AI 툴로 니치 시장 기회를 잡는 것도 추천해 줍니다.

젠스파크로 고객 트렌드 분석하기

시장 조사까지 마쳤으니 고객의 트렌드를 분석해서 경쟁력을 확보해야 합니다. 경쟁사보다 앞서나가려면 고객이 원하는 바를 빠르게 파악하고 이를 제품이나 서비스로 연결해야 하죠. 요즘에는 AI 툴을 활용해 실시간 데이터 분석과 리포트를 받아볼 수 있습니다.

◆ 젠스파크에 고객 니즈 리서치 시키기

젠스파크(Genspakr)는 최신 검색 및 답변 서비스로, 실시간 인터넷 데이터 기반으로 검색 결과를 제공합니다(https://www.genspark.ai). 퍼플렉시티와 비슷하게 모든 정보에 대한 출처를 표기해 줘 신뢰도 높은 대답을 주는데요. 특히 한 가지 키워드에 대해 다양한 관점의 정보를 다루고 취합해준다는 독특한 매력이 있습니다.

Prompt AI 교육 관련한 고객 니즈를 리서치해 줘.

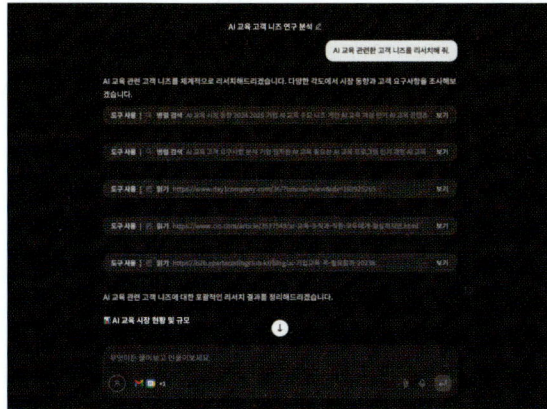
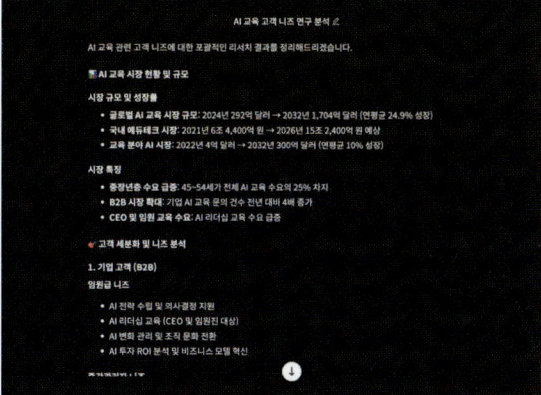

젠스파크의 슈퍼 에이전트 검색창에 'AI 교육 관련 고객 니즈'를 찾아달라고 했습니다. 여러 가지 소스에서 검색한 정보를 모은 후 취합하여 제공하는데요. 직장인 10명 중 9명이 AI를 적극 활용 중이고, AI 교육 수요가 전년 대비 866% 증가했다고 합니다. 여기서 유의미한 수치를 시각화해달라고 요청해서, 한눈에 보기 쉽게 정리해보겠습니다. 이렇게 니즈만 있는 게 아니라, 정부 사업으로도 큰 규모의 교육 예산을 투입해서 시장성이 좋아 보입니다. 이런 수치들을 한눈에 보기 좋게 시각화해달라고 요청해 보겠습니다.

Prompt 유의미한 수치들을 시각화해서 보여 줘.

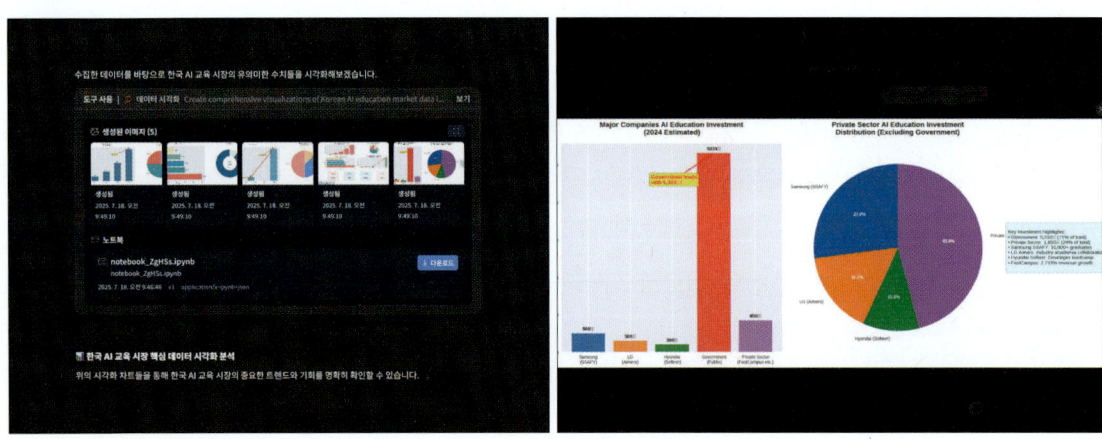

수집한 데이터를 기반으로 그래프로 작업 및 인포그래픽으로 제작해주었습니다. 클릭하면 막대 그래프와 파이 그래프가 함께 있는 이미지가 나타납니다. 이런 식으로 찾은 데이터를 비주얼화하는 작업을 젠스파크와 할 수 있습니다. 여기서 더 나아가, 젠스파크는 이미지를 서치하는 기능도 뛰어납니다.

Prompt AI 교육 상세페이지 레퍼런스 이미지들을 찾아 줘.

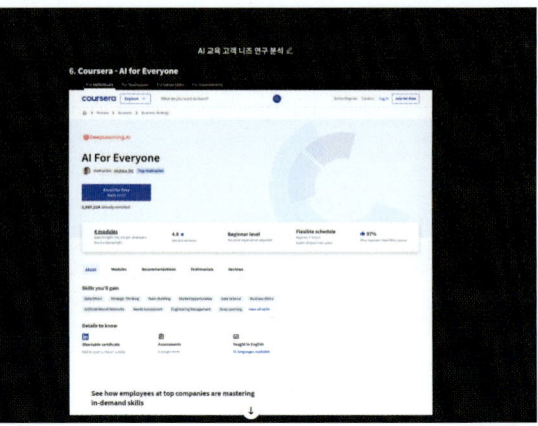

기존에는 직접 웹사이트에 들어가서 원하는 자료가 있는지 찾아 헤맸어야 했다면, 이젠 젠스파크가 한 줄의 프롬프트로 전부 해결해 줍니다. 이렇게 참고할 수 있는 상세페이지 레퍼런스 이미지들을 전부 검색할 뿐만 아니라, 상세페이지에서 확인할 수 있는 디자인 특징부터 디자인 패턴, 레이아웃 구조, CTA 전략까지 분석해 줍니다. 고객 니즈뿐만 아니라 현재 다른 경쟁사들이 어떤 소구점을 펼치고 있는지 확인하기 아주 좋은 자료입니다.

◆ 젠스파크에 딥리서치와 AI 슬라이드로 보고서 만들기

젠스파크의 최대 장점 중 하나는 보고서 내용을 엑셀, 워드 혹은 PPT 형태의 슬라이드로 정리하고 편집할 수 있다는 것입니다. 젠스파크 메뉴 중에 '딥 리서치'를 클릭하면, 심층 연구를 요청할 수 있는 프롬프트 창이 나타납니다.

Prompt 한국의 AI 교육 시장과 AI 교육에 대한 니즈를 리서치 해 줘. 새로운 AI 교육 브랜드를 런칭했을 때 어떤 포지셔닝으로 가져가면 좋을지까지.

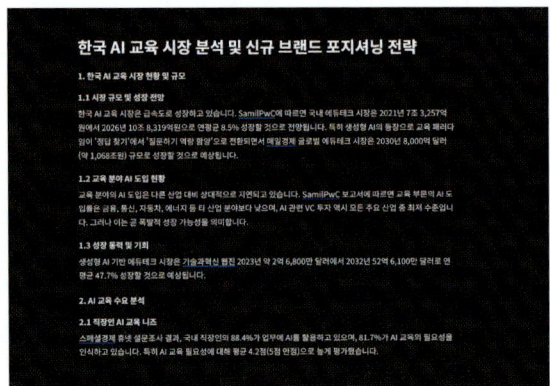
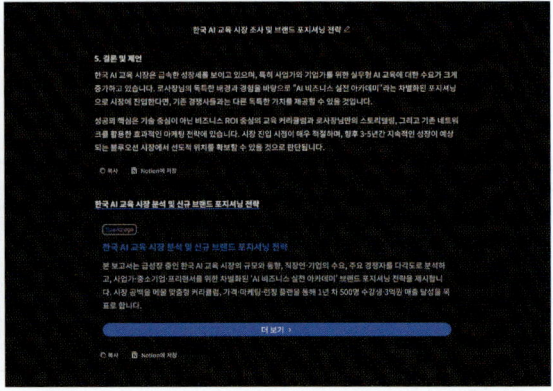

딥리서치는 시간이 좀 더 소요되지만, 그만큼 심도 있는 리서치를 제공합니다. 한국 AI 교육 시장 현황 및 성장 전망부터, 수요 분석, 경쟁기업 분석에 대한 조사를 해줬습니다. 거기다, 신규 AI 교육 브랜드가 어떤 차별화 전략을 가져가면 좋을지 추천해 줍니다. 커리큘럼 및 로드맵 제안까지 포함되어 있으며, 마지막에는 '스파크 페이지'라고 별도 보고서 형태로 볼 수 있는 버튼이 나타납니다.

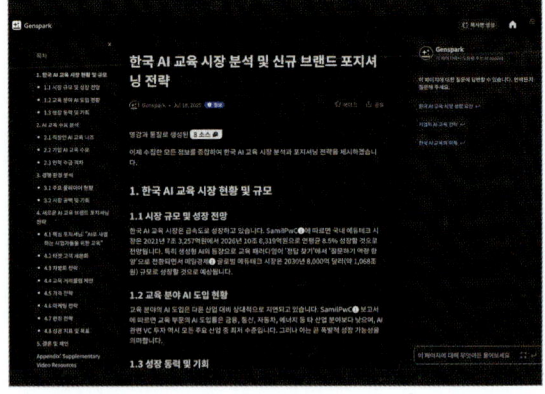

이렇게 왼쪽에는 목차가, 오른쪽에는 AI 에이전트와 대화할 수 있는 스파크 페이지가 형성됩니다. 상단에는 제목과 공유할 수 있는 버튼이 있으며, 공유를 클릭해서 이 내용을 다른 사람들에게 손쉽게 공유할 수도 있습니다. 'URL을 클립보드에 복사'를 눌러서 링크를 복사한 다음, 이 내용을 기반으로 AI 슬라이드를 제작해 보겠습니다.

젠스파크의 다양한 메뉴 중, 'AI 슬라이드' 메뉴가 있습니다. 이 메뉴를 클릭하고 딥리서치와 함께 정리한 내용 URL을 붙여넣어 보겠습니다.

Prompt 아래 보고서를 슬라이드로 만들어 줘. (링크 붙여넣기)

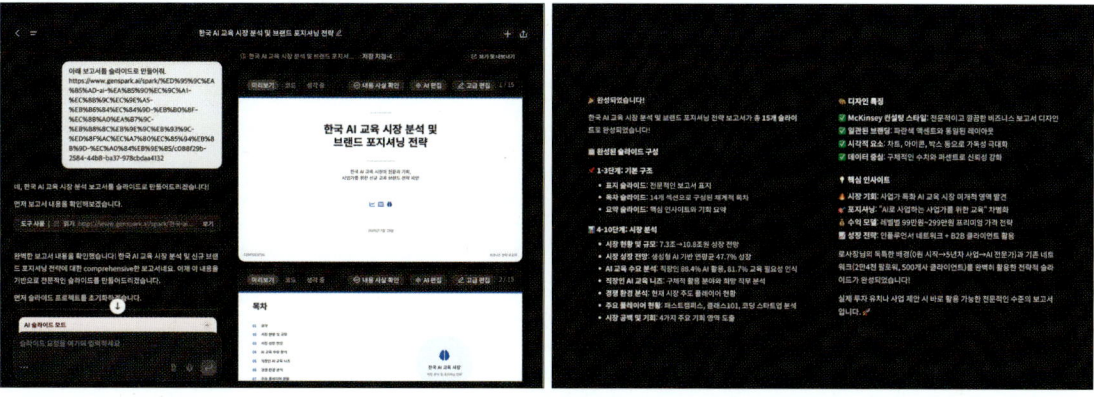

젠스파크가 왼쪽에서는 분석 및 목차를 구성하고, 오른쪽 미리보기에서는 슬라이드 제작에 들어가고 있습니다. '한국 AI 교육 시장 분석 및 브랜드 포지셔닝 전략 보고서'를 총 15개 슬라이드로 제작했고, 디자인 특징은 전문적이고 깔끔한 비즈니스 보고서 디자인으로 잡아 줍니다.

chapter 03
AI와 경쟁사 분석을 통해 포지셔닝 파악하기

구상 중인 사업 아이템으로 시장에서 살아남을 수 있을지 파악하기 위해 경쟁사 분석은 필수입니다. 경쟁사 분석을 통해 시장의 흐름을 파악하고 내가 진입할 기회를 찾는 것은 비즈니스 전략의 기본이죠. 특히 경쟁사의 강점과 약점을 파악하면 고객들이 원하는 것을 더 충족시키는 나만의 포지셔닝을 정립할 수 있습니다.

기존에는 시장 조사를 통해 경쟁사를 리스트업하고 그들의 웹사이트를 하나하나 방문해 제품 정보를 수집해야 했습니다. 특히 수백, 수천 개의 고객 리뷰를 일일이 분석하는 작업에는 큰 시간과 에너지가 소요됐는데요. 이제는 AI를 통해 이 작업을 자동화하고, 더욱 뾰족한 인사이트를 도출할 수 있게 되었죠. 퍼플렉시티를 통해 경쟁사를 리스트업하고 챗GPT로 경쟁사를 분석해보겠습니다.

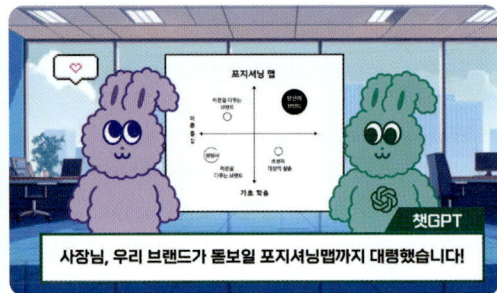

퍼플렉시티로 경쟁사 리스트업하기

◆ 퍼플렉시티로 경쟁사 리스트업하기

퍼플렉시티의 장점 중 하나는 실시간 웹 브라우징 능력입니다. 퍼플렉시티를 통해서 국내에 있는 경쟁사들을 리스트업 해달라고 요청해보겠습니다.

> **Prompt** 생성형 AI 강의를 제공하는 국내 AI 교육 플랫폼을 리스트업해 줘.

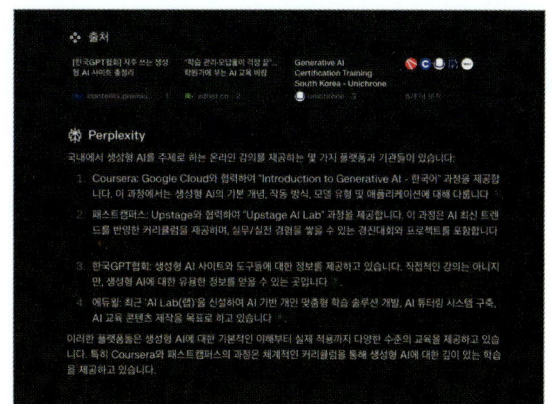

국내 AI 교육 플랫폼을 네 가지 추천해줬습니다. 각각의 웹사이트 출처를 클릭해 둘러보고, 내 사업 아이템의 경쟁사인지 판단해보세요. 경쟁사로 고려해 볼만 하다면 추천된 플랫폼들을 분석해달라고 요청해보겠습니다.

> **Prompt** 이 플랫폼들의 경쟁력, 약점, 시장 포지셔닝을 분석해 줘.

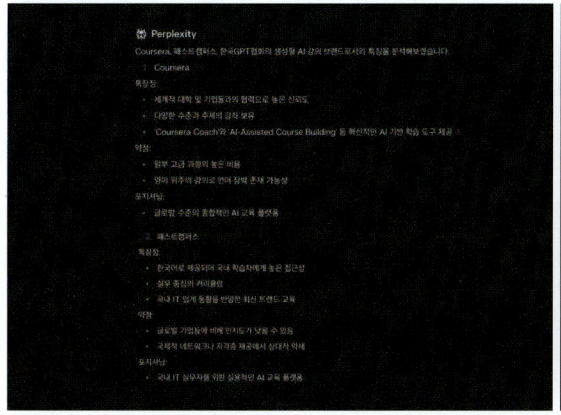
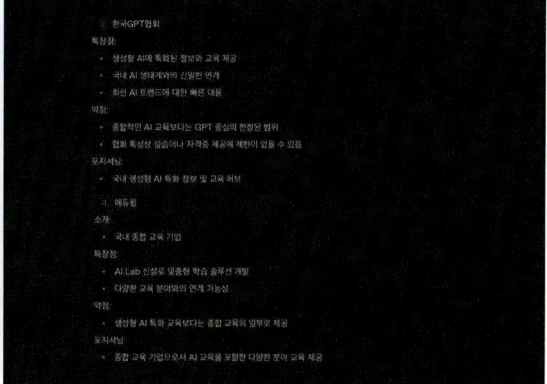

경쟁사들의 각각의 특장점, 약점, 포지셔닝까지 분석해서 불렛 포인트로 정리해줬습니다. 이렇게 분석한 내용을 바탕으로, 나의 사업 아이템만이 가질 수 있는 차별화 포인트는 무엇일지 고민해 볼 수 있겠죠?

챗GPT로 경쟁사 제품과 서비스 리뷰 분석하기

경쟁사 브랜드를 리스트업 했다면, 각각 브랜드가 제공하는 서비스를 더 깊게 파보겠습니다. 퍼플렉시티가 추천해준 브랜드의 웹사이트에 들어가 생성형 AI 관련 강의에 대한 리뷰 페이지를 찾았는데요. 기존에는 수작업으로 리뷰들을 하나씩 보면서 분석했겠지만, 우리에겐 챗GPT가 있습니다. 웹 브라우징 기능이 있는 GPT 'WebPilot'에 리뷰 페이지 URL을 넣어보았습니다.

Prompt (리뷰 페이지 URL 삽입) 이 생성형 AI 강좌와 관련된 리뷰들을 분석해 줘.

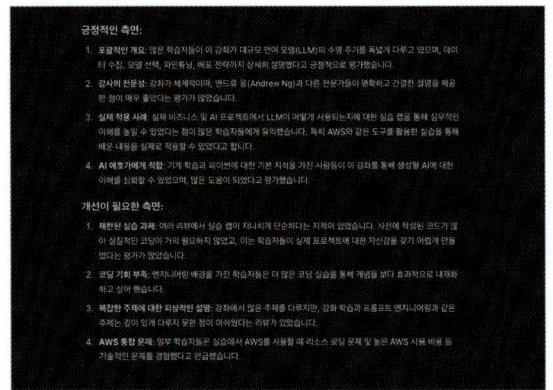

해당 리뷰들을 분석해서 긍정적인 내용, 개선이 필요한 내용별로 키워드들을 뽑아주었습니다. 저는 좀 더 정확한 수치와 데이터를 보고 싶어서 추가로 요청했습니다.

Prompt 위 리뷰에서 많이 언급된 키워드는 실제 수치로 표기해주고, 각각 의견을 퍼센티지로 보여 줘.

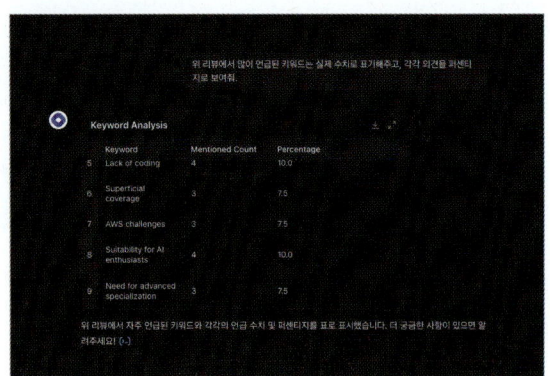

챗GPT가 리뷰들 중에 자주 언급된 키워드와 각각의 언급 수치, 퍼센티지별로 정리해서 엑셀 파일 형태로 줬습니다. 수치도 좋지만, 이를 더 직관적으로 시각화하고 싶습니다.

Prompt 위 수치 기반으로 후기들에 대한 그래프로 만들어주고 인사이트를 도출해 줘.

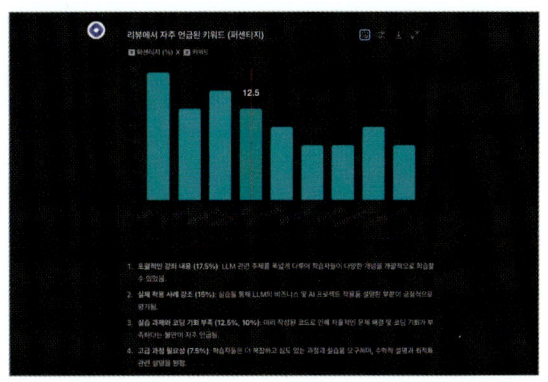

리뷰에서 언급된 키워드별로 직관적인 그래프까지 만들어줬습니다. 여기서 키워드별로 인사이트까지 정리가 되었는데요. 긍정적인 부분으로는 포괄적인 강좌 내용(17.5%), 실제 적용 사례 강조(15%)가 있습니다. 우리가 주목할 부분은 개선점으로, 실습 과제와 코딩 기회 부족(12.5%, 10%), 고급 과정 필요성(7.5%)이 있습니다.

AI를 활용해서 우리 사업 아이템의 경쟁 서비스들의 방대한 데이터를 쉽게 분석할 수 있습니다. 이렇게 데이터를 분석하는 데 그치지 않고, 사업 아이템이 차별화될 수 있도록 어떤 포지셔닝을 취해야 할지 살펴보겠습니다.

경쟁사들과 차별화 되는 포지셔닝맵 그리기

앞에서 우리 사업 아이템의 경쟁사들을 조사했습니다. 경쟁사를 조사하다 보면 경쟁사들의 강점과 약점이 눈에 띌 겁니다. 여기서 강점은 벤치마킹하고, 약점은 우리가 해결함으로써 독보적인 포지셔닝을 잡아야 합니다.

✦ 기존 고객이 겪던 페인포인트를 도출하기

챗GPT에게 경쟁사 조사한 데이터를 넣고, 우리가 어떻게 고객들의 기존 페인포인트(Pain Point), 즉 고객이 경험하는 문제나 불편함을 해결할 수 있을지 물어보겠습니다.

Prompt (경쟁사 조사 자료 첨부) AI교육 브랜드 경쟁사 조사를 통한 데이터를 참고하고 고객들이 겪고 있는 페인 포인트를 도출해 줘.

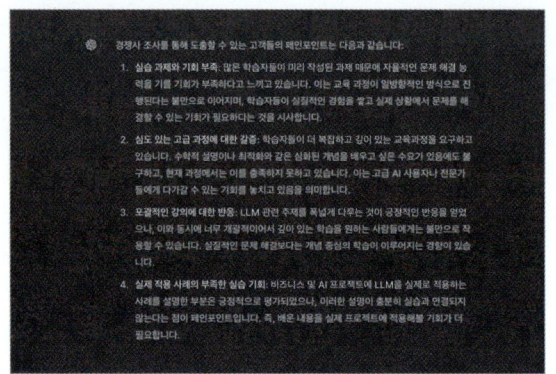

기존 고객들이 겪고 있던 불만으로 1) 실습 과제와 기회 부족, 2) 심도 있는 고급 과정에 대한 갈증, 3) 포괄적인 강의에 대한 반응, 4) 실제 적용 사례의 부족한 실습 기회가 언급되었습니다.

이중에서 우리가 해결해 줄 수 있는 부분이 무엇일지 물어보겠습니다.

Prompt 이런 페인포인트 중에서 내 AI 교육 브랜드가 가장 임팩트 있게 해결할 수 있는 부분은 뭐야?

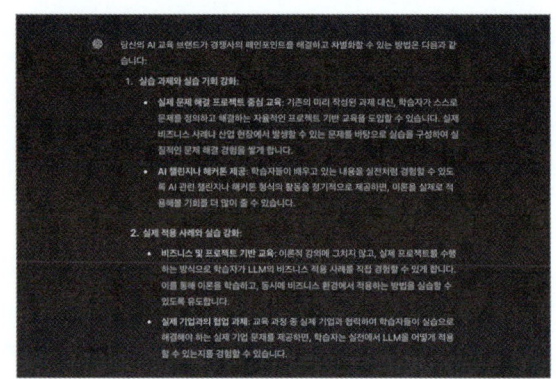

AI 챌린지와 실제 문제 해결 실습을 통해 실무 적용 기회를 강화하는 것을 추천해줬습니다. 그렇다면 우리가 이를 통해 얻을 수 있는 차별화된 포지셔닝은 무엇일까요?

> **Prompt** 내 브랜드가 이걸 통해서 포지셔닝 맵에서 어떻게 위치할 수 있을까?

이론 중심 VS 실습 중심과 기초 학습 VS 비즈니스 실무 적용, 이렇게 두 가지의 X축, Y축이 만들어졌습니다. 우리 브랜드가 다른 AI 교육 브랜드와 차별화를 두기 위해 실습 중심과 비즈니스 실무 적용에 중점을 두면 좋겠네요.

실제로 포지셔닝 맵이 그려진다면 어디에 경쟁사들이 위치할지도 알려주는데요. 우리 브랜드는 '실습 중심으로 비즈니스 실무에 AI를 적용하는 능력'을 강조하며 오른쪽 상단에 위치할 수 있습니다. 이렇게 우리가 시장 조사와 고객 니즈를 파악한 내용을 기반으로 경쟁사 대비 우위를 점할 수 있는 포지셔닝까지 도출해보았습니다. 이러한 포지셔닝을 기반으로 본격적으로 비즈니스 모델과 브랜딩을 개발해보겠습니다.

챗GPT로 성공하는 비즈니스 모델 만들기

사업 아이템을 발굴했다고 바로 시장에 진입했다가는 실패할 확률이 높습니다. 사업이 성공하려면 아이디어를 실행 가능한 계획으로 구체화하고, 이를 실질적인 성과로 연결할 수 있는 전략을 세워야 합니다. 기존에 사업을 구상하기 위해서는 사업 전략, 브랜딩 전문가들의 도움이 필수였습니다.

전문가의 자리를 채워줄 비즈니스 파트너로 AI 툴과 함께 성공 확률을 획기적으로 높일 전략을 구축해봅니다. DAY 3에서는 챗GPT와 실리콘밸리에서 가장 사랑받는 프레임워크, '비즈니스 모델 캔버스'를 함께 설계할 것입니다. 이후 빠르게 시장 반응을 테스트할 수 있는 샘플 아이템과 가설 검증 전략을 세워봅니다. 마지막으로 고객들에게 차별화되는 브랜드로 각인될 수 있도록 브랜드 네임부터 슬로건, 핵심 가치 등을 논의해보겠습니다.

chapter 01

전략적인 비즈니스 모델 캔버스 설계하기

비즈니스 모델은 사업의 성공 여부를 결정짓는 청사진과 같습니다. 이는 단순히 제품이나 서비스를 제공하는 방식을 넘어 고객에게 가치를 전달하고 이를 통해 수익을 창출하는 전체적인 시스템을 의미합니다. 명확한 비즈니스 모델이 있으면 사업의 방향성과 목표가 분명해지고 자원을 효과적으로 배분할 수 있죠. 사업 초기부터 견고한 비즈니스 모델을 설계하는 것은 지속 가능한 성장을 가능하게 하고 리스크를 줄이며 성공 가능성을 극대화하는 필수적인 과정입니다.

비즈니스 모델 캔버스로 가치 정의하기

실리콘밸리의 스타트업들이 성공적인 비즈니스를 설계하기 위해 '비즈니스 모델 캔버스'를 애용합니다. 비즈니스 모델 캔버스는 새로운 사업 모형을 개발하고 기존의 모형을 직관적으로 시각화하는 경영전략 템플릿인데요. 챗GPT를 사업 멘토이자 파트너로 삼아 비즈니스 모델 캔버스를 설계해보겠습니다.

✦ 고객 세그먼트 정의하기

비즈니스 모델 캔버스는 총 아홉 가지 섹션으로 구성되어 있습니다. 고객 세그먼트(Customer Segments), 가치 제안(Value Proposition), 채널, 고객 관계(Customer Relationship), 수익원, 핵심 자원, 핵심 활동, 파트너십, 비용 구조로 이뤄져 있습니다. 가장 중요한 고객 가치를 구상하기 위해 챗GPT와 논의해볼게요. 앞서 비즈니스 포지셔닝을 논의한 내용을 넣습니다.

> **Prompt** 우리 브랜드는 실습 중심으로 비즈니스 실무에 AI를 적용하는 능력을 키울 수 있게 도와주는 AI 교육 브랜드야. 우리 회사의 고객 세그먼트를 분석해 줘.

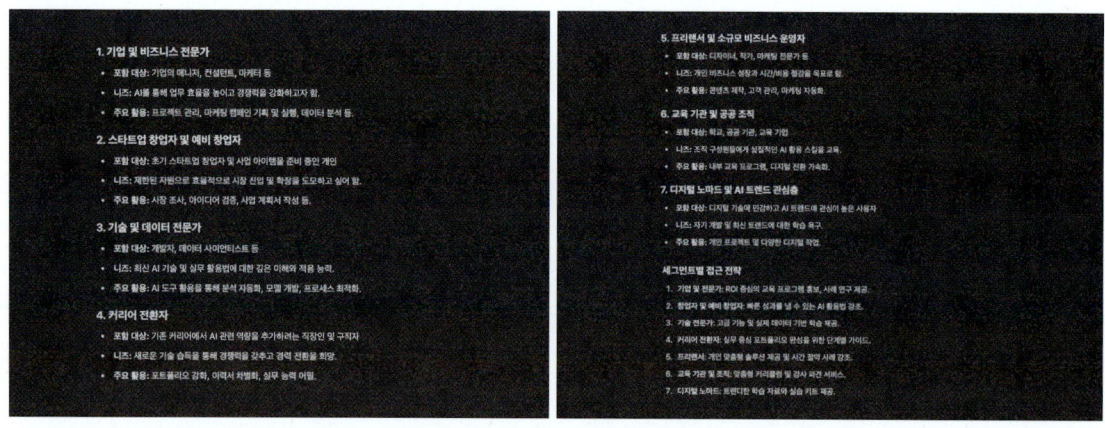

우리 브랜드가 타기팅할 수 있는 고객 세그먼트를 일곱 가지나 추천해줬습니다. 기업 및 비즈니스 전문가, 스타트업 창업자, 기술 전문가, 커리어 전환자, 프리랜서, 교육 기관, 디지털 노마드 등이 나왔습니다. 각 세그먼트별 접근 전략도 알려주었는데요. 일곱 가지 세그먼트가 너무 많은 것 같아 집중적으로 주요 세 가지 세그먼트만 뽑아달라고 하겠습니다.

> **Prompt** 이중 주요 고객 세그먼트 세 가지만 뽑아주고, 뽑은 이유도 알려 줘.

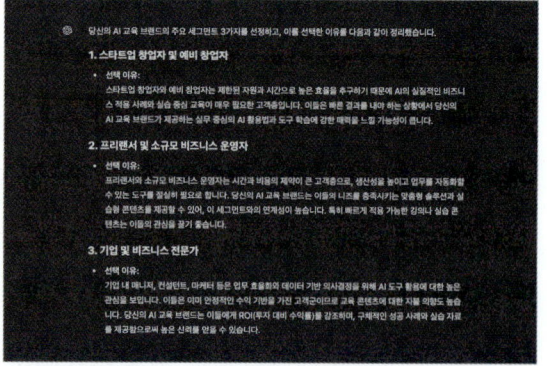

요청한 주요 세 가지 고객 세그먼트로는 1) 스타트업 및 예비 창업자, 2) 프리랜서 및 소규모 비즈니스 운영자, 3) 기업 및 비즈니스 전문가를 뽑아주었습니다. 세 가지 세그먼트 모두 제한된 자원과 시간으로 높은 효율을 추구하는 고객군들인데요. 각각 우리 브랜드의 상품에 매력을 느낄지, 심지어 안정적 수익 기반으로 교육 콘텐츠에 대한 지불 의향도 높은 점 등을 근거로 의견을 들었습니다.

> **Prompt** 이 고객 세그먼트 별 특징과 니즈를 표로 정리해 줘.

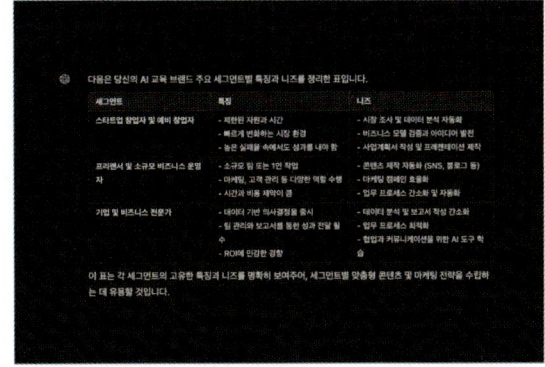

각 고객 세그먼트별 특징과 니즈를 살펴보았습니다. 고객 세그먼트마다 AI를 활용해서 이루고자 하는 니즈들이 모두 달랐는데요. 스타트업 창업가는 시장 조사 및 데이터 분석, 사업계획서 작성에 관심이 많습니다. 프리랜서는 콘텐츠 자동화 및 업무 프로세스 간소화를, 기업 전문가들은 협업이나 커뮤니케이션을 위한 AI에 대한 니즈가 있다고 합니다. 고객 세그먼트를 구체적으로 나누면, 더욱 뾰족한 타기팅된 서비스를 개발할 수 있습니다.

✦ 가치 제안 및 고객 관계 파악하기

우리 서비스가 타깃 고객군에 제안할 수 있는 가치와 관계를 파악해볼 차례입니다.

> **Prompt** 우리 고객들에게 어떤 가치를 제안할 수 있을까?

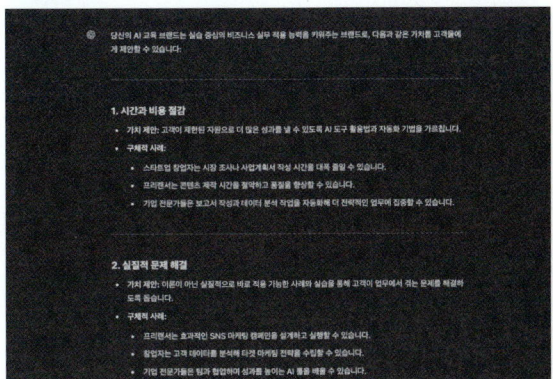 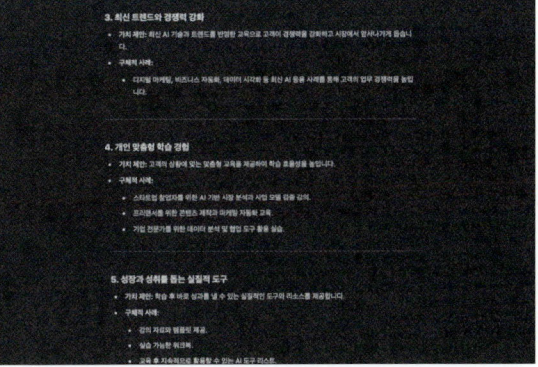

우리의 AI 교육 브랜드가 고객에게 줄 수 있는 핵심적인 가치로 1) 시간과 비용 절감, 2) 실질적 문제 해결, 3) 최신 트렌드와 경쟁력 강화, 4) 개인 맞춤형 학습 경험, 5) 성장을 돕는 실직적 툴 다섯 가지를 말해 줍니다. 더 구체적으로 우리가 정의한 고객 세그먼트별로 어떤 가치를 가장 어필할 수 있을까요?

Prompt 각 고객 세그먼트별로 제안된 가치 중 가장 어필할 수 있는 핵심 메시지는 무엇일까?

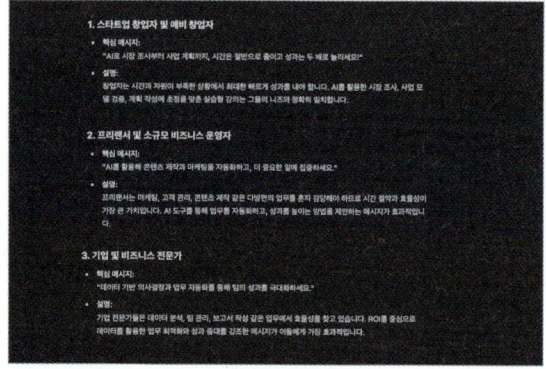

각 고객 세그먼트마다 어필할 수 있는 매력적인 가치는 다릅니다. 스타트업 창업자에게는 '시간은 절반, 성과는 두 배'라는 메시지가 매력적으로 느껴진다고 하네요. 프리랜서에게는 'AI로 자동화', 기업 전문가에게는 '데이터 기반 의사결정'을 어필하는 핵심 메시지로 모객을 할 수 있겠죠?

Prompt 우리 고객들과 어떤 관계를 맺으면 좋은 비즈니스 모델을 완성할 수 있을지 제안해 줘.

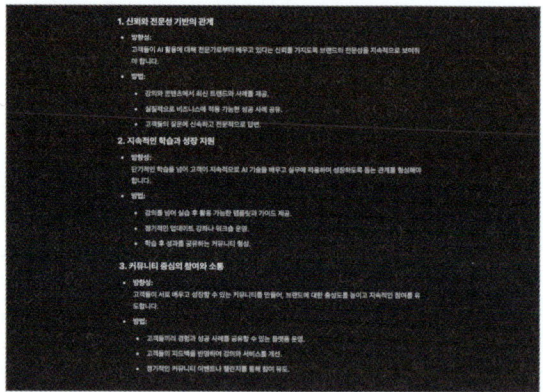

비즈니스를 하면서 단순히 고객과 판매자로서뿐만 아니라, 다양한 관계를 맺을 수 있습니다. 챗GPT는 1)신뢰와 전문성 기반 관계, 2)지속적 성장 지원, 3)커뮤니티 중심 소통의 세 가지를 제시해줍니다. 고객들과 어떻게 장기적으로 좋은 관계를 유지할 수 있을지 힌트를 얻을 수 있죠.

> **Prompt** 고객 세그먼트, 가치 제안, 고객 관계를 표로 정리해 줘.

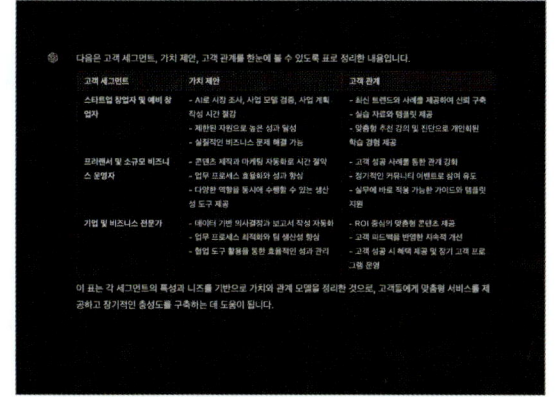

마지막으로 비즈니스 모델 캔버스를 완성하기 위해 필요한 첫 번째 섹션인 '가치 정의'를 위한 세 가지 요소를 한 눈에 정리해보았습니다. 우리가 타기팅할 주요 고객 세그먼트 제안할 가치와 더불어 장기적으로 고객 관계를 이끌 방법을 표로 만들어보았습니다.

운영 효율화를 위한 핵심 요소 파악하기

가치 정의가 끝났다면 이제 그 가치를 고객에게 전달하고 사업을 효과적으로 운영하기 위한 핵심 요소를 이해해야 합니다. 핵심 자원은 비즈니스를 성공적으로 운영하기 위한 물리적, 지식, 인적 자원 등을 포함합니다. 핵심 활동은 제품 개발, 마케팅, 물류 등을 비롯한 필수 수행 업무들과 이를 위해 필요한 핵심 파트너들까지 이루어져 있습니다.

◆ 핵심 자원과 핵심 활동 정리하기

챗GPT와 이어서 핵심 자원(Key Resources), 핵심 활동(Key Activities), 핵심 파트너의 세 가지 요소를 개발해봅니다. 비즈니스의 고객에게 제안할 가치와 관계를 알아봤고, 가치를 어떤 방식으로, 어떤 접점에서 전달할 것인지 챗GPT와 함께 구상해보겠습니다.

Prompt 우리 가치 표를 기반으로, 비즈니스 모델 캔버스 중 핵심 자원이 무엇인지 알려 줘.

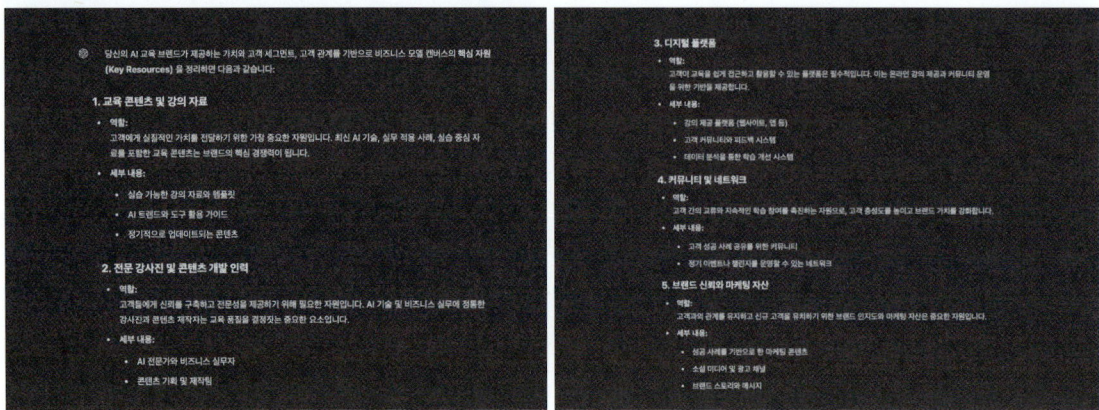

AI 교육 브랜드에 필수인 핵심 자원 다섯 가지를 추천해줬습니다. 교육 콘텐츠 및 강의 자료와 전문 강사진은 교육업에서 가장 먼저 준비해야 합니다. 고객이 쉽게 접근할 수 있는 디지털 플랫폼과 커뮤니티도 고객과의 교류를 위해 필수겠죠. 마지막으로 장기적인 브랜드 운영을 위한 브랜드 신뢰와 마케팅 자산 또한 중요한 자원입니다.

Prompt 핵심 자원들은 어떻게 준비하면 좋을지 단계별로 표로 정리해 줘.

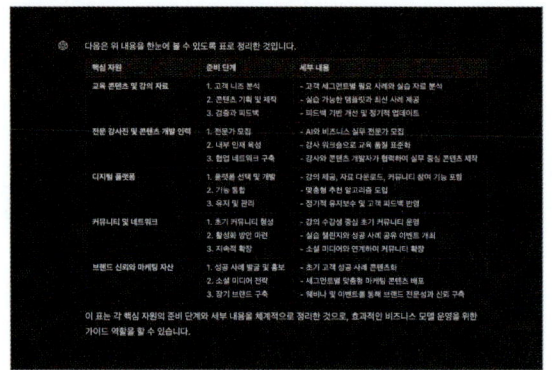

핵심 자원들을 어떻게 준비하면 좋을지, 핵심 활동에 대한 전략도 챗GPT와 구성해보았습니다. 각 핵심 자원들을 준비할 수 있는 세 가지 단계를 표로 정리하니 깔끔해 보이네요. 이런 전략들을 과연 어떤 우선순위로 실행으로 옮겨야 할지도 물어보았습니다. 마지막으로 핵심 파트너도 알아보겠습니다.

Prompt 핵심 파트너들도 함께 정리해 줘.

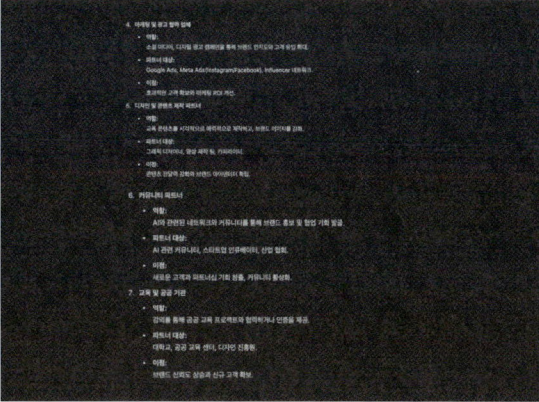

비즈니스 모델을 성공적으로 운영하기 위해 중요한 협력 관계를 형성해야 하는 파트너들을 알려 줍니다. AI 툴 회사, 전문 강사진, 디지털 플랫폼 파트너, 교육 및 공공기관 등 다양한 파트너를 추천해 줍니다.

● 핵심 자원, 활동과 파트너 기반 로드맵 그려보기

이제 본격적으로 이 핵심 요소들을 어떻게 준비해나갈지 로드맵을 짜보겠습니다.

Prompt 핵심 자원, 활동, 파트너를 기반으로 우선순위 순으로 로드맵을 짜 줘.

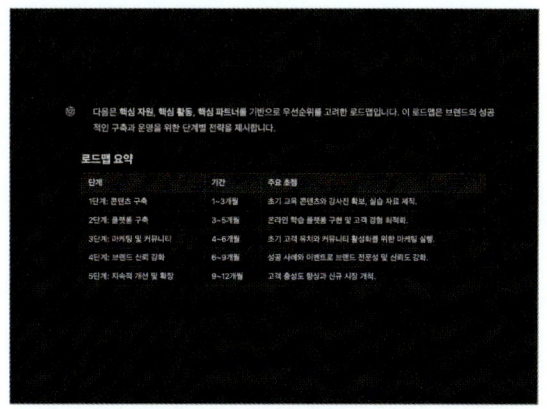

핵심 자원, 활동, 파트너를 파악했지만, 과연 어떤 요소부터 준비를 해야할지 고민이 됩니다. 챗GPT에 우선순위 기반으로 로드맵을 짜달라고 했더니 1) 콘텐츠 구축, 2) 플랫폼 구축, 3) 마케팅 및 커뮤니티, 4) 브랜드 신뢰 강화, 5) 지속적 개선 및 확장 다섯 단계로 단계별 진행도 설계해 주었습니다. 좀 더 구체적인 전략을 짜달라고 해보겠습니다.

Prompt 위 로드맵을 더 구체적으로 단계별 표로 정리해 줘.

1단계부터 5단계별로 각 단계에서 취할 핵심 자원과 활동, 확보할 파트너에 관한 전략이 나왔습니다. 도출된 전략을 바탕으로 우리 비즈니스의 중단기 로드맵부터 To-do 리스트를 짜볼 수 있겠죠?

수익 실현화로 비즈니스 모델 캔버스 완성하기

1단계에서는 고객에게 제안할 가치를, 2단계에서는 운영 효율화를 위한 핵심 요소들을 파악했습니다. 마지막으로는 수익 실현화를 위해서 수익 구조, 비용 구조 및 채널을 파악할 차례입니다.

수익원, 비용 구조 및 채널 파악하기

비즈니스 캔버스 모델에서 가장 중요한 수익원(Revenue Streams)을 파악하기 위해 챗GPT에 정리해 달라고 요청해보겠습니다.

Prompt 이 비즈니스 모델의 수익원을 비율 기반 표로 정리해 줘.

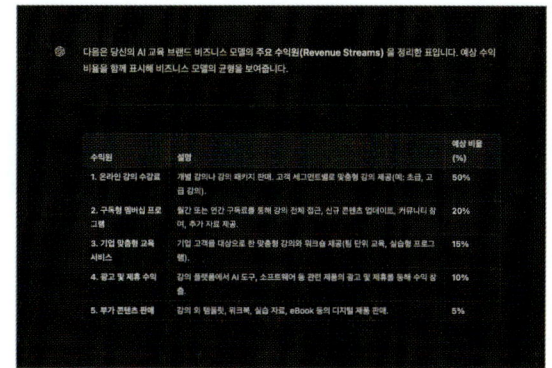

다양한 수익원과 예상 비율까지 정리해달라고 요청했습니다. 온라인 강의 수강료가 50%, 구독형 멤버십이 20%, 기업 맞춤형 교육이 15%, 광고가 10%, 템플릿 등이 5%를 차지하는 수익 파이프라인 구조를 짜 주었어요. 이 자료를 더 시각화해달라고 해보겠습니다.

Prompt 이 내용을 그래프로 시각화해 줘.

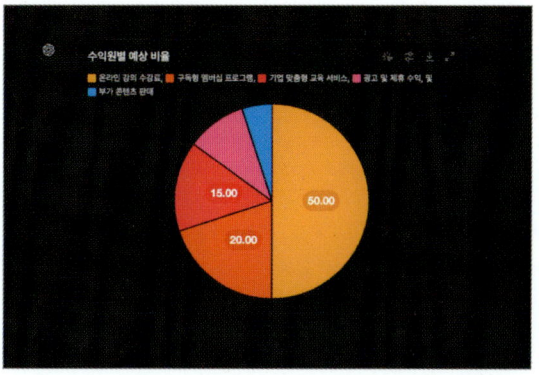

초반에 만들어진 그래프는 한국어가 깨질 확률이 높아 '인터랙티브 차트로 전환' 아이콘을 클릭했습니다. 커서를 올려서 어떤 항목인지 볼 수 있는 인터랙티브 파이 차트가 완성됐네요. 챗GPT가 사업계획서 등에 삽입하기 편하게 시각화 작업까지 해줍니다.

Prompt 비용 구조도 정리해 주고, 그래프로 만들어 줘.

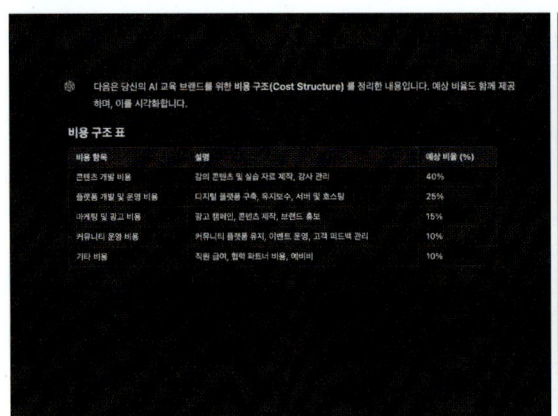
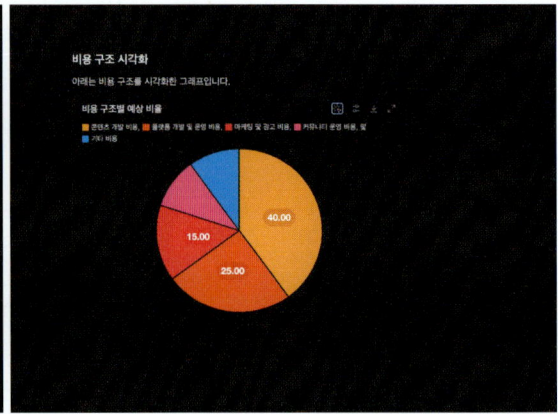

비용 구조(Cost Structure)도 마찬가지 프롬프트로 명령해보았습니다. 콘텐츠 개발 비용 40%, 플랫폼 운영 25%, 마케팅 비용 15%, 커뮤니티 운영 비용 10%, 기타 비용이 10%인 구조로 잡아 시각화해 주었습니다. 이 구조를 참고해서 예상 수익 및 비용 플랜을 세워볼 수 있겠죠?

Prompt 그러면 위 수익 및 비용 구조를 기반으로, 비즈니스 채널들을 제안해 줘.

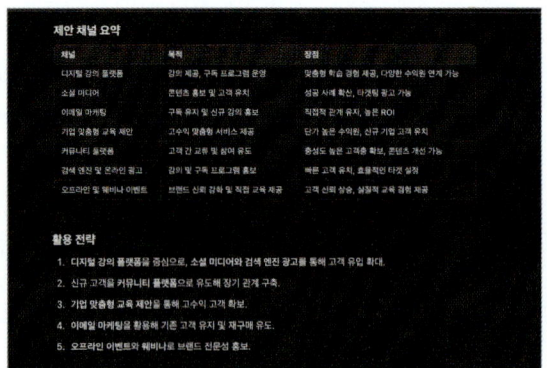

비즈니스에서 수익이 되고 비용이 나가는 구조를 파악했으니, 어떤 채널(Channel)들을 통해 고객과 마주할 수 있을지 알아보았습니다. 디지털 강의 플랫폼, SNS, 이메일 마케팅, 기업 제안, 커뮤니티 플랫폼, 온라인 광고, 웨비나(Webinar) 등 다양한 채널들을 제안해줬습니다. 이런 채널들을 참고해 비즈니스의 초반 마케팅 플랜을 전략적으로 짤 수 있게 됩니다.

❖ 챗GPT와의 채팅 기반 비즈니스 모델 캔버스 완성하기

지금까지 챗GPT를 사업 컨설턴트이자 파트너로서 비즈니스 모델을 함께 세웠습니다. 이제 대화 내용을 기반으로 한눈에 보기 쉬운 비즈니스 모델 캔버스를 완성해봐야겠죠.

> **Prompt** 지금까지의 채팅을 기반으로, 가장 효과적인 요소들을 포함한 비즈니스 캔버스 모델을 완성해 줘.

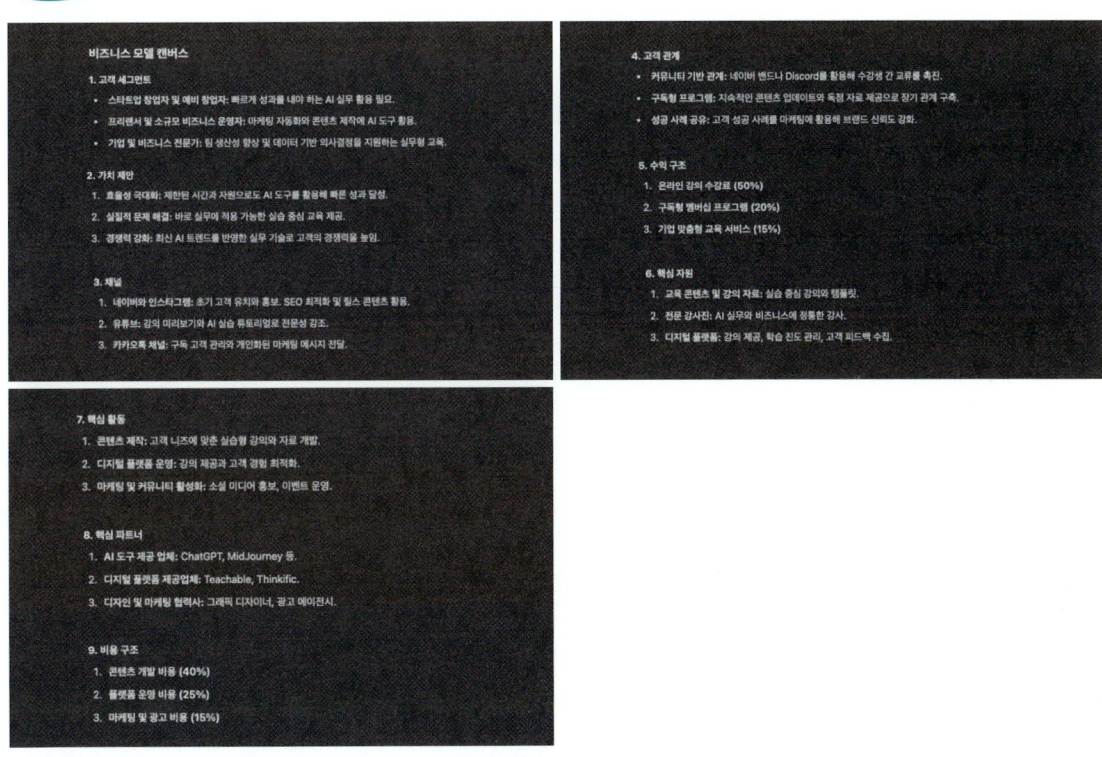

효과적인 요소들만 포함해달라고 요청했더니 더 간결하고 직관적인 비즈니스 캔버스가 정리됐습니다. 고객 세그먼트, 가치 제안, 채널, 고객 관계, 수익 구조, 핵심 자원, 핵심 활동, 핵심 파트너와 비용 구조까지 아홉 가지 영역이 모두 채워졌습니다.

> **Prompt** 비즈니스 모델 캔버스를 표로 정리해 줘. 엑셀 파일로 만들어 줘.

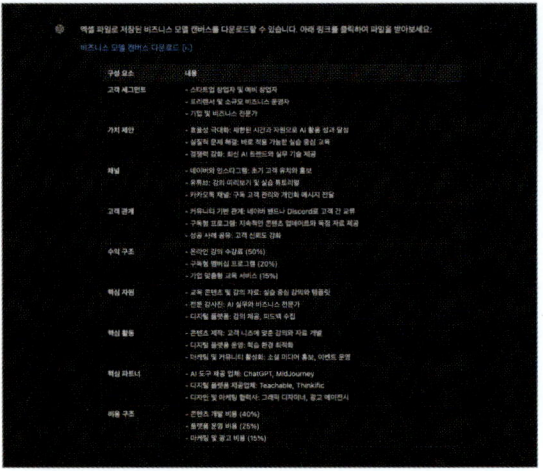

이렇게 표로 정리한 자료는 다음 챗GPT와 대화할 때 이미지나 파일만 첨부해도 우리 비즈니스에 대한 이해도가 높아집니다. 비즈니스 캔버스 모델을 기반으로 우리의 사업 전략을 세워보겠습니다.

chapter 02

성공률 높이는 샘플 아이템 아이데이션하기

1장에서 비즈니스 모델 캔버스를 통해 아이디어를 구조화하고, 사업의 기본 틀을 완성했습니다. 이제는 그 아이디어가 실제 시장에서 통할 수 있는지, 고객이 정말로 필요로 하는지 확인할 차례입니다. 모든 기능과 디테일을 다 갖춘 제품이나 서비스를 만들기보다 핵심적인 문제를 해결할 수 있는 '샘플 아이템'을 빠르게 만들어 테스트를 준비하는 것이죠.

7일 만에 사업 시작하기의 핵심은 샘플 아이템으로 빠르게 시장 반응을 확인하는 과정을 거치는 것입니다. 이 과정을 통해 불확실성을 줄이고, 고객의 니즈를 더 명확히 파악하며, 우리 아이디어의 가능성을 검증할 수 있습니다. 이번에도 AI와 함께 샘플 아이템을 준비해보겠습니다.

타깃 고객의 니즈에 대한 가설 세우기

앞에서 비즈니스 모델을 세우며 사업의 큰 그림을 그렸는데요. 이 모델이 제대로 작동하려면 고객의 니즈와 행동에 대한 우리의 가정이 얼마나 현실적인지 검증해야 합니다. 가설을 세우는 것은 단순한 추측에서 벗어나, 고객의 문제와 해결 방안을 명확히 정의하고 이를 실험을 통해 검증하는 중요한 출발점입니다.

◆ 고객 세그먼트의 문제점 가설 세우기

가장 훌륭한 비즈니스 모델은 고객이 겪고 있는 문제점을 해결하는 것에서부터 출발합니다. 내 고객이 해결하려는 페인포인트에 대한 가설부터 챗GPT와 함께 세워 볼게요. 기존에 만들어서 다운로드했던 비즈니스 모델 캔버스 엑셀 파일을 첨부해보겠습니다.

> **Prompt** (비즈니스 모델 캔버스 첨부) 이 비즈니스 모델 캔버스를 기반으로, 내 타깃 고객들이 가장 해결하고 싶은 문제점에 대한 가설을 세워 줘.

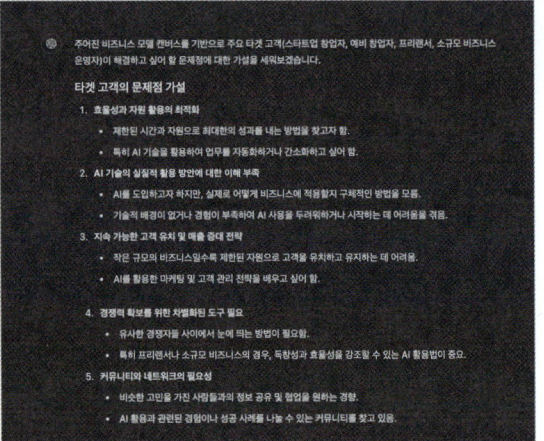

기존 비즈니스 모델에서 이미 고객 세그먼트들을 세부적으로 정의해놓았죠? 고객이 해결하려는 문제점들을 효율성과 자원 활용의 최적화, AI 기술에 대한 이해 부족, 지속 가능한 매출 증대 전략 등으로 챗GPT가 아이데이션을 해줬습니다.

> **Prompt** 이 문제들 중 우리 타깃 고객이 1순위로 해결하고 싶은 문제점이 뭘까? 우선순위별로 나열해주고 표로 정리해 줘.

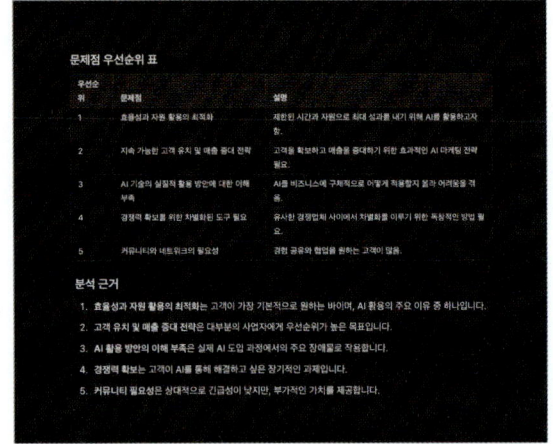

모든 문제점을 한번에 해결할 수 없어 우선순위별로 정리해달라고 요청했습니다. 비즈니스를 운영하는 사람들이 타깃이다 보니 제한된 시간과 자원으로 최대 성과를 내거나 고객 확보해서 매출을 증대하는 방안을 가장 중요하게 여긴다고 합니다. 그럼 이 가설들을 바탕으로 우리의 샘플 아이템을 찾아볼까요?

◆ 샘플 아이템을 찾기 위한 가설 검증 전략 세우기

수많은 고객의 문제점 중에 우리 사업이 해결해줄 수 있는 지점을 찾으면 샘플 아이템은 쉽게 구체화됩니다. 비즈니스 모델 캔버스를 챗GPT에 학습시켜 우리의 비즈니스를 잘 이해하고 있을테니, 이어서 프롬프트를 입력해보겠습니다.

Prompt 여기서 AI 교육 브랜드인 우리가 직접적이고 효과적으로 문제점을 해결해줄 수 있는 방안을 알려 줘.

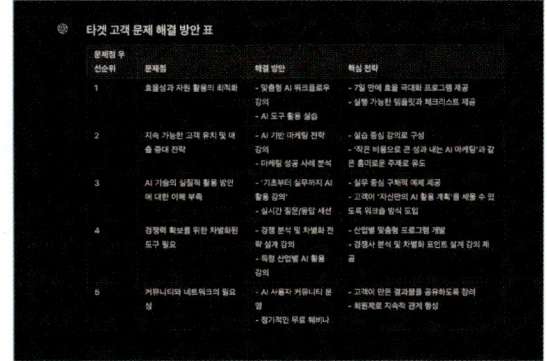

문제점의 우선순위 순서로 우리가 제공할 수 있는 해결 방안과 핵심 전략들이 정리됐습니다. 맞춤형 AI 워크플로우 강의와 AI 툴을 사용하는 실습 강의에 대한 니즈가 높을 것으로 보입니다.

Prompt 그럼 이 내용을 기반으로, 내 타깃 고객들이 원하는 상품 기획에 필요한 가설들을 세워 줘.

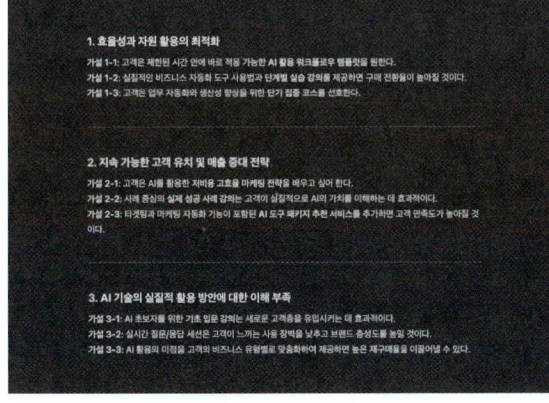
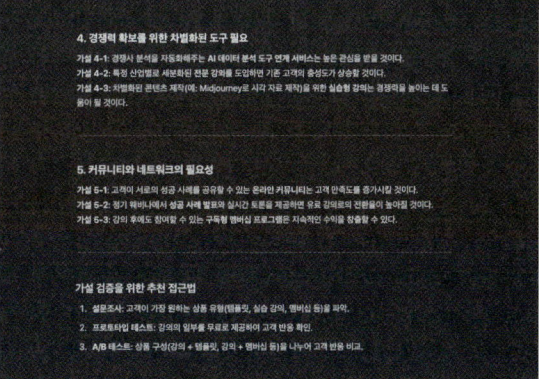

더욱 구체적인 상품 기획을 위해 한 단계 더 들어가서 가설을 세워달라고 요청했습니다. 처음에 가설을 세울 때보다 좀 더 섬세한 통찰력이 살아 있는 가설들이 나왔네요. 챗GPT는 티키타카를 지속할수록 더 좋은 대답을 준다는 점, 기억하시죠?

Prompt 상품 가설 별 실행 전략을 제안해주고, 표로 정리해줄래?

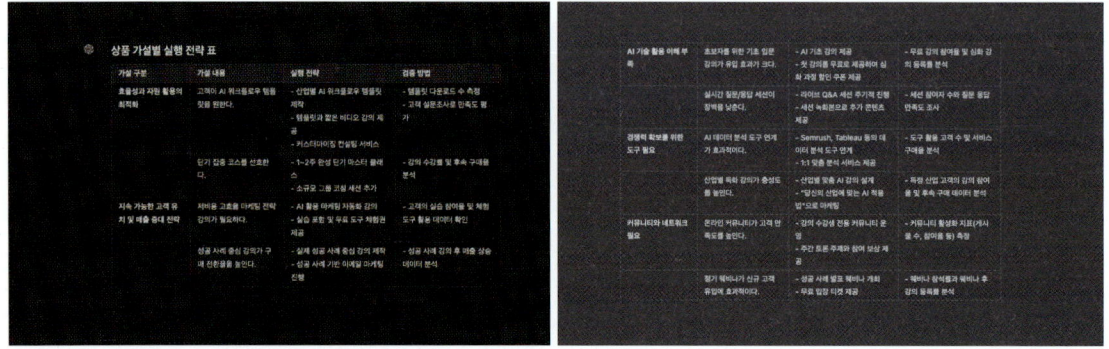

AI 교육 사업의 아이템들로 AI 워크플로 템플릿, 단기 완성 마스터 클래스, 강의 수강생 전용 커뮤니티 등 다양한 아이디어가 나왔습니다. 이제, 빠르게 시장 반응을 확인하기에 가장 효과적인 아이템 하나를 선정해서 구체화할 차례입니다.

최소 기능 제품, MVP 찾아서 설계하기

MVP(Minimum Viable Product), 즉 최소 기능 제품은 초기 단계에서 고객의 반응을 확인하기 위해 가장 핵심적인 기능만 담아 출시하는 제품입니다. 완벽한 제품이 아닌, 고객의 문제를 해결하는 최소한의 기능으로 시장에 빠르게 접근할 수 있도록 설계되죠. 기존에는 MVP를 찾기 위해 설문조사, 리서치 등 많은 노력이 필요했지만, AI와 함께 빠르게 MVP를 기획해보겠습니다.

◆ MVP 리스트 우선순위 비교하기

앞서 우리는 가설 세우기를 하면서 다양한 상품 아이디어들을 냈었는데요. 이 중에 어떤 걸 샘플 상품으로 시장에 먼저 선보이면 좋을지, 검증된 기법으로 MVP를 선정해보겠습니다.

> **Prompt** MVP를 선정하는 가장 좋은 전략이나 기법, 방법을 알려 줘.

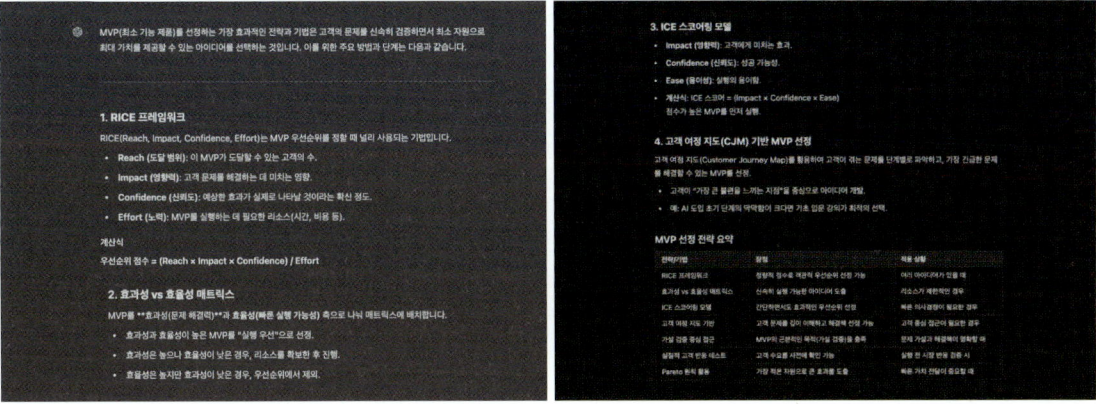

먼저, MVP를 선정하는 효과적인 전략을 물어보니 다양한 방법들을 제시해줍니다. RICE 프레임워크, 효과성 VS 효율성 매트릭스, ICE 스코어링 모델 등... 수많은 경영자와 전문가들이 이미 검증을 거친 효과적인 기법들이겠죠?

> **Prompt** 위 프레임 워크 기반으로, 우리 브랜드 MVP 아이디어 TOP3를 골라 줄래?

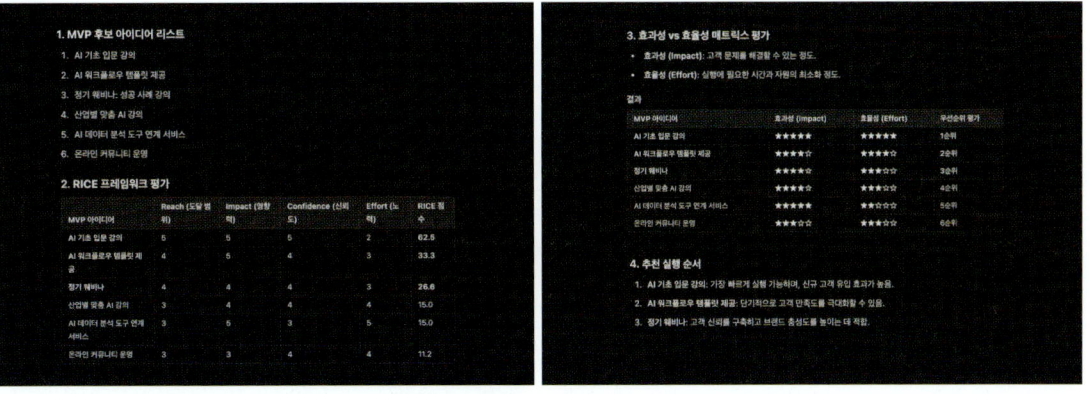

먼저, MVP 후보 아이디어 리스트를 정리해줬습니다. RICE 프레임워크로 평가했을 때 도달 범위, 영향력, 신뢰가 높고 노력이 가장 적은 'AI 기초 입문 강의'가 높은 점수를 기록했네요. 다음으로, 효과성과 효율성을 비교해봤을 때도 1순위로 AI 기초 강의가 손꼽혔습니다. 아이템을 준비하는 데 가장 적은 노력으로, 최대의 임팩트를 줄 수 있는 훌륭한 MVP인 거죠!

> **Prompt** 내가 지금 당장 시작하고, 가장 많은 반응을 검증해볼 수 있는 MVP 하나만 고른다면?

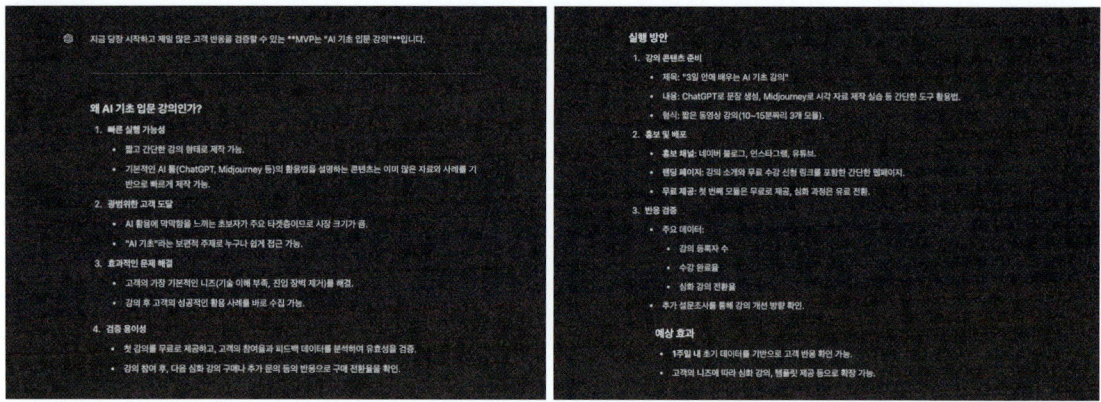

지금 당장 준비해서 실행할 수 있는 아이템을 선정해달라고 했더니, 역시나 'AI 기초 입문 강의'를 추천해줬습니다. 짧고 간단한 강의 형태로 제작해 초보자를 타깃으로 광범위한 고객군에 접근할 수 있다는 의견을 나타냈습니다. 해당 MVP에 대한 실행 방안까지 제안해줬습니다. 그럼, 아이템을 좀 더 구체화해볼까요?

✦ MVP 아이템 구체화 하기

AI 기초 강의를 첫 아이템으로 정했으니, 강의 기획 및 커리큘럼까지 구성해보겠습니다.

> **Prompt** 좋아, 이제 AI 기초 입문 강의를 더욱 구체화해볼게. 우리 고객 세그먼트에게 가장 매력적으로 보일 아이템 아이디어를 줘.

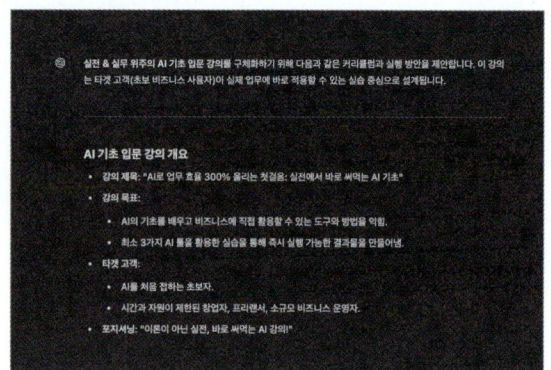

바로 실무에 적용할 수 있는 실습 중심 강의를 설계해줬네요. 포지셔닝을 이론이 아닌 실전, 바로 써먹는 AI 강의라고 뾰족하게 잡아줬습니다. 여기서 제가 생각하는 아이템에 대한 설정과 피드백을 더 줘보겠습니다.

Prompt 강의는 4주짜리 챌린지 형태로 진행하면 좋을 것 같고, 라이브 줌으로 진행할거야. 비즈니스 운영하는 타깃만 뾰족하게 타기팅하고 싶은데, 강의 기획안을 표로 정리해 줘.

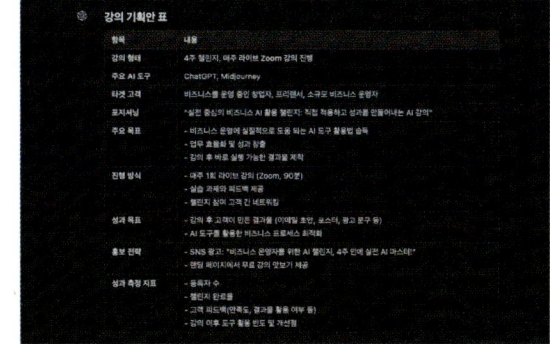

제가 제안한 요건들을 반영해서 강의 기획안을 표로 보여 줍니다. 강의 주요 목표, 진행 방식, 성과 목표까지 글머리 기호로 깔끔하게 정리됐네요. 여기서 우리 브랜드의 포지셔닝을 강조하기 위해, 추가 피드백을 계속 전달해보겠습니다.

Prompt 우리는 실용성이 강점인 브랜드라, 4주 챌린지 이후의 하나의 결과물이 나왔으면 좋겠어. 내 경력이랑 시너지 일어날 아이템을 추천해 줘.

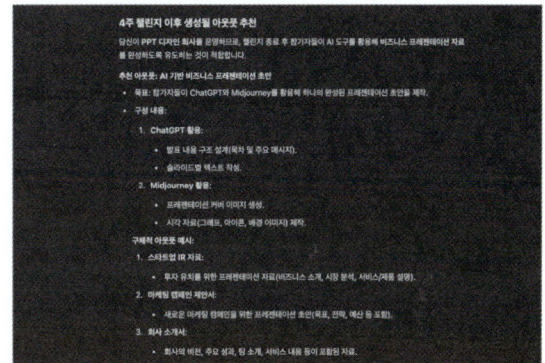

앞서 챗GPT에게 PPT 회사를 운영하는 제 이력을 학습시킨 적이 있습니다. 이런 이력에 맞춰서 4주 강의의 구체적 아웃풋으로 IR 자료, 마케팅 제안서, 회사소개서 등을 완성하는 커리큘럼을 제안해 줬어요.

Prompt 회사소개서 만들기 챌린지로 세부 커리큘럼을 표로 정리해 줄래?

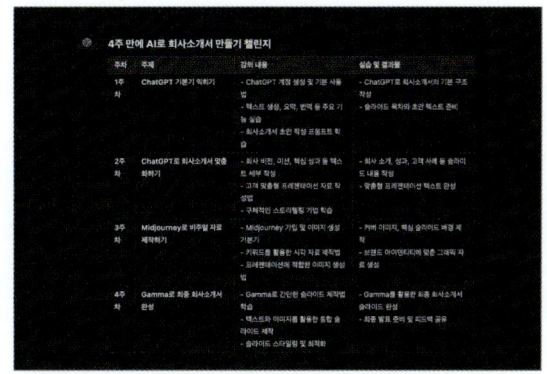

4주 챌린지에 대한 구체적인 커리큘럼까지 표로 만들어봤습니다. 1주차에는 챗GPT의 기본기를 익히고, 2주차에는 회사소개서 맞춤화하기, 3주차에는 미드저니로 비주얼 자료 제작, 4주차에는 감마로 최종 회사소개서를 완성하는 커리큘럼입니다. 각 주차별 실습 및 결과물까지 잘 정리됐네요. 이렇게 우리의 첫 샘플 아이템이 구체화됐습니다.

고객 반응 테스트를 위한 실행 로드맵 계획하기

앞서 세웠던 가설들과 아이템까지 정해졌으니, 이제 고객 반응을 테스트하기 위한 실행 로드맵을 짜볼 차례입니다. 가설 검증을 위해 해야 하는 작업들을 우선순위별로 체크리스트를 만들어봅니다.

✦ 가설 검증을 위한 단계별 To-do 리스트

사업 아이템을 시장에 선보이기 위해 단계별로 해야 하는 업무들을 체크해보겠습니다.

Prompt 4주 만에 AI로 회사소개서 만들기 챌린지란 아이템을 팔기 위한 가설 검증 전략을 세워주고 표로 만들어 줘.

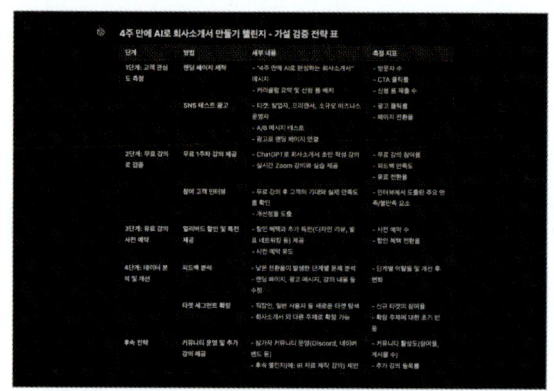

가설 검증을 위해 거쳐야 하는 단계별 로드맵을 짜 줬습니다. 1단계에서는 고객 관심도 측정을, 2단계에서는 무료 강의로 검증, 3단계에서 유료 강의 사전 예약, 4단계는 데이터 분석 및 개선입니다. 그러면 우리가 세운 가설이 성공적이라고 검증하는 기준도 세워볼까요?

Prompt 가설 검증 성공에 대한 기준이 뭘까?

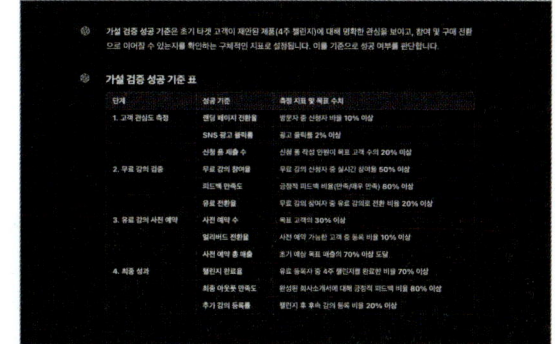

우리의 사업 아이템이 실제로 시장에서 반응이 좋고, 본격적으로 사업 확장해도 좋은지 확신할 수 있는 측정 지표를 뽑아봤습니다. 랜딩페이지 전환율 10% 이상, 무료 강의 실시간 참여율 50% 이상, 유료 전환율 20% 이상 등 구체적인 목표 수치가 잡혔죠.

Prompt 좋아. 그럼 이 가설 검증을 하기 위해 지금 당장 해야 하는 일들을 우선순위별로 짜 줘.

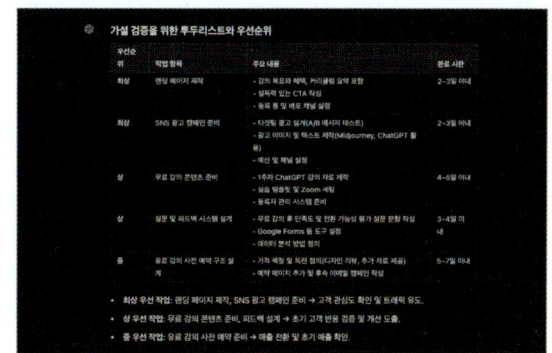

우선순위에서 가장 최상은 랜딩페이지 제작 및 SNS 광고 캠페인을 준비하는 것입니다. 그 이후에는 무료 강의 콘텐츠 준비, 설문 및 피드백 시스템을 설계하고, 본격적인 제품 판매를 위한 유료 강의 사전 예약 구조를 설계해야 합니다. 해야 하는 업무가 정리됐으니 액션 플랜을 짜보겠습니다.

◆ 생산성 높이는 액션 플랜 세팅하기

우리는 제한된 시간과 리소스를 활용해 더 효과적으로 사업 런칭을 하기 위해 AI 툴들을 적극 활용해 봅니다. 각 업무마다 어떤 생성형 AI를 활용하면 좋을지 챗GPT에 물어보겠습니다.

Prompt 이 업무들을 최대한 효율적으로 AI를 활용해서 작업할 수 있는 방법이 뭘까?

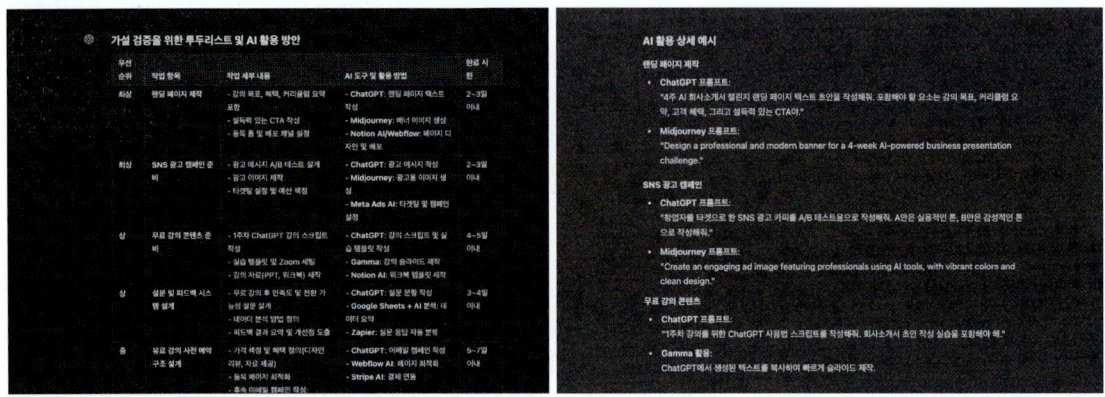

해야 하는 업무들의 생산성을 높여줄 AI 활용법을 추천받았습니다. 챗GPT로 랜딩페이지나 SNS 광고 캠페인, 강의 스크립트를 작성할 때 도움을 받을 수 있네요. 또한 미드저니로 배너 이미지, 광고용 이미지를 생성하고, 감마와 같은 AI 툴로 강의 슬라이드를 제작할 수 있습니다. 각각 업무마다 어떤 프롬프트를 쓰면 좋을지, AI 활용 예시까지 줬으니 적극 활용해보면 좋겠죠.

Prompt 이제 내 다음 액션 플랜을 체크리스트로 만들어 줘.

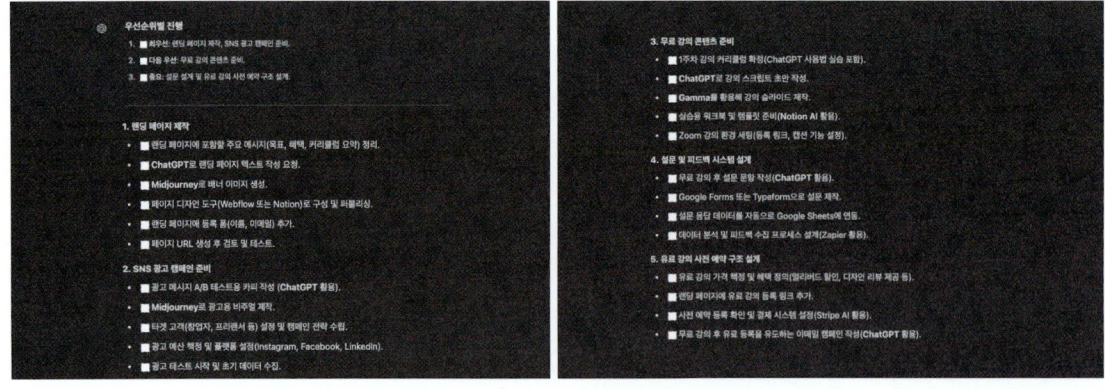

효율적으로 시장 반응을 확인하기 위해 빠르게 런칭할 수 있는 MVP와 가설 검증 전략을 세웠습니다. 이 전략을 실현화할 수 있도록 액션 플랜을 체크리스트로 정리해봤습니다. 챗GPT가 만들어 준 포맷을 그대로 복사하면 노션과 같은 생산성 툴에서 실제로 확인하며 관리할 수 있는 포맷으로 옮길 수 있습니다.

chapter 03
AI로 완성하는 나만의 브랜드 아이덴티티

비즈니스 모델을 잡고 가설 검증할 아이템 기획까지 됐다면 이제는 브랜딩을 통해 그 비즈니스에 생명력을 불어넣을 차례입니다. 브랜딩은 고객에게 전달되는 첫인상이자 비즈니스가 제공하는 가치와 차별성을 명확히 보여 줍니다. 매일 쏟아지는 브랜드 파도 속에서 우리의 비즈니스가 돋보이려면 브랜딩은 꼭 있어야 하는 무기죠. 검정 펭귄들 사이에서 돋보이는 핑크 펭귄처럼, 우리만의 고유 가치와 독창성을 또렷하게 드러내야 합니다.

여기서는 챗GPT를 활용해 브랜드 핵심 가치, 네이밍, 슬로건까지 도출하겠습니다. 챗GPT는 단순 데이터 분석을 넘어서 크리에이티브한 아이디어도 잘 내는데요. 챗GPT와의 티키타카를 통해서 좋은 브랜딩을 뽑아봅니다.

첫인상을 결정짓는 브랜드 네이밍 법칙

브랜드 네이밍은 고객과의 첫인상을 결정짓는 중요한 요소입니다. 좋은 이름은 단순히 기억하기 쉬운 것을 넘어, 브랜드의 정체성과 가치를 함축적으로 전달하며 고객의 신뢰와 호감을 얻습니다. AI는 다양한 레퍼런스와 데이터 분석 기반으로, 브랜드 정체성과 시장 트렌드에 맞는 이름들을 제안할 수 있죠.

✦ 네이밍 법칙 기반 후보 리스트 받기

브랜드의 첫인상이자 명함 같은 존재, 브랜드 네임을 지어볼까요? 한 번 들으면 잊히지 않는 이름으로 고객에게 선택받기 위해, 챗GPT와 아이데이션 해볼게요. 먼저, 훌륭한 브랜드 네이밍의 법칙에 대해 물어보겠습니다.

Prompt 브랜드 네이밍 법칙들을 알려 줘.

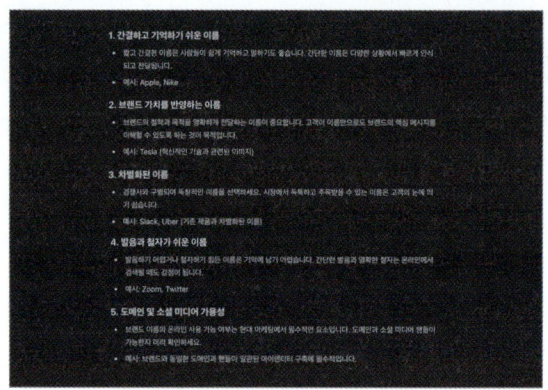

훌륭한 브랜드 네임에 대한 법칙을 알려줬습니다. 간결하고 기억하기 쉽고, 브랜드의 가치를 반영하고, 독창적이고 발음이 쉬워야 합니다. 이런 법칙들을 반영해서 우리 비즈니스에 대한 네이밍을 추천해달라고 해볼게요. 이때, 앞서 우리가 도출한 브랜드 포지셔닝, 차별점, 가치 등 정보를 넣어보겠습니다.

Prompt 위 브랜드 네이밍 법칙들에 따라서 아래 브랜드에 대한 네이밍 후보를 각각 3개씩 제안해 줘. 한글로 6글자 이상 넘어가지 않고, 브랜드 고유성이 담겼으면 좋겠어.

#브랜드 설명#
우리 브랜드는 사업가, 프리랜서, 실무자를 대상으로 온라인 AI 교육을 제공해. 기존 AI 교육들은 이론 중심이었다면, 우리는 실습 중심의 강의를 하는 것이 차별화 포인트야. 누구나 AI를 통해서 제로에서 프로가 될 수 있다고 생각해. 우리의 수강생들이 AI를 활용해서 실질적인 비즈니스 문제를 해결할 수 있는 능력을 키우고, 생산성과 경쟁력을 높이게 하는 것이 목표야.

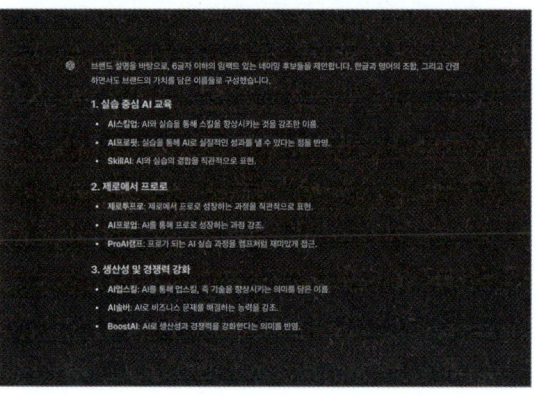

우리 브랜드에서 세 가지 핵심 가치를 뽑아내고, 각각의 가치를 담은 네이밍들을 추천해줬습니다. 추천 이름을 살펴보니 살짝 평이한 이름들입니다. 챗GPT가 더 좋은 결과물을 낼 때까지 연쇄 질문을 해보겠습니다. 제안해준 키워드 말고 추가 키워드를 요청해보겠습니다.

✦ 연쇄질문으로 더 좋은 키워드 리스트업하기

AI보다 우리 브랜드의 차별화 포인트들이 브랜드 네임에서 더 드러나면 좋을 것 같습니다. 전문성과 교육을 강조하는 키워드를 추가로 제안해달라고 프롬프트를 입력했습니다.

Prompt 전문성과 교육을 강조하는 키워드들을 더 추천해 줄래?

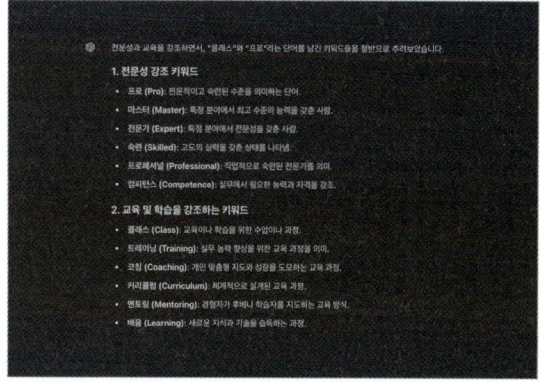

전문성과 교육을 강조하는 다양한 키워드가 나왔습니다. 우리의 AI 교육 브랜드의 가치가 직관적으로 드러날 수 있으면 좋을 것 같아요. 이 키워드를 조합해서 새로운 브랜드 네이밍을 요청해보겠습니다.

Prompt 위 키워드들을 조합해서 다시 네이밍을 추천해 줘. 각각 네이밍별의 의미와 고객에게 줄 수 있는 인상까지 표로 정리해 줘.

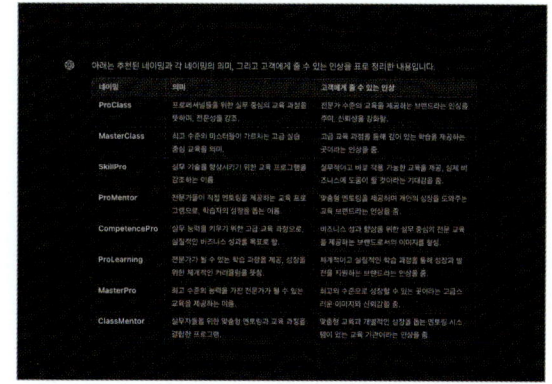

한글로 발음했을 때 가장 직관적으로 드러나는 것은 '프로클래스' 키워드인 것 같네요. 여기서 좀 더 뾰족하게 브랜드 고유성을 드러내고 싶습니다. 전문가란 뜻의 '프로'와 최상위란 의미의 '1%'를 섞어서 '1프로 클래스'란 브랜드 네임으로 최종 확정했습니다.

매력적인 브랜드 슬로건과 스토리 빌딩하기

매력적인 브랜드 슬로건과 스토리는 고객의 마음을 사로잡는 가장 강력한 무기입니다. 짧은 문장 하나가 브랜드의 가치를 요약하고, 이야기는 고객과의 정서적 연결을 만들어내죠. 보통은 브랜딩 전문가나 카피라이터에게 의뢰해야 하는 일이지만, 이번엔 AI와 함께 매력적인 브랜드 슬로건과 스토리를 만들어보겠습니다.

✦ 임팩트 있는 브랜드 슬로건 만들기

브랜드 슬로건은 고객이 브랜드를 쉽게 기억하고, 그 가치를 한눈에 느낄 수 있도록 돕는 중요한 역할을 합니다. 특히 스타트업이나 신생 브랜드라면 짧고 강렬한 슬로건은 고객의 마음을 사로잡는 데 큰 힘을 발휘하죠. 슬로건은 단순한 문장이 아니라, 브랜드의 철학과 메시지를 함축적으로 담아냅니다. 우리의 브랜드 네임과 잘 어울리는 태그라인으로, 임팩트 있는 슬로건을 만들어보겠습니다.

> **Prompt** 사람들에게 임팩트 있는 슬로건을 위한 전략이나 기법들을 추천해 줘.

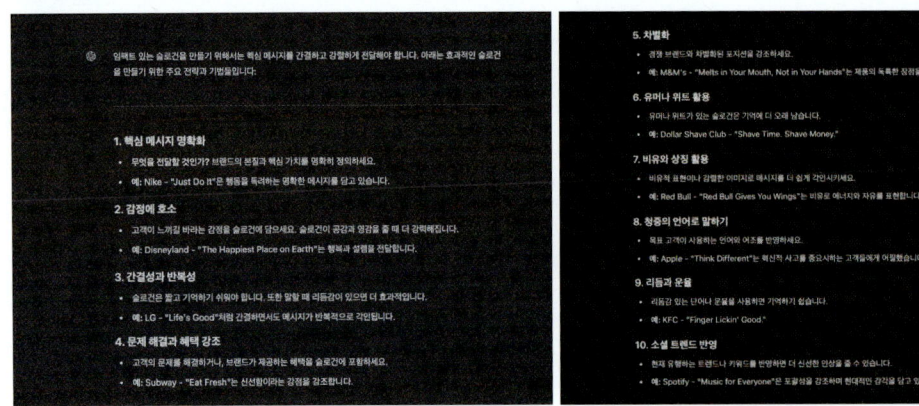

챗GPT가 효과적인 슬로건을 만들기 위한 주요 기법들을 리스트업 해줬습니다. 핵심 메시지를 명확하게, 문제 해결과 혜택을 강조하는 등 열 가지 전략을 알려주며 유명 브랜드 예시까지 보여 주네요.

Prompt 상위 1%와 프로란 뜻을 담은 '1프로클래스'로 AI 교육 브랜드 네임을 정했어. 1프로클래스의 브랜드 가치를 전달하는 슬로건을 추천해 줘.

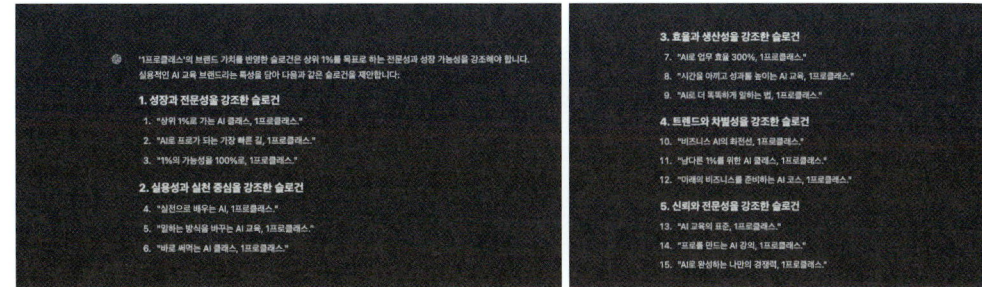

위에서 추천해준 강력한 슬로건 전략들을 바탕으로 다양한 슬로건이 도출됩니다. 성장과 전문성, 혹은 실용성과 실천 중심을 강조한 슬로건 등 1프로클래스란 브랜드의 강점들을 부각시킬 수 있는 여러 옵션을 제안하는데요. 여기서 TOP 7 후보들로 추려보겠습니다.

Prompt 임팩트 있는 슬로건 후보들 TOP 7으로 그 의미와, 심리적 효과를 표로 정리해 줘.

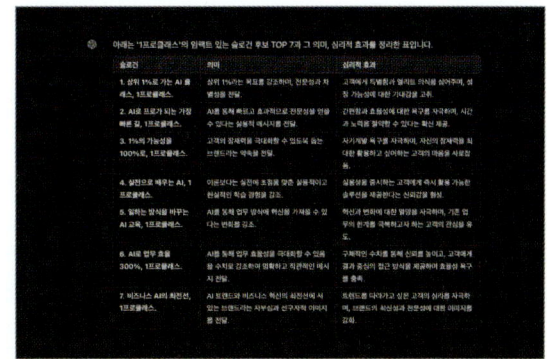

챗GPT가 손꼽은 일곱 가지 후보와 각 슬로건의 의미와 심리적 효과까지 표로 정리해 줬습니다. 고객 입장에서 가장 매력적인 슬로건은 무엇일지 별점을 매겨달라고 요청해볼게요.

Prompt 너가 봤을 때 가장 우리 타깃 고객들에게 와닿는 슬로건들은 어떤 건지 별점 및 순위를 매겨 줘.

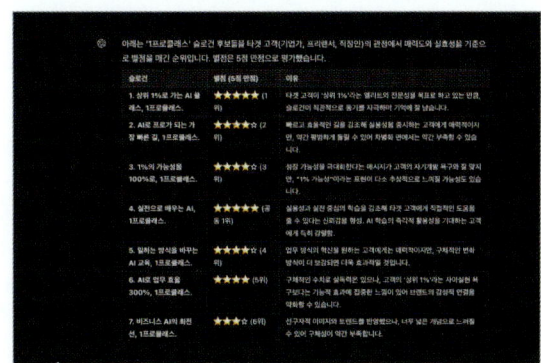

별점 5점 만점으로 공동 1위에 오른 슬로건은 '상위 1%로 가는 AI 클래스, 1프로클래스'와 '실전으로 배우는 AI, 1프로클래스'입니다. 일반적인 AI 교육 브랜드가 아닌, 사업가와 프리랜서 대상의 비즈니스 AI 교육이라 '상위 1%'를 강조한 슬로건이 좋을 것 같아요. 여기서, 좀 더 직관적일 수 있도록 슬로건을 다듬어보겠습니다.

1% 비즈니스로 가는 AI 코스, 1프로클래스

'코스'라는 키워드가 지름길도 되지만, 교육의 커리큘럼을 나타내는 중의적인 단어라서 선택했습니다. 80%를 AI가 밑그림을 스케치해 주면 20%는 사람의 창의력을 발휘해서 완성하는 협업이라고 생각하면 좋습니다.

✦ 흡입력 있는 브랜드 스토리텔링하기

브랜드 스토리는 비즈니스가 단순한 제품 판매를 넘어 고객과의 감정적 연결을 만드는 강력한 장치입니다. 고객에게 와닿는 다양한 브랜드 스토리텔링 공식들을 알아볼게요.

> **Prompt** 매력적인 브랜드 스토리 텔링을 위한 공식들을 알려 줘.

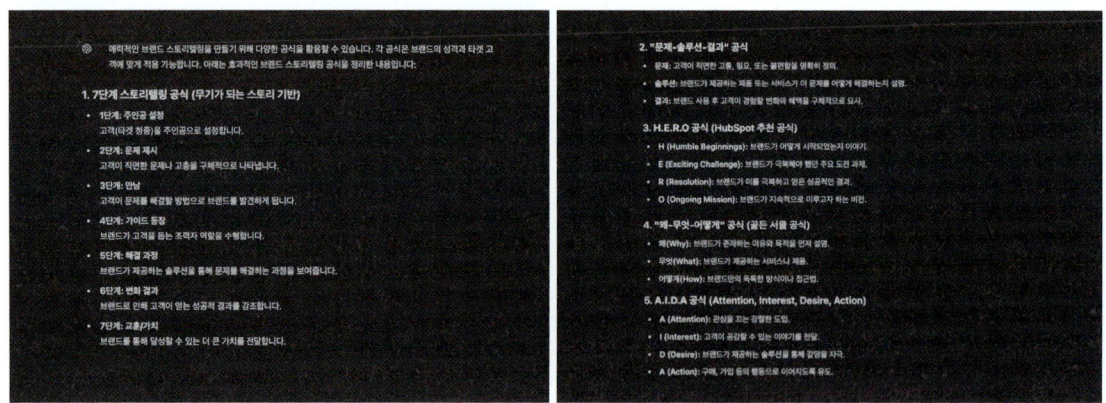

수많은 유명 브랜드들이 사랑했던 스토리텔링 공식들이 나열됩니다. 여기서 한 단계 더 들어가, 우리 브랜드의 타깃들에게 와닿을 스토리텔링 기법을 물어보겠습니다.

> **Prompt** 1프로클래스의 타깃들에게 가장 효과적일 스토리텔링 기법은 뭘까?

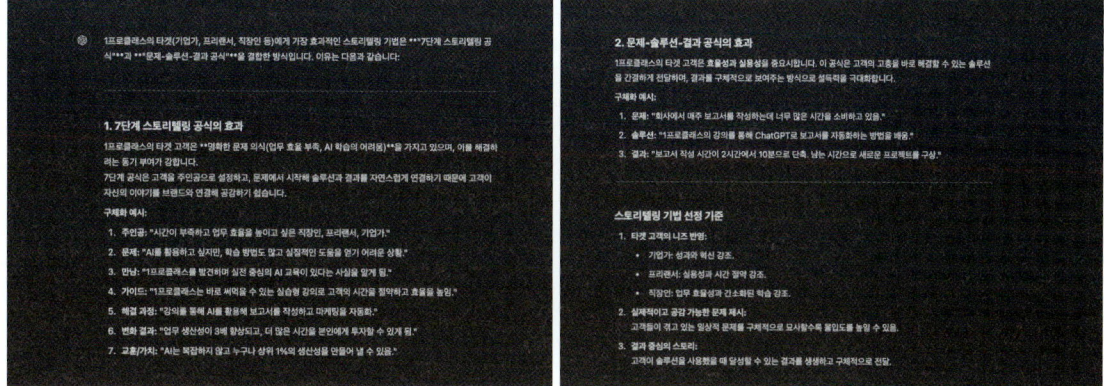

1프로클래스의 타깃인 기업가, 프리랜서, 직장인 타깃의 니즈를 잘 반영할 기법으로 '7단계 스토리텔링 공식'과 '문제-솔루션-결과 공식'을 뽑아 줬네요. 이런 공식을 바탕으로 브랜드 스토리를 작성해달라고 요청해보겠습니다. 교육 브랜드인만큼 딱딱한 어투보다는 격려하는 보이스톤으로 써달라고 프롬프트를 써보겠습니다.

> **Prompt** 우리의 슬로건은 "1% 비즈니스로 가는 AI 코스, 1프로클래스"야. 격려하는 보이스톤으로 우리 브랜드 스토리를 써 줘.

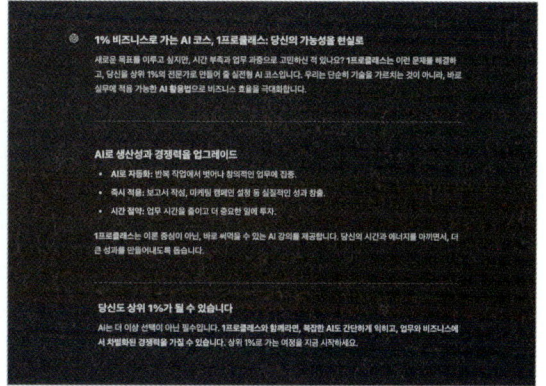

짜잔! 바로 우리 고객에게 들려줄 수 있는 브랜드 스토리가 탄생했습니다. 새로운 목표를 이루고 싶지만, 시간 부족과 업무 과중으로 고민한 사람들을 위해 탄생한 1프로클래스. 이제 매력적인 슬로건과 브랜드 스토리까지 갖췄으니, 브랜드 미션과 비전을 구체화해볼까요?

브랜드 핵심 가치와 미션, 비전 세우기

우리는 DAY3 동안 우리 브랜드의 비즈니스 모델과 상품, 브랜딩 등을 구체화하는 과정을 거쳤는데요. 지금까지 만든 자료들을 활용해서 마지막으로 우리 브랜드 미션과 비전, 핵심 가치를 세워보겠습니다. 핵심 가치는 우리가 고객에게 제공하려는 가치를, 브랜드 미션은 회사의 존재 이유를, 비전은 미래에 도달하려는 목표를 나타냅니다. 미션과 비전은 브랜드의 나침반의 역할을 하는 만큼 명확하고 고객 중심적으로 설계하는 것이 중요합니다.

◆ 챗GPT와 브랜드 핵심 가치 키워드 논의하기

챗GPT와의 채팅창에 우리가 지금까지 만든 비즈니스 모델, MVP, 슬로건 등을 모두 첨부합니다.

Prompt 우리의 비즈니스 모델, 슬로건, 브랜드 스토리를 학습해 줘.

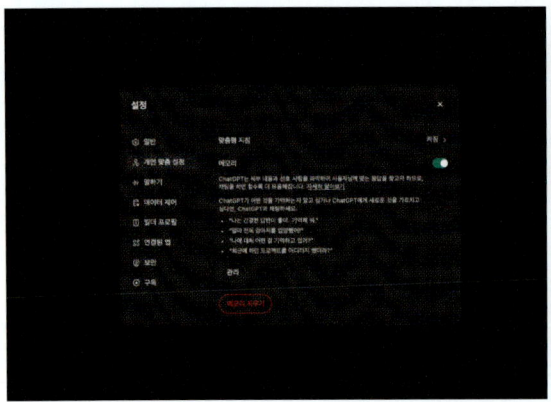 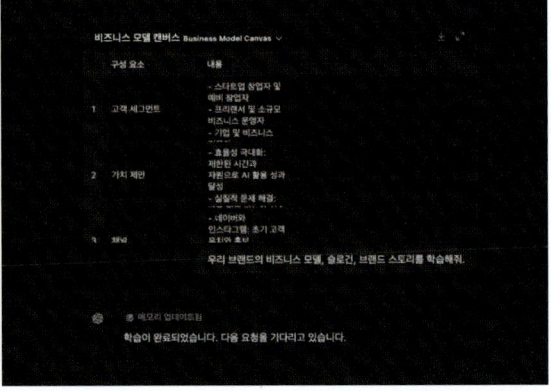

> **TIP**
> '학습해 줘', '기억해 줘' 등의 프롬프트를 쓰면 '메모리 업데이트됨'이라는 메시지가 나타나면서 챗GPT가 해당 정보를 메모리에 저장합니다. 이제 다른 채팅창에서 내 브랜드에 대한 이야기를 할 때마다 해당 정보를 다시 입력하지 않아도 챗GPT가 기억하는 거죠. 이 옵션이 나타나지 않는다면 [설정]-[개인 맞춤 설정]에 들어가서 메모리 기능을 ON 해주세요.

우리 브랜드에 대한 지식을 학습했다면, 여기서 핵심 가치를 키워드로 뽑아달라고 요청하겠습니다.

Prompt 우리 브랜드의 핵심 가치를 임팩트 있는 키워드들로 표현해 줘. 각 키워드가 조직 내부와 외부에 어떤 의미를 전달할 수 있을지 표로 정리해 줘.

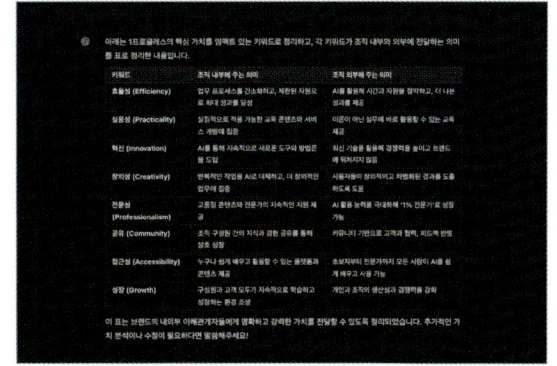

효율성, 실용성, 전문성 등 우리 브랜드를 대표하는 키워드들이 잘 보입니다. 하지만 다소 평범한 단어들인 것 같네요. 이번에는 '1프로클래스'라는 브랜드 네임에서 따서 '프로'로 시작하는 단어들로만 정리해달라고 해보겠습니다.

Prompt PRO로 시작하는 단어들로 우리 브랜드의 핵심 가치를 표현할 수 있을까?

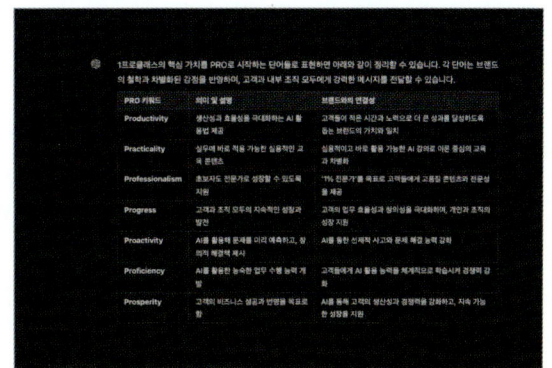

우리 브랜드 핵심 가치를 표현하는 PRO로 시작하는 키워드들이 후보로 정리됐습니다. 고객의 효율을 높여주는 Productivity(생산성), 초보자도 1% 전문가로 만들어주는 Professionalism(전문성), 교육으로 성장을 지원하는 Progress(발전)이라는 세 단어가 우리 브랜드를 잘 표현하는 핵심 가치로 마음에 듭니다.

> **Prompt** Productivity, Progress, Progress라는 세 가지로 내부적, 외부적 의미로 정리해 줘.

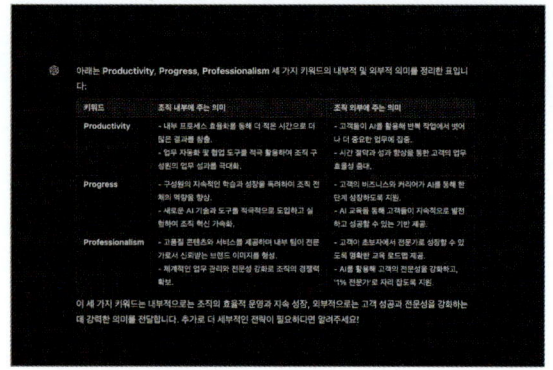

세 가지 키워드는 내부적으로는 조직의 효율적 운영과 지속 성장, 외부적으로는 고객 성공과 전문성을 강화하는 데 강력한 의미를 전달합니다. 훌륭한 브랜드 핵심 가치가 선정됐으니 마지막으로 브랜드 미션과 비전까지 그려보겠습니다.

◆ 5WHY 기법으로 브랜드 미션과 비전 정립하기

5WHY 기법은 '왜?'라는 질문을 다섯 번 반복하며 문제의 근본 원인을 찾는 방법으로, 브랜드 미션과 비전을 정립하는 데도 유용하게 활용됩니다. 우리의 존재 이유와 고객에게 제공할 가치를 연속적으로 질문하며 미션을 도출하고, 이를 기반으로 궁극적으로 이루고자 하는 목표를 비전으로 구체화할 수 있습니다.

> **Prompt** 우리의 세 가지 핵심 가치를 바탕으로, 1프로클래스의 브랜드 미션을 정의해 줘.

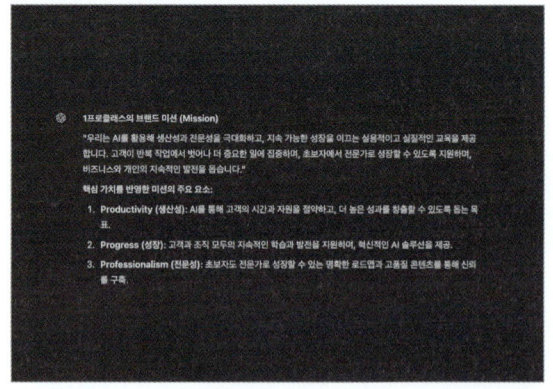

앞서 정한 핵심 가치를 반영한 브랜드 미션을 정의해봤습니다. AI를 활용해 생산성과 전문성을 극대화하고, 지속 가능한 성장을 이끄는 실용적이고 실질적인 교육을 제공하는 것이 미션입니다. 이어서 5WHY 기법으로 브랜드 비전까지 도출해보겠습니다.

Prompt 5WHY 기법을 통해서 우리 브랜드 비전을 생각해 줘.

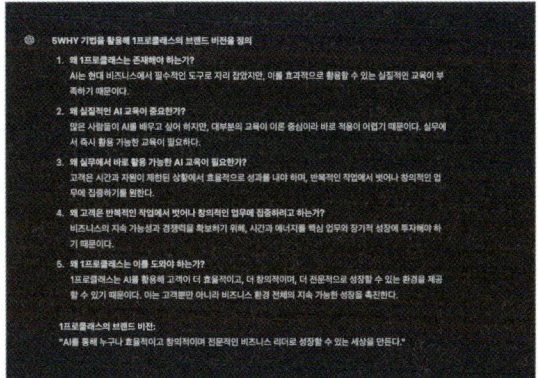

'왜?'라는 질문을 다섯 번 반복하니 깊이 있는 본질까지 내려가게 됩니다. 표면적으로 생각했을 때 단순히 AI라는 기술이나 툴을 알려주는 교육자에 그칠 수 있습니다. 인사이트 있게 접근한 결과, 우리는 궁극적으로 누구나 비즈니스 리더로 성장할 수 있는 세상을 만드는 것이 비전인 것이죠.

Prompt 우리 브랜드의 핵심 가치, 브랜드 미션, 브랜드 비전을 한 번에 정리해 줄래?

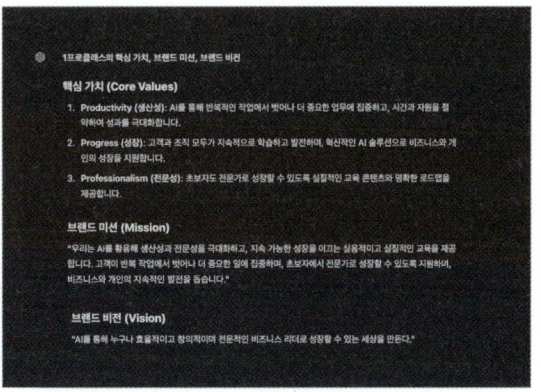

1프로클래스란 브랜드의 핵심 가치부터 미션, 비전까지 정리해봤습니다. 우리 비즈니스의 방향성을 가리키는 나침반이 완성됐으니, 본격적인 비즈니스 빌딩을 위한 항해를 떠나볼까요?

DAY 4

미드저니로 사업 비주얼 완성하기

DAY 3에서는 챗GPT와 함께 비즈니스 모델을 설계하고 전략을 세웠습니다. 이제 아이디어를 시각적으로 구현할 차례입니다. 사업 초기에는 브랜드가 주는 첫인상이 매우 중요하죠. 첫인상을 통해 기억에 남는 브랜드로 자리 잡기 위해서는 브랜드만의 비주얼을 만들어야 합니다.

브랜드 비주얼 작업은 로고, 브랜드 컬러, 폰트 선정 등이 있으며, 이러한 작업은 디자이너에게 의뢰하는 것이 필수였습니다. 이제는 AI 이미지 생성 툴인 미드저니를 활용해 브랜드 비주얼 요소를 직접 만들 수 있습니다. 디자인 경험이 없어도 미드저니를 통해 내 상상력을 시각화하고 실현시킬 수 있게 된 것이죠.

DAY 4에서는 먼저 미드저니의 기본 사용법부터 이미지 생성하는 방법을 배웁니다. 여기서, 상위 1% 이미지를 뽑아내는 미드저니 'PRO 법칙'도 알아볼거예요. 미드저니의 다양한 기능을 통해 브랜드의 독창적인 정체성을 어떻게 시각화할 수 있는지 경험해보죠. 마지막으로, 챗GPT로 내 브랜드의 비주얼 키워드, 색상, 폰트를, 미드저니와 로고부터 고객 페르소나 이미지, 가상의 사무실 목업까지 만들어봅니다.

chapter 01
이미지 생성 AI 미드저니와 친해지기

사업 아이디어를 현실감 있게 시각화할 단계에 들어섰습니다. 미드저니는 누구나 쉽고 빠르게 고퀄리티 이미지를 만들 수 있는 AI 툴로, 디자인 경험이 없어도 원하는 비주얼을 구현할 수 있습니다. 1장에서는 미드저니의 기본적인 사용법과 이미지 생성 프로세스를 익힙니다. 프롬프트 입력을 통해 원하는 이미지를 어떻게 생성할 수 있는지도 하나하나 배워보겠습니다. 미드저니를 처음 사용하는 분들을 위해 인터페이스와 기능을 살펴보고, 기본적인 이미지 생성부터 필수 프롬프트 키워드까지 알아봅니다.

이미지 AI 중 No.1, 미드저니 100% 파헤치기

미드저니는 텍스트 프롬프트를 바탕으로 이미지를 생성하는 AI 툴입니다. 다양한 이미지 AI 툴이 있지만, 구현해내는 미학적인 감각이나 세세하게 수정할 수 있는 옵션은 최고 수준으로 손꼽힙니다. 처음 출시됐을 때는 디스코드(무료로 이용 가능한 음성, 비디오, 텍스트 커뮤니케이션 플랫폼)를 통해서만 이용할 수 있었지만, 이젠 누구나 쓸 수 있게 웹 버전이 출시돼 접근성도 좋아졌어요. 미드저니를 구독하는 법부터 기본 메뉴까지 살펴볼까요?

✦ 미드저니 가입부터 구독까지

❶ 미드저니(https://www.midjourney.com/) 웹사이트에 접속하면 다음과 같은 화면이 나타납니다. 하단의 〈Sign Up〉 버튼을 클릭하면 미드저니에 가입할 수 있습니다. 디스코드 혹은 구글 아이디로 가입하면 미드저니를 본격적으로 사용할 수 있죠.

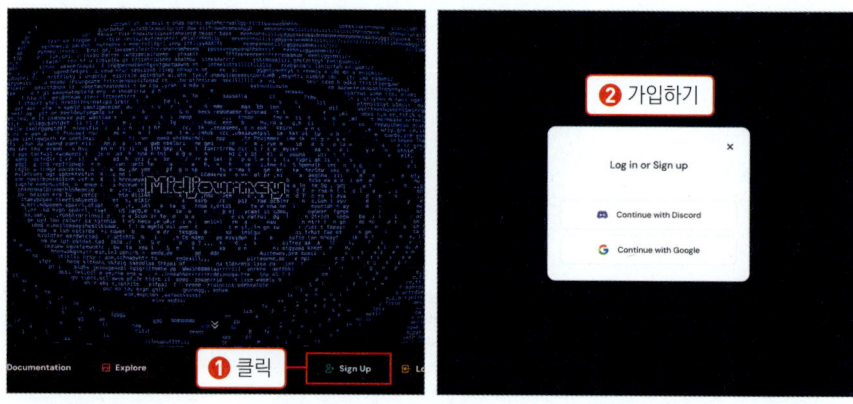

먼저, 미드저니는 유료 구독이 필수인 AI 툴입니다. 왼쪽 하단에 프로필 설정을 클릭한 후 'Manage Subscription'을 눌러서 구독 플랜을 선택하겠습니다.

❷ 미드저니는 유료 구독이 필수입니다. 왼쪽 하단 프로필 설정을 클릭한 후 〈Manage Subscription〉을 선택하면 구독 플랜을 볼 수 있습니다.

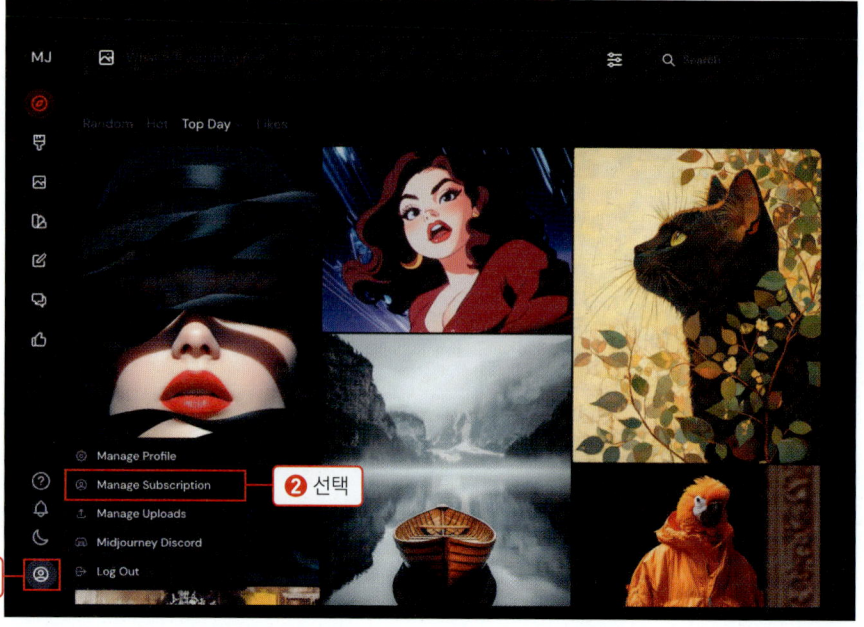

❸ Yearly Billing(연간 구독)과 Monthly Billing(월간 구독) 두 가지 중 원하는 형태를 선택합니다. Basic, Standard, Pro, Mega로 총 4단계의 구독 플랜이 있는데요. 각 플랜마다 이미지 생성 속도, 해상도, 사용할 수 있는 기능들이 달라집니다. 처음에는 Basic으로 시작하고, 부족하면 Standard로 업그레이드하는 방식을 추천합니다.

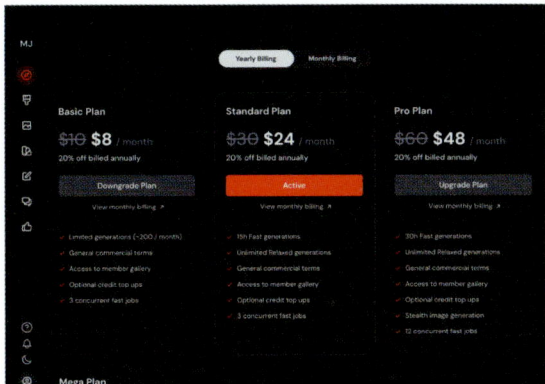
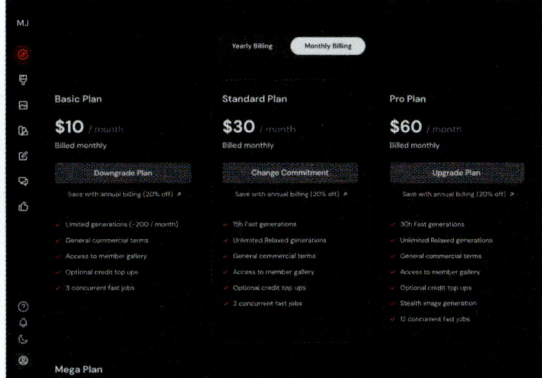

✦ 미드저니 웹사이트 둘러보기

미드저니 웹사이트의 주요 메뉴를 살펴보겠습니다. 화면 왼쪽에 일곱 가지 아이콘이 있는데요. 각 메뉴는 사용자가 이미지 생성부터 관리, 개인화까지 쉽게 할 수 있도록 도와줍니다. 가장 많이 활용하는 메뉴 위주로 설명하겠습니다.

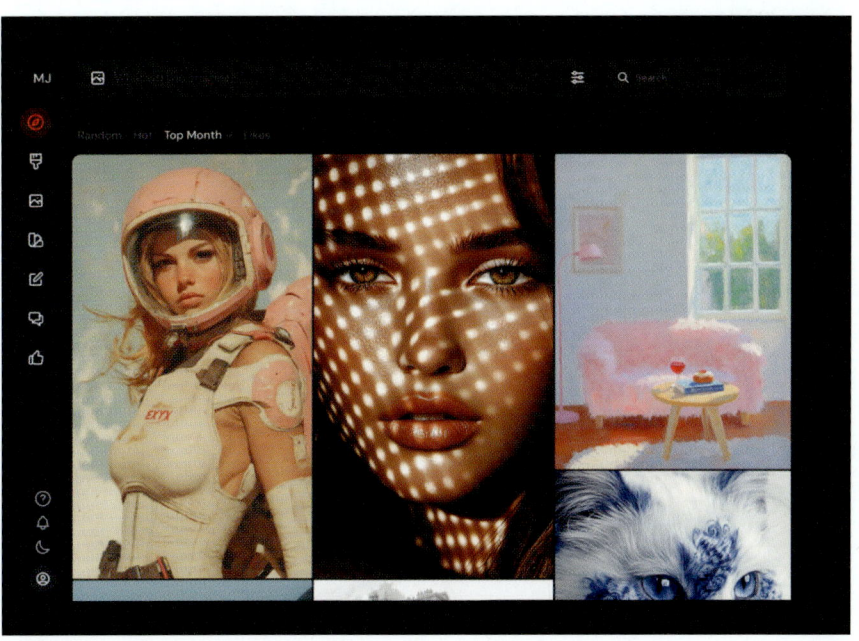

Explore(탐색하기)

미드저니 사용자들이 생성한 이미지를 탐색할 수 있는 공간입니다. 전 세계 사용자들이 만든 다양한 이미지를 보고, 프롬프트와 설정값을 확인할 수 있죠. 특정 이미지의 스타일이나 구도를 참고하고 싶다면 해당 이미지의 프롬프트를 복사하거나 설정을 레퍼런스로 사용할 수 있습니다. 카테고리별로 사용자들이 생성한 이미지들을 살펴볼 수도 있습니다.

- **Random**: 무작위의 이미지를 볼 수 있어 좀 더 다양하고 창의적인 결과물을 많이 접할 수 있습니다.
- **Hot**: 현재 가장 주목받고 있는 이미지를 보여 줍니다.
- **Top**: Day(일), Week(주), Month(달)를 기준으로 해당 기간에 가장 인기 많았던 이미지를 보여 줍니다.
- **Likes**: 내가 '좋아요'를 누른 이미지들만 모아서 볼 수 있습니다.

Create(생성하기)

본격적으로 내가 원하는 이미지를 생성하는 Create 메뉴입니다. 상단의 입력창에서 내가 원하는 이미지에 대한 텍스트 프롬프트를 영문으로 입력하고 〈Enter〉키를 누르면 생성이 시작됩니다. 하단에는 지금까지 내가 생성했던 이미지와 프롬프트들을 살펴볼 수도 있죠. 입력창 오른쪽에 [설정] 아이콘을 클릭하면 다양한 파라미터 값으로 이미지 설정을 조정할 수 있습니다. 이미지의 비율부터 미드저니 모델, 원하는 미감 정도까지 세팅할 수 있습니다.

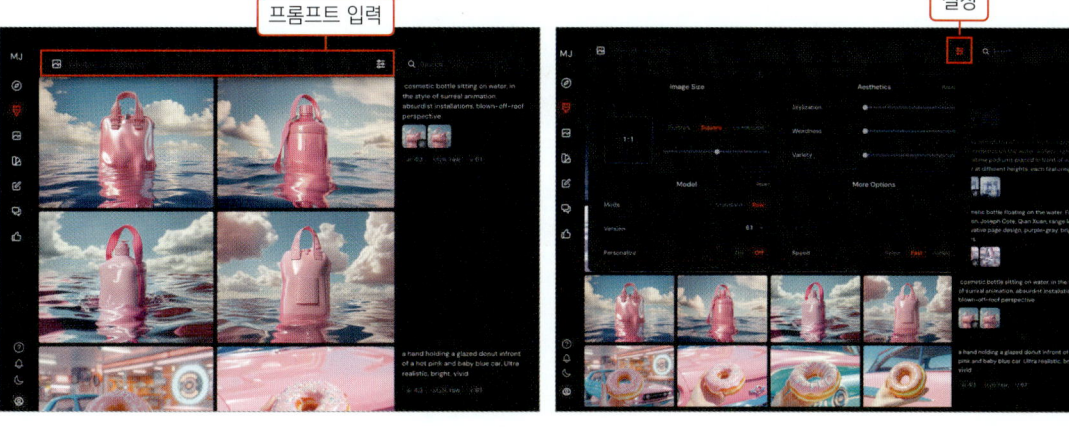

Organize(정리하기)

Organize 메뉴는 사용자가 생성한 이미지를 효율적으로 관리할 수 있도록 도와줍니다. 갤러리처럼 자신이 만든 이미지를 모아두고, 쉽게 확인하거나 다운로드할 수 있어요. 나만의 폴더를 만들어서 이미지를 정리하거나 필터를 통해서 원하는 이미지들을 확인할 수 있습니다. 오른쪽 필터에서는 평점, 타입, 이미지 사이즈, 버전 등으로 분류된 이미지를 볼 수 있습니다. 예컨대 Rating에서 'Liked'를 체크하면 '좋아요'로 표시해둔 이미지들만 모아 보여줍니다. 미드저니에서 이미지를 여러 장 생성하다 보면 예전 이미지는 금세 찾기 어려워지므로 Oraganize에서 체계적으로 정리하면 좋습니다.

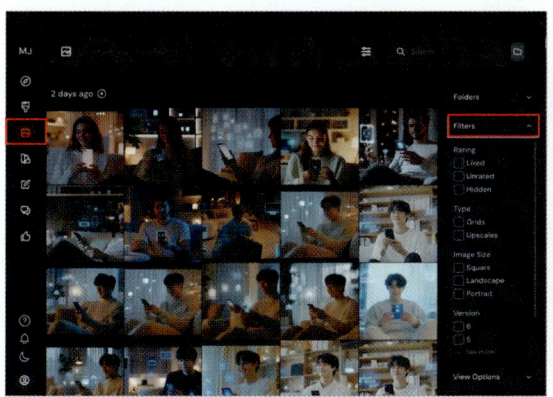
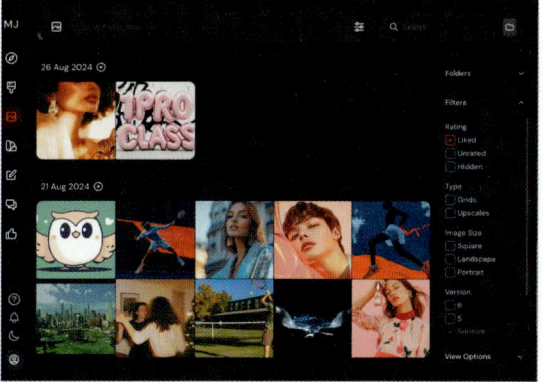

미드저니로 내가 원하는 AI 이미지 생성하기

프롬프트로 원하는 이미지의 스타일, 구도, 분위기 등을 설정할 수 있고, 미드저니는 이를 해석해 4개의 이미지를 제공하는데요. 생성된 이미지 중 마음에 드는 것을 골라 더 높은 해상도로 업스케일하거나 변형할 수 있으며, 이미지 비율이나 스타일화 정도를 파라미터를 통해 세부적으로 조정할 수도 있습니다.

◆ 프롬프트를 입력해서 이미지 생성하기

상단에 있는 입력창에 프롬프트를 입력하고 〈Enter〉키를 누르면 이미지 생성이 시작됩니다. 프롬프트는 미드저니에 제공할 지시문으로 어떤 이미지를 원하는지 설명하는 영문 텍스트입니다. 예를 들어 향수 브랜드의 모델 이미지를 만들기 위해 'photography of Korean model holding perfume(향수를 들고 있는 한국인 모델 사진)'를 입력합니다. 잠시 기다리면 미드저니가 프롬프트를 해석해 네 장의 이미지를 제안해 줍니다. 여기서 마음에 드는 이미지를 클릭하면 이미지를 편집할 수 있는 Creation Actions 옵션이 보입니다.

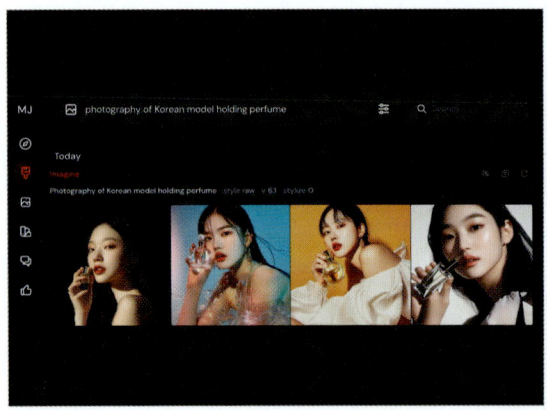 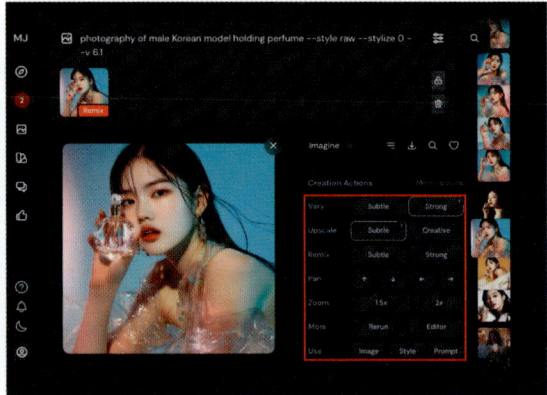

❶ **Vary(변형)** : 선택한 이미지 기반으로 새로운 변형 이미지들을 생성하는 액션입니다. 이미지의 스타일을 유지하면서도 다른 버전의 이미지를 보고 싶을 때 사용합니다. Vary Strong으로 설정하면 전반적인 이미지 분위기는 유사하지만, 모델의 포즈, 각도, 표정 등이 각각 다른 이미지의 네 장을 다시 볼 수 있습니다.

- Subtle(미세하게): 이미지의 세부적인 부분만 변형시킵니다.
- Strong(강력하게): 이미지의 구도, 배경, 색상 등을 다른 느낌으로 다시 제안합니다.

❷ Upscale(업스케일): Upscale은 이미지를 더 높은 해상도로 확대해 고품질의 이미지로 만드는 기능입니다. 실제로 이미지를 다운로드해서 사용할 때는 Upscale을 꼭 해주세요.

- Subtle(미세하게): 현재 이미지대로 해상도를 높입니다.
- Creative(창의적으로): 미드저니가 다시 상상력을 얹어서 고화질 이미지를 만들어 냅니다.

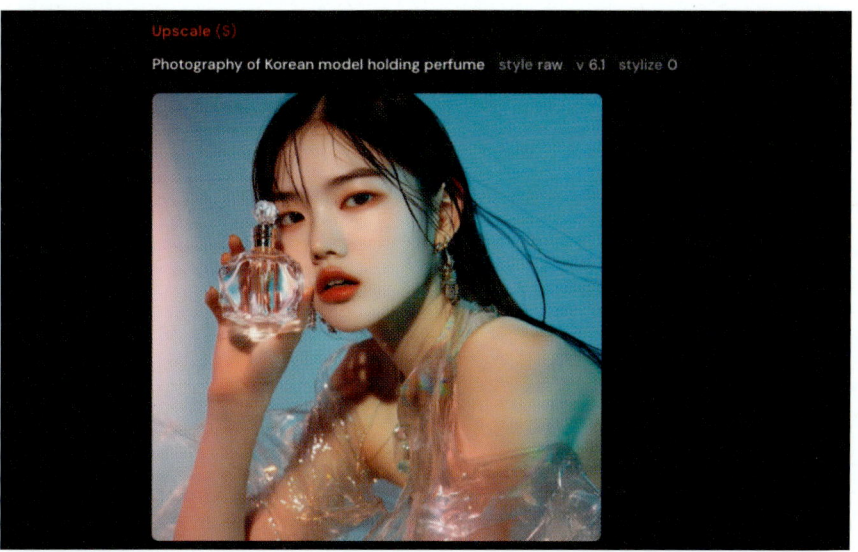

❸ **Remix(리믹스)**: 리믹스는 기존 이미지에서 특정 요소를 변경하거나 프롬프트를 다시 입력해 새로운 이미지를 만들 수 있습니다. 옵션 선택 후 〈Remix〉를 클릭하면 방금 입력한 프롬프트가 프롬프트 창에 나타납니다. 여기서 'male(남성)'이라는 키워드만 추가하고 〈Enter〉키를 눌러보겠습니다. 기존 여성 모델이 향수를 들고 있는 이미지와 비슷한 구도와 느낌이지만 남성 모델로 바뀐 네 장의 이미지가 나타납니다. 비슷한 톤앤매너를 유지한 이미지를 시리즈로 만들 때 유용합니다.

- **Subtle(미세하게)**: 기존 이미지와 거의 유사하게 새로운 이미지를 생성합니다.
- **Strong(강력하게)**: 기존 이미지의 핵심 요소들을 대폭 바꾸어 새로운 비주얼을 만들어 냅니다.

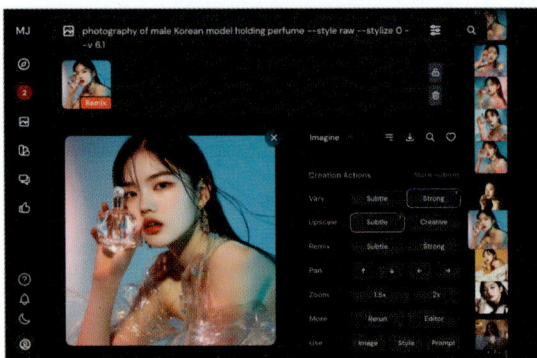

❹ **Pan(팬)**: 마치 카메라를 상하좌우로 움직이는 것처럼 이미지의 시점을 이동시키는 기능입니다. 상하좌우에 따른 화살표를 클릭하면 해당 방향대로 이미지의 공간이 생기게 되는데요. 위를 향하는 화살표를 누르면 기존 이미지에서 상단 부분에 공간이 생기며 이미지 비율도 세로로 길어집니다.

❺ Zoom(줌 아웃): 전체적인 구도를 볼 수 있는 이미지로 확장할 수 있습니다. '1.5x' 혹은 '2x'를 선택해서 이미지를 1.5배 혹은 2배로 줌아웃을 시킬 수 있는데요. '2x'를 클릭해보니 클로즈업돼 있던 이미지에서 전반적인 모델의 포즈까지 볼 수 있도록 2배 줌아웃 됐습니다.

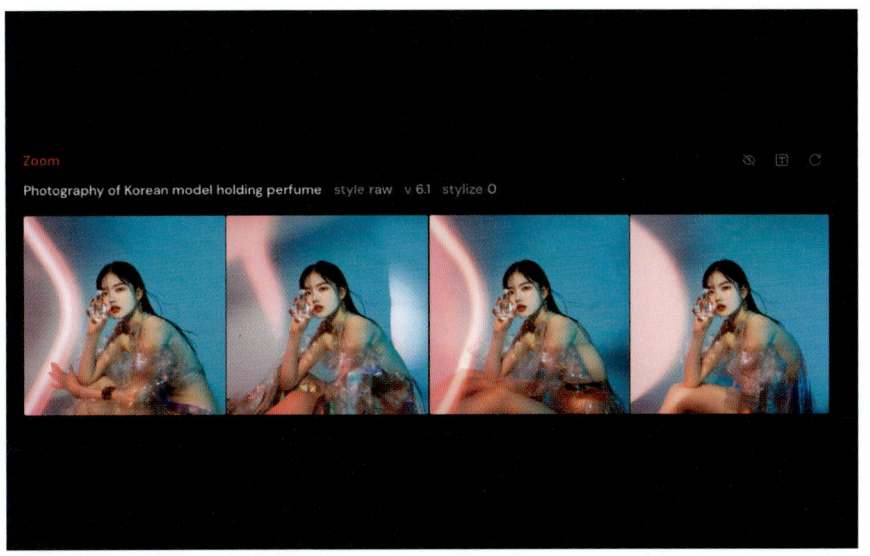

미드저니 프롬프트 주요 키워드 알기

미드저니에서 프롬프트를 입력할 때 이미지의 결과에 큰 영향을 주는 주요 키워드를 잘 사용하는 것이 중요합니다. 자주 활용하는 키워드를 모델 특징, 사진 종류, 색상 및 톤 등의 카테고리 형식으로 정리했습니다. 원하는 이미지를 만들어낼 수 있도록 카테고리별 키워드들을 기억하세요.

◆ 모델의 특징

사람을 묘사할 때 국적, 나이, 특징 등을 구체적으로 지정하면 그에 맞는 특징을 반영한 이미지를 생성합니다. 특히 미드저니는 전 세계 빅데이터 기반이어서 한국인 모델을 만들고 싶다면 'Korean'이라는 키워드를 꼭 붙여야 합니다.

- 국적: Korean(한국인), American(미국인), European(유럽인), Asian(아시아인) 등
- 성별: Male(남성), Female(여성) 등
- 나이: 20s(20대), 30s(30대), 40s(40대), young(젊은), middle-aged(중년), Elderly(노인) 등
- 직업: model(모델), student(학생), businessman(비즈니스맨), idol(아이돌) 등
- 특성: tall(키 큰), muscular(근육질), black hair(흑발), beautiful(아름다운), cute(귀여운) 등
- 패션: formal(포멀한), casual(캐주얼), chic(시크한), sporty(스포티한), elegant(우아한)

Prompt Korean high school student, cute girl, smiling in school uniform
한국 고등학생, 귀여운 소녀, 교복 입고 웃는 모습

Prompt Attractive young male model of watch, formal attire
매력적인 남성 시계 모델, 포멀한 패션

✦ 사진 종류

사진의 종류에 따라서 이미지의 전체적인 분위기나 목적이 달라집니다. 상업용 사진을 연출하고 싶다면 Magazine(잡지), Commercial(상업용) 키워드를, 자연스러운 느낌을 연출하고 싶다면 Street(거리), Documentary(다큐멘터리)같은 키워드를 추가해 줍니다.

- Portrait: 인물 사진
- Landscape: 풍경 사진
- Fashion photo shoot: 패션 화보 사진
- Street photography: 거리 사진
- Documentary photography: 다큐멘터리 사진
- Editorial photography: 편집 사진
- Commercial photography: 상업용 사진
- Magazine photography: 잡지 사진
- Movie Still: 영화 장면

Prompt Commercial photography of mint running shoes
민트색 러닝화의 상업용 포토그래피

Prompt Street photography of mint running shoes
민트색 러닝화의 스트릿 포토그래피

Prompt Documentary photography of mint running shoes
민트색 러닝화의 다큐멘터리 사진

◆ 색상 및 톤

이미지의 분위기를 좌우하는 것은 색상과 톤의 영향이 큽니다. 따뜻한 색감 혹은 차가운 색감 등으로 이미지 느낌을 연출할 수 있고요. 또 트렌디한 이미지를 원한다면 파스텔이나 네온 색상을 활용해보세요.

- Monochrome: 단색 톤
- Vibrant colors: 선명한 색상
- Pastel colors: 파스텔 색상
- Warm tones: 따뜻한 색조
- Cool tones: 차가운 색조
- Neon color: 네온 색상

Prompt Warm photo of donut shop
따뜻한 톤의 도넛 가게 사진

Prompt Pastel color photo of donut shop
파스텔 색상 톤의 도넛 가게 사진

Prompt Neon color photo of donut shop
네온 색상의 도넛 가게 사진

chapter 02

상위 1% 이미지 AI 프롬프트 비밀, PRO 법칙

초반에 미드저니를 써보다가 생각처럼 원하는 이미지가 나오지 않아 포기하는 분들이 많습니다. 챗GPT에 활용했던 1% 프롬프트 비밀, PRO 법칙 기억하시나요? 미드저니에도 결과물의 퀄리티를 높이는 PRO 법칙이 있습니다. 바로 'Parameter(파라미터)', 'Reference(레퍼런스)', 'Optimize(최적화)'로 이뤄진 PRO 법칙이죠. 미드저니를 300% 활용할 수 있는 상위 1% 미드저니 프롬프트 비밀을 살펴보겠습니다.

PARAMETER(파라미터)를 설정하세요

미드저니에서 파라미터란 이미지 설정을 조정할 수 있게 도와주는 옵션값입니다. 파라미터는 프롬프트의 마지막 부분에 '--'를 사용해 입력하며, 각 설정은 이미지 출력에 직접적인 영향을 미치죠. 예를 들어 16:9 비율의 이미지를 생성하기 위해서 '--aspect 16:9'라는 파라미터값을 붙여주면 됩니다. 기존 디스코드 버전 미드저니에서는 직접 파라미터 설정을 입력해야 했지만 미드저니 웹 버전에서는 훨씬 간단하게 설정할 수 있습니다.

미드저니 웹 버전의 프롬프트 입력창 오른쪽에 있는 '설정'을 클릭하면 파라미터 설정 창이 나타납니다. 여기서 설정해둔 파라미터는 바꾸기 전까지 디폴트값으로 세팅됩니다.

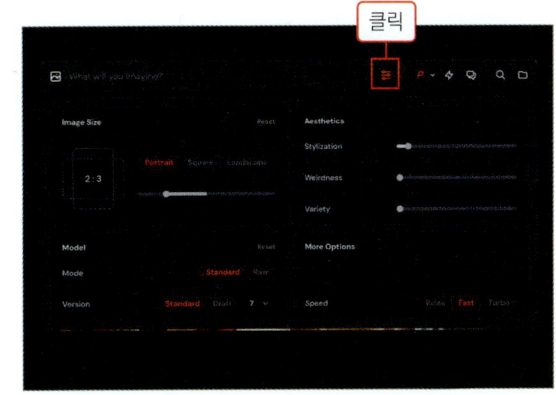

✚ Image Size(이미지 사이즈 파라미터)

미드저니의 기본 이미지 사이즈는 1:1 비율의 정사각형 이미지입니다. 여기서 슬라이더를 왼쪽으로 드래그하면 세로형(Portrait), 오른쪽으로 드래그하면 가로형(Landscape) 이미지 비율로 설정할 수 있습니다.

▶ 1:1 (Square)

▶ 9:16 (Portrait)

▶ 16:9 (Landscape)

✤ Aesthetics(심미성 파라미터)

심미성 파라미터에서는 이미지를 생성할 때 다양한 스타일 요소를 조정할 수 있습니다. 나만의 미적 취향에 맞춘 값을 세팅할 수 있습니다.

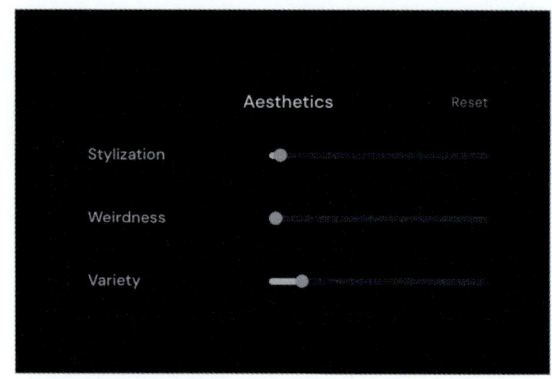

Stylization(스타일화)

이미지의 예술성과 창의성을 결정합니다. 설정값이 낮을수록 단순하고 현실적인 이미지를, 설정값이 높을수록 더욱 화려하고 스타일리시한 이미지를 만들 수 있습니다.

Prompt Hotel interior, Stylize 0
호텔 인테리어, 스타일화 0

Prompt Hotel interior, Stylize 1000
호텔 인테리어, 스타일화 1000

Weirdenss(독창성)

이미지의 독창성과 비정상적인 요소를 추가하는 역할을 합니다. 설정값이 낮을수록 클래식하고 평범한 느낌의 이미지를, 설정값이 높을수록 예술적이거나 판타지 요소가 섞입니다.

Prompt Universe, Weird 0
우주, 독창성 1000

Prompt Universe, Weird 3000
우주, 독창성 3000

Variety(다양성)

미드저니가 생성하는 네 가지의 이미지 세트에서 각 이미지의 다양성을 조정합니다. 설정값이 낮을수록 4개의 이미지의 구도나 느낌이 유사하고, 설정값이 높을수록 서로 다른 스타일과 구성을 가진 이미지가 나옵니다.

Prompt Delicious cheese burger, Variety 0
맛있는 치즈 버거, 다양성 0

Prompt Delicious cheese burger, Variety 100
맛있는 치즈 버거, 다양성 100

REFERENCE[레퍼런스]를 활용하세요

원하는 스타일 및 이미지를 효과적으로 구현할 때 레퍼런스가 꼭 필요합니다. 탐색(Explore)에 올라온 다른 사용자들의 이미지나 내가 만든 기존 이미지를 레퍼런스로 사용할 수 있습니다. 마음에 드는 이미지를 클릭하면 프롬프트와 파라미터값을 확인할 수 있는데요. 화면 오른쪽 하단 'Use' 옵션에서 해당 이미지의 프롬프트, 스타일, 이미지 등을 레퍼런스로 삼을 수 있습니다.

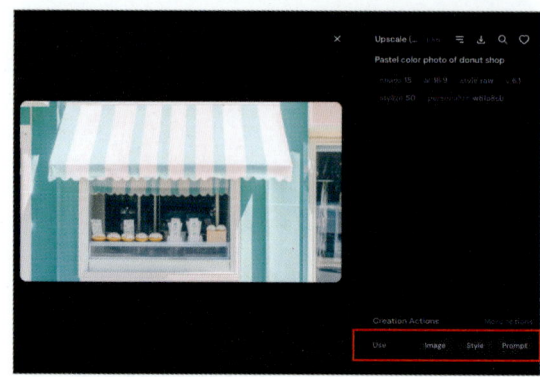

✚ 스타일 레퍼런스

'Use' 옵션에서 '프롬프트(Prompt)'를 클릭하면 해당 이미지의 프롬프트가 그대로 복사됩니다. 여기서 내가 원하는 단어로 바꿀 수 있습니다. 기존 '도넛 가게(donut shop)'를 '케이크 가게(cake shop)'로 수정해보겠습니다. '스타일(Style)'을 클릭하면 이 이미지가 스타일 레퍼런스로 추가됩니다. <Enter>를 눌러 생성합니다.

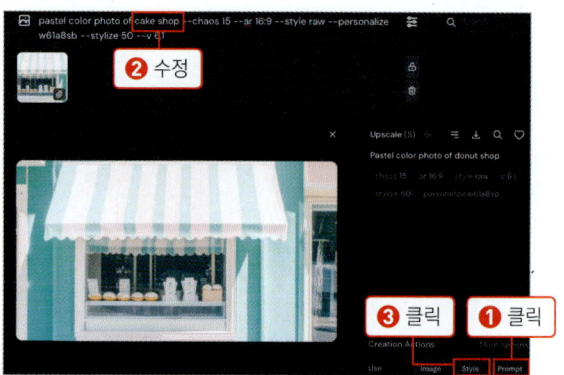

방금 이미지의 특정 색조와 스타일 느낌이 유사한 이미지가 네 장 생성됐습니다. 파스텔 민트와 핑크가 섞인 느낌은 그대로지만, 진열된 음식이 도넛이 아니라 케이크로 바뀌었습니다.

Prompt Pastel color photo for 'cake shop', Style reference
파스텔 색상의 케이크 가게 사진, 스타일 레퍼런스 적용

◆ 이미지 레퍼런스 인풋

방금과 똑같은 케이크 가게 프롬프트로, 이번에는 'Image(이미지)'를 클릭하겠습니다. 스타일 레퍼런스는 이미지의 전반적인 느낌을 유사하게 가져갔다면 이미지 레퍼런스는 이미지 자체를 참고합니다. 키워드를 '케이크'로 바꿨지만, 자세히 보면 기존 이미지의 도넛과 유사한 케이크 모양으로 생성됐습니다. 구도 또한 정면에서 보는 구도가 유지됐죠.

> **Prompt** Pastel color photo for 'cake shop', Image reference
> 파스텔 색상의 케이크 가게 사진, 이미지 레퍼런스 적용

Optimize[최적화] 모드로 개선하세요

미드저니는 전 세계 사용자들의 이미지 빅데이터를 기반으로 이미지를 만들어 줍니다. 그러다 보니 종종 내 취향과 다른 이미지가 만들어지곤 하는데요. 내 취향에 맞게 설정을 최적화하고, 내가 원하는 방향으로 이미지를 수정하는 방법을 알아봅니다.

◆ Personalize(개인화)

미드저니 왼쪽 메뉴 탭의 '개인화(Personalize)'를 클릭하면 그림과 같은 페이지가 나타납니다. 개인화는 사용자가 선호하는 이미지와 스타일을 미드저니에 학습시키는 기능인데요. 그러기 위해 'Create Standard Profile(기본 프로필 생성하기)' 버튼을 클릭합니다.

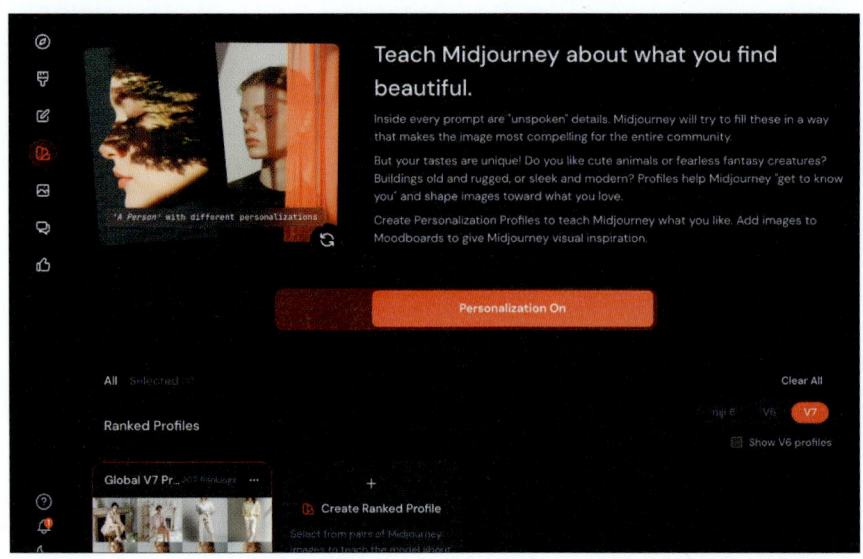

두 장의 이미지가 나타나는데요. 여기서 선호하는 이미지를 클릭하거나 숫자 키패드 1 혹은 2를 눌러 선택할 수 있습니다. 마음에 드는 이미지가 없으면 'SKIP'을 클릭하거나 3을 눌러 건너뛰면 됩니다. 40개의 이미지를 선택하면 나만의 기본 프로필을 생성할 수 있습니다. 선호하는 이미지의 느낌을 기억하고 유사하게 이미지를 생성하는 개인화 코드가 생긴 것이죠.

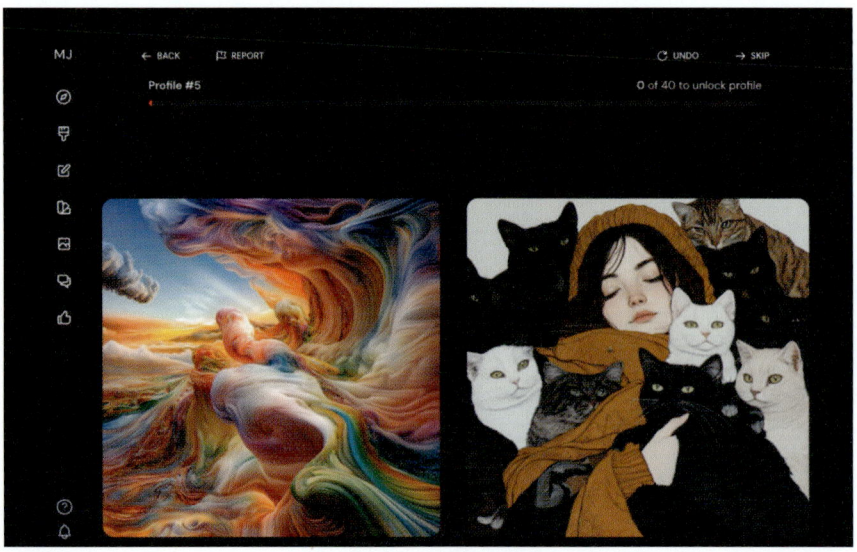

파라미터 설정의 'Model (모델)'에 있는 'Personalize(개인화)'에서 'On' 혹은 'Off'를 선택할 수 있습니다. 또한 여러 개의 개인화 프로필을 만들어서 이미지 생성할 때마다 원하는 모드로 설정할 수도 있죠. 자주 생성하는 이미지의 톤앤매너나 무드에 따라서 여러 개의 맞춤형 프로필을 만드는 방법도 추천합니다.

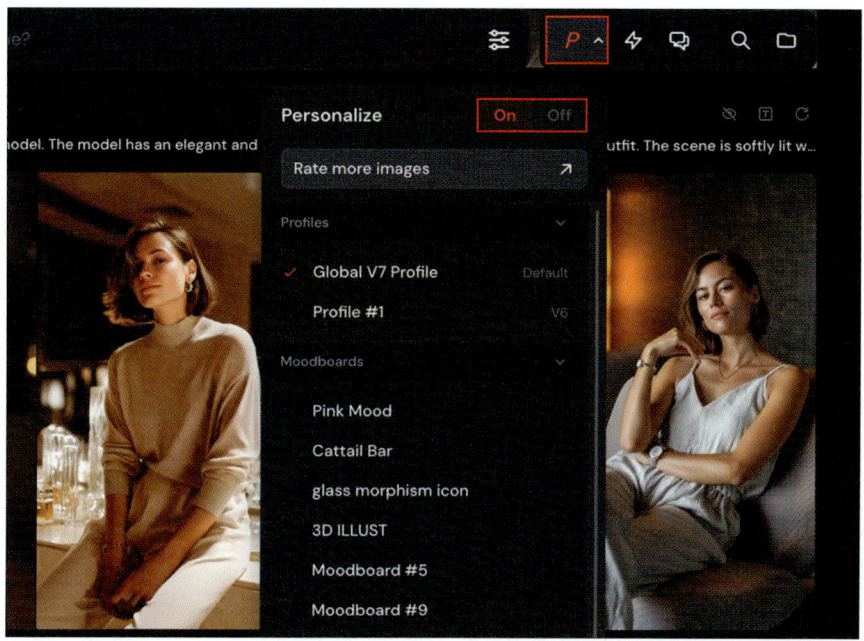

똑같은 프롬프트로 개인화 설정이 꺼져 있을 때와 켜져 있을 때를 비교해보겠습니다. 개인화 모드가 아닐 때 제안하는 네 가지 이미지 스타일이 제각각이라면 개인화 모드가 켜져 있을 때는 비슷한 톤앤매너를 유지한 이미지가 생성됩니다.

> **Prompt** Photo of cute Korean girl with orange cat, Personalize Off
> 오렌지색 고양이와 함께 있는 귀여운 한국 소녀 사진, 개인화 기능 Off

Prompt Photo of cute Korean girl with orange cat, Personalize On
오렌지색 고양이와 함께 있는 귀여운 한국 소녀 사진, 개인화 기능 On

◆ Edit(수정)

미드저니에서 생성한 이미지를 더욱 정교하게 수정할 수 있는데요. 이미지 에디터 기능은 현재 특정 조건(2024.12월 기준, 최소 10,000개 이미지 생성 혹은 12개월 구독자)을 충족한 미드저니 사용자만 쓸 수 있습니다. 미드저니 메뉴·탭 중 'Edit(수정)'을 클릭하면 이미지 URL 혹은 업로드를 통해 이미지를 고칠 수 있습니다.

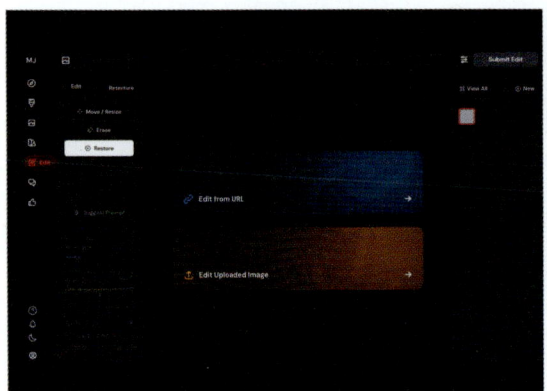 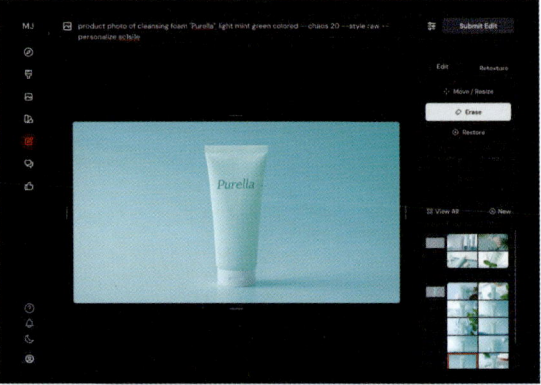

수정하려는 이미지를 업로드한 후 'Erase(지우기)'를 클릭해 브러시로 수정하고 싶은 부분을 설정해 봅니다. 평범한 색지 배경의 클렌징폼 이미지에서 배경을 합성해보고 싶습니다. 배경 부분을 모두 브러시로 드래그한 다음 프롬프트에 'in pure water(깨끗한 물속에)'를 추가합니다.

Prompt product photo of cleansing foam "Purella", light mint green colored, in pure water
'퓨어렐라' 라는 클렌징 폼의 제품 이미지, 민트색 색상, 깨끗한 물속에

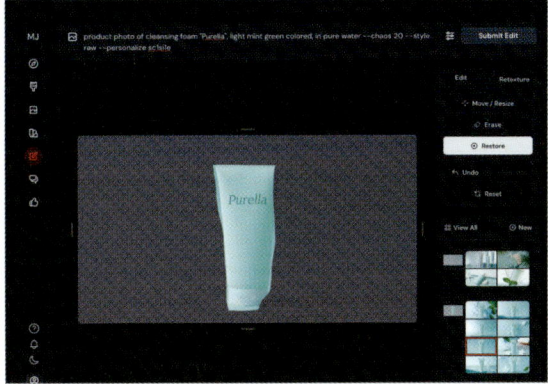

◆ Retexture(리텍스처)

Edit의 'Retexture(리텍스처)'라는 기능을 활용하면 기존 이미지를 유지한 채 재질이나 조명을 다시 입힐 수 있습니다. 똑같은 구도와 이미지에서 다양한 분위기를 연출할 때 좋죠. 아까와 같이 이미지를 업로드하고, 'Retexture' 탭을 클릭합니다. 프롬프트에서 다양한 텍스처 키워드를 입력해보겠습니다.

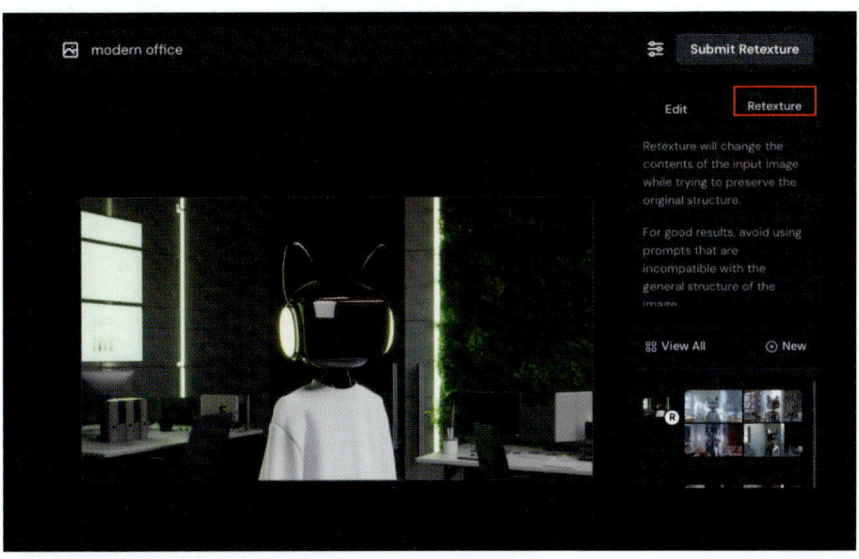

'chrome(금속 크롬)'이라는 키워드를 입력하니 기존 이미지의 구조가 유지된 채로 메탈 재질이 입혀집니다.

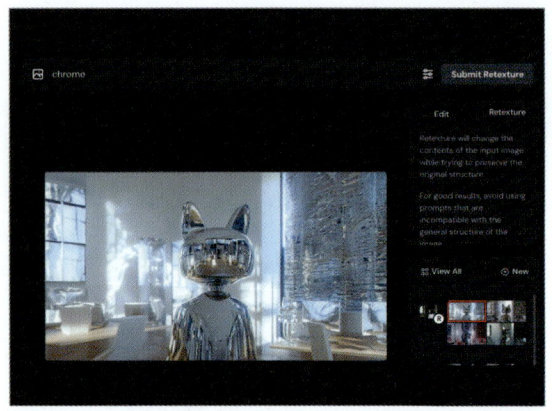

'transparent, pastel(투명한, 파스텔)'이라는 키워드를 입력하니 반투명한 파스텔 텍스처로 변합니다.

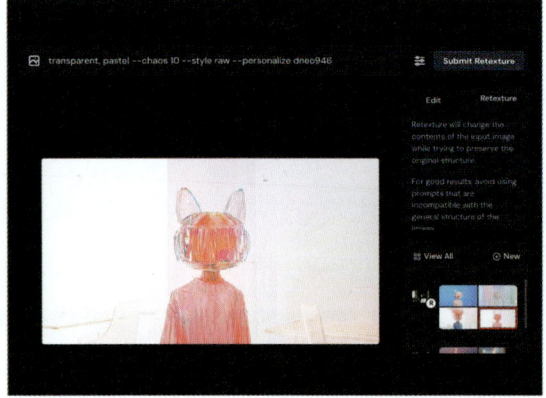

'neon(네온)' 키워드에는 네온 빛이 입혀진 이미지로 생성됩니다. 이렇게 이미지를 유지한 채로 여러 가지 분위기를 연출할 수 있습니다.

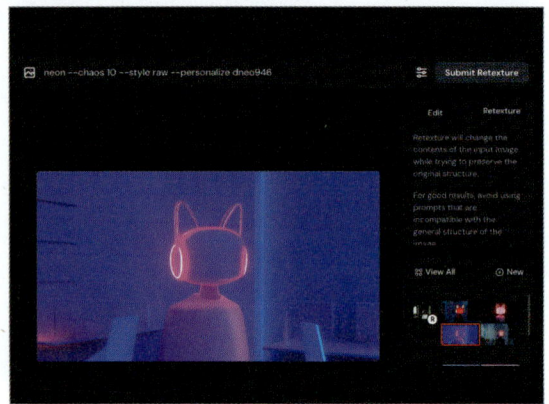

chapter 03
AI로 나만의 브랜드 비주얼 시각화하기

미드저니를 활용하는 법을 배웠으니 우리 브랜드에 맞는 시각화 작업에 들어갈 차례입니다. AI 툴로 로고, 키 비주얼, 컬러 팔레트 등 핵심 요소를 쉽게 시각화해서 브랜드 이미지를 일관되게 관리해 보겠습니다. 3장에서는 챗GPT를 활용해 브랜드 비주얼 컨셉을 먼저 잡아본 후 미드저니로 로고와 브랜드 키 비주얼을 이미지로 구체화할 거예요. 로고는 다양한 스타일로 생성해보고, 브랜드의 핵심 이미지를 보여줄 수 있는 키 비주얼도 완성해 보며, 고객에게 한눈에 각인될 시각적 아이덴티티를 구축해보겠습니다.

챗GPT와 브랜드 비주얼 컨셉 결정하기

브랜드에 필요한 비주얼 컨셉은 브랜드가 전달하고자 하는 메시지와 가치를 시각적으로 표현하는 핵심 요소입니다. 비주얼 컨셉은 로고, 색상, 이미지 스타일 등으로 구성되며, 이를 통해 브랜드의 개성과 분위기를 일관성 있게 전달할 수 있죠. 명확한 비주얼 컨셉이 있으면 고객은 브랜드의 이미지를 직관적으로 인식하고, 감정적으로 연결되기 쉽습니다. 원래라면 브랜드 전문가와 함께 컨설팅을 해야 했지만 우리는 챗GPT와 논의해봅니다.

◆ 챗GPT와 브랜드 비주얼 키워드 찾기

DAY 2에서 챗GPT와 우리 사업의 포지셔닝과 비즈니스 모델, 브랜딩까지 함께 했었습니다. 이제는 이 내용을 기반으로 챗GPT와 함께 비주얼 컨셉을 만들어봅니다. 먼저, 우리 브랜드에 어울리는 비주얼 컨셉을 잘 뽑아내기 위해 무엇이 필요한지 챗GPT에 묻겠습니다.

Prompt 브랜드 비주얼 컨셉을 잘 뽑아내려면 필요한 요소들이 뭐야?

Chat GPT 비주얼 컨셉을 성공적으로 뽑아내기 위해서는 다음과 같은 요소들이 필요합니다.

1. 브랜드의 목적과 가치 파악
2. 타깃 오디언스 분석
3. 시장 조사 및 트렌드 분석
4. 컬러 팔레트 선정
5. 타이포그래피 선택
6. 무드보드 생성
7. 테스트 및 피드백

여기서 1~3 항목은 우리가 DAY 2에서 이미 챗GPT와 함께 논의했었죠? 브랜드만의 목적, 타깃과 경쟁력을 프롬프트에 명시하고, 챗GPT에 비주얼 키워드들을 요청해보겠습니다.

Prompt '1프로클래스'는 비즈니스를 위한 AI 교육을 제공하는 브랜드야. 이 브랜드의 비주얼 표현할 수 있는 형용사 키워드를 제안해 줘.
* 브랜드 목적- 수강생들이 AI 프로가 돼, 비즈니스 생산성과 경쟁력을 높이는 것
* 타깃-AI 기술에 관심 많은 사업가, 프리랜서, 실무자
* 경쟁력- 실습 중심에 트렌디한 AI 정보를 제공하는 브랜드

Chat GPT '1프로클래스'의 브랜드 비주얼을 표현할 수 있는 형용사 키워드는 다음과 같습니다.

1. 혁신적인 - 첨단 기술과 트렌드에 맞는
2. 실용적인 - 바로 적용할 수 있는 실습 위주의
3. 전문적인 - 깊이 있는 AI 지식과 능력 전달
4. 현대적인 - 세련되고 트렌디한 이미지
5. 역동적인 - 빠르게 변화하는 기술을 반영하는

우리 브랜드의 가치를 잘 나타내는 키워드를 주었습니다. 이 브랜드 가치들을 디자인 분야의 전문 용어로 바꿔 달라고 요청해보겠습니다.

> **Prompt** 이 브랜드 키워드들을 디자인 용어로 바꿔 줘.

> **Chat GPT** '1프로클래스'의 브랜드 비주얼을 표현할 수 있는 형용사 키워드를 디자인 용어로 바꾸면 다음과 같습니다.

1. 혁신적인 → 미래지향적(Futuristic) - 첨단 기술과 트렌드를 반영한 디자인 스타일
2. 실용적인 → 기능 중심적(Functional) - 사용자의 실질적인 경험과 활용도를 고려한 디자인
3. 전문적인 → 권위 있는(Authoritative) - 고급스럽고 신뢰감을 주는 레이아웃과 타이포그래피
4. 현대적인 → 모던(Modern) - 간결하고 세련된 디자인 요소 사용
5. 역동적인 → 다이내믹(Dynamic) - 생동감 있고 에너지를 주는 애니메이션이나 시각적 효과

◆ 챗GPT와 상징성 있는 브랜드 컬러 찾기

앞에서 찾아낸 브랜드 비주얼 키워드를 활용해서 잘 어울리는 브랜드 컬러를 찾아보겠습니다. 브랜드 컬러는 단순히 아름답거나 내 취향이라고 고르는 것이 아닙니다. 브랜드 컬러가 고객들에게 어떤 인상을 심어줄 수 있을지가 중요하죠. 색채심리학을 기반으로 브랜드 컬러를 추천해달라고 챗GPT에 요청할게요.

> **Prompt** 우리는 미래지향적이고, 모던하고 다이내믹한 브랜드야. 우리 브랜드에 어울리는 컬러를 색채심리학을 기반으로 추천해 줘.

> **Chat GPT** 색채심리학은 색상이 사람들에게 주는 감정적 및 인식적 반응을 이해하는 데 중요한 도구입니다.

1. 네온 블루: 네온 블루와 같은 밝은 파란색은 첨단 기술과 혁신을 연상시키며, 고객에게 브랜드가 최신 AI 기술에 앞서나가는 이미지를 심어줍니다.
2. 일렉트릭 바이올렛: 창의적이고 다이내믹한 느낌을 강조해 브랜드의 독창성과 에너지를 돋보이게 합니다.
3. 라임 그린: 밝고 생동감 넘치는 그린은 함께 성장해나가는 이미지를 연상시키며, 안정적이면서 혁신적인 분위기를 제공합니다.

추천해 준 내용 중 혁신적이고 성장해 나가는 '라임 그린'이라는 색상이 마음에 듭니다. 라임 그린 중 특정 색상 코드까지 추천해달라고 하겠습니다.

> **Prompt** 라임 그린 중 컬러 코드와 함께 추천해 줘. 컬러칩으로 이미지화도 해 줘.

> **Chat GPT** 라임 그린 계열 중 브랜드에 적합한 컬러 코드는 다음과 같습니다.

Lime Green(#32CD32): 활기차고 생동감 넘치는 라임 그린으로, 브랜드에 신선함과 에너지를 더합니다.
Bright Lime(#A4C639): 좀 더 부드럽고 따뜻한 느낌의 라임 그린으로, 긍정적이고 친근한 이미지를 제공합니다.
Electric Lime(#CCFF00): 눈에 띄는 밝은 라임 그린으로, 다이내믹하고 주목성이 높은 컬러입니다.

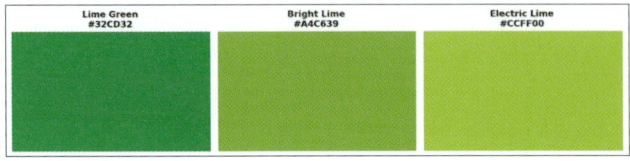

일렉트릭 라임이 매우 생생하고 강렬해 눈에 띕니다. 1프로클래스의 다이나믹함과 앞서가는 IT, 트렌디함을 표현하기 좋은 메인 컬러가 될 것 같네요. 서브 컬러 팔레트까지 요청해보겠습니다.

> **Prompt** 일렉트릭 라임 느낌의 메인 컬러로, 서브 컬러도 추천해 줘. 컬러 팔레트를 이미지화 해 줘.

> **Chat GPT** 일렉트릭 라임(#D6FC02)을 메인 컬러로 하고, 비슷한 네온 그린 계열(#21DAB9, #5AFE8B)과 블랙을 포함한 컬러 팔레트를 시각화했습니다. 이 팔레트는 생동감 넘치고 미래지향적인 분위기를 유지하면서도 고급스러운 대비감을 제공합니다.

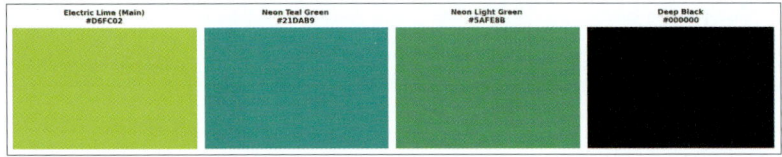

◆ 챗GPT로 전달력 높이는 브랜드 폰트 찾기

폰트는 브랜드의 첫인상을 형성하고, 메시지의 전달력을 높이는 중요한 요소입니다. 브랜드와 잘 어울리는 타이포그래피는 전문성과 신뢰성을 부각시키고, 일관적인 브랜드 이미지를 구축합니다. 챗GPT와 함께 브랜드의 정체성을 일관성 있게 보여줄 폰트까지 찾아보겠습니다.

Prompt 이 브랜드에 어울리는 영문 폰트와 한글 폰트는 어떤 종류가 있을까?

Chat GPT '1프로클래스'의 브랜드에 어울리는 폰트를 추천하자면, 브랜드의 미래지향적이고 모던하며 다이내믹한 성격을 잘 살릴 수 있어야 합니다.

〈 영문 폰트 〉
1. Montserrat: 현대적이고 깔끔한 산세리프 폰트로, 가독성이 뛰어나며 미래지향적인 느낌을 줍니다.
2. Poppins: 둥글고 부드러운 곡선이 특징이며 다이내믹하고 친근한 느낌을 줍니다.
3. Roboto: 직관적이고 기능 중심적인 폰트로, 다양한 굵기로 제공돼 유연하게 사용할 수 있습니다.

〈 한글 폰트 〉
1. 마포 고딕: 활기찬 느낌을 주며, 다이내믹하고 생동감 있는 디자인에 적합합니다.
2. Pretendard: 최신 트렌드에 맞는 웹 친화적 폰트로, 모던하면서도 가독성이 뛰어납니다.
3. 스포카 한 산스: 간결하고 심플한 디자인으로 모던한 이미지에 잘 어울립니다.

Prompt 영문, 한글 폰트 각각 '1PROCLASS'에 적용해서 보여 줘!

Chat GPT

위 폰트들로 '1PROCLASS'를 적용한 결과를 보여 줬습니다. 각 폰트의 스타일을 확인하고 브랜드에 적합한 선택을 할 수 있습니다. 도출된 설명만 봐서는 어떤 느낌인지 확실하지가 않죠. 챗GPT에 우리 브랜드 이름에 적용한 이미지를 보여달라고 요청해보겠습니다.

참고로, 챗GPT는 이미지화할 때 한글을 표현하려면 깨져 보이므로 영문으로 예시를 보여달라고 하거나 한글 폰트를 직접 첨부해줘야 합니다. 직접 폰트가 적용된 글자를 보니 Montserrat과 Pretendard가 마음에 듭니다. 이 두 폰트를 적용한 이미지를 보여달라고 하고 각각 폰트를 다운로드할 수 있는 링크까지 요청합니다.

Prompt Montserrat과 Pretendard로 적용해서 보여 줘. 이 폰트를 다운로드할 수 있는 링크도 줘.

Chat GPT 다음은 Montserrat와 Pretendard 폰트를 다운로드할 수 있는 링크입니다.

1. Montserrat: Google Fonts - Montserrat
무료로 사용 가능하며 다양한 굵기와 스타일이 제공됩니다.
2. Pretendard: Pretendard GitHub - 다운로드 페이지
Pretendard는 웹과 인쇄용으로 최적화된 한국어 폰트로 다양한 굵기가 지원됩니다.

Montserrat
1PROCLASS

Pretendard
1PROCLASS

챗GPT가 준 링크에서 폰트를 다운로드하면 됩니다. 이렇게 챗GPT와 브랜드 비주얼에 필요한 필수 요소인 비주얼 키워드, 컬러, 폰트까지 성공적으로 선택했습니다.

미드저니로 브랜드 로고 이미지 생성하기

로고는 브랜드의 정체성을 나타내는 중요한 그래픽 요소입니다. 단순한 그림이나 글자가 아니라 브랜드의 철학과 가치를 압축적으로 보여주죠. 잘 만든 로고는 사람들 기억에 오래 남고 다양한 상황에서도 브랜드의 개성을 일관되게 전달할 수 있습니다. 이번에는 미드저니로 우리의 브랜드 간판이나 다름없는 로고를 만들어봅니다.

✦ 미니멀한 텍스트형 로고 만들기

미드저니에서 원하는 이미지를 만들기 위해 영어 프롬프트와 디자인 키워드를 입력해야 하죠. 하지만

영어와 디자인 용어에 익숙하지 않아도 걱정할 필요 없습니다. 챗GPT가 여러분의 브랜드 비주얼 컨셉에 맞는 영어 프롬프트와 키워드를 제안해 줄 수 있어요. 덕분에 미드저니에서 원하는 비주얼을 쉽게 구현할 수 있답니다. 챗GPT에게 페르소나 법칙을 적용해서 미드저니용 프롬프트를 써달라고 요청해봅니다. 우리 브랜드의 비주얼 키워드와 원하는 로고 형태를 명확하게 요청합니다.

Prompt 너는 미드저니 프롬프트 전문가야. 1프로클래스는 온라인 AI 교육 브랜드로, 미래지향적이고, 모던하고 다이나믹해. "1PRO CLASS"의 로고를 만들거야. 블랙 배경에 아주 미니멀한 텍스트 로고 프롬프트를 써 줘. 블랙&화이트&실버 포인트를 쓴 플랫한 텍스트형 로고야.

Chat GPT Design a minimalistic **flat text logo** for "1PRO CLASS" using black, white, and silver accents. The logo should be sleek and modern, with a clean, bold typeface. Use black as the main background, white for the main text, and subtle silver highlights for emphasis. The overall look should be elegant and professional, with sharp, crisp lines that convey sophistication and a future-forward feel.

이때, 꼭 'flat text logo'라는 키워드가 들어갔는지 살펴보세요. 로고화하고 싶은 텍스트는 큰따옴표("") 안에 들어가 있는지 확인합니다. 챗GPT가 알려 준 프롬프트를 그대로 복사해서 미드저니 프롬프트 창에 붙여넣습니다. 로고는 미니멀하고 화려하지 않은 이미지가 중요하기 때문에 파라미터값을 Stylization 100, Weirdness 0, Variety 10 정도로 세팅합니다.

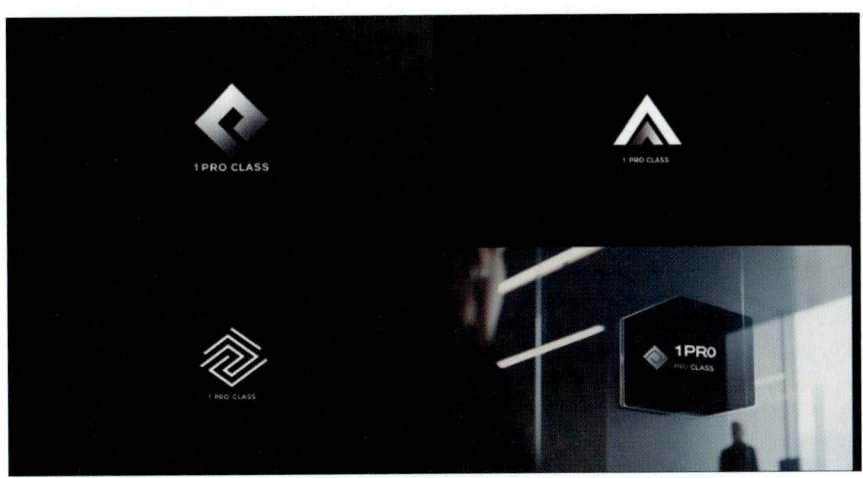

TIP
미드저니는 아직 텍스트를 100% 구현하지 못합니다. 특히 한글은 생성하지 못하고 짧은 영어 단어 정도만 구현 가능한데요. 글자를 텍스트가 아닌 이미지로 인식하고 생성하기 때문입니다. 긴 단어일수록 깨질 확률이 높아져서 단어 사이에 띄어쓰기를 하거나 한 알파벳 글자로 로고를 만들어달라고 요청하는 것이 좋습니다.

마음에 드는 이미지가 나올 때까지 프롬프트 키워드를 수정해가면서 시도해보세요. 마음에 드는 로고 이미지가 나왔다면 'Upscale Subtle'을 클릭한 후 고화질로 다운로드합니다.

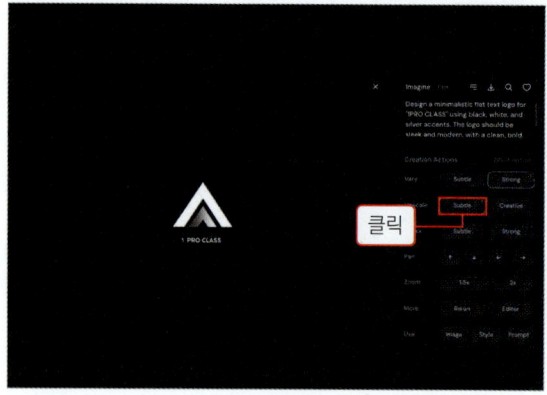 

◆ 입체적인 3D 아트형 로고 만들기

최근 새롭고 개성이 강한, 일명 '힙한' 브랜드에서는 3D 아트형 로고를 많이 사용합니다. 3D 아트형 로고는 입체감과 다양한 재질을 표현해 강렬한 첫인상을 남기기가 좋죠. 미드저니를 통해 다양한 각도와 텍스처 표현이 가능해 브랜드의 정체성을 효과적으로 전달할 수 있습니다. 이번에도 챗GPT에 미드저니 프롬프트를 써달라고 요청해보겠습니다.

Prompt "1PRO CLASS"의 3D 로고의 미드저니 프롬프트를 써 줘. 실버 재질의 3D 텍스트형 로고를 만들거야.

Chat GPT Design a 3D metallic silver text of "1PRO CLASS" with bold, modern text on a black background. Ensure a polished finish, light reflections, and subtle shadows for depth. Maintain a sleek, professional, and futuristic look.

다시 한번 로고로 만들고 싶은 텍스트가 큰따옴표(" ")로 표시됐는지 확인한 다음, 미드저니로 프롬프트를 복사하고 붙여넣습니다. 네 가지 실버 재질의 3D 로고가 생성됐습니다. 이중에서 가장 마음에 드는 이미지를 선택하고, 여러 베리에이션(variation)을 보기 위해 'Vary Strong'을 클릭합니다.

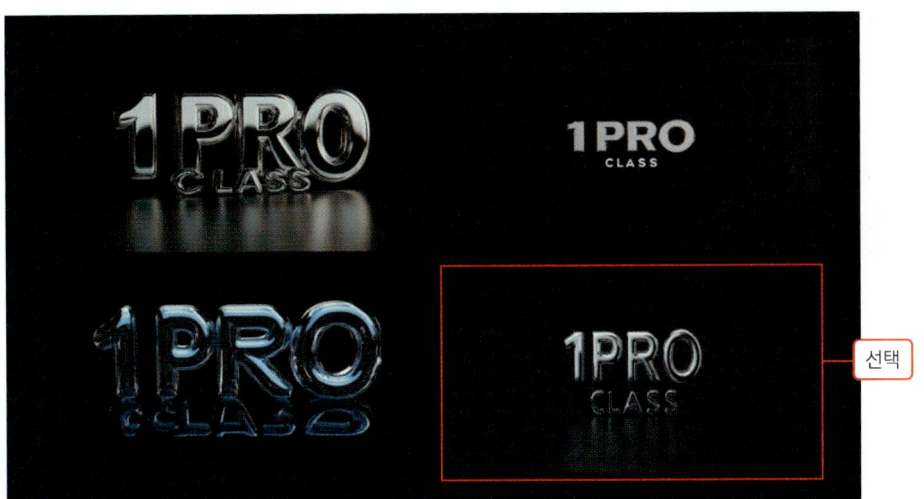

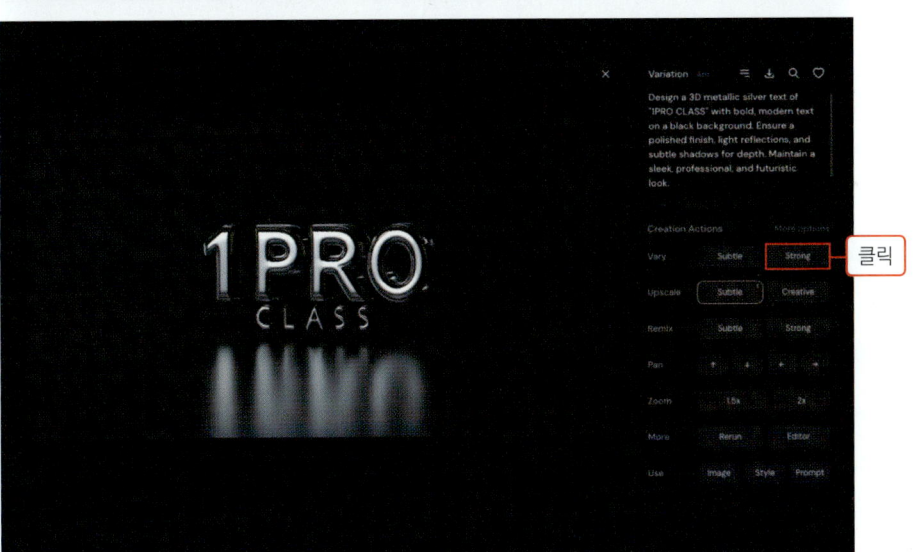

네 가지 3D 아트 로고 중에 우리 브랜드를 가장 잘 나타내는 느낌의 이미지를 선택해보겠습니다. 'Upscale Subtle'을 클릭한 후 고화질로 다운로드합니다.

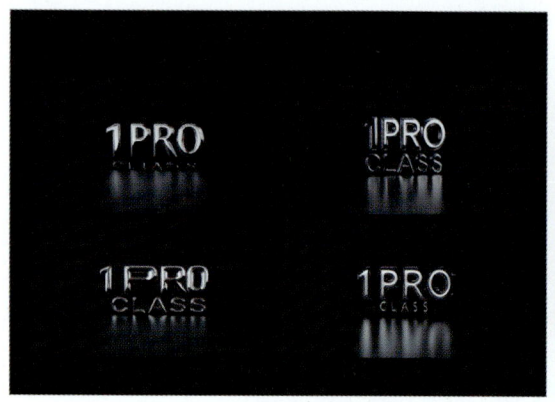

✦ 마스코트로 캐릭터형 로고 만들기

캐릭터형 로고는 친근하고 개성 있는 브랜드 이미지를 형성하는 데 효과적입니다. 브랜드의 핵심 메시지나 성격을 시각적으로 표현할 수 있어 소비자들에게 쉽게 각인됩니다. 미드저니로 2D부터 3D까지 다양한 스타일을 가진 캐릭터를 제작할 수 있어 우리 브랜드만의 마스코트를 만들어달라고 해보겠습니다. 그 전에 먼저 챗GPT와 함께 어떤 캐릭터를 만들지 논의해보겠습니다.

Prompt 나는 AI 교육업체인 1프로클래스의 캐릭터형 로고를 만들고 싶어. "1PRO CLASS"의 마스코트형 로고를 어떤 형태로 만들면 좋을까?

Chat GPT 1프로클래스의 캐릭터형 로고는 브랜드의 핵심 가치를 표현하면서도 친근하고 기억에 남는 이미지를 주어야 합니다.

1. 스마트 AI 어시스턴트 로봇: 친근하고 미래적인 AI 로봇 캐릭터로, 그린 네온 포인트를 활용해 전문적이고 세련된 이미지를 전달.
2. 비즈니스 전문가형 마스코트: 현대적 비즈니스 전문가 모습을 한 캐릭터로, 신뢰감을 주는 컬러와 "1" 상징 요소로 브랜드의 스마트함을 강조.
3. AI 학습 조력자 캐릭터: 학습과 성장을 상징하는 귀여운 AI 캐릭터로, 책이나 펜을 활용해 교육 브랜드와 연결된 친근한 이미지.

챗GPT가 세 가지 정도의 마스코트를 추천해 줬습니다. 교육 브랜드인만큼 트렌디하지만 친근한 느낌을 주는 3번 항목인 'AI 학습 조력자 캐릭터'의 외형을 더 세세하게 물어보겠습니다.

Prompt 3번 캐릭터는 어떻게 생겼을지 글로 설명해 줘.

Chat GPT 귀여운 AI 캐릭터의 모습은 다음과 같이 상상해 볼 수 있습니다.
몸체와 형태: 둥글고 통통한 소형 AI 로봇, 매끄러운 메탈릭 재질로 미래적이고 친근한 이미지.
얼굴과 표정: 큰 눈과 웃는 디지털 디스플레이 얼굴로, 감정을 표현하며 호감을 줌.
네온 그린 포인트: 몸체 선, 눈 주변, 팔/다리 등 디테일에 네온 그린을 넣어 트렌디함 강조.

저는 여기서 다른 로봇과는 차별화를 둘 수 있게 고양이 로봇으로 마스코트를 만들고 싶습니다. 이 내용을 반영해서 미드저니 프롬프트로 써달라고 요청하겠습니다.

Prompt 위 내용 기반으로, 고양이 귀를 가진 로봇의 캐릭터를 미드저니 프롬프트로 써줘. 검정 배경 위에 미니멀한 디자인이어야 해.

Chat GPT Design a cute, small AI robot with cat ears and a rounded, minimalistic metallic head on black background. Its face is a digital display with expressive eyes and a friendly smile. Add neon green accents along lines and near the eyes for a high-tech feel.

이 프롬프트를 그대로 만들어 달라고 미드저니에 요청하겠습니다.

정말 귀여운 고양이 캐릭터가 나왔네요. 마음에 드는 캐릭터를 클릭하고, 다양한 이미지를 생성하기 위해 'Vary Strong'을 클릭하겠습니다.

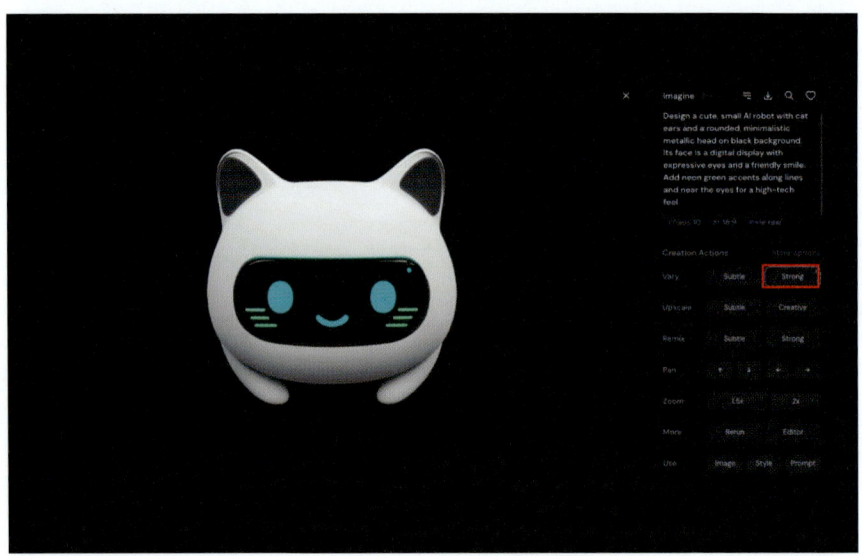

최종 캐릭터 디자인을 클릭합니다. 여기서 1프로클래스의 로고까지 추가하고 싶습니다. 이미지를 수정하기 위해 'Editor(에디터)'를 클릭합니다.

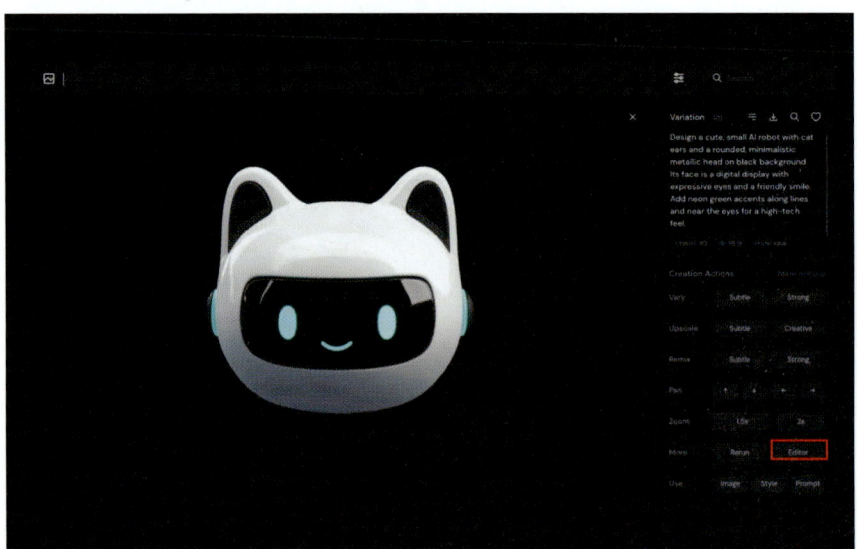

미드저니로 생성한 이미지를 수정할 수 있는 'Editor(에디터)' 창이 열립니다. 여기서, 'Erase(지우개)' 기능으로 로고를 넣고 싶은 부분을 드래그합니다. 오른쪽 'Edit Prompt(프롬프트 수정)'에서 맨 앞에 'logo of "1PRO CLASS"'라는 프롬프트를 추가합니다. 'Submit (제출하기)'를 클릭합니다.

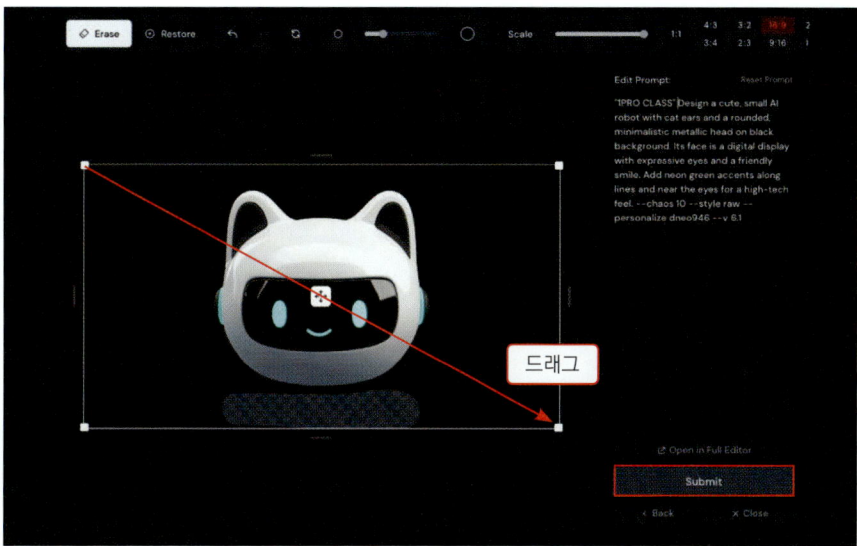

수정된 버전의 이미지가 생성됩니다. 여기서 최종으로 마음에 드는 이미지를 선택하고, 'Upscale Subtle'을 눌러 고화질로 만들고 다운로드하면 캐릭터형 로고까지 완성됩니다.

미드저니로 브랜드 키 비주얼 시각화하기

키 비주얼(key visual)은 브랜드의 핵심 메시지와 이미지를 시각적으로 표현한 주요 그래픽 요소입니다. 웹사이트, 광고, 포스터 등 다양한 마케팅 자료에 사용되며 브랜드의 첫인상을 결정짓는 중요한 역할을 하죠. 시각적 통일성과 기억에 남는 이미지를 통해 브랜드의 정체성을 강화합니다.

◆ 미드저니로 컨셉 이미지 시각화하기

Prompt 너는 미드저니 프롬프트 전문가야. 1프로클래스의 키 비주얼을 만들어야 해. 1프로클래스는 온라인 AI 교육 브랜드로, 미래지향적이고, 모던하고 다이나믹해. 블랙 배경에 네온 그린이 포인트야. 영어 프롬프트를 써 줘.

Chat GPT Design a key visual for the online AI education brand '1PROCLASS,' centered on a glowing, futuristic screen against a black background with neon green accents. Surround the screen with AI elements like neural networks and data streams, using neon green as a focal point for energy and innovation. Add subtle motion effects to convey progress and a cutting-edge learning environment.

챗GPT가 만들어 준 프롬프트를 미드저니에 붙여넣고 생성합니다. 여기서는 로고와 달리 우리의 브랜드 이름이이 안 들어가도 되기 때문에 브랜드 이름을 작은 따옴표 (")로 표시했습니다.

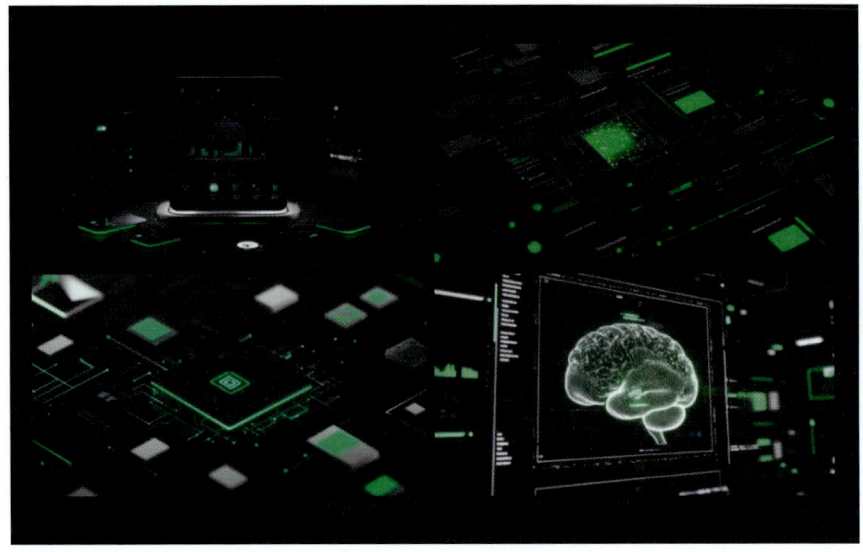

AI 교육 브랜드의 기술력과 트렌디함을 나타내는 키 비주얼을 제안해 줍니다.

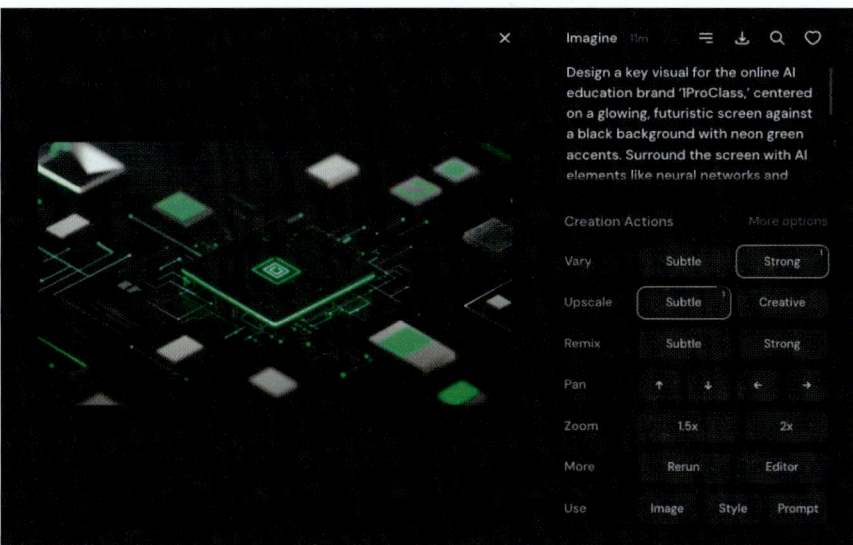

네 가지 중 마음에 드는 이미지를 선택하고, 화질을 키우기 위해 'Upscale Subtle'을 클릭합니다.

◆ 우리의 잠재 고객 페르소나 이미지 만들기

마케팅 분야에서 '고객 페르소나'란 한 명의 가상 인물에 대한 구체적인 묘사 방법을 말합니다. 고객 페르소나 이미지는 이상적인 고객의 특성과 니즈를 시각적으로 표현해 마케팅 전략과 브랜드 톤을 명확하게 설정하는 데 유용합니다. 이 이미지를 통해 고객의 라이프 스타일, 가치관, 문제점을 직관적으로 이해하고 공감할 수 있죠. 미드저니와 같은 AI 도구를 활용하면 페르소나의 나이, 직업, 취향 등을 반영한 이미지를 빠르게 제작할 수 있어 설득력 있는 마케팅 자료로 활용됩니다. 앞서 DAY 2에서는 우리의 타깃 페르소나를 사업가, 프리랜서, 직장인 등 AI 기술에 관심 많은 전문가로 설정했습니다. 챗 GPT, 미드저니와 함께 우리의 고객을 시각화해봅니다. 먼저, 고객의 페르소나를 분석하겠습니다.

> **Prompt** AI 교육 브랜드 1프로클래서의 타깃은 AI 기술을 업무에 적용하고 싶은 사업가, 프리랜서, 직장인이야. 한국에 있는 사업가 기준으로 페르소나를 분석해 줘.

> **Chat GPT** 1프로클래스 고객 페르소나 (사업가, 25-35세)
>
> 연령: 25-35세
> 목표: 사업 성장과 비용 효율화, 스마트한 자원 관리
> 특성: 트렌드를 빠르게 받아들이고, 효율적으로 성과를 내는 데 집중함
> 주요 고민:
> 타사와 차별화되는 경쟁력 있는 비즈니스 운영
> 데이터 기반 고객 경험 최적화
> 최신 AI 기술을 실질적으로 비즈니스에 적용하는 방안
> 니즈:
> 마케팅 자동화, 고객 데이터 분석 등 즉각적 활용이 가능한 AI 도구와 실무 교육
> 시간과 비용을 줄이면서 성과를 높이는 AI 기반 비즈니스 최적화 전략

우리의 잠재 고객들에 대한 페르소나 분석을 잘 해줬네요. 고객들의 특징을 참고해 시각적인 특징들로 미드저니 프롬프트를 써달라고 해보겠습니다.

> **Prompt** 고객 페르소나를 미드저니 프롬프트로 써 줘.

> **Chat GPT** 25-35 year old Korean entrepreneur in a minimalistic office, working on a laptop. Focused expression, smart business-casual attire, high-tech vibe with neon green accents symbolizing efficiency and growth.

영문 프롬프트를 복사해 미드저니에 붙여넣어 이미지를 생성해보겠습니다. 마음에 드는 이미지를 선택하고 'Upscale Subtle'을 클릭합니다.

이번에는 여성 고객 이미지를 스타일 레퍼런스로 삼아 남성 고객 이미지까지 만들겠습니다. 이미지를 클릭하고, [Prompt]를 클릭해서 똑같은 프롬프트를 복사합니다. 여기서 'man(남성)'이라는 키워드를 추가합니다. 또 'Style' 버튼을 클릭해서 이 이미지를 스타일 레퍼런스로 삼고, 〈Enter〉를 누릅니다.

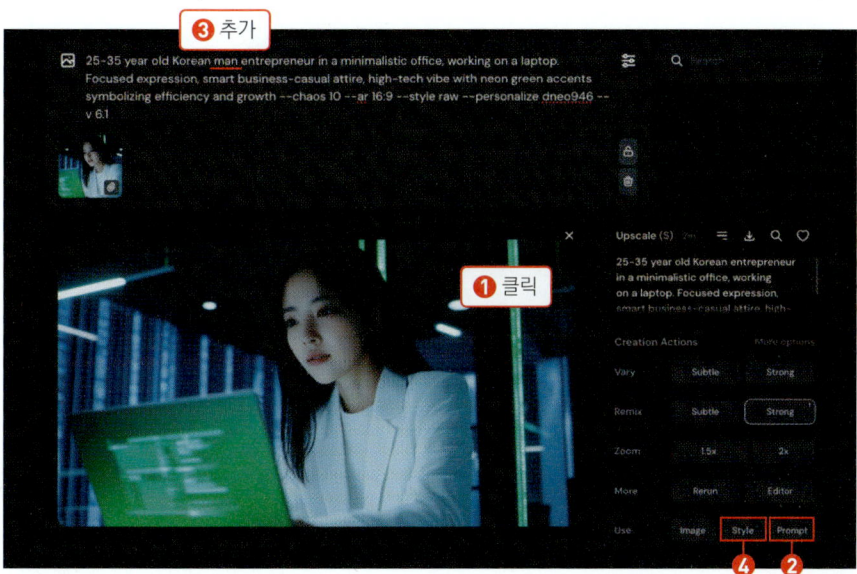

'Style' 버튼을 클릭해서 이 이미지를 스타일 레퍼런스로 삼고, <Enter>를 누릅니다. 마음에 드는 사진을 클릭했는데 팔 부분이 조금 어색한 것 같아요. 이 사진에서 'Editor(에디터)' 메뉴를 클릭해서 팔 부분만 다시 생성해보겠습니다.

'Erase(지우개)' 버튼을 클릭하고 팔 부분만 드래그합니다. 별도 프롬프트 변경 없이 'Submit(제출하기)'를 클릭하면 지우개로 지운 영역만 새로 생성됩니다.

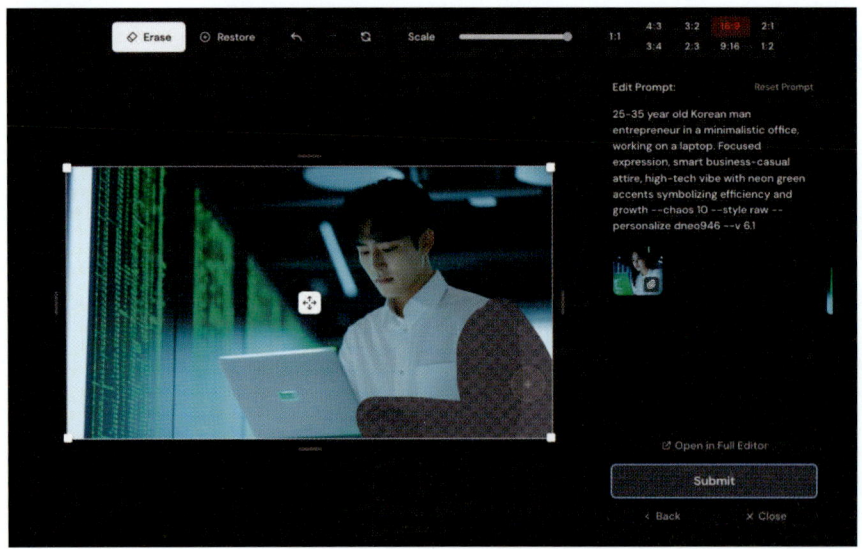

네 장의 이미지 중 가장 자연스럽게 팔이 수정된 이미지를 선택해보겠습니다. 'Upscale Subtle'을 클릭한 후 고화질로 다운로드합니다.

◆ 내 브랜드 사무실 목업 이미지 만들기

가상의 사무실 목업(mock-up) 이미지는 제품이나 브랜드가 실제 업무 환경에서 어떻게 보일지 시각화하는 데 유용합니다. 이 이미지를 통해 사무실 분위기와 제품의 활용 장면을 직관적으로 보여줄 수 있어 브랜드 신뢰도를 높이는 데 효과적이죠. 미드저니와 같은 AI 툴을 사용하면 원하는 인테리어 스타일과 색감을 반영한 고품질의 목업 이미지를 빠르게 제작할 수 있습니다. 이번에도 챗GPT를 시켜 볼까요?

Prompt 1프로클래스의 로고가 새겨진 사무실 목업 이미지를 만들고 싶어. 미드저니 프롬프트를 써 줘.

Chat GPT Create a mockup design for an office signboard featuring the " 1PRO CLASS " logo. Use a black background with metallic silver or neon green accents for a sleek, modern appearance. Position the logo prominently with a bold, clean typeface, incorporating subtle 3D effects to enhance depth and realism. Ensure the signboard blends seamlessly with a professional office environment, reflecting an innovative and forward-thinking brand image.

여기서 브랜드 로고까지 넣고 싶다면 브랜드 네임을 큰 따옴표 ("")로 표시해 주세요. 앞선 대화에서 우리 브랜드의 비주얼 무드를 말해줬기 때문에 추가 설명은 하지 않았습니다. 프롬프트를 미드저니에 그대로 복사하고 붙여넣습니다.

마음에 드는 이미지를 클릭했더니 텍스트 인식을 잘못해서 '1 1PRO'라고 표시를 해줬네요. 이 부분만 수정하기 위해 'Editor(에디터)'를 클릭해 편집 모드에 들어갑니다.

'Erase(지우기)'를 클릭해서 앞에 추가로 생긴 '1'을 지우겠습니다. 'Submit(제출하기)'를 클릭하고, 최종 이미지를 업스케일한 후 다운로드하면 마무리됩니다.

DAY 5
AI로 랜딩페이지 기획부터 디자인까지 끝내기

우리는 시장 반응을 테스트하기 위한 아이템을 기획했습니다. 시장 반응을 빠르게 확인하려면 상세페이지를 먼저 제작해 테스트해야 합니다. 랜딩페이지는 우리 상품의 첫인상을 결정 짓는 디지털 세일즈 도구인 만큼 매력적으로 만들어야겠죠. 고객이 랜딩페이지에 머무를지 여부는 몇 초만에 결정되기 때문에 매력적인 콘텐츠와 시각적 구성은 필수입니다. 고객의 마음을 움직일 수 있는 차별화된 메시지(USP)와 설득력 있는 스토리텔링, 시선을 사로잡는 키 비주얼까지 AI와 함께 만들어봅니다.

1장에서는 AI를 활용해 상품의 USP를 도출하고, 고객을 사로잡는 랜딩페이지를 기획한 뒤, 상세페이지를 완성하고 웹에 게시하는 방법까지 다룹니다. 챗GPT와 미드저니 같은 AI 도구들을 통해 빠르고 효율적으로 랜딩페이지의 핵심 요소를 제작하고, 최종적으로 고객과의 접점을 만드는 과정을 자세히 알아보겠습니다.

chapter 01

매력적인 상품 USP 컨셉 도출하기

랜딩페이지란 검색 엔진, 광고 등을 경유해 접속하는 이용자가 최초로 보게 되는 웹페이지입니다. 링크를 클릭하고 해당 웹페이지에 접속하면 마케터가 의도한 행위를 하도록 하는 페이지를 말하죠.

랜딩페이지를 본격적으로 만들기 전에 우리 아이템의 매력적인 핵심 컨셉 메시지를 도출해야 합니다. USP(Unique Selling Proposition)는 고객이 상품을 선택하게 만드는 '단 하나의 이유'를 의미합니다. 경쟁이 치열한 시장에서 살아남으려면 단순한 기능 나열이 아닌, 고객의 니즈를 정확히 공략하는 차별화된 컨셉이 필요합니다. AI와 함께 상품의 강점을 발견하고, 고객의 마음을 움직일 수 있는 매력적인 USP 컨셉을 도출해보겠습니다.

챗GPT 프로젝트 기능 활용해서 퍼널 설계하기

DAY 3에서 우리가 시장에 먼저 선보일 MVP 아이템을 선정한 것 기억나시나요? '4주만에 AI로 회사 소개서 만들기 챌린지'를 론칭해서 빠르게 가설 검증을 해보기로 했었습니다. 그때 만든 강의 기획안 및 커리큘럼을 기반으로, 어떤 랜딩페이지 퍼널*을 설계할지 먼저 전략을 세워보겠습니다.

퍼널(funnel)이란 영어로 '깔대기'를 뜻하며, 마케팅 퍼널은 잠재 고객에서 고객에 이르기까지 구매 결정 과정을 단계적으로 표현한 모델입니다. 각 단계들마다 모수가 줄어들어 마치 깔대기 같은 형상을 보인다고 해서 붙여진 이름입니다.

◆ 챗GPT의 프로젝트 기능 세팅하기

챗GPT의 새로운 '프로젝트' 기능이 발표되면서 랜딩페이지 작업 같은 하나의 프로젝트를 위해 파일과 지침을 별도로 학습시킬 수 있게 됐습니다(2024.12.13. 업데이트, 유료 유저 대상). 매번 우리 브랜드의 새로운 프로젝트 자료를 따로 입력하지 않아도 프로젝트 폴더의 모든 대화는 첨부된 정보를 참고하게 됩니다. 프로젝트 기능을 활용해 랜딩페이지 제작 관련된 자료와 지침을 먼저 세팅하겠습니다.

❶ 챗GPT의 사이드바에서 '프로젝트' 오른쪽에 커서를 올리면 '+' 아이콘이 뜨는데, 해당 아이콘을 클릭하면 그림과 같은 팝업창이 뜹니다. '+' 아이콘을 눌러 새 프로젝트를 생성합니다. ❷ 프로젝트 이름은 '1프로클래스 4주 챌린지 랜딩페이지 제작'으로 입력하고 ❸ 〈프로젝트 만들기〉 버튼을 클릭합니다.

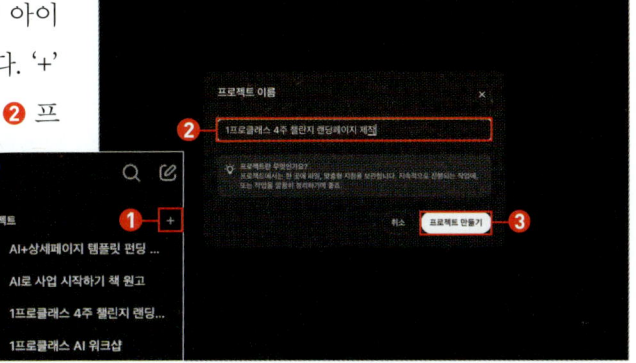

❹ 프로젝트 페이지가 생성되면 '파일 추가'를 클릭합니다. ❺ '프로젝트 파일' 화면에서 〈파일 추가〉 버튼을 클릭해 DAY3에서 만들었던 1프로클래스의 비즈니스 캔버스 모델을 업로드합니다. ❻ 추가로 4주 챌린지 강의안과 커리큘럼, 브랜드 핵심 가치도 함께 첨부했습니다. 이제 이 프로젝트 내 대화는 이 자료들을 토대로 진행될 거예요.

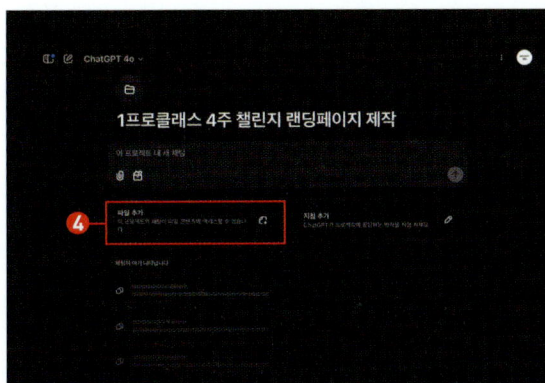 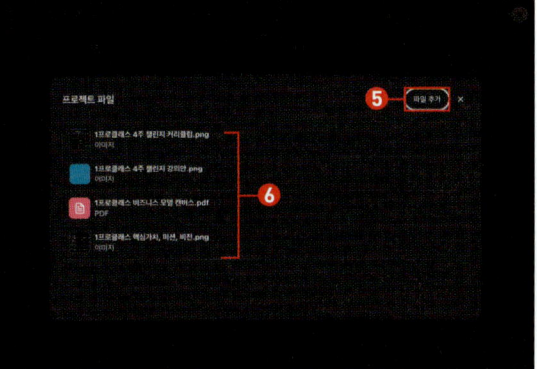

> **TIP 프로젝트 페이지 구성**
> ❶ 이 프로젝트 내 새 채팅: 프로젝트를 생성할 수 있는 채팅창입니다. 이 프로젝트에 추가해 놓은 파일과 지침을 기반으로 챗GPT가 학습하게 돼 맞춤형 대답을 주게 됩니다.
> ❷ 파일 추가: 이미지, PDF 파일, 코드 파일 등 다양한 파일을 업로드할 수 있습니다.
> ❸ 지침 추가: 이 프로젝트 내에서 챗GPT에게 기본 설정되는 프롬프트를 입력할 수 있습니다.

❼ 프로젝트 페이지에서 '지침 추가'를 클릭한 후 페르소나 기법을 활용해 상세페이지 전문가라는 역할을 부여하고, 랜딩페이지 제작 프로젝트의 목표와 타깃 등을 입력하겠습니다.

Prompt 너는 10년차 상세페이지 기획 및 제작 전문가야. 실습과 실무 중심의 AI 교육 브랜드 '1프로클래스'의 첫 번째 상품인 '4주만에 AI로 회사소개서 만들기' 챌린지에 대한 상세페이지를 함께 기획할거야. 우리의 타깃은 스타트업 창업가, 스몰브랜드 오너, 프리랜서, 직장인 등이야.

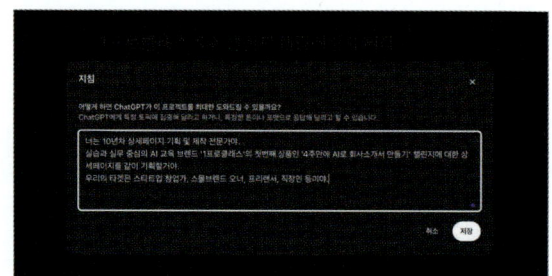

프로젝트를 모두 세팅했습니다. 프로젝트 내 채팅으로 랜딩페이지 설계부터 시작해보겠습니다.

✦ 랜딩페이지 퍼널 전략 세우기

본격적으로 랜딩페이지 제작에 들어가기 전에 고객을 모객하고 상품으로 구매 전환을 만들어 낼 방식에 관한 전략부터 세워보겠습니다.

Prompt '4주 만에 AI로 회사소개서 만들기' 챌린지를 우리 브랜드의 첫 아이템으로 론칭해보려고 해. 유료 강의를 팔기 전에 무료 강의(웨비나)로 모객을 하고 전환시키려고 해. 어떤 퍼널을 구성하면 좋을까?

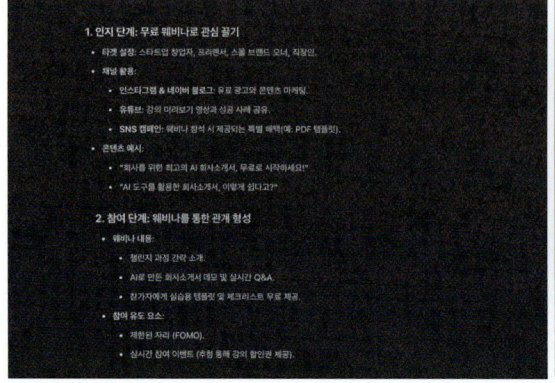
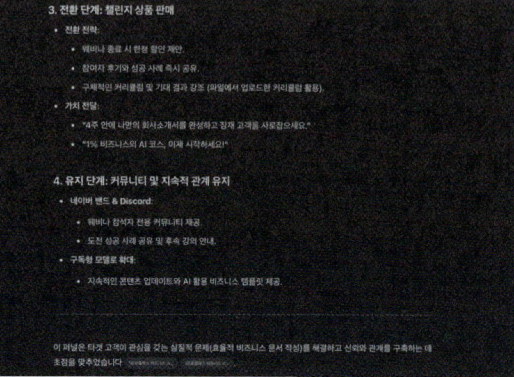

무료 웨비나로 관심 고객을 모객한 다음, AI 챌린지 상품에 대한 데모 및 Q&A를 진행해 관심을 끌고, 유료 강의로 전환하는 퍼널 전략을 제안해줬습니다. 제안 내용을 한눈에 보이도록 정리해달라고 요청해보겠습니다.

> **Prompt** 1)SNS로 모객 2)랜딩페이지 유입 3)구글폼으로 신청 4)ZOOM으로 웨비나 진행 5)유료 강의 전환 이 퍼널을 표로 정리해 줘.

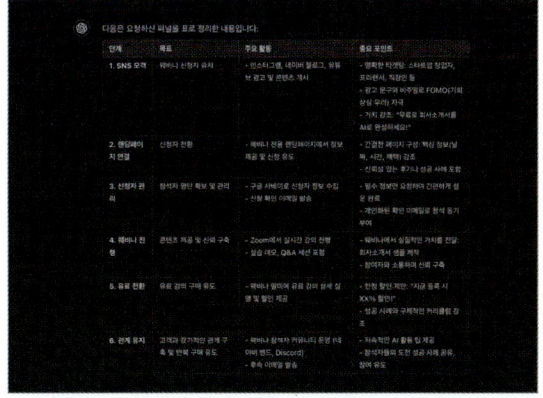

우리 아이템에 대한 시장 수요를 확인하기 위해 거쳐야 하는 단계별 업무들이 정리됐습니다. 차근차근 해당 작업을 진행해보겠습니다.

> **Prompt** 좋아. 웨비나 랜딩페이지 구축부터 먼저 해볼건데, 내가 해야할 업무 체크리스트 만들어 줘.

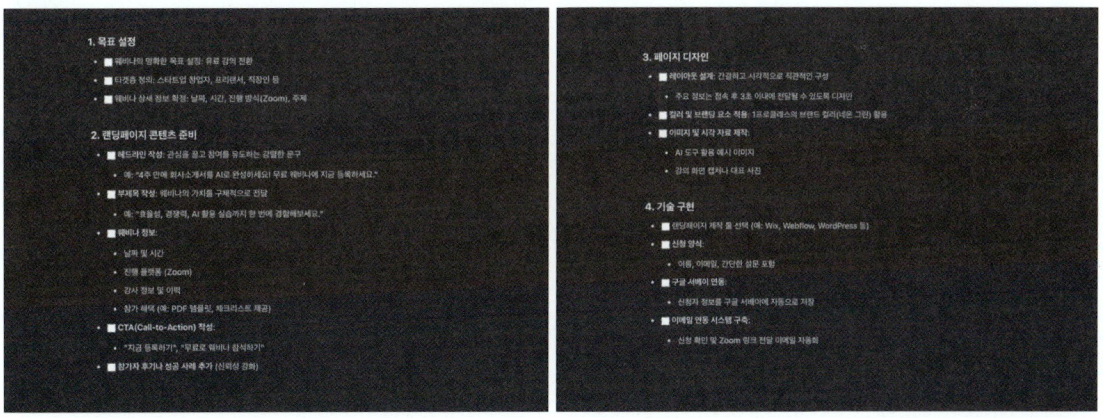

챗GPT가 제안해준 업무 체크리스트를 기반으로 랜딩페이지 작업을 시작하겠습니다. 랜딩페이지의 콘텐츠를 준비하고 페이지를 디자인한 후 랜딩페이지를 퍼블리싱하는 단계를 거치겠습니다.

상세페이지 레퍼런스 조사하기

본격적으로 내 제품에 대한 랜딩페이지를 제작하기 전에 최대한 많이 다른 상세페이지를 참고하는 것이 좋습니다. 많은 레퍼런스를 공부해서 어떤 식으로 우리 잠재 고객을 설득시킬지 전략을 세워보겠습니다.

◆ 젠스파크로 경쟁사 레퍼런스 찾기

참고할 만한 다양한 상세페이지 레퍼런스를 검색하기 위해 인터넷 브라우징 능력이 뛰어난 젠스파크 (https://www.genspark.ai)를 활용해보겠습니다.

> **Prompt** 강의 상세페이지 레퍼런스

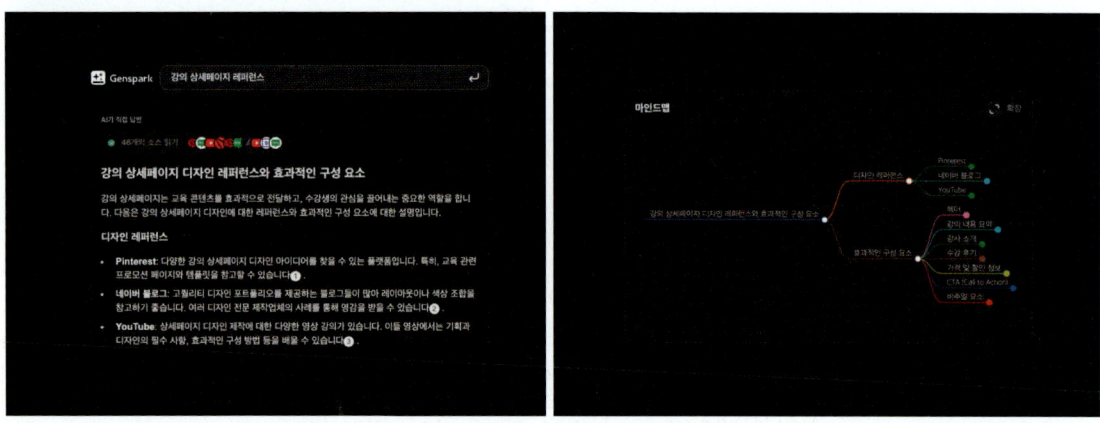

무려 46개의 소스에서 가져온 자료들을 젠스파크가 잘 요약해줬는데요. 쭉 스크롤하면 마인드맵으로 보기 쉽게 정리해 줍니다. 디자인 레퍼런스를 찾는 사이트로 핀터레스, 블로그, 유튜브 등을 참고하는 것과 추가로 효과적인 상세페이지 구성 요소도 알려줍니다.

좀 더 스크롤하면 [강의 상세페이지 - Pinterest] 섹션을 추천합니다. 이 섹션을 클릭하면 다양한 상세페이지 이미지들을 스크랩해놓은 핀터레스트 페이지로 랜딩됩니다. 여기서 여러 강의용 상세페이지를 살펴보면서 우리의 랜딩페이지는 어떻게 만들면 좋을지 참고할 수 있겠죠?

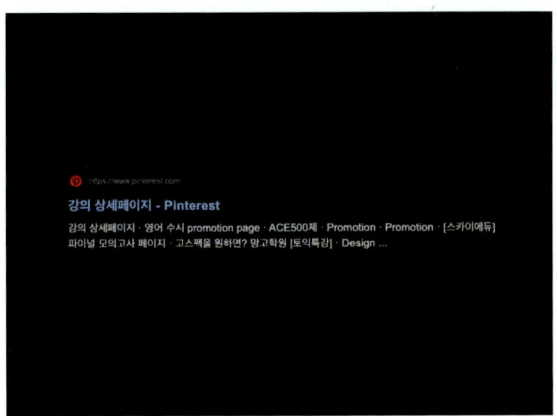 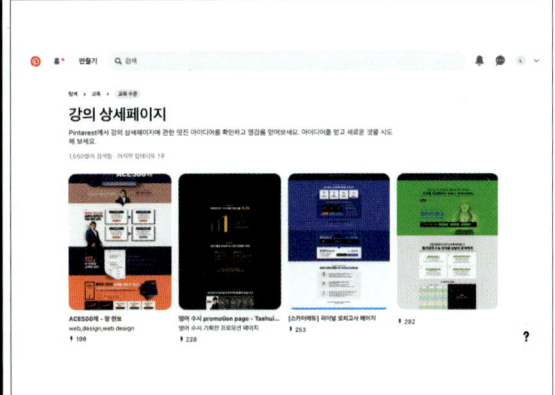

◆ 챗GPT에 레퍼런스 분석시켜 벤치마킹하기

다양한 레퍼런스를 찾았다면 이 상세페이지들을 챗GPT에 분석해달라고 요청하겠습니다. 우리가 만든 프로젝트 파일에서 새로운 채팅을 실행하고, 상세페이지 이미지를 첨부합니다.

Prompt (상세페이지 이미지 첨부) 이 상세페이지 레퍼런스를 분석하고, 좋은 점과 개선할 점들을 표로 정리해 줘.

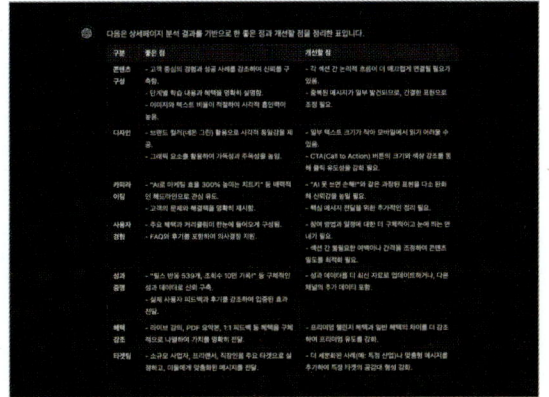

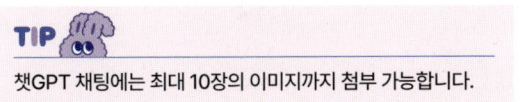

챗GPT 채팅에는 최대 10장의 이미지까지 첨부 가능합니다.

레퍼런스들 중에서도 모든 것을 참고하기보다는 배울 점과 개선할 점을 분류하는 것이 좋습니다. 콘텐츠 구성, 디자인, 카피라이팅, 사용자 경험 등 다양한 카테고리별로 좋은 점과 개선할 점을 정리해줬습니다.

Prompt 여기서 우리가 랜딩페이지를 제작할 때 벤치마킹하면 좋을 부분은 뭐야?

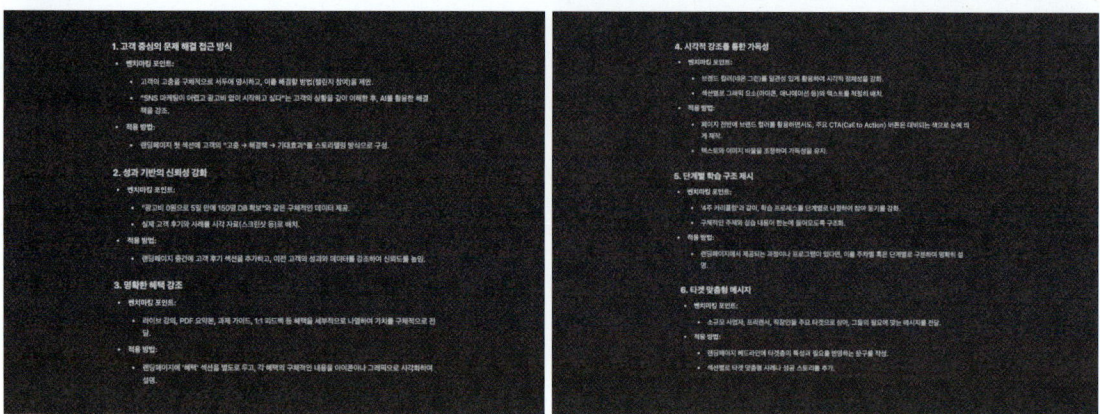

한 단계 더 나아가서 우리 상품에 대한 랜딩페이지를 제작할 때 벤치마킹할 포인트를 물어보았습니다. 고객 중심의 문제 해결 접근 방식, 성과 기반의 신뢰성 강화 등 우리의 랜딩페이지에 적용할 수 있는 부분들을 정리해줬습니다.

Prompt 벤치마킹 포인트와 벤치마킹할 원본 예시, 적용 예시까지 표로 정리해 줘.

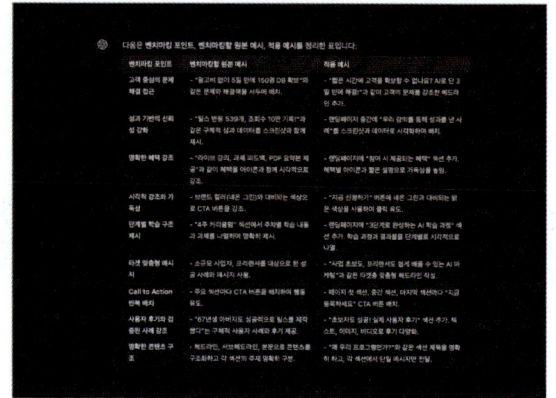

구체적으로 벤치마킹할 원본과 적용 예시까지 요청했습니다. 고객 문제를 강조한 헤드라인 추가와 성과 사례 스크린샷 등 구체적인 적용 방법을 알려줍니다. 레퍼런스 조사를 마쳤고 본격적으로 상품의 셀링 포인트를 도출해보겠습니다.

USP 기반 컨셉 키워드 뽑아내기

랜딩페이지 제작 전 USP와 컨셉 메시지 도출은 필수입니다. USP(Unique Selling Point) 즉, 상품 고유 판매 전략은 고객이 왜 우리 제품을 선택해야 하는지를 명확히 정의해 경쟁사와의 차별화 포인트를 강조하고 브랜드 이미지를 강화합니다. 컨셉 메시지는 랜딩페이지의 핵심 문장으로 방문자가 페이지에 오래 머물게 하고 행동을 유도하는 역할을 합니다. 챗GPT와 클로드를 활용해서 구매 전환율을 극대화하는 카피라이팅까지 작성해보겠습니다.

◆ 우리 상품의 셀링 포인트, USP 찾기

먼저 USP를 도출하기 위한 가장 효과적인 프레임워크를 챗GPT에 물어보겠습니다.

Prompt 제품의 USP를 도출하기 위한 프레임워크를 추천해 줘.

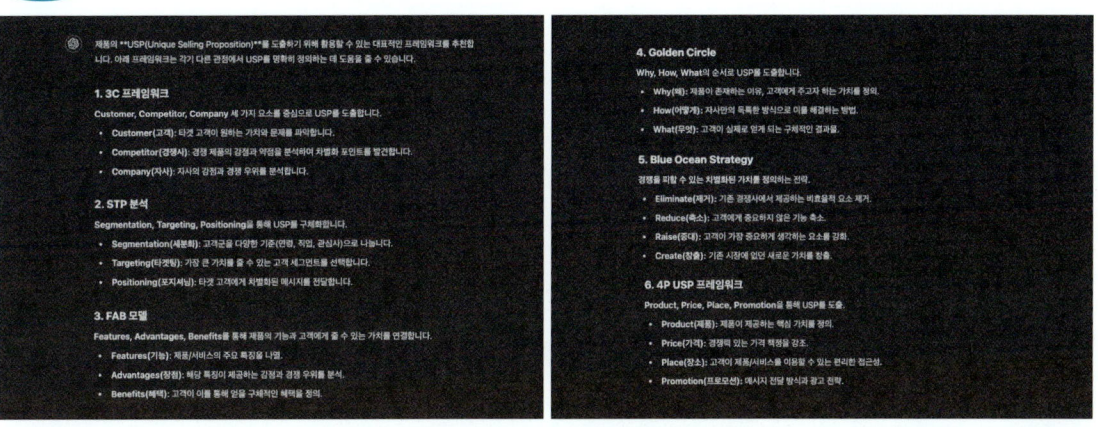

다양한 USP 도출 프레임워크를 추천해줬는데요. 여기서 우리 제품에 가장 효과적인 프레임워크가 무엇일지 물어보겠습니다.

> **Prompt** '4주 만에 AI로 회사소개서 만들기' 챌린지의 USP를 도출하기 효과적인 프레임워크를 반영해 줘. 자료는 프로젝트 파일 참고해.

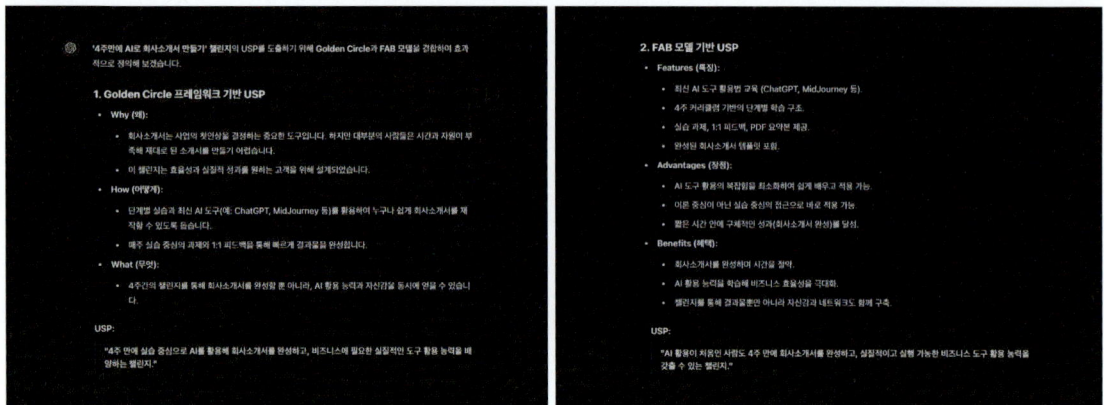

골든 서클과 FAB 모델 기반으로 AI 챌린지에 대한 USP들을 도출해줬습니다. 이중에 어떤 USP가 고객에게 더욱 매력적으로 다가갈 수 있을지, 매트릭스로 정리해달라고 하겠습니다.

> **Prompt** 타깃이 매력을 느낄만한 포인트들 기반으로 매트릭스를 만들어 줘. 각 매트릭스별로 위치한 USP들을 보여 줘.

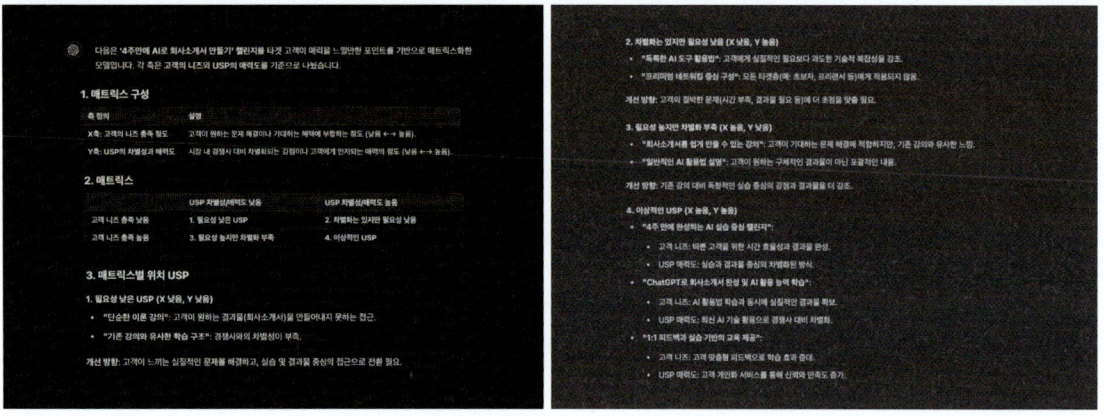

고객의 니즈를 충족해주는 정도를 X축, USP의 차별성 정도를 Y축으로 매트릭스를 정리해줬습니다. 이런 비교축을 통해서 가장 이상적인 USP를 도출해낼 수 있게 됐죠.

> **Prompt** 이 매트릭스에 위치한 USP들을 표로 정리해 줄 수 있어?

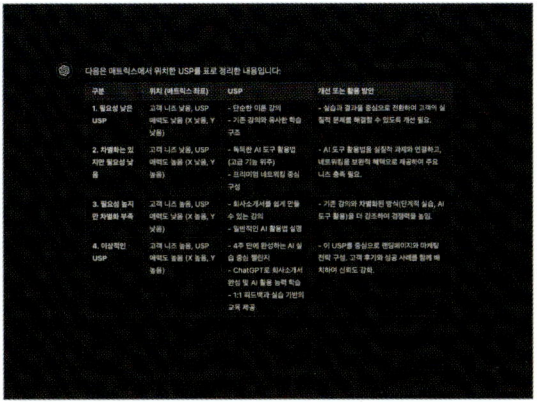

각 매트릭스에 정리된 USP들을 표로 정리했습니다. 해당 USP의 개선 혹은 활용 방안까지 한눈에 볼 수 있도록 만들었으니 우리 잠재 고객들이 가장 매력적으로 느낄 USP를 선택하면 됩니다.

◆ 클로드로 컨셉 문장 카피 도출하기

챗GPT는 아직까지 한국어 카피라이팅이 아쉽다는 평가를 많이 받고 있습니다. 자연스럽고 인상적인 카피를 보여주는 AI 툴로는 챗GPT와 TOP2를 이루고 있는 텍스트 생성 AI '클로드'가 높은 평가를 받고 있는데요. 챗GPT와 클로드의 카피라이팅 능력을 비교해보겠습니다.

> **Prompt** 우리 상품의 랜딩페이지에서 사용할 컨셉 메시지를 추천해 줘. 짧고 인상적이고 통찰력이 있어야 해.

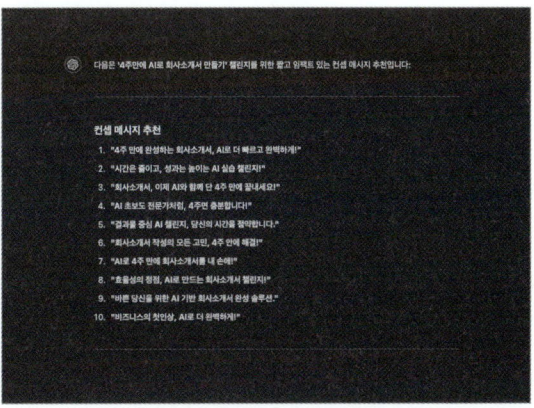

챗GPT가 써 준 컨셉 문장들이 굉장히 평이하고 평범한 느낌입니다. 분명 우리 상품의 USP들을 담고는 있지만, 클릭하고 싶게 만드는 후킹 포인트가 부족한 편이죠. 이번에는 클로드 (https://claude.ai) 웹사이트에 접속해보겠습니다. 우리가 챗GPT와 함께 뽑아냈던 강의안, 커리큘럼, 상품 USP 내용을 첨부하겠습니다.

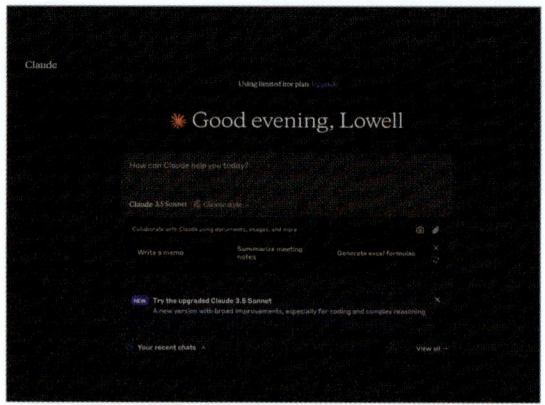

Prompt (강의안, 커리큘럼, 상품 USP 이미지 첨부)
'4주 만에 AI로 회사소개서 만들기' 챌린지의 랜딩페이지에 활용할 컨셉 메시지를 뽑아야 해. 타깃들은 스타트업 창업자, 스몰브랜드 사업가, 프리랜서 혹은 직장인들이야. 내가 첨부한 커리큘럼, 강의안, 그리고 USP를 참고해 줘.

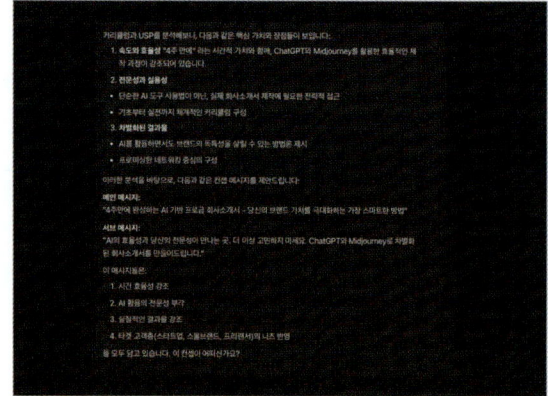

먼저 첨부한 이미지를 분석해서 핵심 가치들을 파악하고 메인 메시지와 서브 메시지를 제안해줬습니다. 좀 더 매력적인 카피들을 여러 개 제안해달라고 하겠습니다.

Prompt 메인 메시지를 여러 개 추천해 줘. 타깃이 클릭해 볼만큼 매력적이고, 임팩트가 있고, 인사이트가 있었으면 해.

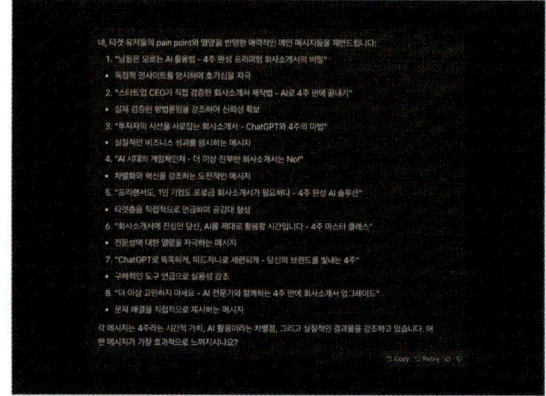

타깃 유저들의 페인 포인트(고객이 싫어했던 나쁜 포인트)와 열망을 반영한 매력적인 메시지들 여덟 가지를 제안해주는데요. 챗GPT가 표면적이고 상투적인 카피들만 추천해줬다면 클로드는 좀 더 고객 언어를 사용하는 게 특징입니다. 'AI 시대의 게임체인저- 더 이상의 진부한 회사소개서는 No!'와 같은 카피도 꽤 생생한 느낌이 듭니다.

> **Prompt** 이 카피들 중에 고객들의 호기심을 사로잡고, 신뢰감을 얻으면서 구매 전환율을 높일 수 있는 카피들은 뭐인 거 같아?

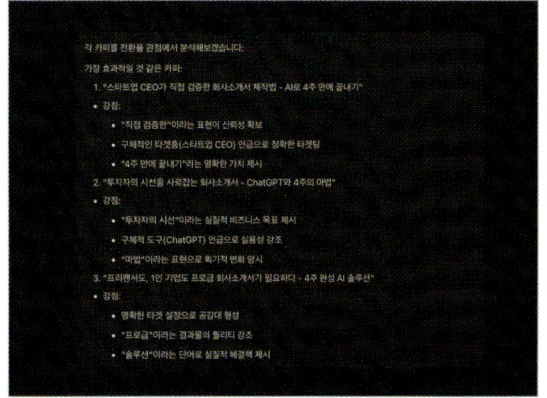

구체적인 타깃층을 명시하며 실질적인 비즈니스 가치를 제시해주는 최종 세 가지 카피를 제안합니다. 특히, '스타트업 CEO가 직접 검증한 회사소개서 제작법 – AI로 4주 만에 끝내기'와 '프리랜서도, 1인 기업도 프로급 회사소개서가 필요하다 – 4주 완성 AI 솔루션'은 바로 랜딩페이지에 써도 좋을 것 같습니다. 이렇게 챗GPT와 아이디어 구상과 기획을, 클로드와 카피라이팅을 하는 식으로 시너지를 일으킬 수 있죠.

chapter 02

설득력 있는 랜딩페이지 구성 설계하기

랜딩페이지는 고객의 문제를 해결하는 여정을 스토리텔링으로 풀어내야 합니다. 고객이 직면한 고통을 제시하고, 이를 해결하는 솔루션을 설득력 있는 카피라이팅으로 전달하면 브랜드 신뢰를 높일 수 있습니다. AI 툴을 활용해 다양한 카피를 빠르게 생성하고, 데이터 리서치를 통해 신뢰도를 높이는 내용을 랜딩페이지에 담아보겠습니다.

스토리텔링 기반한 랜딩페이지 구조 설계

다시 챗GPT로 돌아와서, 우리 타깃에 대한 인사이트 기반으로 설득력 있는 랜딩페이지 구조를 짜보겠습니다. 랜딩페이지의 큰 틀을 짠 다음 그 안의 카피들을 채워 넣겠습니다.

◆ 상품 USP 기반 타깃 분석

앞서 우리가 뽑아낸 USP들을 챗GPT에게 공유해주면서 우리 타깃 고객층을 분석해달라고 요청하겠습니다.

Prompt 너는 10년차 상세페이지 기획자야. 아래의 제품 설명 및 USP를 확인하고, 이 제품의 타깃 고객층을 분석해 줘.

제품: 4주 만에 AI로 회사소개서 만들기 챌린지
- 4주 만에 완성하는 AI 실습 중심 챌린지- ChatGPT로 회사소개서 완성 및 AI 활용 능력 학습- 1:1 피드백과 실습 기반의 교육 제공

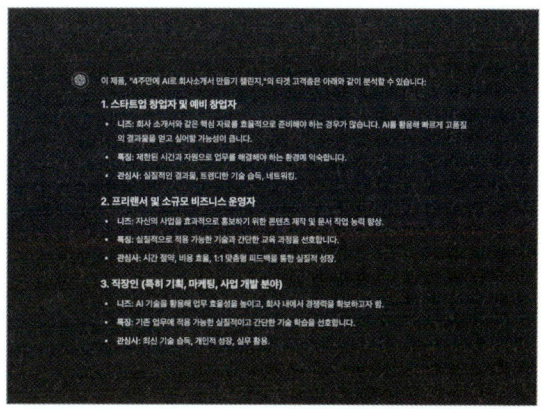

다양한 USP 도출 프레임워크를 추천해줬는데요. 여기서 우리 제품에 가장 효과적인 프레임워크가 무엇일지 물어보겠습니다. 타깃층에 따라서 매력적으로 느껴지는 보이스 톤은 천차만별입니다. 키즈 제품이라면 따뜻하고 친근한 톤이, 컨설팅 제품이라면 딱딱하더라도 전문적인 톤이 필요하겠죠. 챗GPT에게 우리 고객들에게 가장 효과적인 보이스 톤을 분석해 달라고 요청하겠습니다.

Prompt 우리의 타깃 고객층을 설득하기 위해 가장 효과적인 상세페이지 보이스 톤은 무엇인지 분석해 줘.

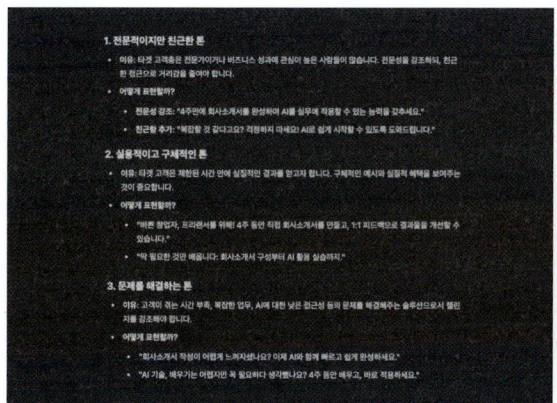 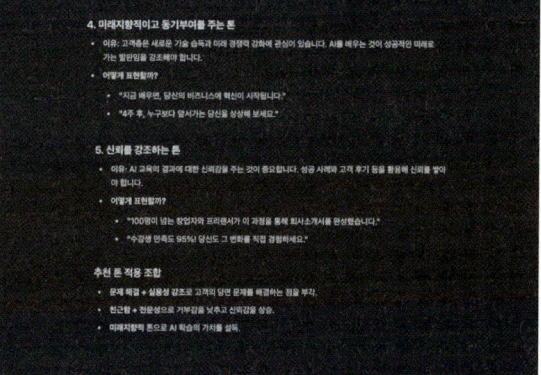

챗GPT가 추천해준 톤 조합 중, 마음에 드는 톤으로 설정해보겠습니다.

Prompt 추천해준 전문적이지만 친근하고, 동기부여를 주는 톤으로 상세페이지를 작성할거야. 기억해둬.

◆ 마케팅 이론 기반 상세페이지 구성

상세페이지는 단순한 상품 소개를 넘어 고객이 구매를 결심하도록 심리적 장벽을 허무는 전략적 도구입니다. 우리 고객을 심리적으로 가장 잘 설득할 수 있는 마케팅 이론을 활용해 구성을 짜 보겠습니다.

Prompt 4주 AI 챌린지 웨비나를 위한 상세페이지를 제작할거야. 잠재 고객의 공감과 니즈를 자극하고, 즉각적인 구매를 유도하는 상세페이지가 필요해. 상세페이지 구성을 기획할 때 사용할 수 있는 다양한 스토리텔링 기법을 제안해 줘. 마케팅 업계에 존재하는 스토리텔링 이론들에 기반해서 제안하도록 해.

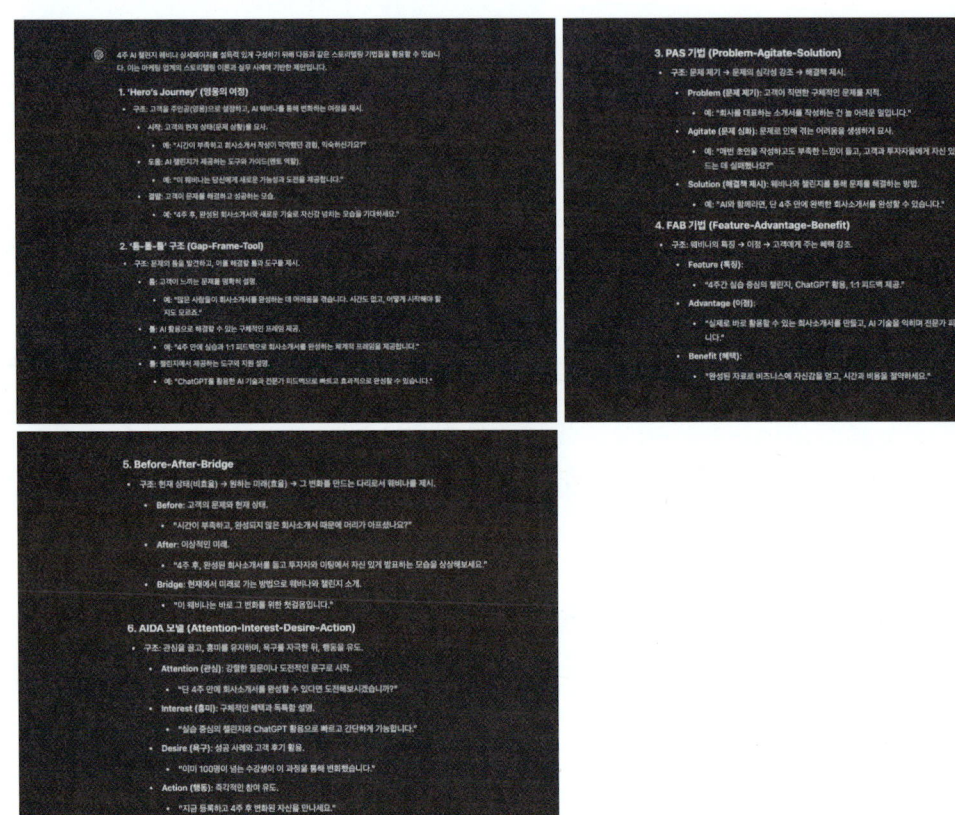

여러 가지 마케팅 이론 기반의 스토리텔링 기법들이 나왔습니다. 이번에는 이 기법들을 활용한 랜딩페이지 구성을 표로 정리해봅니다.

> **Prompt** 제안해 준 스토리텔링 기법에 기반해서 상세페이지 구성 순서를 짜줘. 순서, 구성, 섹션 내용, 어떤 스토리텔링 기법 활용하는지 표로 정리해 줘.

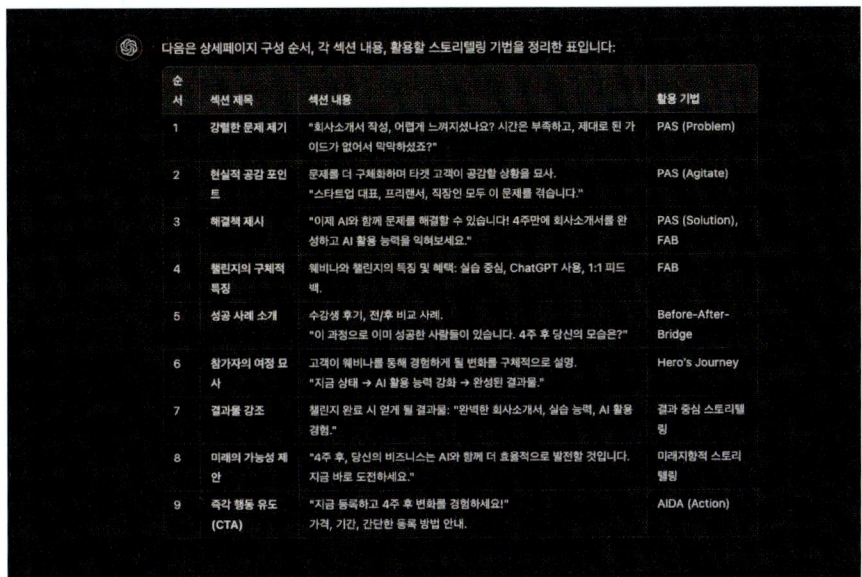

이렇게 큰 뼈대가 먼저 잡혔다면 각 상세페이지 파트별로 내용을 채울 차례입니다. 챗GPT에게 처음부터 모든 내용을 써달라기보다 단계적으로 뼈대를 잡고 세부 내용을 채워달라고 할 때 답변의 질이 좋아집니다.

> **Prompt** 제안해 준 상세페이지 구성에 맞춰 각 파트별 세부 내용을 작성해 줘. 타깃 고객층과 제품의 특성을 고려해서 각 파트에 맞는 내용을 유추해서 작성해. 추가적인 정보가 필요한 부분이 있다면 물어 봐.

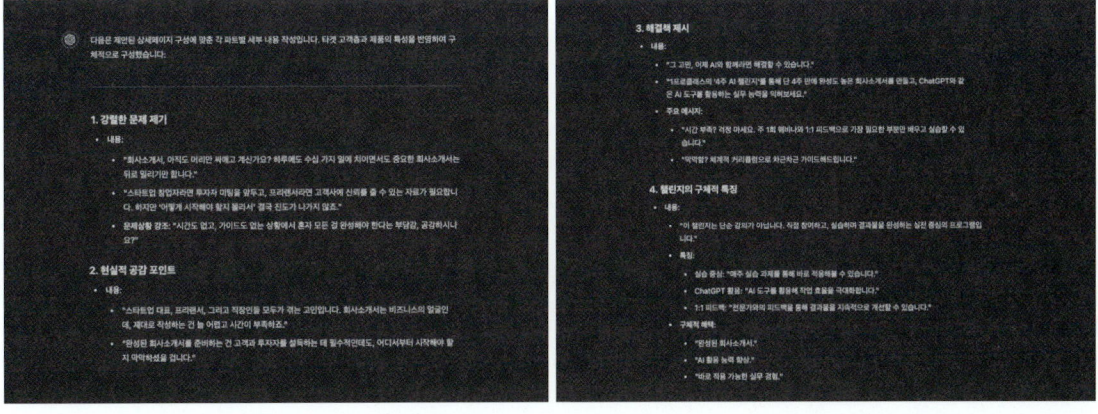

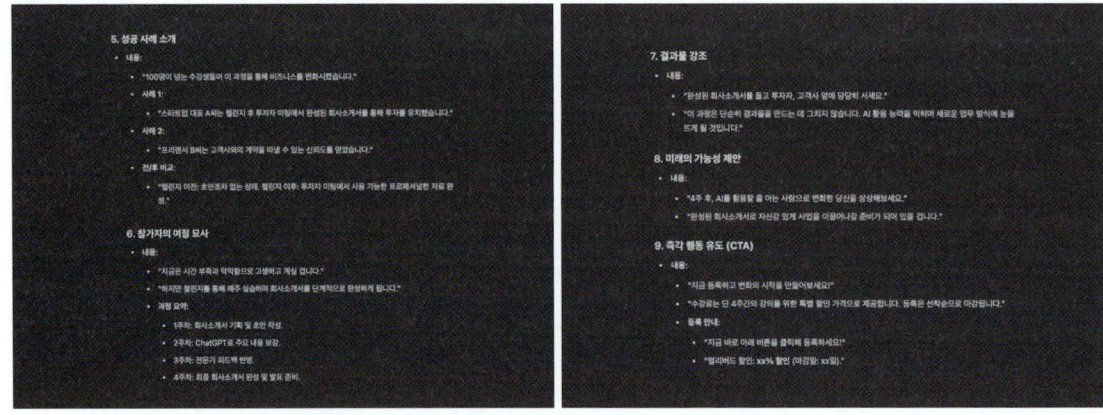

이렇게 상세페이지의 전체적인 구성과 각 섹션마다 들어갈 내용들이 나왔습니다.

챗GPT 캔버스 기능으로 카피라이팅 완성하기

GPT의 캔버스(Canvas) 기능은 글쓰기와 코딩 작업을 보다 효율적으로 수행할 수 있도록 지원하는 새로운 인터페이스입니다. 이 기능을 통해 사용자는 텍스트나 코드를 직접 편집하고, 실시간 피드백을 받으며, 작업의 완성도를 높일 수 있습니다. 상세페이지 카피라이팅을 완성하기 위해 캔버스 기능을 활용해보겠습니다.

❖ 캔버스 기능으로 텍스트 편집하기

캔버스 기능을 활용하기 위해 채팅창 아래에 도구 아이콘을 클릭해서 '캔버스'를 선택하거나, 프롬프트에 '캔버스 기능'이라는 워딩을 포함하면 됩니다. 그러면 별도로 글을 수정할 수 있는 인터페이스가 생기며 편집이 수월해집니다.

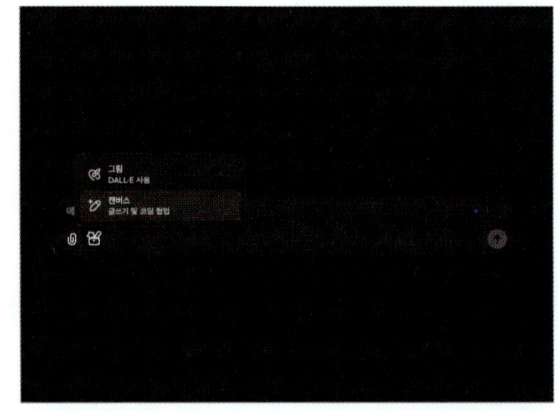

상세페이지 구성을 잡았던 채팅 창에 이어서 계속 프롬프트를 입력해보겠습니다.

Prompt 위 내용대로 상세페이지 카피라이팅을 캔버스 기능으로 작성해 줘. 전문적이지만 친근하고, 동기부여를 주는 보이스톤으로 써 줘.

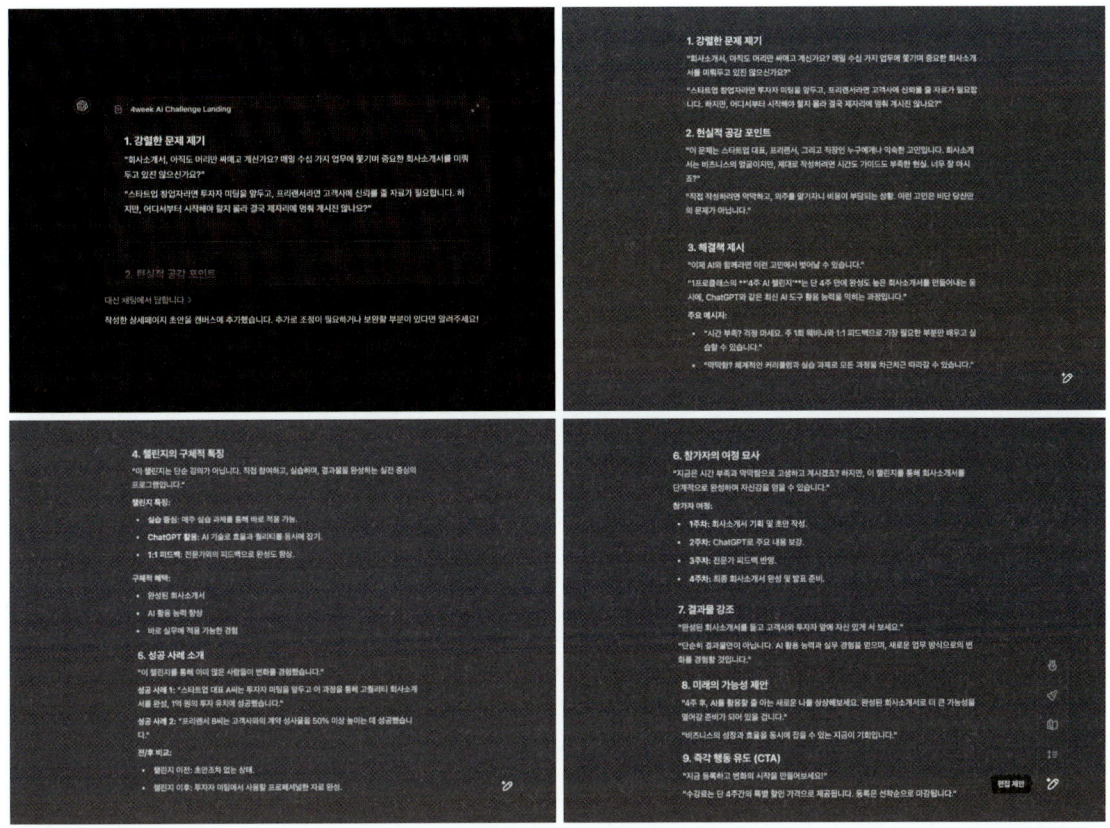

캔버스라는 별도의 인터페이스가 열리면서 오른쪽 하단에 연필 모양 아이콘이 생깁니다. 이 아이콘을 클릭하면 다양한 편집 제안 기능들이 나타납니다. [편집제안]-[길이조절]을 선택해 전체적인 글의 길이를 늘이거나 줄일 수 있습니다. 좀 더 컴팩트한 카피를 위해 [더 짧게]를 설정하겠습니다.

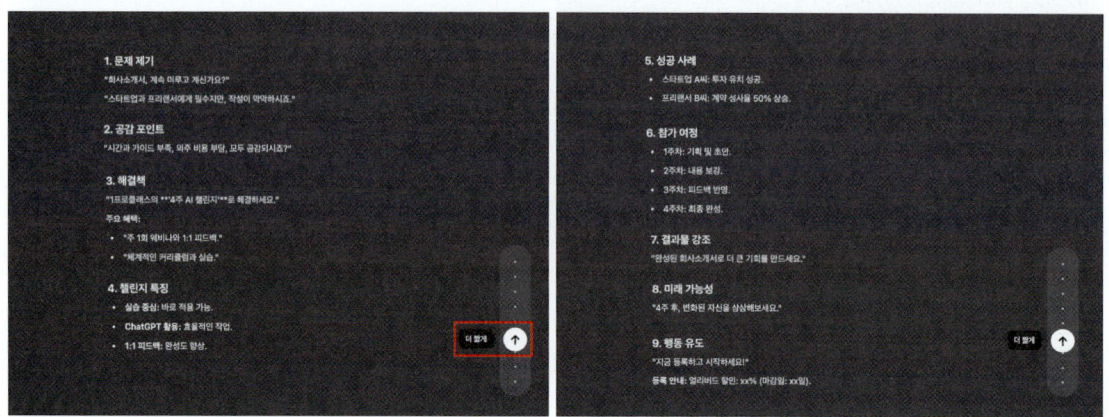

글의 전체 길이가 더 짧게 수정됐습니다. 다시 한번 연필 아이콘을 클릭하면 [편집제안]-[독해 수준] 설정이 나옵니다. 독해 수준을 고등학생, 대학생 수준으로 높일 수도 있고, 초등학생 수준으로 낮출 수도 있습니다. 우리 상세페이지 타깃들은 직장인 혹은 사업가이므로 좀 더 높은 독해 수준인 [고등학생]으로 설정하겠습니다.

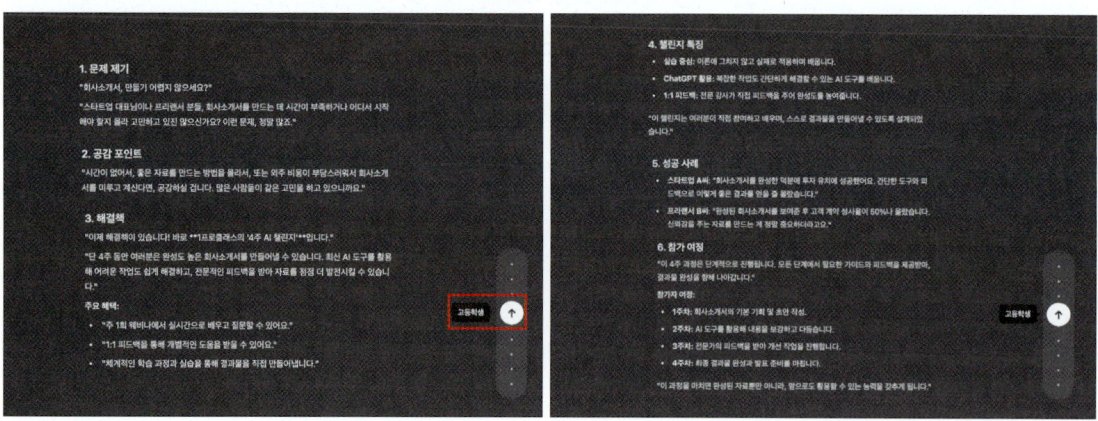

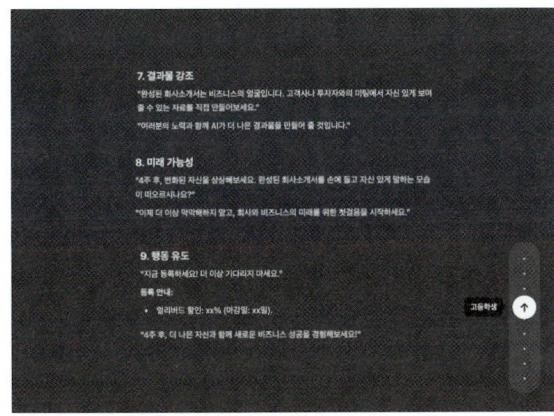

이처럼 챗GPT의 캔버스 기능을 활용해 긴 글의 길이나 수준을 쉽게 조정할 수 있습니다.

◆ 카피에 대한 피드백을 주며 디벨롭하기

챗GPT가 준 1차 초안에 만족하지 말고, 계속 피드백을 주면서 퀄리티를 높여보겠습니다. 사람과 마찬가지로 AI도 정확한 피드백을 줄수록 결과물이 더욱 좋아지게 됩니다. 상세페이지에서 우리 타깃들이 더욱 후킹될 수 있는 요소를 녹여달라고 요청하겠습니다.

> **Prompt** 마케팅에서 초반 후킹을 위해 사용하는 자극적인 '어그로' 기법들을 사용해서 상세페이지 초반 후킹 파트를 캔버스에 다시 작성해 줘.

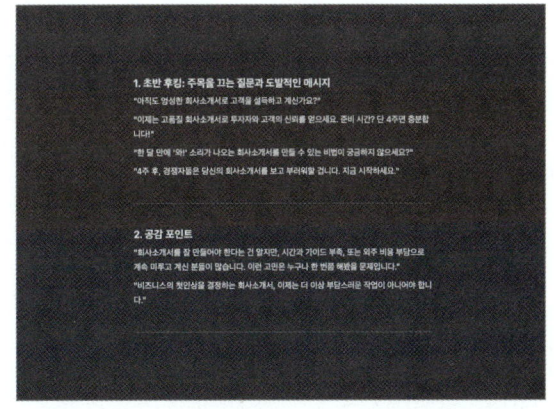

"아직도 엉성한 회사소개서로 고객을 설득하고 계신가요?" 챗GPT가 처음에 제안했던 밋밋한 문장보다는, 우리 타깃들이 흥미를 가질만한 카피를 제안합니다. 이번에는 AI 느낌이 풍기는 딱딱한 문체를 자연스럽게 수정해보겠습니다.

Prompt AI 느낌의 문장들이 있나 검토하고 필요한 부분은 더 자연스럽게 수정해 줘. 좀 더 임팩트 있고, 동기부여를 주는 어투로.

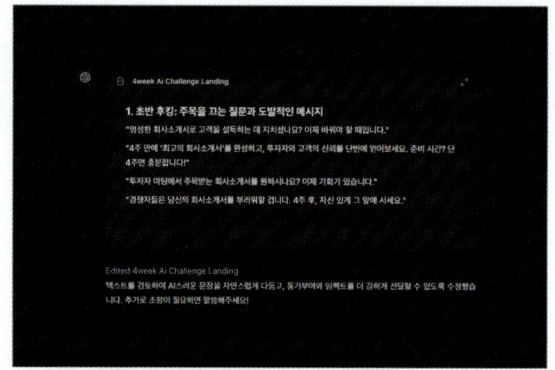

마무리 단계로, 캔버스 인터페이스에서 연필 아이콘을 선택하고 [편집제안]-[마지막 윤색]을 클릭합니다. 챗GPT가 전반적인 카피들을 검토한 후 마지막 텍스트 윤색 작업을 진행해줍니다.

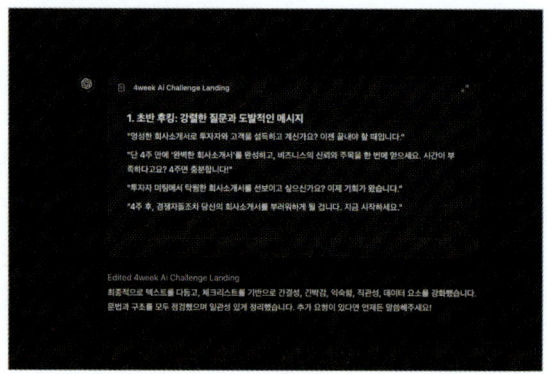

모든 카피라이팅 피드백이 끝났다면 최종 파일을 워드나 PPT 포맷으로 만들어달라고 요청한 후 챗GPT가 만들어 준 파일을 저장하면 상세페이지의 구성부터 글쓰기는 마무리가 됐습니다.

AI로 데이터 리서치 및 시각화하기

상세페이지의 데이터 시각화는 고객을 이성적으로 설득하는 강력한 도구입니다. 단순한 설명보다 구체적인 수치와 변화를 시각적으로 보여주면 고객은 신뢰감을 느끼죠. 특히 리뷰 분석, 만족도 조사 등의 데이터를 활용하면 고객이 겪던 문제를 해결할 수 있다는 논리적 근거가 됩니다. 데이터 기반 설득은 구매 전환을 높이는 데 반드시 필요하므로 데이터 리서치부터 도식화까지 AI로 함께 해보겠습니다.

◆ 퍼플렉시티로 찾은 데이터를 챗GPT에서 그래프로 만들기

먼저, 우리 상세페이지에서 설득력을 높일 수 있는 데이터를 찾기 위해 리서치 AI 퍼플렉시티를 사용해보겠습니다. AI를 활용하면 실제로 업무 생산성이 높아지고 작업 시간을 단축할 수 있는지 수치로 찾아보겠습니다.

Prompt AI로 업무 생산성 향상 관련 데이터

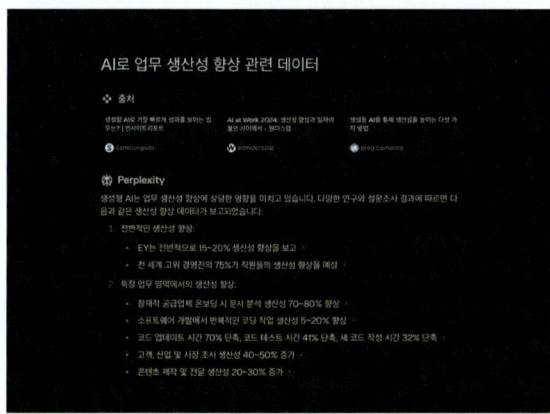
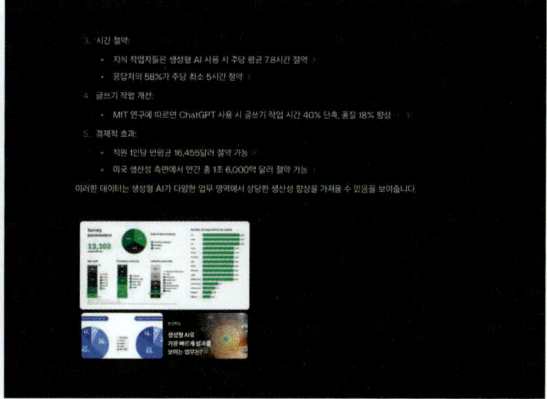

생성형 AI가 실제로 업무 생산성 향상에 어떤 영향을 끼치는지에 대한 연구 결과들이 나옵니다. 우리 잠재고객들이 관심 있어 할 만한 데이터들도 보이네요. 문서 분석 생산성 70~80% 향상, 글쓰기 작업 시간 40% 단축 등 의미 있는 자료들을 정리해서 이번에는 챗GPT에 명령을 내려보겠습니다.

Prompt 이 내용을 막대 그래프로 그려 줘.
#내용# 온보딩 시 문서 분석 생산성 70~80% 향상
소프트웨어 개발에서 반복적인 코딩 작업 생산성 5~20% 향상
고객, 산업 및 시장 조사 생산성 40~50% 증가
콘텐츠 제작 및 전달 생산성 20~30% 증가
글쓰기 작업 시 작업시간 40% 단축

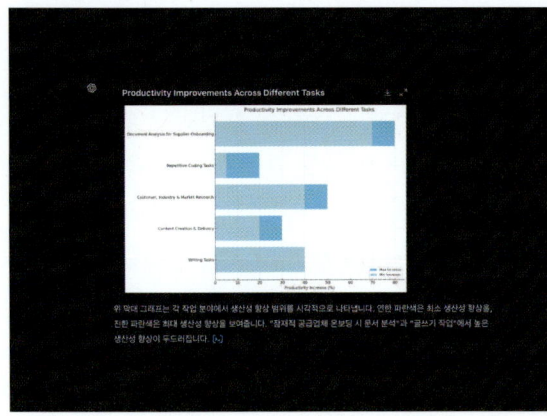 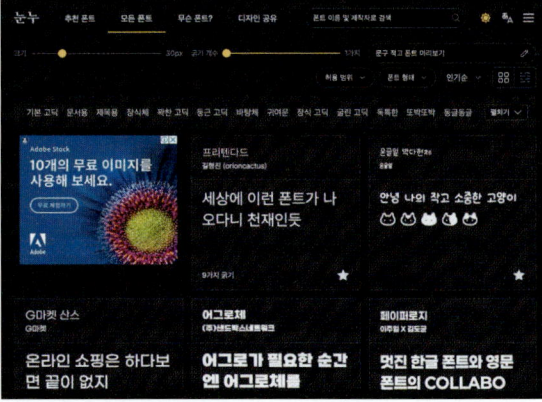

챗GPT가 다양한 작업 영역에서의 생산성 향상 수치를 그래프로 도출해줬습니다. 연한 파란색은 최소 생산성 향상을, 진한 파란색은 최대 생산성 향상을 보여줍니다. 챗GPT는 영어 이미지화는 문제없지만, 한국어로 요청하면 글자가 깨지는데요. 이때 적용을 원하는 한국어 폰트 파일을 꼭 첨부한 다음에 요청해야 합니다. 무료 한국어 폰트는 '눈누(https://noonnu.cc/)'라는 상업용 무료 한글 폰트 사이트에서 검색해서 내려 받을 수 있습니다.

Prompt (한국어 폰트 파일 첨부) 이 폰트 파일 활용해서 한국어 그래프로 바꿔 줘.

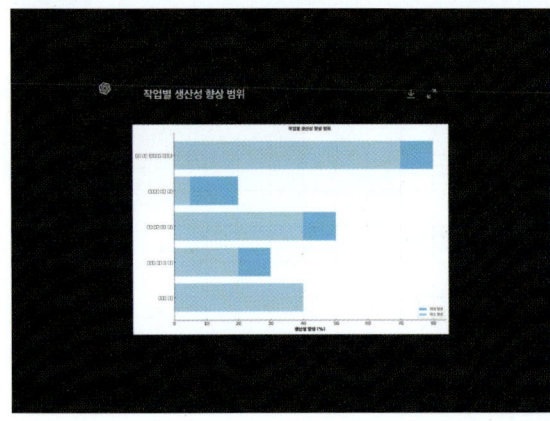 

 **TIP**
폰트 파일 없이는 글자가 깨지게 됩니다.

첨부한 폰트를 적용한 한국어 그래프로 바뀌었습니다. 그래프의 가독성이 너무 떨어져서 글자 크기와 메인 컬러까지 변경 요청하겠습니다. 메인 컬러는 DAY 4에서 챗GPT가 추천해 준 브랜드 컬러 코드 값을 사용해봅니다.

> **Prompt** 글자는 훨씬 크게, 색상은 그린(#21DAB9) 컬러로 바꿔 줘. 각 그래프마다 수치도 보여 줘.

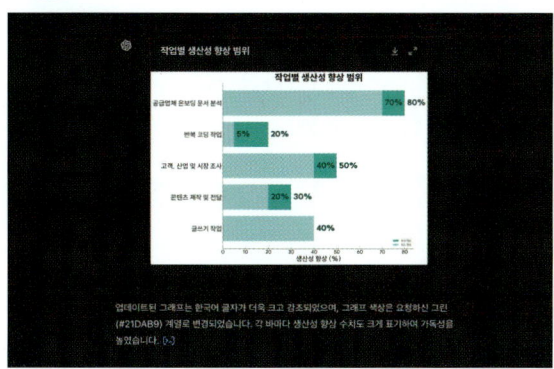
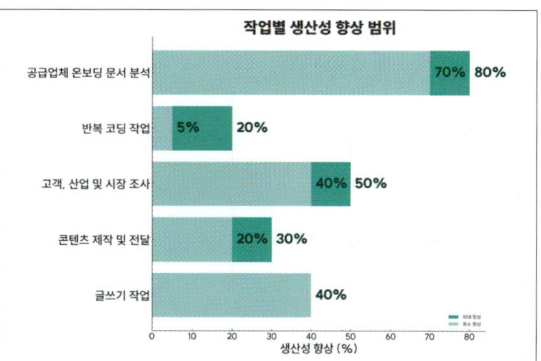

글자 크기가 커지고 수치가 표기되니 그래프 가독성이 많이 좋아졌습니다. 색상도 우리 브랜드의 메인 컬러 코드를 넣어주면 챗GPT가 매우 잘 반영합니다. 이렇게 시각화된 데이터를 활용해서 우리 고객을 더욱 잘 설득할 수 있겠죠.

◆ 냅킨 AI로 아이디어 도식화하기

상세페이지에 쓸 수 있는 다양한 도식을 시각화해봅니다. 챗GPT로 도식화 아이디어를 짠 다음, 도식화 AI인 냅킨 AI(https://app.napkin.ai)를 통해 다양한 비주얼을 완성해봅니다.

> **Prompt** AI로 회사소개서 만들기 4주 챌린지 랜딩페이지에서 고객들을 설득하기 위해 쓸 수 있는 도식화 아이디어를 줘. 커리큘럼 등은 파일에서 참고해 줘.

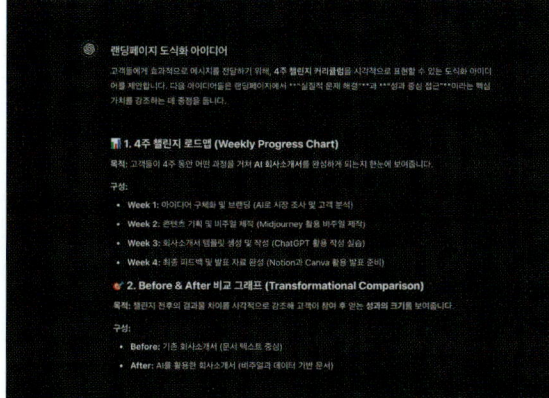

먼저, 랜딩페이지 제작 프로젝트에서 채팅을 시작하며, 커리큘럼은 파일을 참고해 달라고 프롬프트를 입력했습니다. 4주 챌린지 로드맵, 비포&애프터 비교 등 다양한 도식화 아이디어를 주었네요. 이제 이 내용을 냅킨 AI에서 시각화해 볼까요?

냅킨 AI는 비즈니스 스토리텔링을 시각화하는 AI로, 텍스트만 써도 알아서 도식화를 합니다. 냅킨 AI에 접속해서 계정을 만들고 무료로 서비스를 사용해보겠습니다.

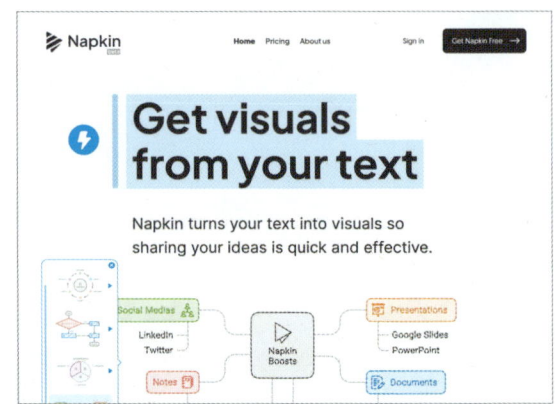

계정을 만들고 접속하면 내용을 입력할 수 있는 페이지가 나타납니다. 여기서, 챗GPT가 준 도식화 아이디어 중에 4주 챌린지 로드맵 내용을 붙여넣겠습니다. 이때 텍스트 옆에 뜨는 파란색 원 안의 번개 아이콘을 클릭하면 AI가 내용을 인식하고 비주얼화하기 시작합니다.

> **Prompt** AI로 회사소개서 만들기 4주 챌린지 로드맵
> 목적: 고객들이 4주 동안 어떤 과정을 거쳐 AI 회사소개서를 완성하게 되는지 한눈에 보여줍니다.
> 구성:
> Week 1: 아이디어 구체화 및 브랜딩(AI로 시장 조사 및 고객 분석)
> Week 2: 콘텐츠 기획 및 비주얼 제작(Midjourney 활용 비주얼 제작)
> Week 3: 회사소개서 템플릿 생성 및 작성(ChatGPT 활용 작성 실습)
> Week 4: 최종 피드백 및 발표 자료 완성(Notion과 Canva 활용 발표 준비)

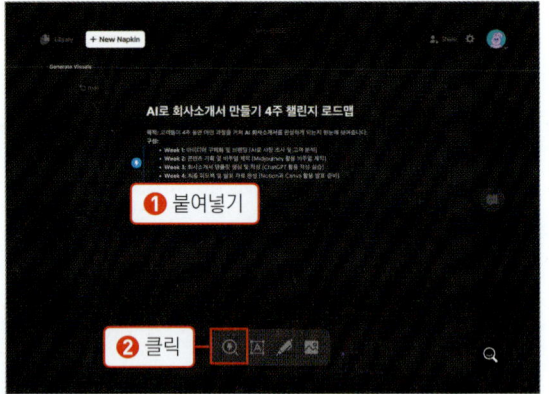

화살표 로드맵부터 계단 형태 도식화까지 다양한 시각화를 제안해 주는데요. 옆에 뜨는 후보 이미지를 하나씩 클릭하면서 마음에 드는 것으로 고르면 됩니다.

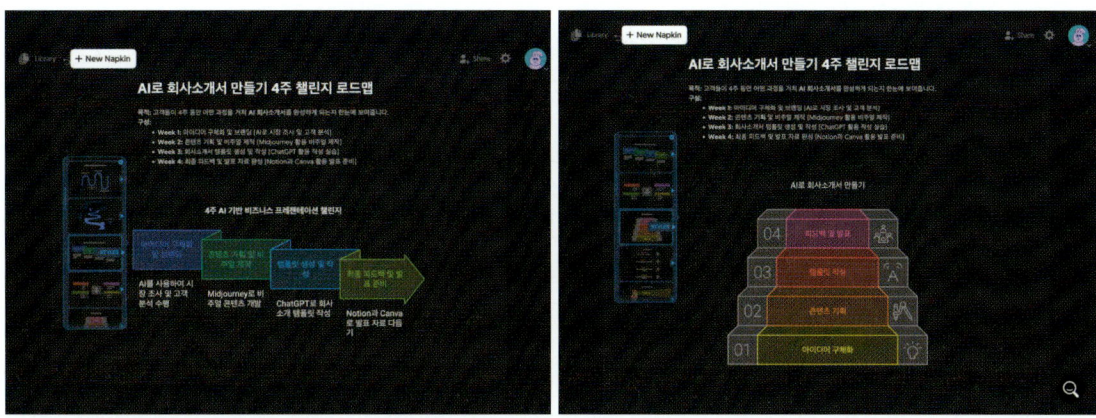

도식화를 선택하면 해당 도식화의 다양한 스타일을 지정할 수 있습니다. 색상부터 디자인 포맷까지 선택할 수 있습니다. 원하는 스타일을 설정하면 해당 도식화가 문서에 삽입됩니다.

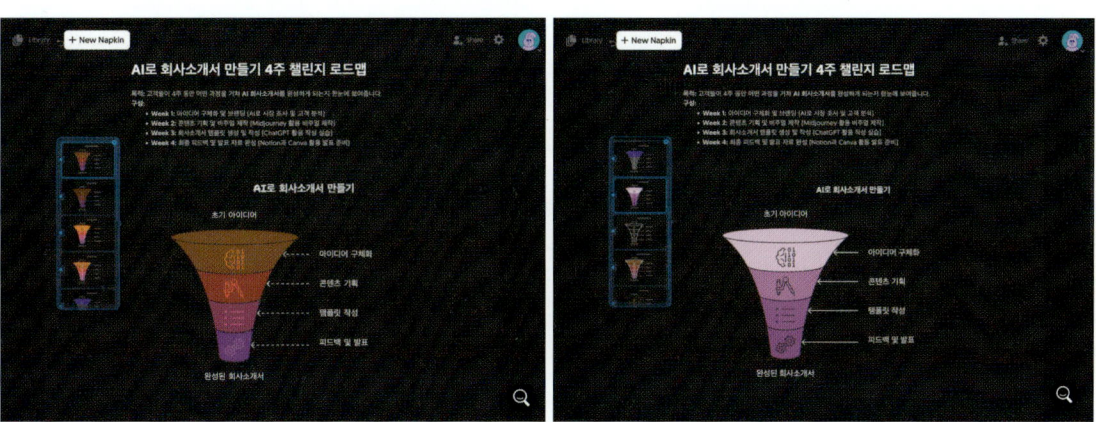

도식화의 색상이나 텍스트를 수정할 수도 있습니다. 편집이 완성되면 도식화 오른쪽 위의 다운로드 아이콘을 클릭합니다. 이미지 형태(라이트 모드/다크 모드), 배경(ON/OFF), 이미지 해상도를 설정할 수 있습니다. 'Download'를 클릭하면 설정한 세팅 값으로 도식화 이미지를 다운로드할 수 있습니다.

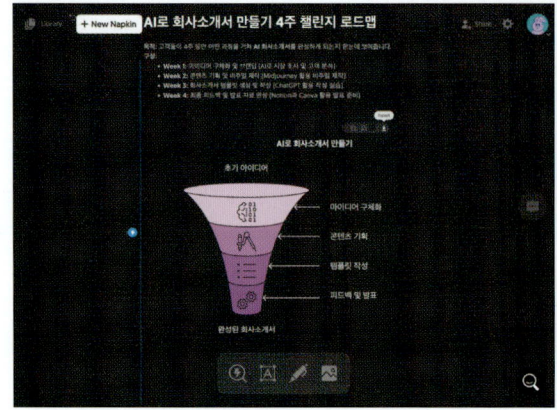 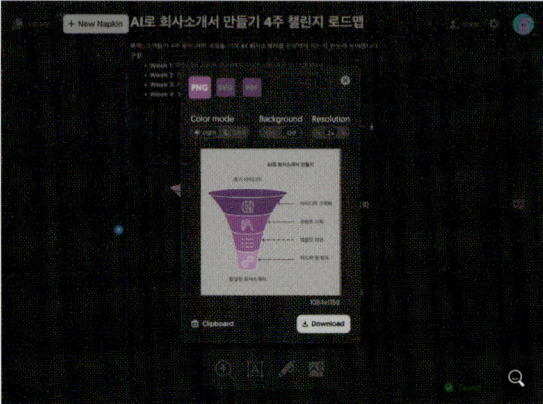

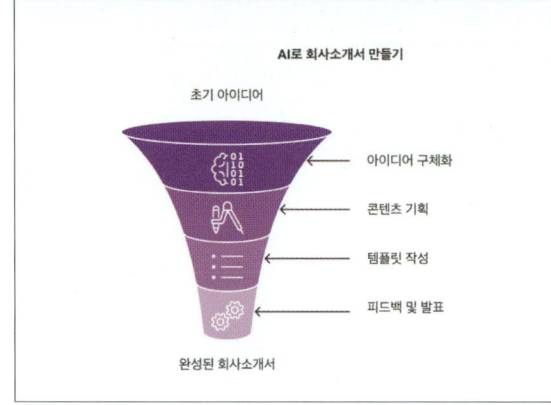

chapter 03

상세페이지 디자인 완성하고 오픈하기

상세페이지의 완성은 매력적인 키 비주얼로 시작됩니다. 고객의 첫인상을 결정짓는 시각적 요소와 메시지를 효과적으로 결합해 상품 가치를 한눈에 전달해야 합니다. 이미지 생성 AI인 미드저니와 파이어플라이를 활용해서 키 비주얼을 제작해 봅니다. 그리고 우리의 상세페이지를 웹사이트에 게시해서 고객들과 만날 준비를 마쳐보겠습니다.

미드저니 무드보드 기능 활용해서 3D 비주얼 생성하기

지난 번에 이미지 생성 AI 미드저니를 활용해서 다양한 브랜드 비주얼을 만들었는데요. 이번에는 상세페이지의 핵심이나 섬네일의 비주얼이 될 3D 이미지를 만들어봅니다. 최근 업데이트된 무드보드 기능을 활용해 우리가 원하는 비주얼을 구현해 봅니다.

✦ 챗GPT와 상세페이지 키 비주얼 아이데이션하기

우리 상세페이지를 돋보이게 만들 키 비주얼이 무엇인지 챗GPT에 물어보겠습니다. 최근 많은 트렌디한 브랜드에서 3D 비주얼을 많이 활용해서 해당 분위기를 연출할 수 있도록 요청하겠습니다.

Prompt AI로 회사소개서 만들기 4주 챌린지 상세페이지에서 고객들의 시선을 사로잡을 키 비주얼 아이디어를 제안해 줘. 트렌디하고 3D 느낌이면 좋겠어.

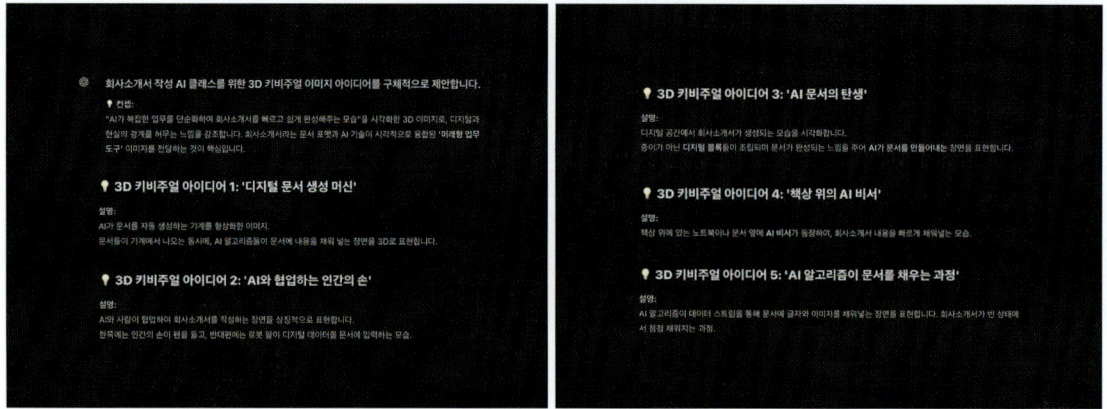

AI로 회사소개서 만들기 챌린지에 어울리는 다양한 비주얼을 제안해줬는데요. 디지털 문서 생성 머신, AI와 협업하는 사람, 책상 위의 AI 비서 등의 아이디어를 줬습니다. 여기서 AI 비서 아이디어를 더 뾰족하게 만들어봅니다.

Prompt 노트북과 AI 비서 이미지가 좋다. 책상은 없이 3D 아이콘 느낌으로, 귀여운 AI 비서 봇이 노트북 옆에 있는 미드저니 프롬프트를 써 줘.

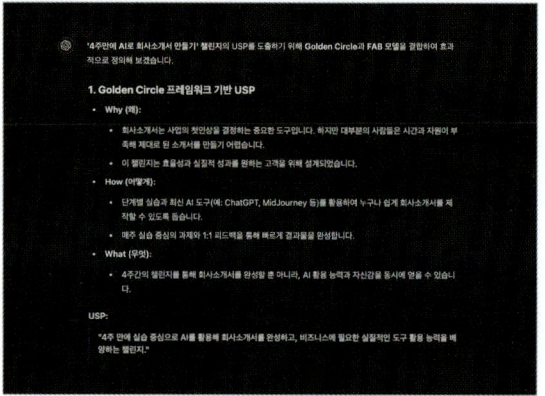

챗GPT가 노트북과 귀여운 AI 비서봇이 있는 3D 아이콘 스타일 프롬프트를 써 줬습니다. 이 영문 프롬프트를 복사한 다음 이미지를 생성하기 위해 미드저니로 이동해 작업하겠습니다.

✦ 미드저니에서 3D 아이콘 무드보드 설정하기

미드저니에서 상세페이지의 키 비주얼을 만들어봅니다. 우리가 원하는 스타일을 더 정확히 구현하기 위해서 개인화(Personalize) 기능 중 무드보드(Moodboard)를 설정해 볼 겁니다. 미드저니에 접속한 후 왼쪽 메뉴 바 중 네 번째 'Personalize' 메뉴를 선택합니다. 그리고 'Create Moodboard'를 클릭해서 새로운 무드보드를 세팅해보겠습니다.

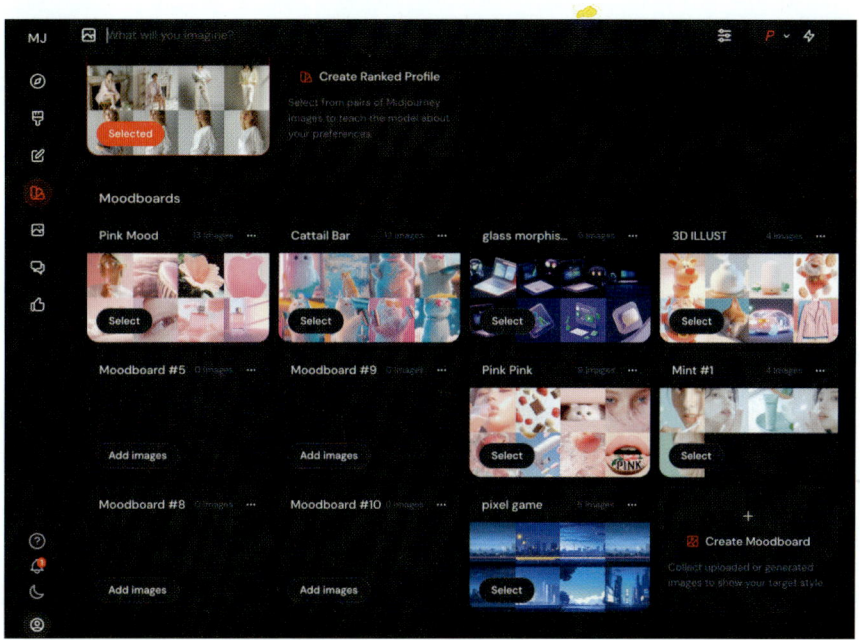

미드저니 무드보드란, 내가 원하는 스타일의 이미지들을 업로드해 내 취향과 선호도를 학습시키는 것입니다. 여러 개의 무드보드를 만들어서 이미지를 생성할 때마다 특정 무드보드를 선택할 수 있습니다. 'Upload Images'를 클릭해서 내가 생각하는 키 비주얼과 비슷한 3D 아이콘 레퍼런스들을 업로드하겠습니다. 무드보드의 이름도 'Glass Morphism icon(글래스 모피즘 아이콘)'으로 설정했습니다.

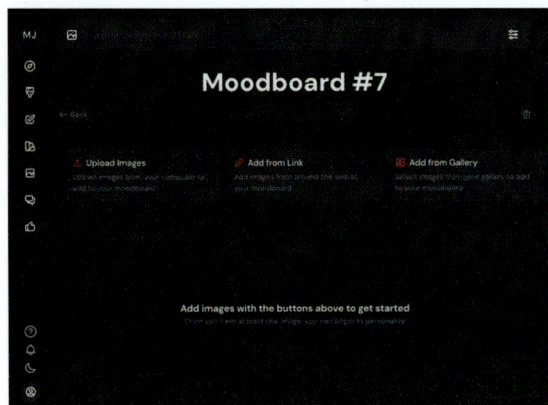

다시 미드저니의 'Create(이미지 생성)' 메뉴로 돌아갑니다. 챗GPT가 써 준 미드저니 프롬프트를 복사해 붙여넣은 뒤 오른쪽에 있는 〈P〉 아이콘을 누르면 'Personalize' 창이 나타납니다. [Moodboars]에서 아까 설정한 무드보드인 'Glass Morphism icon'을 선택합니다.

Prompt A sleek 3D icon featuring a futuristic laptop with a glowing screen, placed next to a small, cute AI assistant robot. The laptop has a metallic body with neon blue and green glowing accents, and the screen displays a digital document with charts and text. The AI assistant robot has a rounded, friendly design, with big glowing eyes, metallic arms, and a cheerful expression. The background is dark and minimal, with smooth gradients and soft shadows. Modern 3D icon style, ultra HD, highly detailed, clean and professional look, playful tech aesthetic

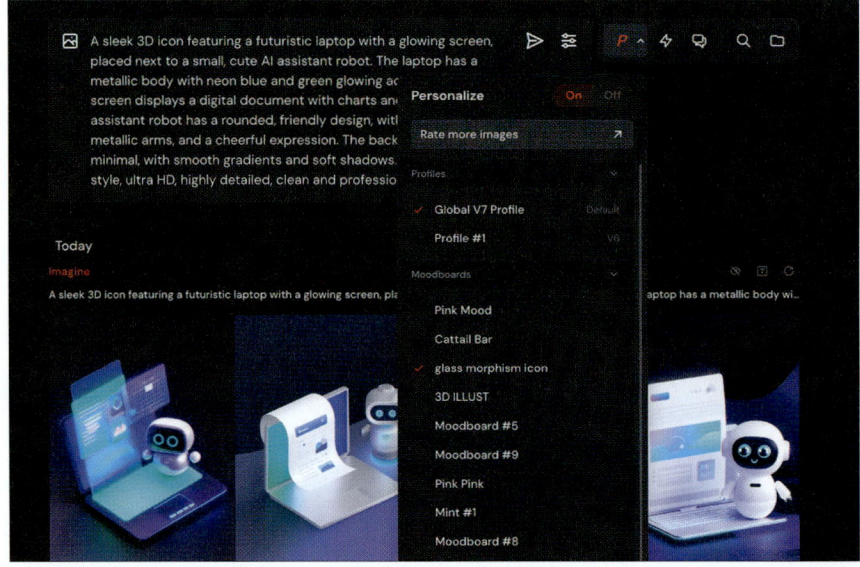

네 개의 이미지 중 가장 마음에 드는 이미지를 업스케일합니다. 이렇게 상세페이지의 메인 비주얼로 쓸 수 있는 이미지를 뽑아봤습니다.

파이어플라이로 3D 한글 타이틀 완성하기

파이어플라이(Firefly)는 어도비에서 개발한 AI 기반 이미지 생성 및 편집 툴입니다. 텍스트 프롬프트를 통해 배경 제거, 이미지 확장, 합성 등의 작업을 손쉽게 처리할 수 있습니다. 특히 한국어 프롬프트를 잘 인식하며, 비전문가도 전문가 수준의 비주얼을 빠르게 제작할 수 있도록 돕습니다. 미드저니는 한국어를 인식하지 못한다는 약점이 있지만, 파이어플라이로 한국어 타이포그래피를 완성해보겠습니다.

✦ 파이어플라이로 3D 재질 만들기

2D의 플랫한 텍스트에 3D 재질을 입혀서 트렌디하고 시선을 사로잡는 타이틀 이미지를 만들어보겠습니다. 먼저 파이어플라이(https://firefly.adobe.com/)에 접속합니다.

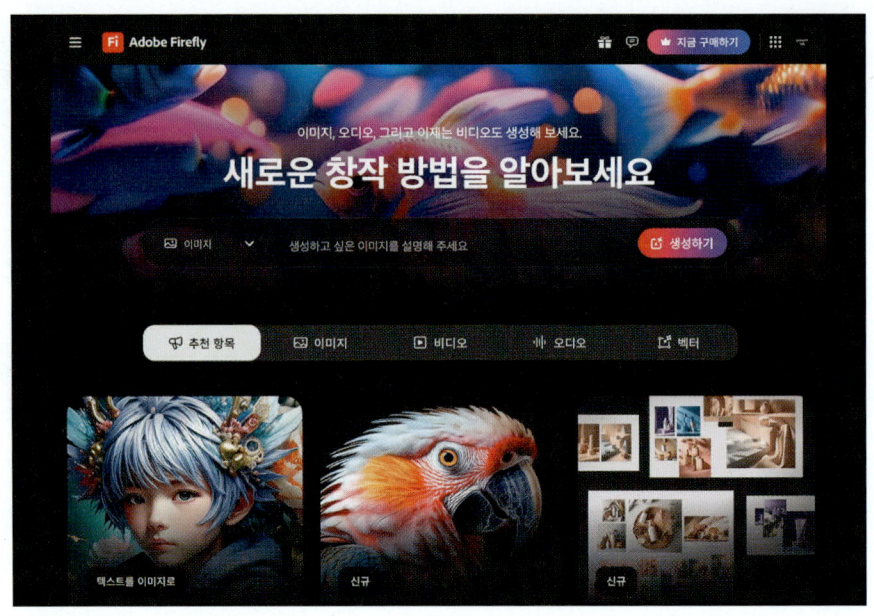

메인 페이지에 나타나는 프롬프트 창에 프롬프트를 입력해서 이미지 생성을 할 수 있습니다. 3D 텍스트에 입힐 재질 이미지를 생성하겠습니다. ❶ 3D 실버 크롬 재질을 만들기 위해 다음과 같은 프롬프트를 입력합니다. 파이어플라이는 영어와 한국어 모두 프롬프트 인식이 가능합니다.

Prompt 매끄러운 실버 크롬 마감의 공, 검은 배경 위에 놓인 모습

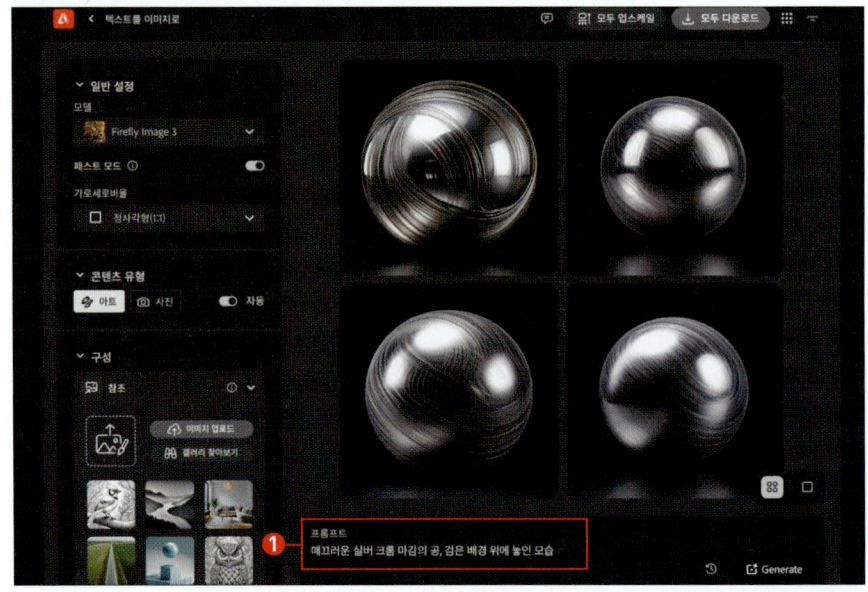

파이어플라이에서 네 가지 이미지를 제안합니다. ❷ 마음에 드는 이미지 위에 커서를 올려 연필 모양 아이콘을 클릭하겠습니다. ❸ 〈스타일 참조로 사용〉이라는 옵션을 클릭하면 왼쪽 [스타일] 패널에서 해당 이미지가 레퍼런스로 첨부된 것을 볼 수 있습니다.

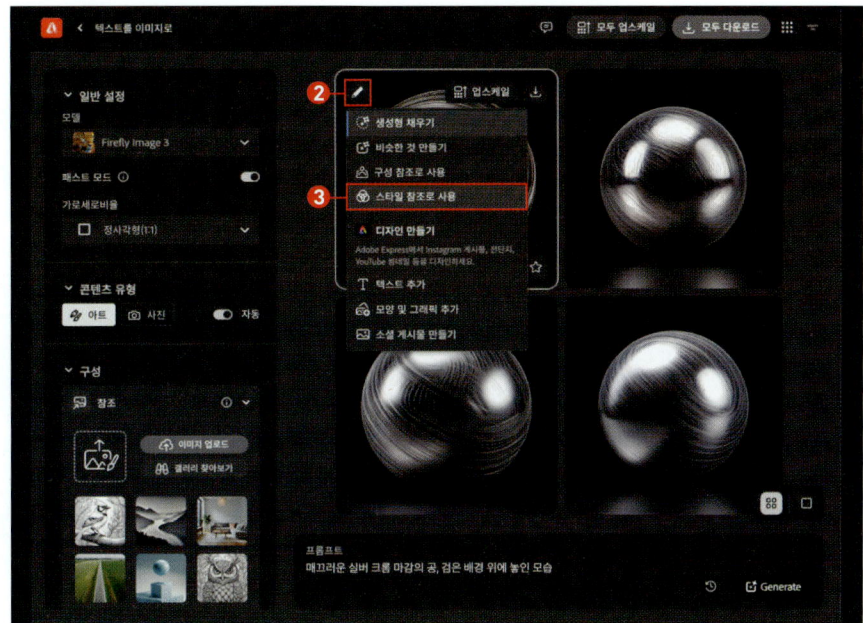

[스타일] 패널에서 '비주얼 강화'와 '강도' 옵션이 있습니다. 비주얼 강화는 사진의 기존 시각적 특성의 전체 강도를 조정하는 것이고, 강도는 해당 이미지를 얼마나 강력하게 레퍼런스로 적용할지를 설정합니다. ❹ 두 옵션 모두 '0'으로 맞추겠습니다. ❺ 스크롤을 내려서 [효과] 패널에서 [인기 항목]-[극사실주의]로 설정하겠습니다.

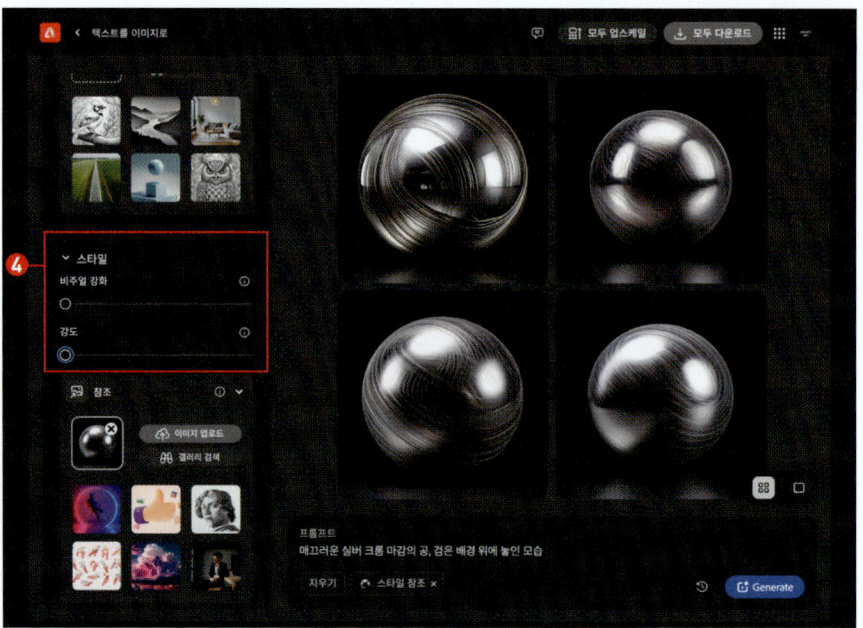

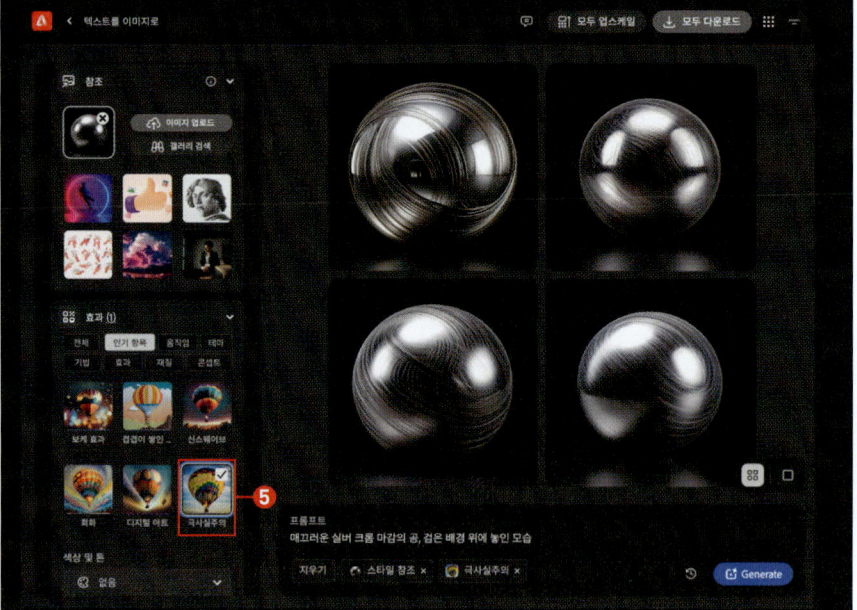

> **TIP**
>
> 비주얼 강화와 강도 옵션 값이 높으면 스타일 레퍼런스를 너무 강하게 반영해 우리가 원하는 텍스트 형태로 만들어지지 않을 때가 많습니다.

◆ **파이어플라이에서 3D 타이포그래피 생성하기**

재질을 스타일 레퍼런스로 설정했으니 우리가 생성하고 싶은 이미지 구도를 업로드하겠습니다. PPT나 피그마, 포토샵 등 편한 디자인 프로그램을 활용해서 텍스트 이미지를 만들겠습니다. 검정 배경에 흰색으로 'AI 챌린지'라는 텍스트를 적은 이미지를 저장합니다.

그 후 왼쪽에 있는 [구성] 패널에서 참조 이미지로 방금의 이미지를 업로드합니다. '강도'는 최대 수치로 설정합니다.

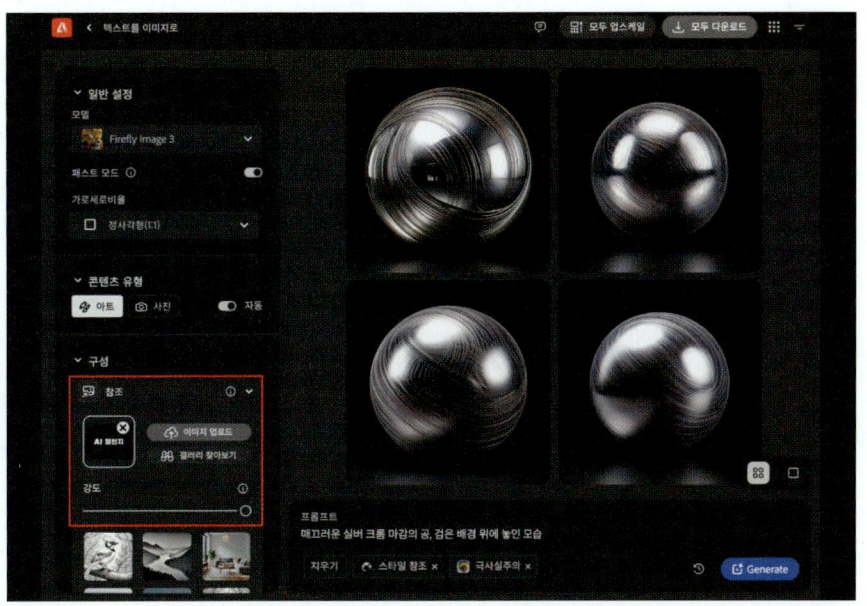

이번엔 왼쪽에 있는 [일반 설정]에서 ❶ 가로세로비율을 '정사각형(1:1)'에서 '가로(4:3)'으로 변경합니다. ❷ 프롬프트도 '매끄러운 실버 크롬 마감의 공'에서 '매끄러운 실버 크롬 마감의 텍스트'로 수정한 후 ❸ 〈Generate〉 버튼을 클릭합니다.

Prompt 매끄러운 실버 크롬 마감의 텍스트, 검은 배경 위에 놓인 모습

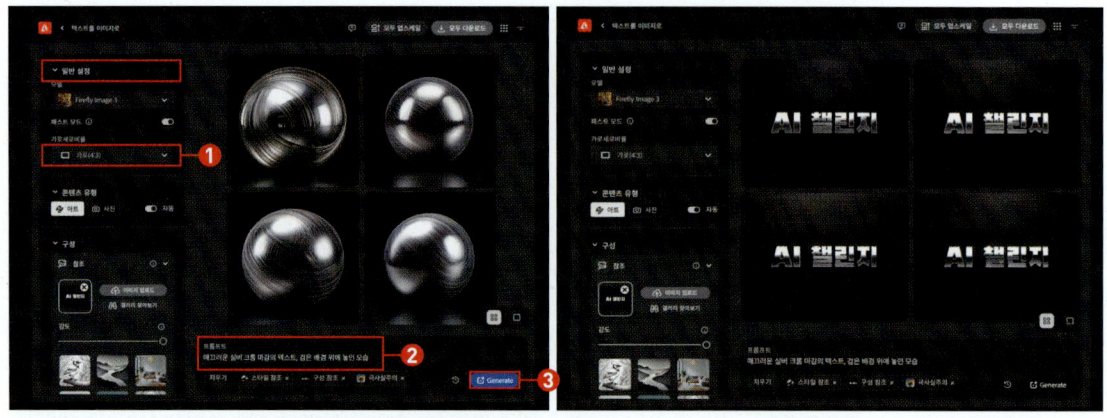

'구성' 이미지를 바탕으로 메탈 느낌의 3D 재질이 입혀졌습니다. ❹ 여기서 가장 마음에 드는 이미지를 선택하고 ❺ 〈업스케일(Upscale)〉 버튼을 클릭해서 이미지를 고화질로 만듭니다. ❻ 그 후 업스케일 옆에 있는 다운로드 아이콘을 클릭해 이미지를 다운로드합니다.

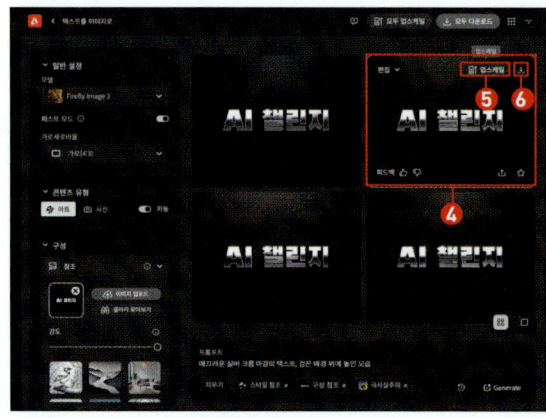
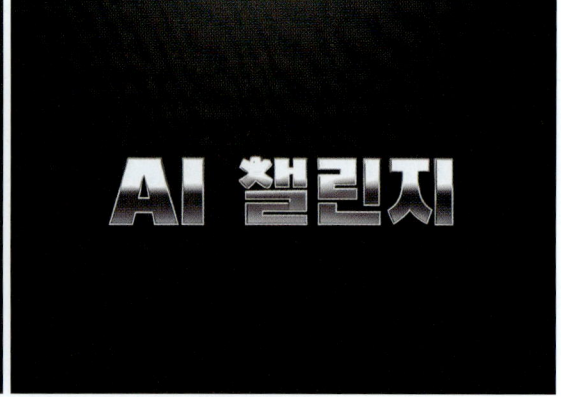

◆ 어도비 익스프레스에서 섬네일 디자인 완성하기

파이어플라이에서 이미지를 다운로드하면 팝업 창이 나타나는데요. 방금 다운로드한 이미지를 어도비 익스프레스에서 내맘대로 편집할 수 있습니다. 상세페이지에서 섬네일을 완성하기 위해 〈텍스트 추가〉 버튼을 클릭합니다.

어도비 익스프레스 페이지로 넘어가면서 방금 우리가 만든 이미지를 편집할 수 있는 창이 나타납니다. 캔버스 사이즈에 맞게 이미지 크기를 조정하고, 텍스트에 원하는 문구를 입력합니다. 서브타이틀로 'AI로 회사소개서 만들기 4주 챌린지'를 입력하고, 텍스트 색상과 폰트는 왼쪽 설정 패널에서 설정합니다.

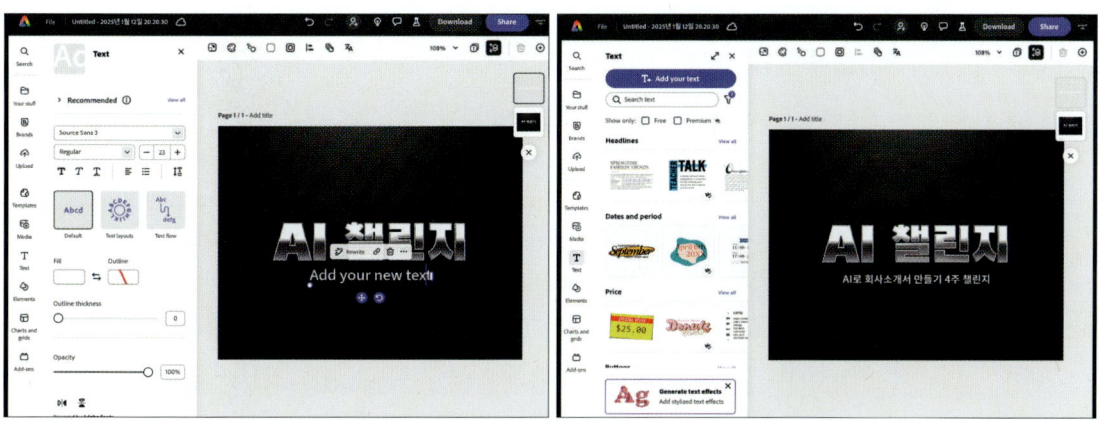

오른쪽 위에 있는 〈Download〉 버튼을 클릭하면 방금 편집한 이미지를 다운로드할 수 있습니다. AI 툴이 등장하기 전에는 포토샵을 잘 다루는 전문 디자이너만이 이런 디자인을 할 수 있다 생각했는데요. 이제는 AI 툴로 누구나 만들 수 있게 됐습니다.

상세페이지 디자인 완성하고 론칭하기

상세페이지에 필요한 키 비주얼들을 뽑았으니 상세페이지를 론칭할 차례입니다. 원래는 완벽한 상세페이지를 위해 디자인 외주를 맡기고, 웹사이트에 업로드해야 하는데요. 우리는 시장 테스트하는 것이 주목적이기 때문에 중요 강조 내용의 디자인과 글만으로 빠르게 랜딩페이지를 퍼블리싱해보겠습니다.

◆ **상세페이지 디자인을 위한 디자인 툴 TOP 3**

예전에 디자인은 온전히 전문가의 영역이었지만, 최근에는 다양한 디자인 툴 덕분에 누구나 멋진 디자인을 만들 수 있게 됐죠. 그중 상세페이지 디자인을 하기 위한 훌륭한 국내 디자인 플랫폼들을 소개하겠습니다.

디자인 템플릿 플랫폼, 미리캔버스
https://www.miricanvas.com (무료&유료)

미리캔버스는 템플릿 기반의 그래픽 디자인 툴로, 복잡한 프로그램 설치 없이 웹에서 바로 작업할 수 있습니다. 템플릿 기반이라 초보자도 전문가 수준의 디자인을 빠르게 완성할 수 있습니다. 미리캔버스 웹사이트에 접속한 후 〈템플릿 보러가기〉를 클릭하면 다양한 타입별로 모아볼 수 있습니다. '상세페이지' 타입을 클릭합니다.

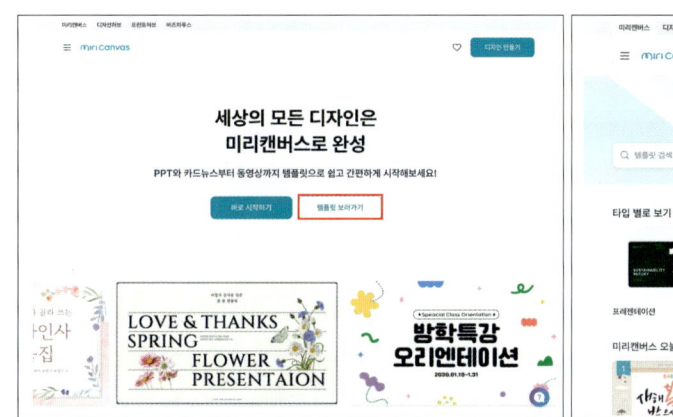
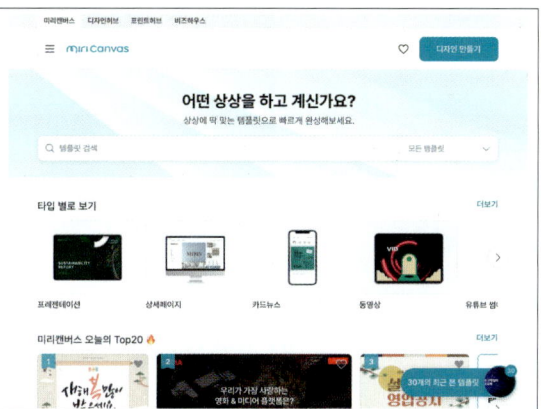

다양한 상세페이지 템플릿들이 나타납니다. 식품, 상품, 웹사이트 등 해시태그로 내가 원하는 종류를 골라서 보거나 키워드로 검색할 수도 있어요. 마음에 드는 상세페이지 템플릿을 선택하고 〈이 템플릿 사용하기〉 버튼을 클릭합니다.

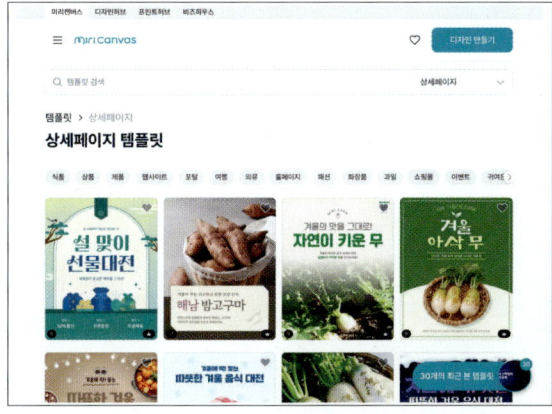
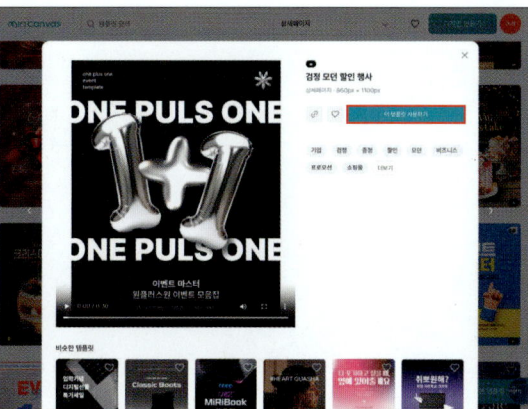

상세페이지 템플릿의 편집 모드로 들어갑니다. 여기서 텍스트나 색상을 마음대로 수정할 수 있어요. 최종 편집을 마무리한 후 오른쪽 위의 〈다운로드〉 버튼을 클릭합니다. 파일 형식과 페이지를 지정해서 〈고해상도 다운로드〉를 클릭하면 디자인본을 받아볼 수 있습니다.

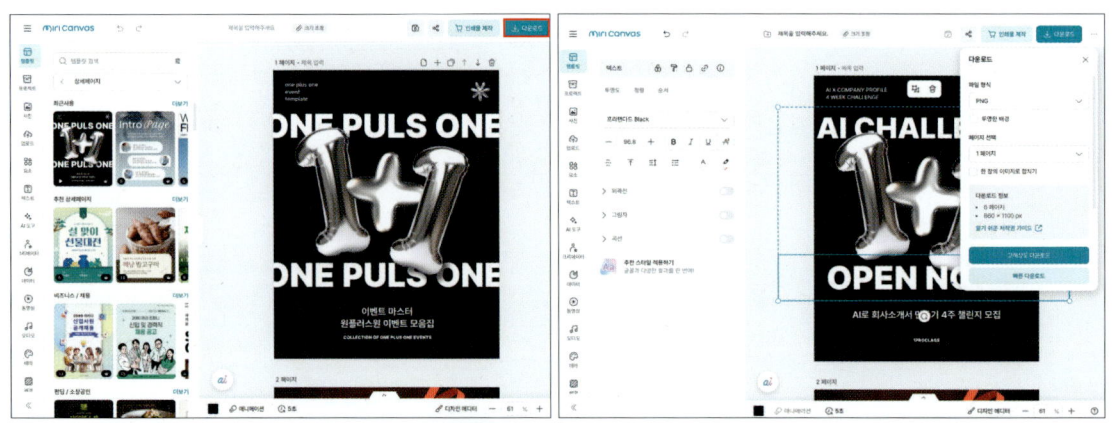

AI 기반 상세페이지 자동 생성 에디터, 제디터
https://brand.geditor.co.kr (무료 크레딧 월 5회&유료)

제디터는 상세페이지 전문으로 개발된 서비스로, 상세페이지를 제작해주는 AI 서비스입니다. 상품 이름, 이미지 혹은 URL만 넣어도 AI가 상세페이지 초안 작성부터 디자인까지 해줍니다. 웹사이트 접속 후 로그인하고 오른쪽 위의 〈에디터〉를 클릭하면 다양한 디자인 템플릿 중에 선택할 수 있습니다.

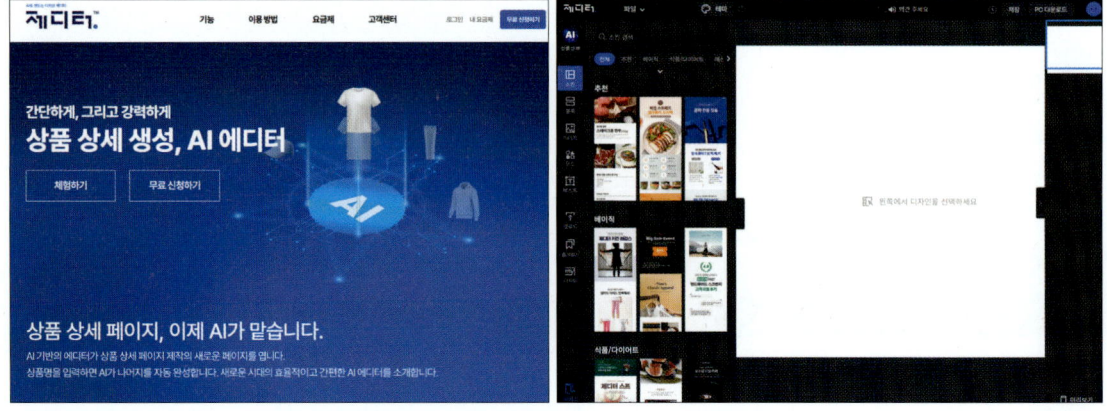

❶ 왼쪽 메뉴 가장 위에 있는 〈AI 상품 상세〉 버튼을 클릭하면 제품 정보를 입력할 수 있는 입력 칸들이 나타납니다. 상품명, 상품 이미지, 기존 상세페이지 URL, 브랜드명들을 입력할 수 있는데요. ❷ 하단의 〈생성〉 버튼을 클릭하면 AI가 상세페이지 초안부터 디자인까지 모두 잡아줍니다. ❸ AI가 생성한 상세페이지에서 세부적인 이미지, 컬러, 텍스트 등은 수정할 수 있습니다.

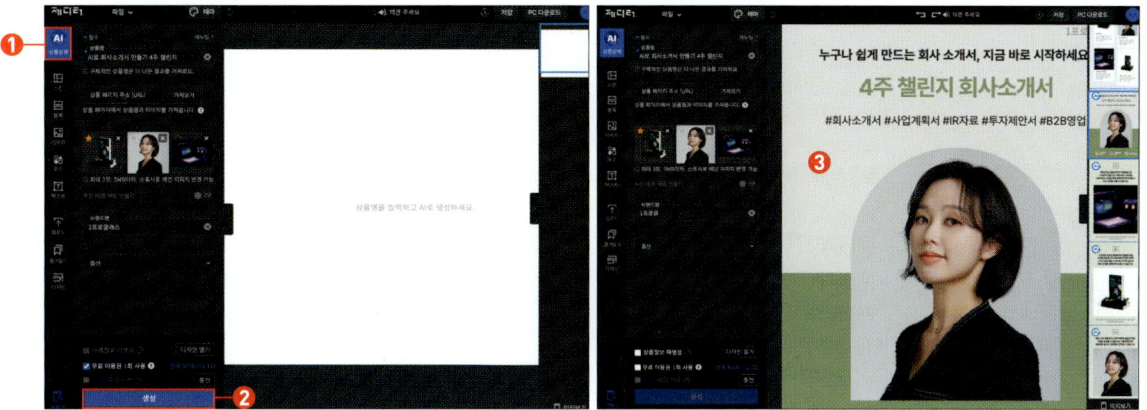

완성된 상세페이지는 오른쪽 위의 〈PC 다운로드〉를 클릭해 다운로드할 수 있습니다.

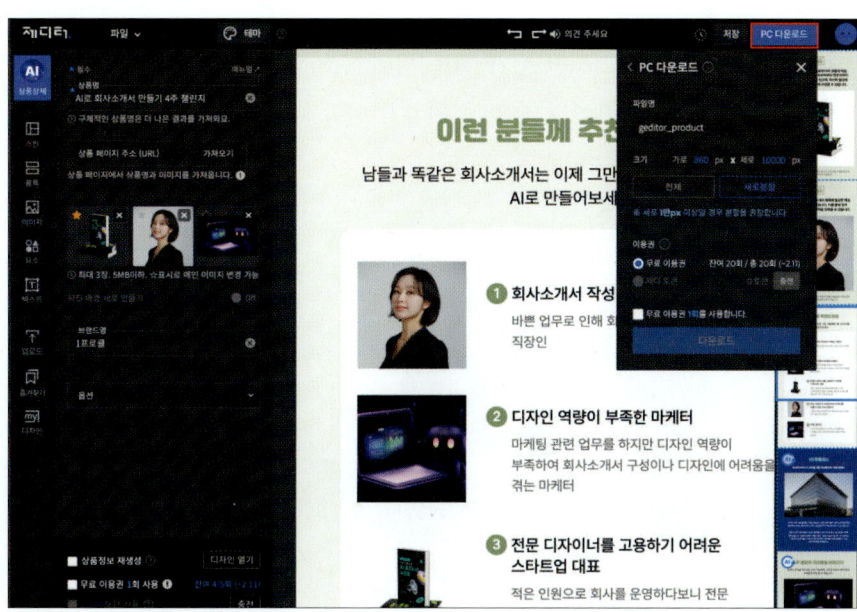

쇼핑몰 상세페이지 AI 자동 생성, 젠시
https://gency.ai (무료 크레딧&유료)

만약 의류 쇼핑몰을 운영 중이라면 패션 상세페이지 AI 전문 서비스인 젠시를 사용해보세요. 젠시 또한 제품 이름과 이미지만 넣으면 AI가 분석해서 제품의 USP 기반 상세페이지 카피부터 디자인까지 완성합니다. ❶ 젠시 웹사이트에 접속해서 로그인하고 〈무료로 시작하기〉 버튼을 클릭하면 제품 관련 정보를 올리는 페이지가 나타납니다. ❷ 패션 제품 이미지를 여섯 장 이상 업로드한 후 제품명을 입력하고 ❸ 크레딧 1을 소모해서 〈생성하기〉 버튼을 클릭합니다.

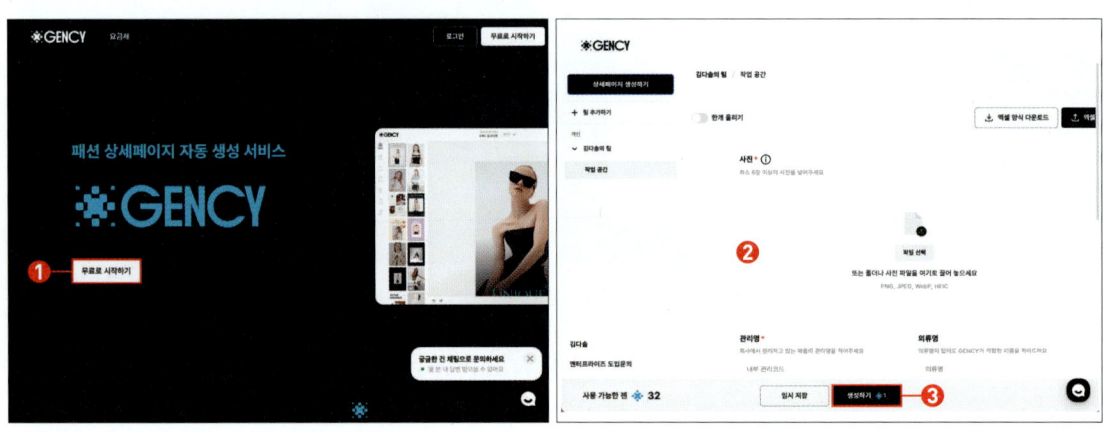

그러면 AI가 제품 이미지를 분석한 뒤 상세페이지 템플릿에 맞춰서 전문 카피라이팅을 완성합니다. 왼쪽 메뉴 〈템플릿〉을 클릭해 다양한 템플릿을 적용할 수 있습니다.

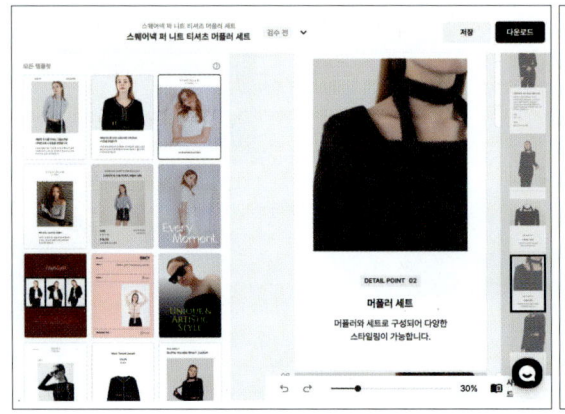
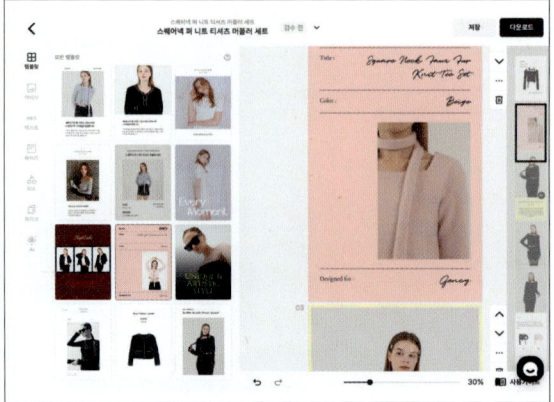

AI가 생성한 카피라이팅을 직접 수정하거나 폰트나 컬러 등 테마 수정도 가능합니다. 상세페이지가 완성되면 오른쪽 위의 〈다운로드〉 버튼을 클릭해서 이미지 형태로 다운로드할 수 있습니다.

● **상세페이지 오픈을 위한 퍼블리싱 서비스 TOP 3**

아무리 멋진 디자인과 콘텐츠를 완성했더라도 고객이 보지 않으면 의미가 없습니다. SNS 광고를 통해 사람들을 유입시키려면 반드시 랜딩페이지, 즉 웹에 퍼블리싱된 상세페이지가 필요합니다. 광고를 클릭한 사람들이 도착할 페이지가 없다면 관심을 보인 고객을 그대로 놓치는 셈이죠. 코딩 지식 없이도 손쉽게 웹에 내 랜딩페이지를 게재하게 도와주는 서비스들을 살펴보겠습니다.

올인원 생산성 플랫폼, 노션
https://www.notion.com/ko (무료, 유료 구독제)

노션은 문서 작성, 데이터 관리, 협업 도구를 하나로 통합한 올인원 워크 플랫폼입니다. 노션 페이지는 단순히 메모장으로만 쓰는 것이 아니라 웹 게시 기능으로 특정 페이지를 공개 웹사이트처럼 사용할 수 있습니다. 노션에 접속한 후 페이지에 텍스트, 이미지, 표, 링크 등을 활용해서 랜딩페이지로 만들 수 있습니다.

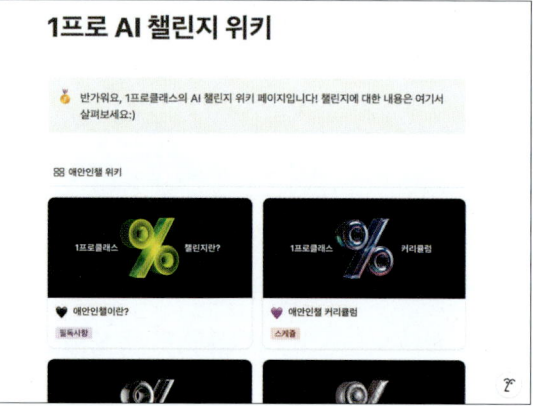

특정 카드를 클릭하면 자세한 내용을 확인할 수 있는 팝업 형태 등의 설계도 가능합니다. 랜딩페이지에 필요한 정보를 모두 입력했다면 오른쪽 위에서 〈공유〉 버튼을 클릭한 후, 〈사이트 게시〉를 눌러서 간단하게 웹 게시를 할 수 있습니다. 공유 링크에서 notion.site 도메인으로 URL이 생성되며, 해당 링크를 공유해서 잠재 고객들을 랜딩페이지로 모을 수 있죠.

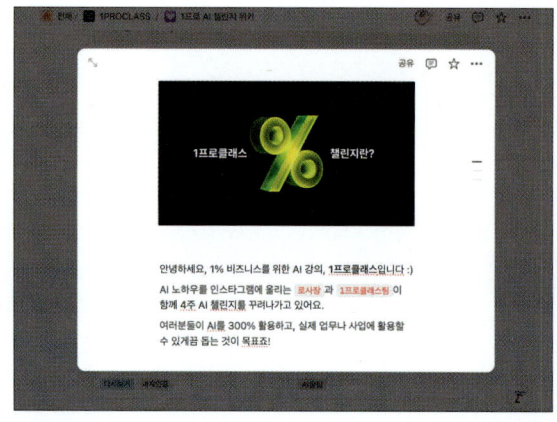

노코드 웹사이트 빌더, 아임웹
https://imweb.me (무료, 유료 구독제)

결제까지 연계되는 나만의 웹사이트를 구축하고 싶다면 웹 빌더 아임웹을 통해 홈페이지를 제작하는 것도 좋은 방법입니다. 디자인이나 코딩을 몰라도 쉽게 웹사이트를 구축하고 URL까지 만들 수 있죠. 아임웹 웹사이트에 접속해서 〈무료로 시작하기〉를 눌러 웹사이트 만들기를 시작하면 됩니다. 웹사이트 디자인 템플릿에서 쇼핑몰 혹은 일반 웹사이트 스타일 중 하나를 선택할 수 있습니다.

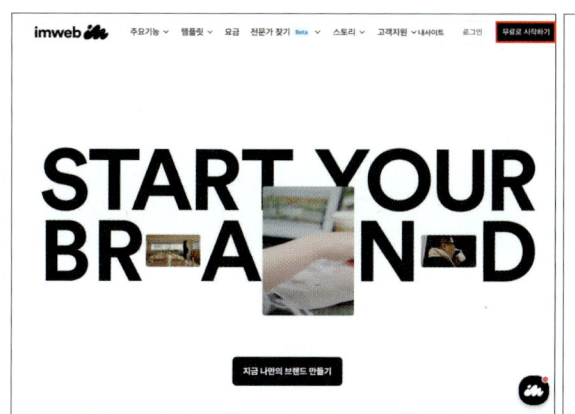
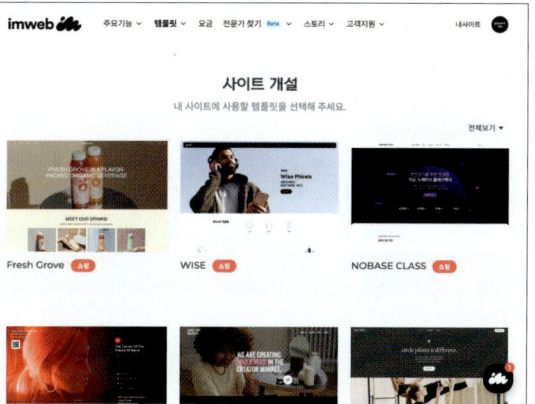

웹사이트 템플릿을 선택하면 새로운 웹사이트의 도메인을 설정할 수 있습니다. ❶ 도메인을 입력하고 〈개설하기〉 버튼을 클릭하면 기본적인 웹사이트 정보를 설정할 수 있는 관리 페이지가 나타납니다. ❷ 왼쪽 메뉴 중에서 〈디자인 모드〉를 클릭해서 웹사이트의 내용 및 디자인 편집 모드로 들어갑니다.

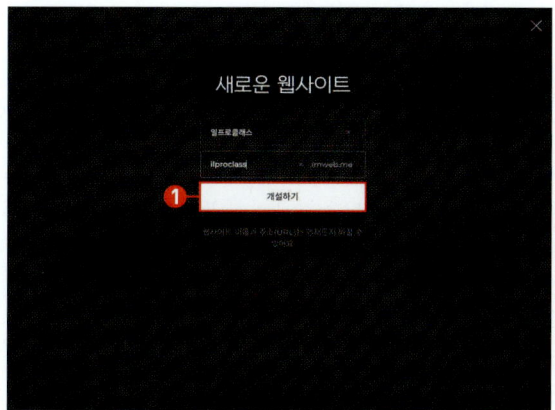
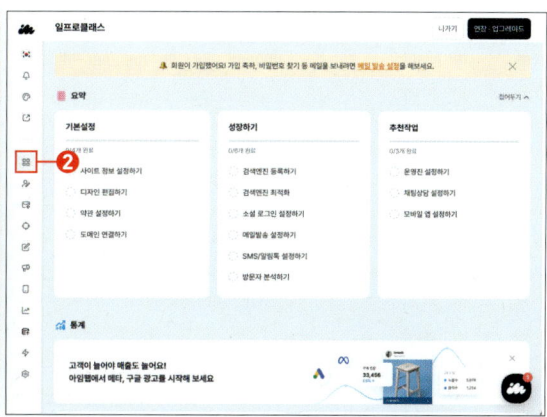

템플릿을 설정하면 템플릿 기반의 이미지와 텍스트가 들어있는데요. 더블클릭해서 원하는 내용으로 텍스트를 수정하거나 원하는 이미지를 업로드할 수 있습니다. 랜딩페이지 내용 편집을 완성한 후 오른쪽 위의 〈게시하기〉 버튼을 누르면 웹사이트에 반영됩니다. 초반에 만들었던 웹사이트 도메인을 공유해서 고객들을 랜딩페이지로 유입시킬 수 있습니다.

국내 최대 규모 펀딩 사이트, 와디즈
https://www.wadiz.kr (수수료 기반)

우리 상품에 대한 시장 테스트를 본격적으로 하고 싶다면 펀딩 플랫폼을 활용하는 것도 방법입니다. 아직 실물 상품을 개발하지 않은 상황에서 선주문 형식의 펀딩을 통해서 수요를 확인하는 것이죠. 충분한 고객 수요가 있다면 그때 수요만큼의 제품 혹은 서비스를 제작하고 고객에게 제공하는 방식입니다.

국내 최대 펀딩 사이트인 와디즈에서 프로젝트를 오픈해볼 수 있습니다. 〈프로젝트 만들기〉 버튼을 클릭하면 와디즈 메이커 페이지로 연결됩니다. 〈프로젝트 시작하기〉 버튼을 클릭하면 펀딩 오픈을 원하는 프로젝트에 대한 내용을 입력할 수 있습니다.

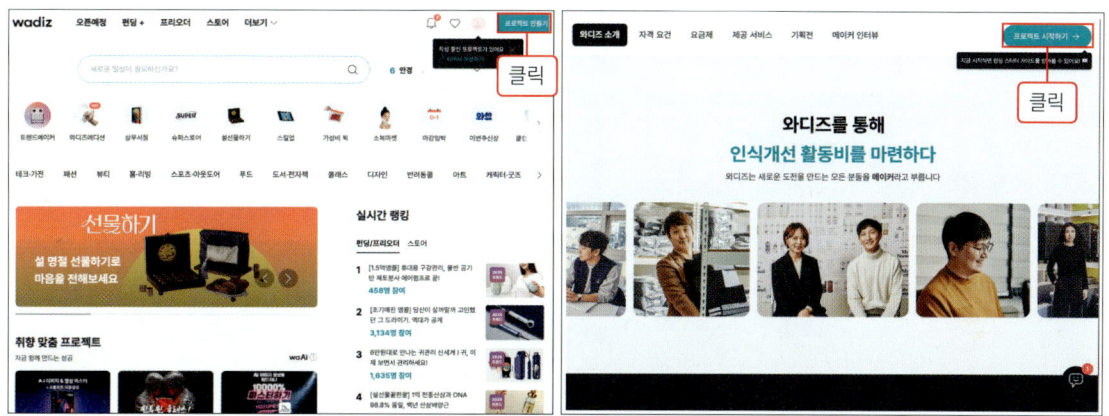

와디즈 펀딩에서는 상세페이지는 필수이니 앞서 제작한 상세페이지도 함께 업로드하면 좋겠죠. 펀딩 관련 내용을 모두 입력하고 제출하면 와디즈 플랫폼 측에서 검수를 통해 펀딩 오픈 가능 여부를 알려줍니다.

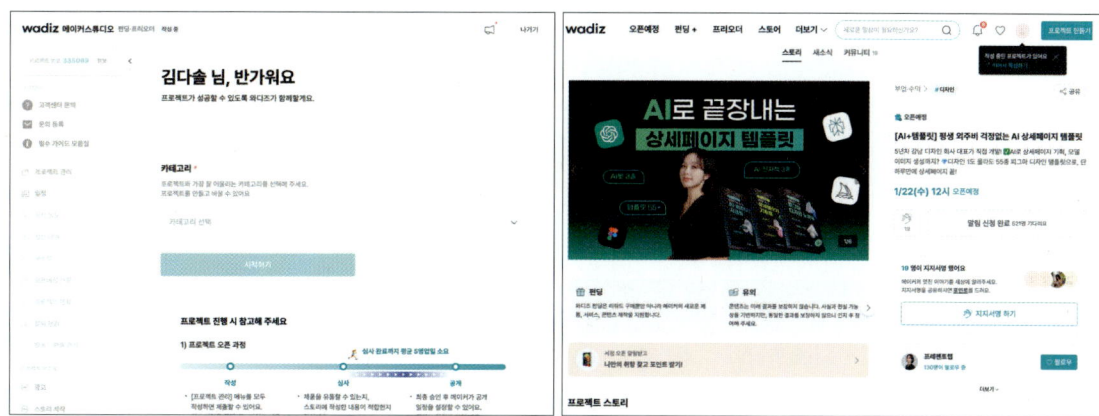

DAY 6

AI로 고객을 사로잡는 SNS 마케팅하기

서비스를 판매할 수 있는 랜딩페이지를 만들었으니 이젠 마케팅을 통해 고객을 모을 차례입니다. 고객들이 혹할만한 카피와 비주얼의 콘텐츠를 통해 '구매하기' 버튼을 누르게 유도해야 하는데요. 온라인 랜딩페이지가 '상점'이라면 우리는 전단지를 나눠주는 대신 온라인 광고와 SNS 콘텐츠를 통해 모객해야 합니다. 빠르게 바뀌는 디지털 트렌드에 맞추기 위해 기획부터 카피, 비주얼과 영상 생성까지 AI의 도움을 받아보겠습니다.

사업 초기에는 마케팅 비용이 부담스럽기 때문에 0원으로도 홍보할 수 있는 SNS 콘텐츠 마케팅 전략을 살펴보겠습니다. 스레드와 블로그를 통해 고객이 관심 있어 할 콘텐츠를 보여주고, 마지막에는 랜딩페이지로 유도하는 퍼널이죠. 그다음 우리의 잠재 고객들을 정확하게 타기팅한 인스타그램 광고를 세팅하는 법을 알아보겠습니다. 마지막으로 숏폼 영상을 활용해 SNS에서 폭발적인 바이럴을 만드는 방법까지 소개합니다. 이제 감으로 하는 마케팅이 아닌 AI를 활용해 더 똑똑하고 효과적인 SNS 마케팅을 실행할 차례입니다.

chapter 01

스레드와 블로그로
0원 고객 퍼널 만들기

상품 랜딩페이지를 구축했으므로 관심 있는 고객을 끌어 모아야 합니다. 사업 초기에는 최소 비용으로 최대 효과를 내는 마케팅 전략이 중요합니다. 이에 따라 텍스트 기반 SNS인 스레드와 블로그를 활용해 무료로 잠재 고객을 확보하는 전략을 세워보겠습니다. AI의 도움을 받아 스레드에서 후킹하는 메시지로 고객의 이목을 끌어 보겠습니다. 그리고 블로그에서 검색 엔진 최적화(SEO)에 강한 콘텐츠를 포스팅해 관심 고객을 모아봅니다.

스레드와 블로그 콘텐츠로 고객 모으는 전략

스레드와 블로그는 각각 고객의 관심을 끌고 신뢰를 쌓는 데 최적화된 도구입니다. 스레드는 짧고 임팩트 있는 메시지로 잠재 고객에게 즉각적인 반응을 유도하며 알고리즘과 해시태그를 활용해 도달 범위를 넓힐 수 있습니다. 블로그는 SEO를 통해 검색 유입을 극대화하고 심층적인 정보로 신뢰를 구축하는 데 효과적입니다. 두 채널을 조합하면 고객의 관심을 끌고 랜딩페이지로 유도하는 강력한 마케팅 퍼널을 만들 수 있습니다.

◆ 메타의 텍스트형 SNS, 스레드
(https://www.threads.net)

인스타그램 팀에서 개발한 텍스트 중심의 소셜 미디어 플랫폼 '스레드'는 트위터와 비슷한 형식의 서비스입니다. 짧은 텍스트 기반의 게시물과 실시간 소통을 중점으로 둔 SNS죠. 포스팅 당 최대 500자까지 작성 가능하며, 팔로워 수와 상관없이 알고리즘만 잘 타면 높은 노출을 기록할 수 있습니다.

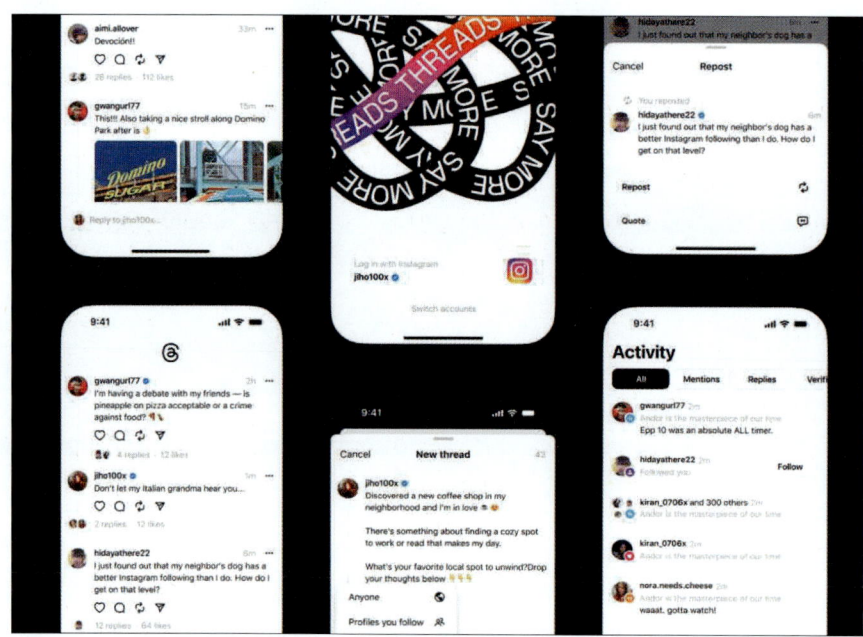

❶ **인스타그램과의 연동:** 스레드 계정은 인스타그램 계정을 기반으로 생성되어, 사용자 이름이나 프로필 사진을 연동하여 쉽게 설정할 수 있습니다. 또한, 인스타그램 팔로워를 가져와 활용할 수 있어 초기 시작이 부담스럽지 않습니다.

❷ **텍스트 중심 소통:** 한 포스팅 당 최대 500자까지 작성 할 수 있으며, 이미지, GIF 또는 동영상도 첨부할 수 있습니다. 다른 SNS 대비 콘텐츠 작성에 들어가는 에너지가 적어 SNS 마케팅의 첫 시작으로 추천합니다.

❸ **초기 유저도 높은 노출 가능:** 초반에 관심사 설정을 잘하면 타깃으로 하는 잠재 고객에게 내 게시글을 노출할 수 있습니다. 팔로워 수와 상관없이 사람들의 흥미를 끌 만한 포스팅은 널리 확산되기도 합니다.

스레드에서의 고객 퍼널 전략 세우기

스레드는 짧고 강렬한 메시지로 고객의 시선을 끌기에 최적화된 플랫폼입니다. 하지만 단순히 게시물을 올리는 것만으로는 충분하지 않죠. 고객을 랜딩페이지로 유도하려면 잘 설계된 퍼널 전략이 필요합니다.

❶ **관심 끌기**: 첫 번째 스레드는 사람들의 이목을 집중시킬 수 있는 흥미로운 질문이나 고객이 공감할만한 문제로 시작하세요. 예를 들어, "AI를 진짜로 돈 버는데 활용할 수 있을까?"처럼요.

❷ **가치 제공**: 다음 스레드에서는 고객이 문제를 해결할 수 있는 작은 팁이나 정보를 제공합니다. AI 도구를 활용한 효율적인 해결 방법을 간단히 소개하는 것이 좋습니다.

❸ **행동 유도**: 댓글에는 랜딩페이지로 이동하도록 명확한 행동 유도(Call to Action)를 포함하세요. 예를 들어, "더 많은 비법이 궁금하다면 여기서 신청하세요! [링크]"처럼 말입니다.

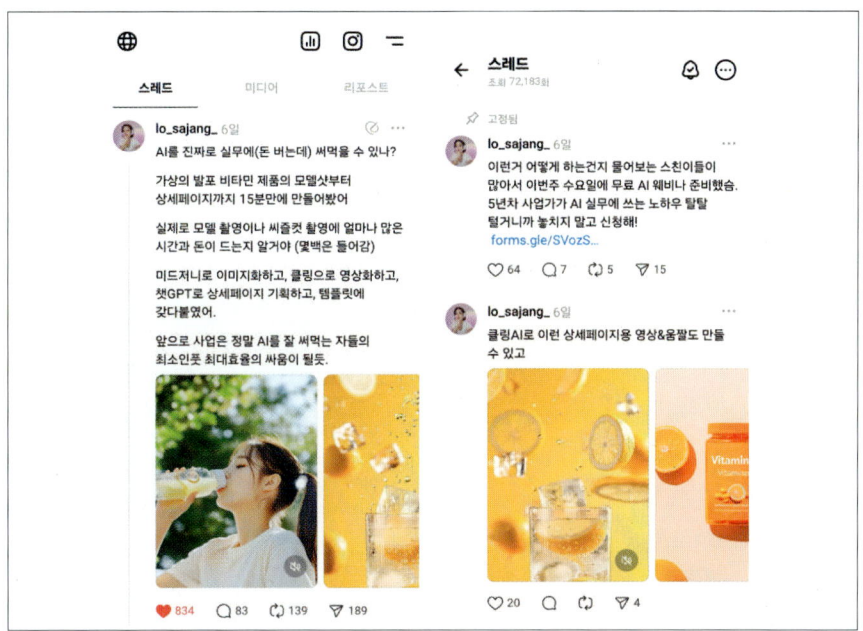

▶ AI 무료 웨비나를 홍보하기 위한 로사장 스레드 퍼널 예시. AI로 만들었던 결과물을 보여주고, 노하우를 살짝 공개한 다음에, 웨비나 신청 링크로 유도

✦ 국내 최대 포털의 SNS, 네이버 블로그 (https://blog.naver.com)

네이버 블로그는 국내 최대 포털 네이버에서 제공하는 블로그 서비스입니다. 개인 일상 공유부터 전문 정보 제공까지 다양한 콘텐츠를 게시할 수 있습니다. 검색 기반 노출이 강점으로, 콘텐츠 마케팅 및 고객 유입에 효과적입니다. 실제 구매 의향 있는 고객들이 키워드로 검색하기 때문에 구매 전환율이 높아 필수 SNS 마케팅 채널로 손꼽힙니다.

▶ '마케팅 AI', 'AI 교육' 등의 키워드로 AI에 관심있는 사람들이 유입되게 만든 로사장 블로그

▶ AI 강연 후기와 함께 마지막에 AI로 하는 4주 챌린지에 대한 홍보&링크로 CTA 설계

블로그에서의 고객 퍼널 전략 세우기

네이버 블로그는 검색 친화적 플랫폼으로, 검색을 통한 유입과 깊이 있는 콘텐츠 제공을 통해 고객을 랜딩페이지로 유도하는 데 최적화되어 있습니다. 검색 유입, 신뢰 형성, 구매 전환까지 3단계 퍼널을 살펴보겠습니다.

❶ **1단계 - 검색 유입(Awareness):** 고객이 자주 검색하는 키워드 중심으로 콘텐츠 제목과 내용을 작성해서 잠재 고객을 유입시켜야 합니다. 네이버 검색 시 상위 노출되기 위해 검색엔진 최적화(SEO) 작업은 필수입니다.

❷ **2단계 - 신뢰 형성(Consideration):** 검색을 통해 유입된 고객은 블로그 콘텐츠를 통해 신뢰를 형성합니다. 정보를 찾기 위해 유입된 고객이기 때문에 실질적인 도움이 되는 정보와 콘텐츠가 필요합니다. 이미지나 동영상을 활용해 콘텐츠 전문성을 높여야 하죠.

❸ **3단계 - 구매 전환(Conversion):** 고객이 얻을 수 있는 혜택을 명확히 명시하면서 랜딩페이지로 전환되도록 유도해야 합니다. 이 제품&서비스를 구매했을 때의 베네핏과 기대효과가 무엇일지, 혹은 놓쳤을 때의 손해가 무엇일지 강조하세요. 그다음 랜딩페이지로 가는 링크를 삽입해서 클릭하게 만들어야 합니다.

챗GPT로 후킹하는 스레드 콘텐츠 만들기

빠르게 스크롤하며 지나치는 콘텐츠 홍수 속에서 사람들이 클릭하게 만드는 콘텐츠는 '후킹'이 필요합니다. 스레드 게시물의 성공은 첫 번째 문장, 즉 후킹 멘트에 달려 있습니다. 챗GPT를 통해서 타깃 고객의 니즈를 분석해 호기심을 자극하는 후킹 멘트를 만들어보겠습니다. 또한 우리 서비스의 랜딩페이지로 모객할 수 있도록 신뢰를 주는 스레드 프로필도 완성해봅니다.

◆ 챗GPT로 스레드 계정 프로필 컨셉 잡기

스레드 포스팅을 보고 관심이 생기면 작성자의 프로필을 확인하고 신뢰도를 판단하게 됩니다. 우리 제품을 판매하기 위해 신뢰가 가는 이력과 고객들이 얻을 수 있는 베네핏이 무엇인지 명확히 명시해 주는 것이 필요하죠. 챗GPT와의 대화를 통해 우리 스레드 계정의 프로필 컨셉을 찾아가 볼게요.

Prompt 스레드에서 신뢰가는 프로필을 완성하기 위해 필요한 요소는 무엇이야?

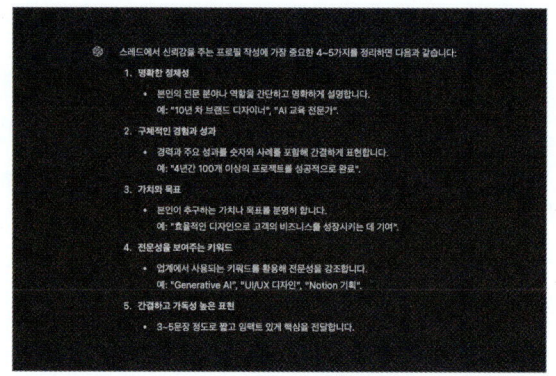

먼저, 신뢰 가는 프로필 완성을 위해 필요한 요소들을 물어보았습니다. 명확한 정체성, 구체적인 경험과 성과, 가치와 목표, 전문성 보여주는 키워드, 간결하고 가독성 높은 표현 다섯 가지를 손꼽아주었습니다. 다섯 가지 요소들을 반영해서 스레드 프로필을 작성해보겠습니다.

Prompt 위 요소를 반영해서 AI에 대한 꿀팁을 공유하는 계정 스레드 프로필을 써 줘. 그리고 4주 만에 AI로 회사 소개서를 완성하는 챌린지를 사업가, 프리랜서에게 판매하는 게 목적이야.

AI로 생산성을 높이는 꿀팁을 공유하는 계정에 대한 프로필을 써주었습니다. 여기서 우리만의 고유성과 개성을 드러내기 위해 이력 몇 가지를 추가 정보로 줘볼게요.

Prompt 닉네임은 '로사장'이고, 5년차 디자인 회사 대표란 점을 반영해서 비즈니스 노하우가 있단 걸 강조하고 싶어. 내 타깃들이 얻을 수 있는 베네핏이 명확하게 느껴지는 프로필을 몇 가지 제안해 줘.

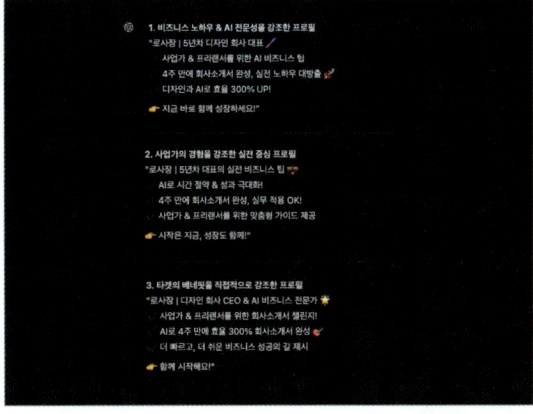

비즈니스 전문성, AI 전문성, 타깃의 베네핏 등 다양한 USP를 강조한 프로필 후보들을 제안해줬습니다. 여기서 마음에 드는 프로필 멘트를 적용해서 아래와 같은 프로필을 완성할 수 있었습니다.

챗GPT로 반응을 끌어내는 스레드 포스팅 쓰기

SNS에서 많은 사람의 반응을 얻기 위해서 각 플랫폼마다 공략 전략을 파악해야 합니다. 스레드에서 알고리즘이 터지는 게시물들의 요소들을 파악하기 위해 챗GPT에 질문해보았습니다.

Prompt 스레드에서 알고리즘 잘 타는 게시물의 공통점이 뭐야?

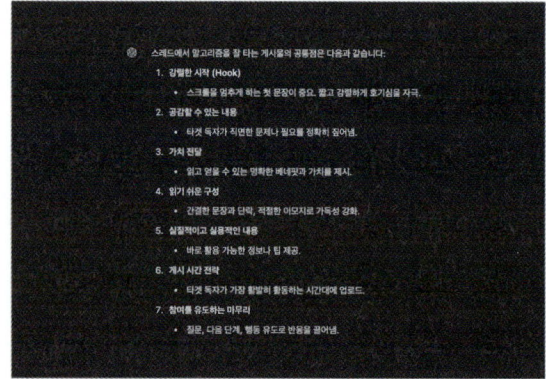

챗GPT도 마찬가지로 강렬한 후크를 강조하며 공감할 수 있는 내용, 가치 전달, 실용적인 내용을 담아야 한다고 합니다. 그렇다면 이런 요소들을 담은 소재들도 추천해달라고 하겠습니다.

Prompt AI에 관심 있는 사업가, 프리랜서들이 호기심을 가지고 클릭할 만한 후킹한 소재들을 제안해 줘. 그리고 표로 정리해 줘.

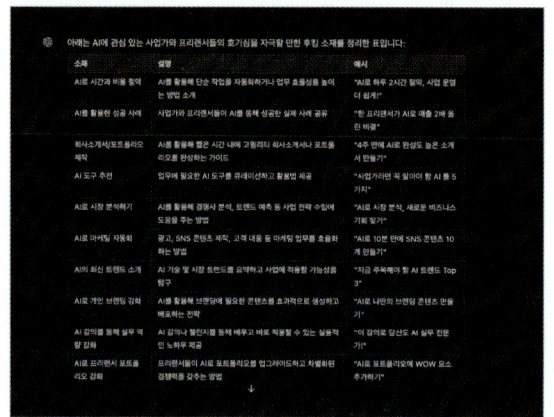

AI로 시간과 비용 절약, 성공 사례 등을 소재로 추천해줬습니다. 다만, 후킹 멘트에서 너무 드러내며 강의를 언급한다는 점이 아쉽습니다. 사람들은 대놓고 홍보로 시작하면 거부감을 갖기 때문에 홍보 내용 없는 후킹 멘트를 제안해달라고 하겠습니다.

Prompt 스레드 알고리즘이 터지기 위해, 첫 후킹 멘트에서는 강의 홍보 내용이 없어야 해. 강력한 후킹을 위한 어그로 기법을 활용해 줘.

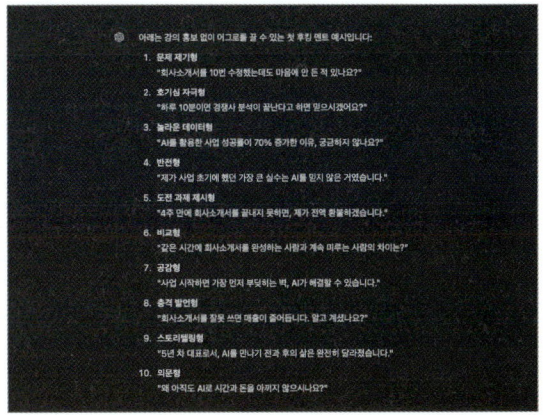

어그로 기법을 활용해달라고 하니, 좀 더 강력한 후킹 멘트를 제안해줍니다. "왜 아직도 AI로 시간과 돈을 아끼지 않으시나요?"와 같은 멘트는 사람들이 손해보기 싫어하는 성향을 자극하죠. 이런 의문형 후킹 멘트를 활용해서 한국 스레드의 반말 문화를 적용해서 콘텐츠를 만들어달라고 하겠습니다.

Prompt 후킹 멘트는 의문형으로 시작해서 스레드의 반말 모드로 게시물을 써 줘. 댓글에서 AI로 회사소개서 만들기 4주 챌린지로 링크로 CTA를 유도하는 퍼널 구조를 짜야 해.

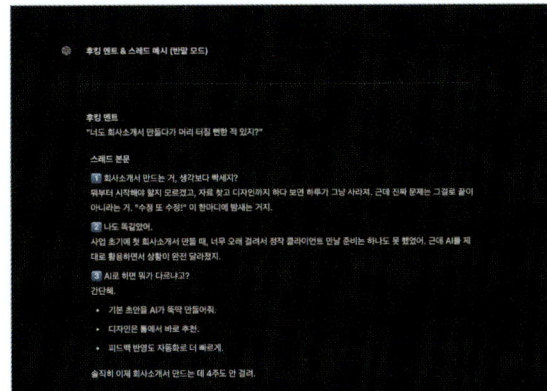
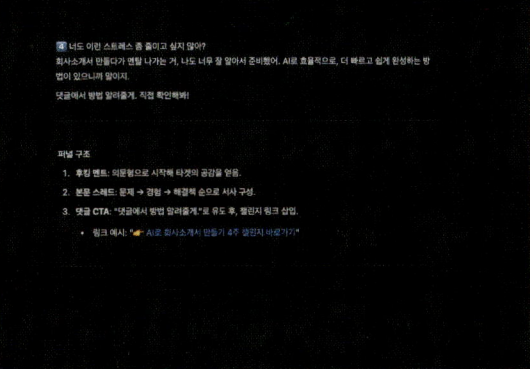

스레드의 게시물 구조부터 카피라이팅까지 짜 주었습니다. 마지막에는 댓글에 강의 신청 URL을 달아서 클릭을 유도하는 퍼널까지 설계해주었네요. 이런 식으로 챗GPT와 스레드 후킹 멘트, 소재 등을 논의해서 무료로 우리의 잠재 고객들의 눈에 띄어 보세요!

▶ 실제로 AI로 회사소개서 만들기 챌린지 모집 시, 스레드에서 AI 배우는 방법에 대한 노하우를 얘기하고 댓글에서 강의 신청 링크를 다는 구조로 바이럴 진행

판다랭크AI로 SEO 최적화된 블로그 포스팅 쓰기

블로그 포스팅이 상위 노출되기 위해서 검색엔진 최적화는 아주 중요한 열쇠입니다. 우리 타깃 고객들이 검색할 만한 키워드를 찾아내고, 해당 키워드들을 녹여내서 블로그 제목과 포스팅을 써야 하죠. 여기에 최적화된 서비스를 제공하는 국내 마케팅 플랫폼 '판다랭크'의 AI 서비스를 활용해 볼 건데요. AI를 통해서 검색 트렌드를 분석하고, 경쟁력 있는 키워드를 추천받아 블로그 포스팅을 써보겠습니다.

◆ **판다랭크로 키워드 분석하기(https://pandarank.net/content/detail)**

판다랭크(PandaRank)는 온라인 마케팅 플랫폼으로 스마트스토어, 블로그, 유튜브 등을 운영하는 사용자들에게 빅데이터를 기반으로 한 마케팅 지원 서비스를 제공합니다. 특히, 판다랭크의 '판다AI' 기능은 인공지능을 활용해 블로그 글 제목 및 초안 작성, 상품명 및 상세페이지 초안 생성 등 콘텐츠 제작을 돕습니다.

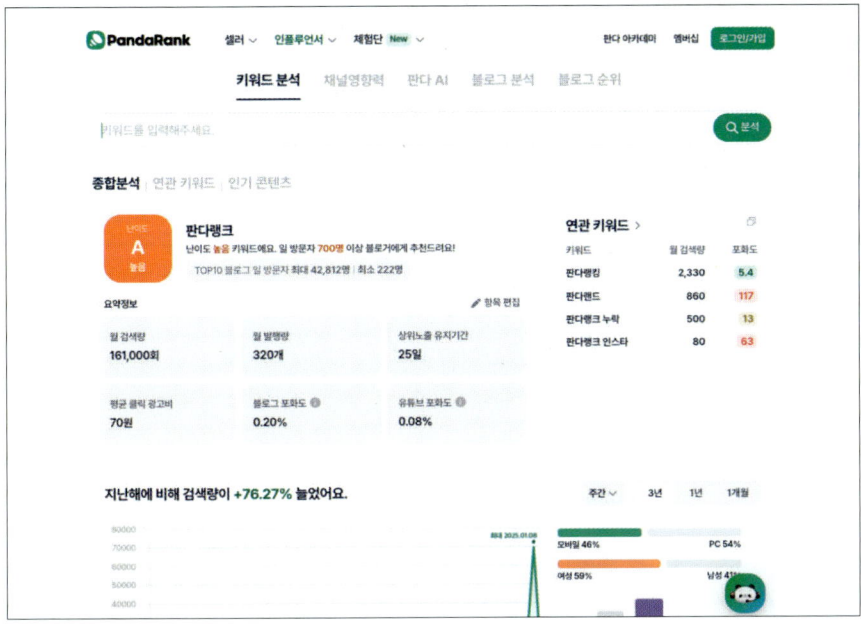

<키워드 분석> 기능을 통해서 'AI 강의'에 대한 키워드를 분석해보겠습니다. 판다랭크에 의하면 난이도는 B+ 보통 키워드로, 하루 방문자 550명 이상의 블로거에게 추천합니다. 월 검색량은 약 1,000회인데 포스팅 발행량은 12,000개로, 블로그 포화도는 1,200%에 달합니다. 초반에 블로그 이웃 수가 많지 않을수록 난이도가 낮은 키워드를 찾는 게 유리하겠죠?

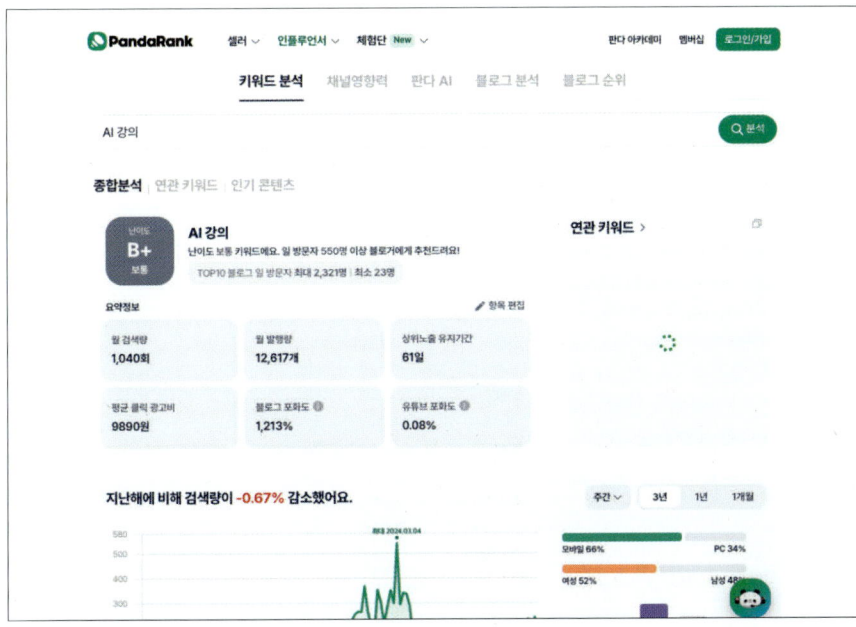

〈연관 키워드〉 탭을 클릭하면 'AI 강의'와 관련된 연관 키워드가 목록으로 정리돼 있습니다. 우리는 월 검색량은 높지만, 대비해서 월 블로그 발행량이 적은 니치한 키워드를 찾아보겠습니다.

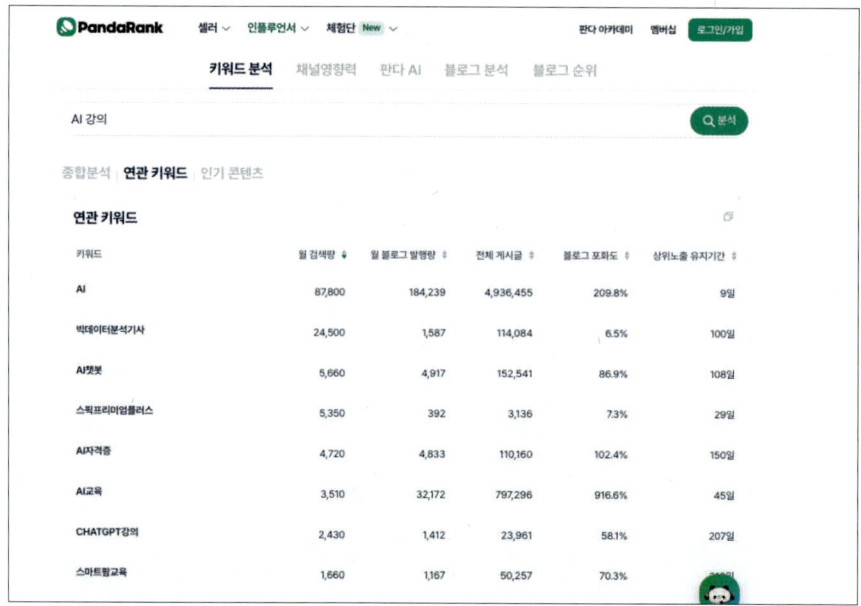

'ChatGPT 강의'를 클릭해서 키워드 종합 분석을 살펴보겠습니다. 월 검색량은 2,350회인데 블로그 월 발행량은 1,681개로, 블로그 포화도가 71%밖에 되지 않습니다. 난이도도 C 랭크로, 일 방문자 100명 이상 블로거에게 추천한다고 하네요. 초보 블로거여도 상위 노출을 도전하기 좋은 키워드로 보입니다.

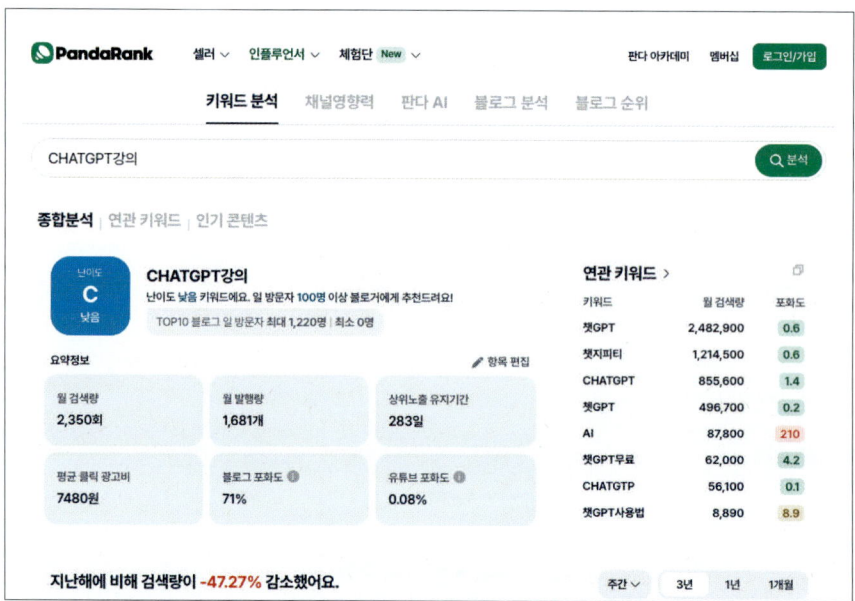

◆ 판다 AI로 최적화된 키워드를 포함한 검색엔진 포스팅 쓰기

키워드들을 파악했으니 판다 AI 기능을 활용해서 블로그 제목과 글 쓰기를 하겠습니다. 메뉴 중에 〈판다 AI〉를 클릭하면 블로그 글쓰기, 블로그 글 제목, 스크립트 작성 등 다양한 메뉴들이 나옵니다. 실제 블로그 빅데이터 기반으로 상위 노출이 잘 되는 글을 AI가 작성해줍니다. 무료 유저 일 사용 횟수 세 번이 주어집니다.

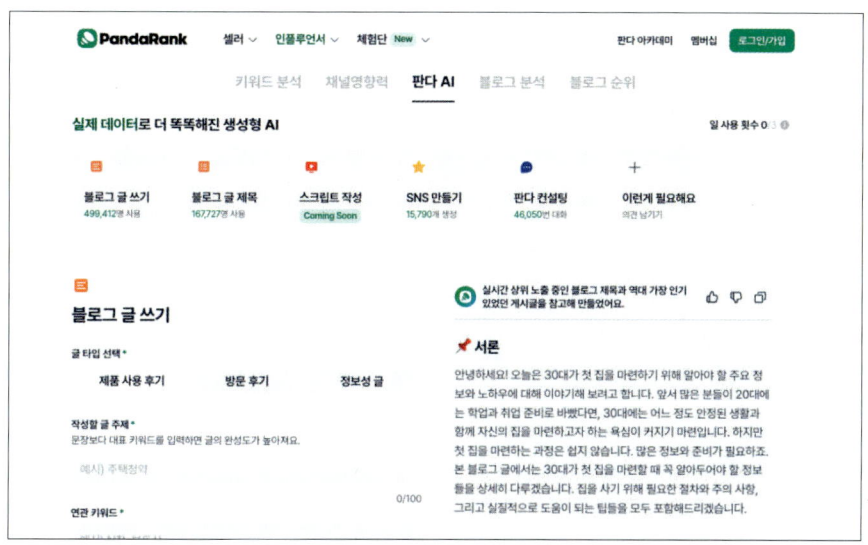

먼저, 〈블로그 글 제목〉 메뉴를 클릭합니다. 작성할 글의 주제와 연관 키워드, 타깃 연령과 성별을 선택하면 블로그 제목을 추천해줍니다. 실시간 상위 노출 중인 블로그 제목과 역대 가장 인기 있었던 게시글을 참고해서 제안해준다고 합니다.

키워드에 'AI 강의', '챗GPT 강의', '회사소개서 만들기' 등의 키워드를 넣었습니다. 연관 키워드로는 '챗GPT', '미드저니' 등 다양한 생성형 AI 툴들도 넣어봤는데요. 타깃 연령대와 성별은 전체로 설정하고 <생성> 버튼을 클릭하겠습니다. 키워드를 분석한 뒤, 'AI로 완성도 높은 회사소개서 만드는 법' 등 다양한 블로그 제목들을 추천해주네요.

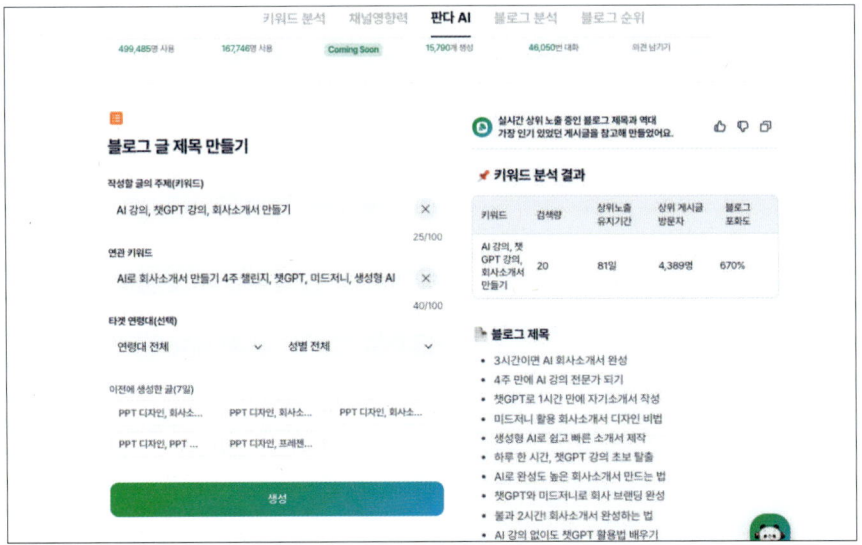

이번에는 메뉴에서 <블로그 글 쓰기>를 클릭한 후 키워드를 설정합니다. 제품 사용 후기, 방문 후기, 정보성과 같이 글 타입은 세 가지입니다. '정보성 글'로 설정한 뒤, 방금 추천받은 키워드들을 입력합니다. 글과 관련된 이미지를 첨부하면 포스팅의 완성도가 높아진다고 합니다. 모두 입력하고 <생성>을 누르면 서론, 본론, 결론으로 이루어진 포스팅을 써줍니다.

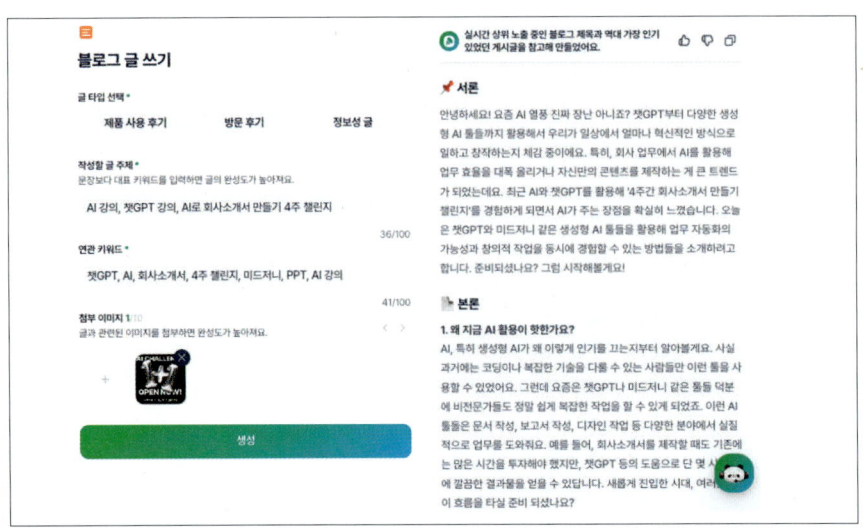

판다랭크는 국내 서비스인 만큼 자연스러운 네이버 블로그 포스팅을 만들어줍니다. AI가 작성한 글을 토대로 우리 서비스만의 USP나 매력 포인트를 더하면 훨씬 완성도 높은 포스팅이 되겠죠?

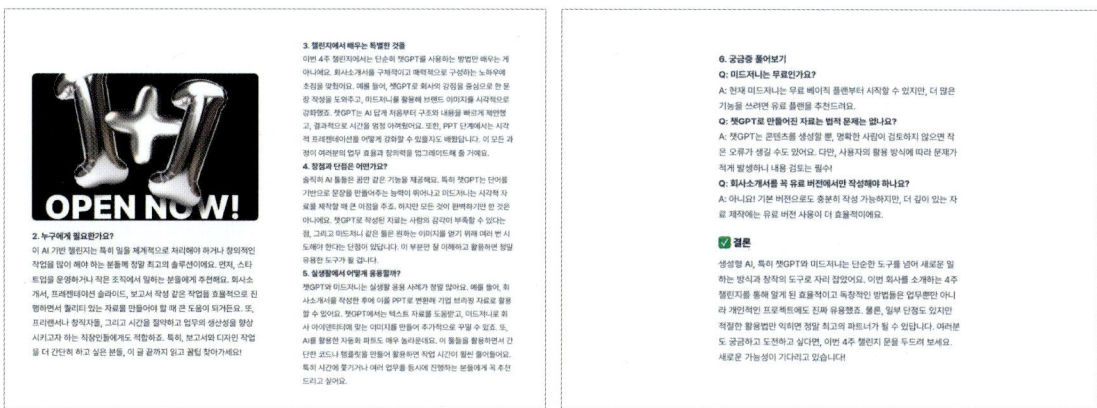

판다랭크를 활용해 경쟁력 있는 키워드를 찾아 블로그 포스팅을 작성하면 상위 노출될 확률이 높아집니다. 실제로 AI 강의를 홍보할 때, AI 웨비나 후기로 시작해 마지막에는 강의 랜딩페이지로 연결하는 CTA를 배치해 퍼널을 구축한 사례도 있죠.

chapter 02

타깃 맞춤형 인스타그램 광고 세팅하기

아무리 좋은 상품을 만들어도 고객이 상품의 존재를 모르면 무용지물이죠. 따라서 타깃 고객에게 노출되는 효과적인 광고 전략은 필수입니다. 인스타그램은 전 세계 10억 명 이상의 사용자를 보유한 광고 플랫폼으로, 비즈니스 규모와 관계없이 원하는 타깃에게 효과적으로 도달할 수 있는 최고의 채널입니다. 특히 인스타그램 광고는 정교한 타기팅 기능을 제공해 단순한 브랜드 노출을 넘어 실질적인 구매 전환까지 유도할 수 있습니다. AI를 활용한 광고 소재 기획 방법과 다양한 디자인 플랫폼을 이용해 광고 소재 제작 및 집행하는 방법을 살펴보겠습니다.

매출을 높일 수 있는 인스타그램 광고 서비스

인스타그램은 비주얼 중심의 소셜 미디어로, 고퀄리티 이미지와 감각적인 콘텐츠가 고객의 관심을 끌고 브랜드 메시지를 전달하는 데 중요한 역할을 합니다. 인스타그램 광고를 활용하면 적은 비용으로도 정교한 타기팅이 가능해 연령, 지역, 관심사 등 세부 데이터를 기반으로 잠재 고객에게 광고를 효율적으로 노출할 수 있습니다.

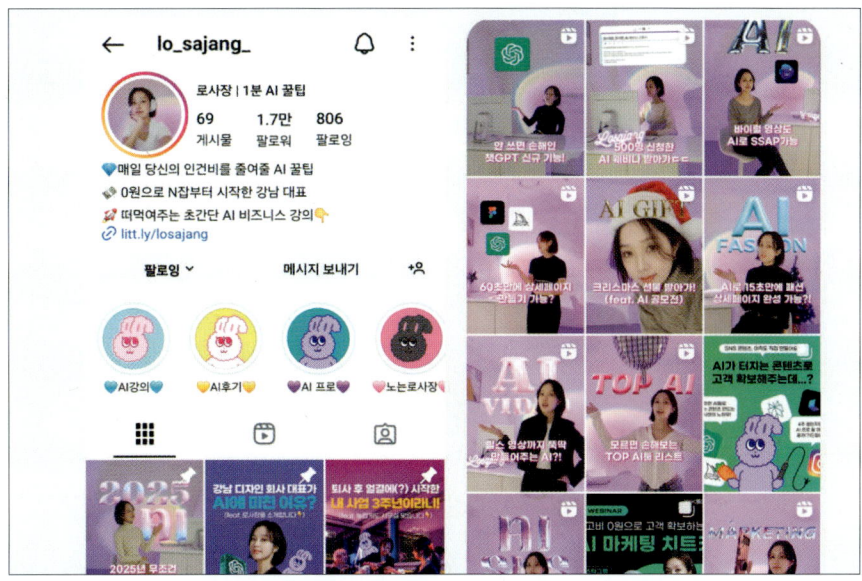

❶ **높은 사용률과 다양한 사용자층**: 전 세계적으로 수억 명의 사용자가 매일 인스타그램을 사용하며, 다양한 연령대와 관심사를 가진 사용자들이 플랫폼에 몰려 있습니다. 이를 통해 브랜드는 특정 타깃 그룹에 도달하기 쉽습니다.

❷ **정교한 타기팅 기능**: 인스타그램은 페이스북과 같은 모회사 메타의 데이터를 활용해 사용자 행동, 관심사, 인구통계학적 정보를 기반으로 세밀한 타기팅이 가능합니다. 정교한 타기팅 덕분에 적은 광고 예산으로 효과적인 광고 캠페인을 운영할 수 있습니다.

❸ **시각적 중심의 플랫폼**: 인스타그램은 사진과 동영상 기반의 시각적인 콘텐츠를 중심으로 하는 플랫폼입니다. 시각적으로 매력적인 광고는 사용자의 관심을 더 쉽게 끌 수 있으며, 브랜드 메시지를 직관적으로 전달할 수 있습니다.

✛ 인스타그램 콘텐츠 종류별 특징 파악하기

인스타그램에 올릴 수 있는 콘텐츠의 종류는 크게 세 가지입니다. 게시물이 올라가는 피드, 숏폼 영상을 올리는 릴스, 24시간만 보여지는 스토리인데요. 각각 콘텐츠의 특징을 잘 활용한 콘텐츠를 통해서 내 서비스를 효과적으로 홍보할 수 있게 됩니다.

피드

인스타그램 피드(Feed)는 이미지, 광고, 카드뉴스 등 다양한 게시물이 한눈에 보여지는 공간입니다. 정사각형 혹은 세로형 등 다양한 크기의 사진이나 영상을 게시할 수 있으며, 꾸준히 게시물이 쌓이면서 하나의 포트폴리오처럼 활용됩니다. 피드에 올린 게시물을 인스타그램 광고로 게재할 수도 있습니다.

릴스

릴스(Reels)는 짧고 임팩트 있는 숏폼 영상들을 게시할 수 있는 기능으로, 90초 내의 짧은 영상 콘텐츠가 주를 이룹니다. 음악, 효과, 자막 등을 추가해 트렌디하고 재미있는 콘텐츠를 만들기에 적합합니다. 인스타그램의 알고리즘 덕분에 릴스로 팔로워가 아닌 사용자들에게도 쉽게 노출될 수 있습니다.

스토리

스토리(Story)는 24시간 동안만 노출되는 사진과 영상 콘텐츠로 인스타그램 상단에 표시됩니다. 사라지는 특성 때문에 사용자에게 신선한 느낌을 주며 빠르게 제작해 실시간 소통 도구로 활용하기 좋습니다. 설문조사, 퀴즈, 질문, 링크 삽입 등 다양한 인터랙션 기능을 제공해 사용자 참여를 유도합니다.

✦ 인스타그램에서 타기팅 광고 세팅하는 방법

인스타그램 광고는 하루 커피값으로도 충분히 운영할 수 있다는 장점이 있습니다. 인스타그램 광고 가이드에 위반되지만 않는다면 누구나 소액으로 타기팅 광고를 돌릴 수가 있죠. 광고를 세팅하는 방법을 차근차근 살펴볼까요?

❶ 먼저 인스타그램 계정이 '프로페셔널 계정'이어야만 광고를 운영할 수 있습니다. ❶ 개인 계정이라면 내 인스타그램 계정에 들어가서〈프로필 편집〉을 클릭한 다음, ❷〈프로페셔널 계정으로 전환〉을 눌러 전환합니다.

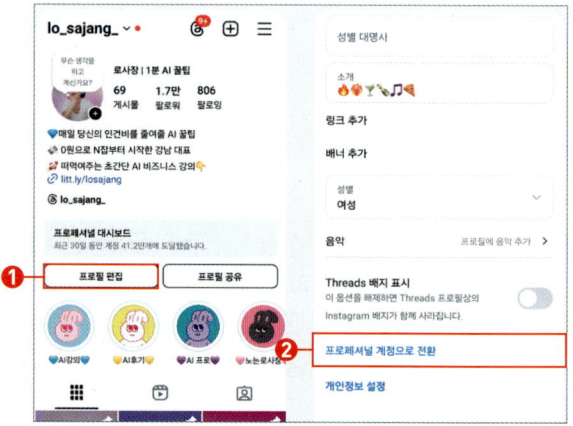

❷ 프로페셔널 계정으로 전환하면 게시물에〈게시물 홍보하기〉버튼이 나타납니다. 광고하고 싶은 게시물의〈게시물 홍보하기〉버튼을 클릭한 후 광고를 본 사람들을 유도할 행동을 선택합니다. 이 게시물을 보고 사람들이 클릭했을 때 우리 상품의 랜딩페이지로 연결되도록 '웹사이트 방문'으로 설정하겠습니다.

❸ 광고를 표시할 대상인 타깃을 설정합니다. 우리 팔로워와 비슷한 사람들에게 노출되는 〈추천 타깃〉 설정을 선택하면 자동으로 타깃 설정이 됩니다. 여기서 〈직접 지정〉 옵션을 선택하면 타깃의 위치, 최소 연령, 관심사 키워드 등을 직접 설정할 수 있습니다.

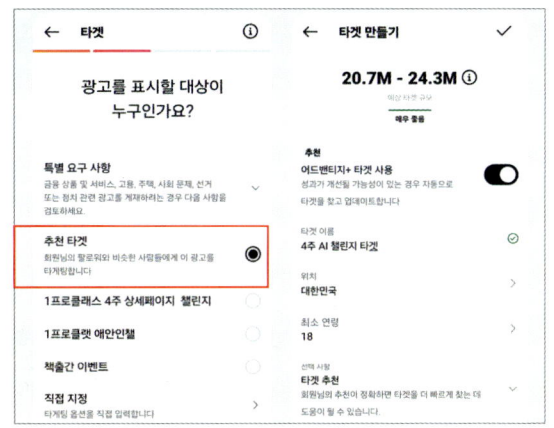

❹ '4주 AI 챌린지 타깃'이라는 그룹의 타깃을 직접 설정해봤습니다. 타깃 설정 후에는 예산 및 기간을 세팅할 수 있는데, 최소 일일 예산은 $5부터 시작합니다. 처음에는 광고 효율을 보기 위해 최저 금액으로 맞춰서 테스트해보는 것도 방법입니다. 원하는 광고 노출 기간까지 설정하고 넘어가겠습니다.

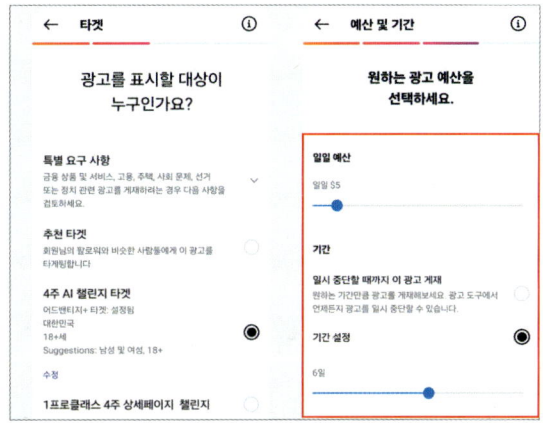

❺ 마지막으로 광고가 원하는 대로 설정됐는지 확인해보겠습니다.
❶ 〈광고 미리 보기〉를 클릭하면 피드나 스토리에서 광고가 어떻게 보여질지 미리 보기를 할 수 있습니다. ❷ 목표, 타깃, 예산 및 기간을 확인한 다음 결제 수단까지 추가하고 ❸ 〈게시물 홍보〉 버튼을 클릭합니다. 그럼, 인스타그램에서 광고 소재가 가이드를 위반하진 않는지 검토한 후에 광고를 라이브시킵니다.

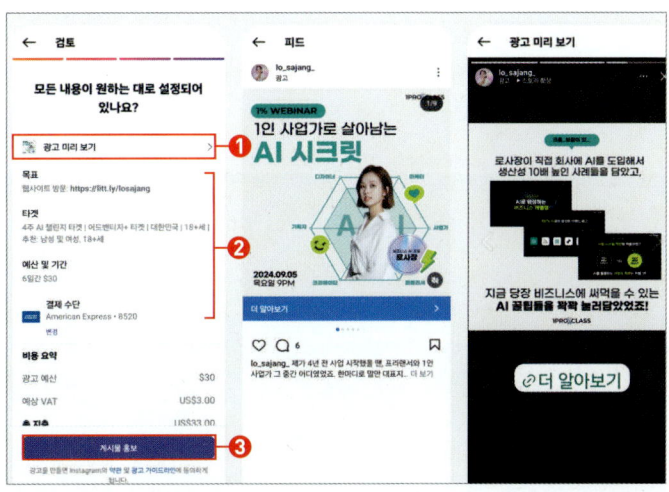

챗GPT & 미드저니로 광고 소재 비주얼화하기

광고의 핵심은 강력한 메시지와 시선을 사로잡는 비주얼의 결합입니다. 하지만 매력적인 광고 카피를 만들고, 고퀄리티 이미지를 제작하는 과정은 많은 시간과 비용이 들죠. 이제 챗GPT로 광고 기획을, 미드저니로 이미지 생성을 자동화하면 누구나 빠르고 효과적인 광고 콘텐츠를 만들 수 있습니다.

◆ 챗GPT로 인스타그램 타기팅 광고 소재 아이데이션하기

성공적인 인스타그램 광고 소재를 위한 필수 조건들이 무엇인지 알아봅니다. 챗GPT에 광고 소재를 위한 체크리스트를 요청하겠습니다.

Prompt 고객들을 후킹하기 위해서 인스타그램 광고 소재에 필요한 중요한 요소들이 뭐야? 체크리스트 표로 정리해 줘.

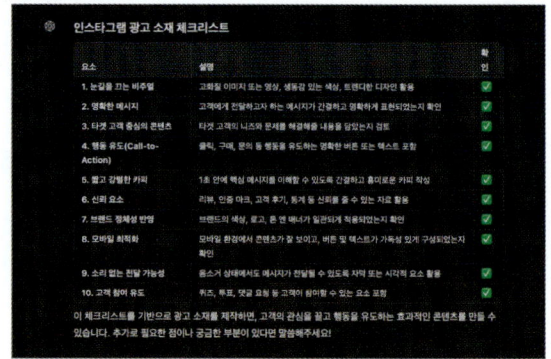

눈길 끄는 비주얼, 명확한 메시지, 행동 유도, 짧고 강렬한 카피 등 열 가지 체크리스트를 추천받았습니다. 체크리스트에 기반해서 광고 소재를 만들어볼게요. 챗GPT에 우리가 팔고자 하는 상품이 무엇인지 설명해주겠습니다.

Prompt 'AI로 회사소개서 만들기 4주 챌린지'에 대한 인스타그램 광고 소재를 만들어야 해. 한 장의 이미지로 고객들이 클릭하게 만드는 광고 소재를 위한 비주얼, 카피, 캡션을 제안해 줘.

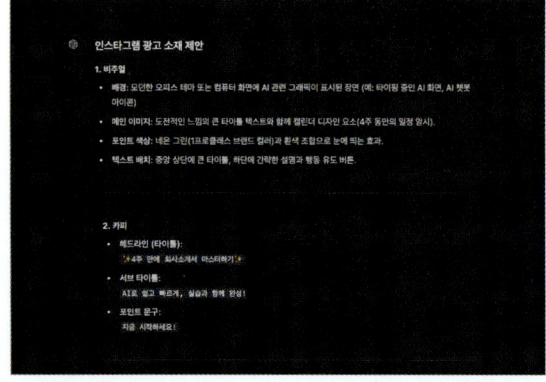
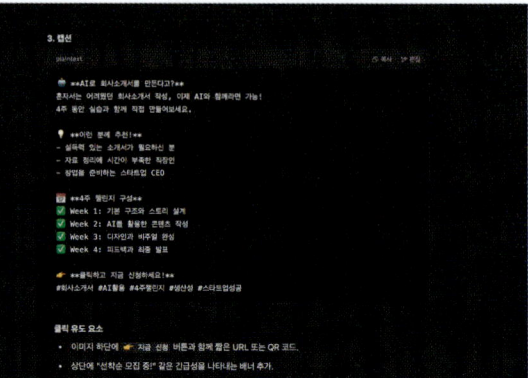

챗GPT가 광고 비주얼부터 카피, 캡션, 클릭 유도 요소들을 제안해주었습니다. 모던한 오피스 테마나 컴퓨터 화면을 메인 비주얼로 추천해주었네요.

Prompt 광고 소재 비주얼들을 여러 개 추천해주고, 가장 클릭률이 높을 것 같은 이미지 소재를 뽑아 줘.

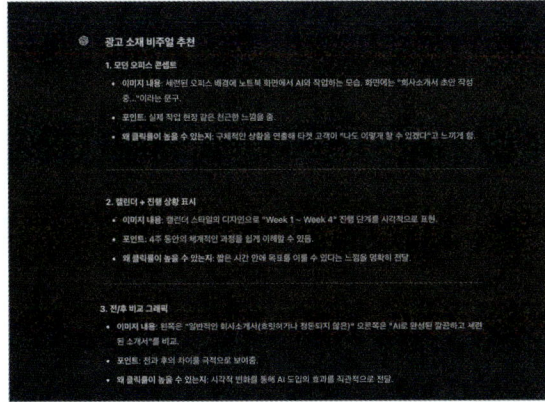 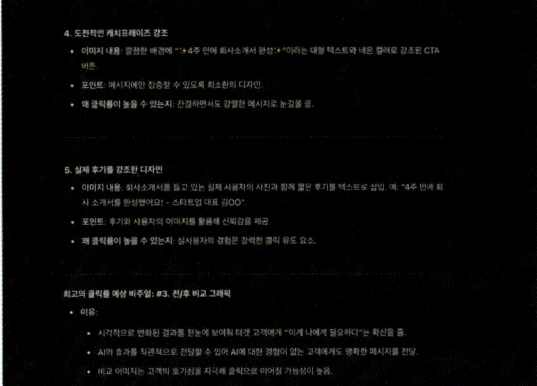

챗GPT가 다양한 비주얼 컨셉을 추천했는데요. 이중에서 가장 마음에 드는 비주얼을 미드저니로 이미지화해서 광고 소재로 활용해보겠습니다.

◆ 미드저니로 광고 소재 이미지 생성하기

AI 강의를 홍보하기 위해 노트북으로 일하는 한국인 여성 모델 이미지를 생성해 보겠습니다. 여기서 AI 기술의 혁신적이고 선도적인 느낌을 주기 위해 그라데이션 색상과 홀로그램 요소를 반영해봅니다. 먼저, 챗GPT에 구체적인 미드저니 프롬프트를 생성해달라고 요청하겠습니다.

Prompt 한국인 여성이 그라데이션 배경을 바탕으로 노트북을 하고 있고, 주변에는 AI 홀로그램이 떠다니는 심플한 이미지를 미드저니 프롬프트로 써 줘.

Chat GPT A realistic image of a Korean woman working on a laptop against a smooth gradient background with soft transitions of pastel colors. Floating around her are minimalist, futuristic AI holographic interfaces displaying data and graphics, glowing subtly in neon tones. The composition is clean and simple, with a focus on the woman and the holographic elements. Ultra-realistic, cinematic quality, no text.

> **해석** 파스텔 색상의 그라데이션 배경 앞에서 노트북으로 일하고 있는 한국인 여성. 그녀의 주변에는 데이터와 그래픽을 표시하는 최소한의 미래적인 AI 홀로그래픽 인터페이스가 네온 톤으로 은은하게 빛나며 떠다님. 심플하고 깔끔한 구성으로 여성과 홀로그래픽 요소에 초점. 울트라 리얼리스틱, 시네마틱 퀄리티, 텍스트 없음.

❶ 챗GPT가 제안한 미드저니 프롬프트를 그대로 복사하고 미드저니 웹사이트로 가보겠습니다. ❶ 입력창에 프롬프트를 붙여넣고, ❷ 이미지 사이즈 비율을 3:4로 설정했습니다. 〈Enter〉를 누르면 이미지 4장이 생성됩니다.

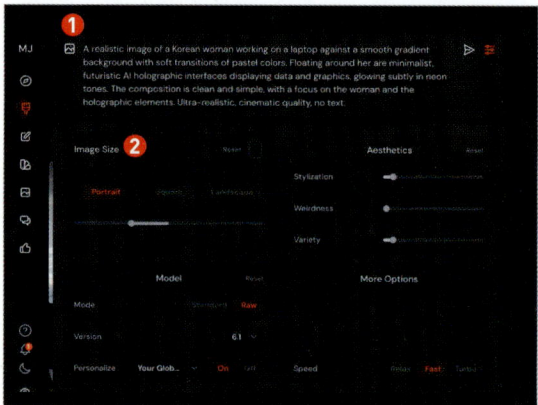

❷ 세 번째 이미지의 색감이나 구도, 모델이 마음에 듭니다. ❶ 마음에 드는 이미지를 선택하고, ❷ [Vary]의 〈Strong〉 버튼을 클릭해서 네 가지 배리에이션 이미지도 추가 생성하겠습니다.

❸ ❶ 최종적으로 마음에 드는 이미지를 선택해보겠습니다. ❷ [Upscale]의 〈Subtle〉을 클릭해서 이미지 화질을 높여봅니다. 그리고 오른쪽 상단의 다운로드 아이콘을 눌러서 최종 이미지를 다운로드합니다.

 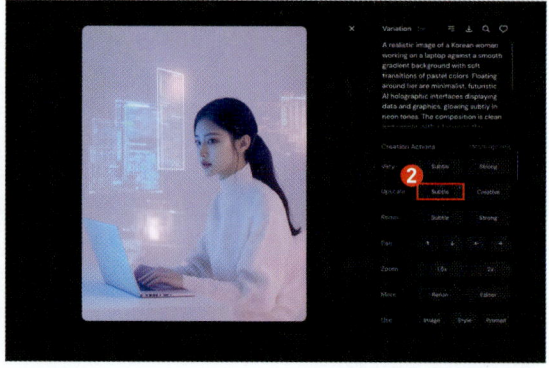

❹ PPT, 포토샵 혹은 피그마와 같은 디자인 프로그램을 활용해서 텍스트를 얹어주면 광고 소재 완성입니다.

디자인 플랫폼으로 완성도 높은 광고 제작하기

인스타그램 광고에서 중요한 것은 수많은 광고 중 시선을 사로잡는 광고 이미지입니다. 예전에는 이런 작업을 전문 디자이너에게 맡겨야 했지만, 이제는 캔바나 미리캔버스 같은 디자인 플랫폼 덕분에 누구나 쉽게 할 수 있습니다. 간단한 드래그 앤 드롭 방식으로 다양한 템플릿과 디자인 요소를 활용할 수 있어서 디자인 경험이 없는 사람도 완성도 높은 결과물을 만들 수 있습니다.

✚ 저작권 걱정 없는 60만 개 디자인 템플릿, 캔바(https://www.canva.com)

캔바(Canva)는 호주에서 개발된 글로벌 온라인 디자인 플랫폼으로, 직관적인 드래그 앤 드롭 인터페이스를 통해 초보자도 쉽게 전문적인 디자인을 제작할 수 있습니다. 다양한 템플릿과 방대한 디자인 요소를 제공해 소셜 미디어 콘텐츠, 프레젠테이션, 포스터 등 여러 작업에 활용할 수 있으며, 가입 후 일주일은 무료로 프로 구독제를 체

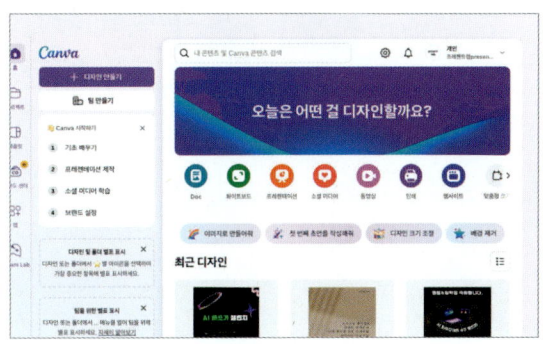

험할 수 있습니다.

① ❶ 캔바 웹사이트에 접속해서 템플릿 카테고리 중 '소셜 미디어'를 클릭해보겠습니다. 소셜 미디어 중에서도 다양한 서비스들이 나타나는데요. 우리는 〈Instagram〉을 선택하겠습니다. 인스타그램 게시물, 스토리, 릴스 등 다양한 포맷의 템플릿 중 ❷ '인스타그램 게시물'을 클릭합니다.

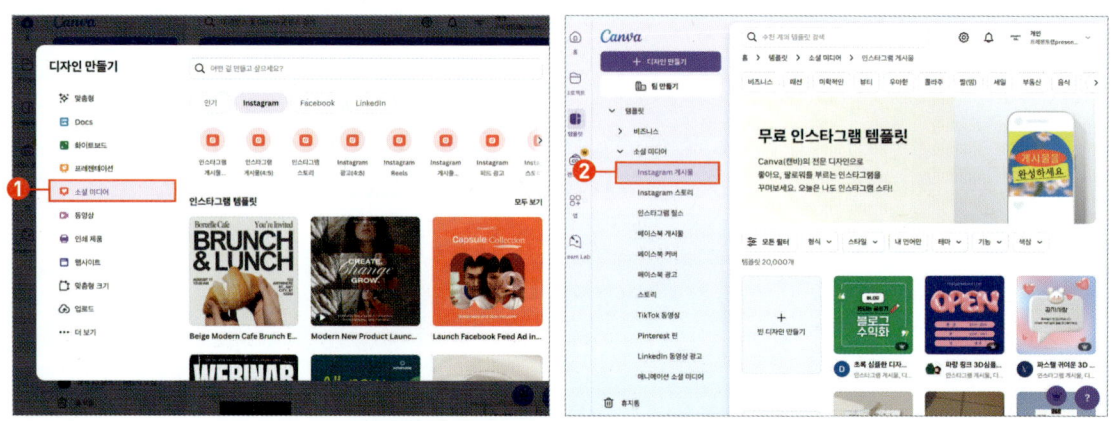

② 우리가 활용할 수 있는 다양한 템플릿들이 나타납니다. ❶ 검색창에서 'AI'라고 입력한 다음 ❷ 〈카테고리〉 필터를 클릭해서 ❸ '인스타그램 게시물'로 설정합니다. AI 관련된 다양한 인스타그램 포스팅 템플릿들이 나오면 ❹ 가장 마음에 드는 디자인을 선택합니다.

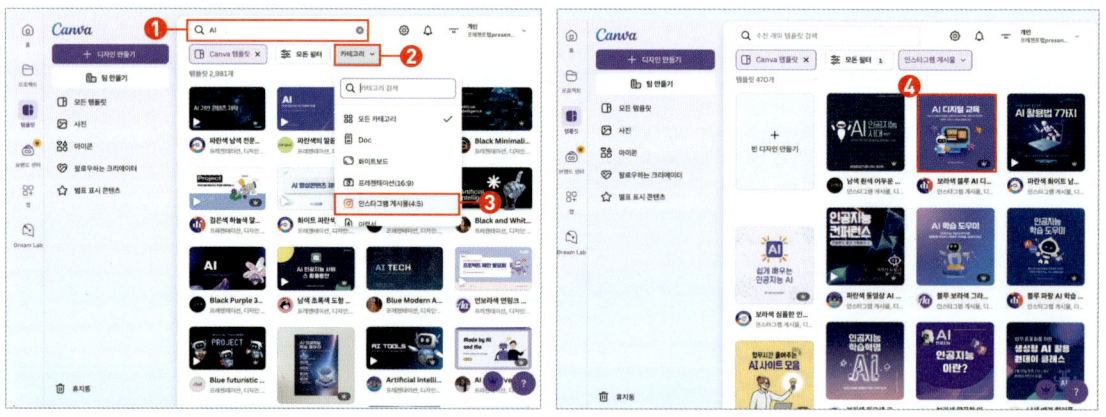

③ ❶ 선택한 템플릿 디자인의 팝업이 나타나면 〈이 템플릿 맞춤 편집하기〉 버튼을 클릭합니다. ❷ 편집 모드에 들어가면 텍스트 박스를 선택해서 내가 원하는 광고 카피로 수정할 수 있습니다. 여기서는 'AI로 완성하는 4주 챌린지' 내용에 맞게 텍스트를 수정하겠습니다.

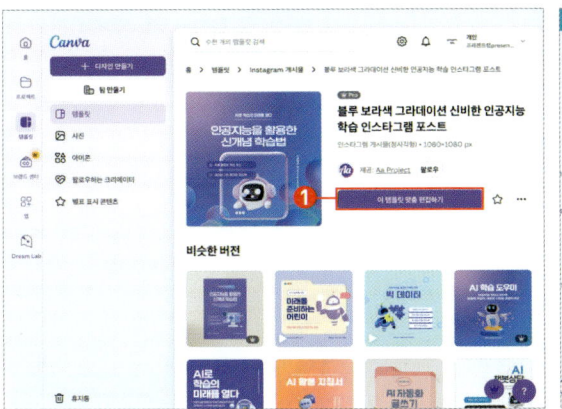
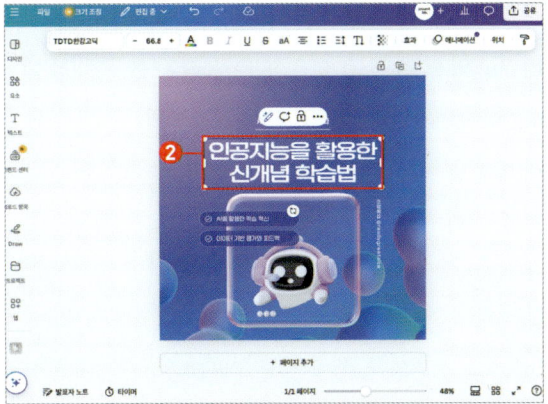

④ 내용을 맞춤형으로 모두 바꿨다면 ① 오른쪽 상단의 〈공유〉 버튼을 클릭하고 ② 〈다운로드〉 옵션을 선택합니다. 다운로드 설정창에서 ③ 이미지 포맷을 'PNG'로 선택하고 ④ 〈다운로드〉 버튼을 클릭합니다.

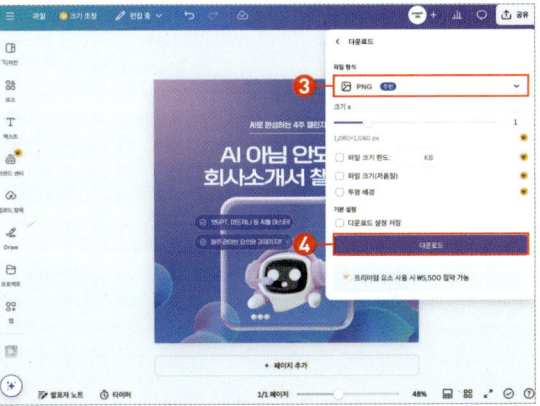

간단하게 트렌디한 3D 일러스트와 그라데이션이 들어간 광고 소재 디자인을 완성했습니다.

◆ AI까지 탑재한 디자인 플랫폼, 미리캔버스(https://www.miricanvas.com)

미리캔버스는 한국에서 개발된 디자인 플랫폼으로, 한국어에 최적화된 인터페이스와 국내 사용자에게 친숙한 템플릿을 제공합니다. 픽사베이와 연동돼 무료 이미지를 쉽게 활용할 수 있고, AI 기능을 적극적으로 도입하고 있습니다. SNS 콘텐츠뿐만 아니라 상세페이지, 프레젠테이션 등 다양한 템플릿을 제공하고 있죠. 무료 유저들이 사용할 수 있는 기본 템플릿과, 유료 유저들을 위한 프로 템플릿들이 구분돼 있습니다.

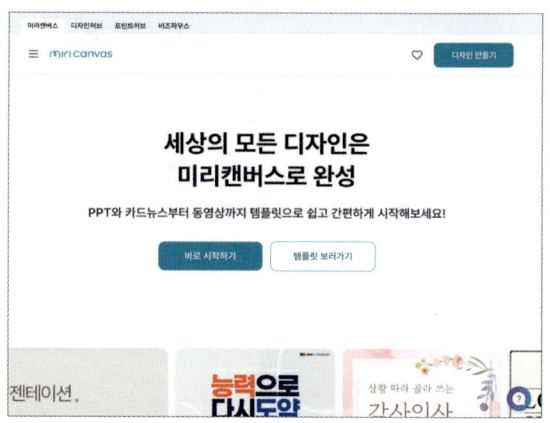

> **TIP**
> 픽사베이(Pixabay)는 고품질 퍼블릭 도메인의 무료공개 사진, 일러스트레이션, 벡터 그래픽 및 동영상의 필름 영상을 무료로 공유 서비스하는 웹사이트입니다(https://pixabay.com/).

❶ 미리캔버스 웹사이트에 접속해서 〈템플릿 보러가기〉 메뉴를 클릭하면 다양한 템플릿 타입이 나옵니다. 이중에서 '소셜 미디어 정사각형'을 선택하면 여러 가지 디자인들이 표시됩니다.

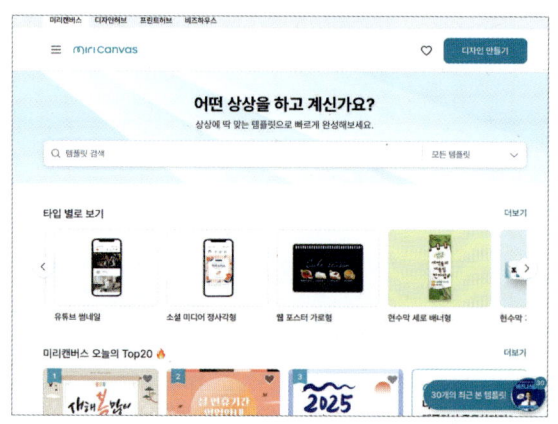
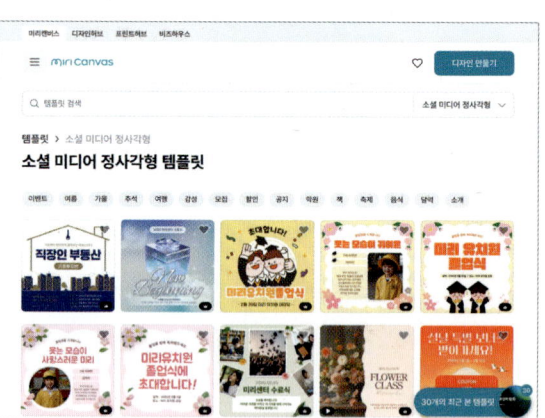

❷ ❶ 검색창에 '강의'라는 키워드를 검색해서 관련된 SNS 게시물 형태 템플릿들을 모아볼게요. ❷ 강사의 사진이 들어간 비비드한 배경의 디자인 템플릿을 선택해보겠습니다. 〈이 템플릿 사용하기〉 버튼을 클릭해서 편집 모드로 들어갑니다.

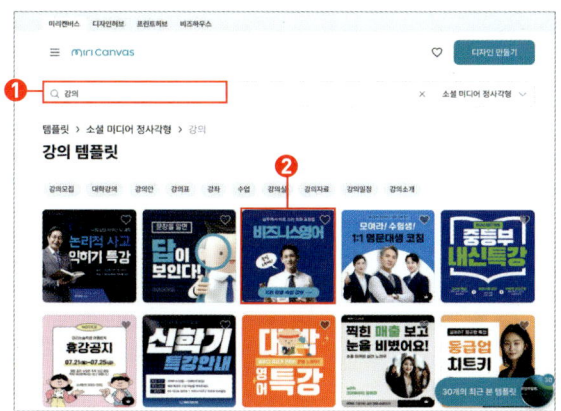

❸ 템플릿의 편집 모드에 들어가면 템플릿의 컬러 테마를 마음대로 바꾸거나 원하는 이미지도 업로드할 수 있습니다. ❶ 왼쪽에서 [업로드] 메뉴를 선택하고 ❷ 직접 강사 프로필 이미지를 업로드하겠습니다. ❸ 불러온 이미지를 디자인에 추가하고, 광고 카피들도 수정합니다.

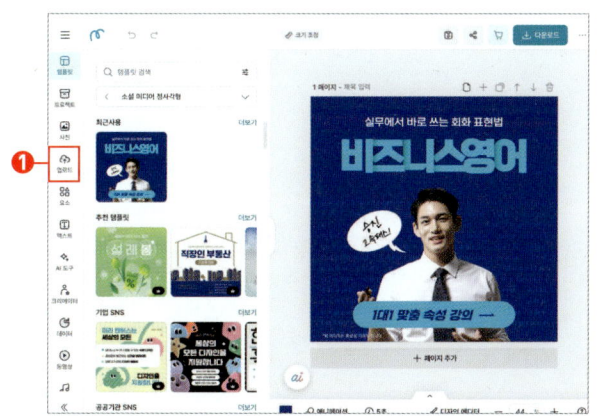
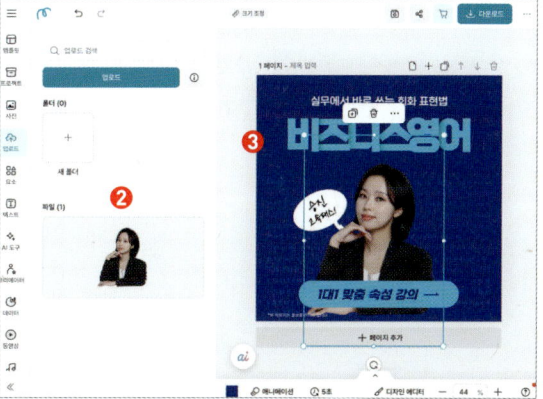

❹ 최종 편집이 끝나면 ❶ 오른쪽 상단의 〈다운로드〉 버튼을 클릭합니다. ❷ 파일 형식은 'PNG'로 선택하고 ❸ 〈고해상도 다운로드〉를 선택하면 고화질로 다운로드할 수 있습니다.

❺ 이렇게 간단하게 강사 이미지를 넣은 강의 신청 배너 디자인이 완성됐습니다. 이런 디자인 플랫폼들을 활용해 손쉽게 광고 콘텐츠를 제작하고, 인스타그램에서 타깃 광고를 돌려 모객을 시작해보세요!

chapter 03
SNS 대세, 숏폼 영상으로 바이럴 마케팅하기

디지털 마케팅에서 브랜드의 성공은 얼마나 빠르게 브랜드 파워가 확산되느냐에 달려 있습니다. 단순한 광고로는 소비자의 관심을 끌기 어려운 시대, 이제 바이럴 마케팅을 통해 자연스럽게 공유되고 확산되는 콘텐츠가 필수가 됐죠. 특히 '숏폼 영상(Short-form video)'은 빠르게 확산될 수 있는 큰 장점이 있습니다. 다양한 숏폼 SNS 플랫폼을 활용해 더 많은 사람에게 짧은 시간에 도달하고 높은 참여도를 이끌어낼 수 있습니다. AI로 숏폼 영상을 기획하고, 영상 생성부터 마케팅 자동화까지 하는 방법을 알아보겠습니다.

바이럴의 필수, 숏폼 영상 콘텐츠의 대세

디지털 콘텐츠의 흐름이 빠르게 변하면서 긴 영상보다 15~60초 이내의 짧고 강렬한 숏폼(Short-form video) 영상이 대세입니다. 틱톡, 유튜브 쇼츠, 인스타그램 릴스와 같은 짧은 영상 콘텐츠가 SNS를 장악하면서 브랜드와 제품을 알리는 방식도 달라졌습니다. 짧은 시간 안에 강렬한 인상을 남기고, 빠르게 퍼져나가는 숏폼 영상은 바이럴 마케팅의 핵심이 됐죠.

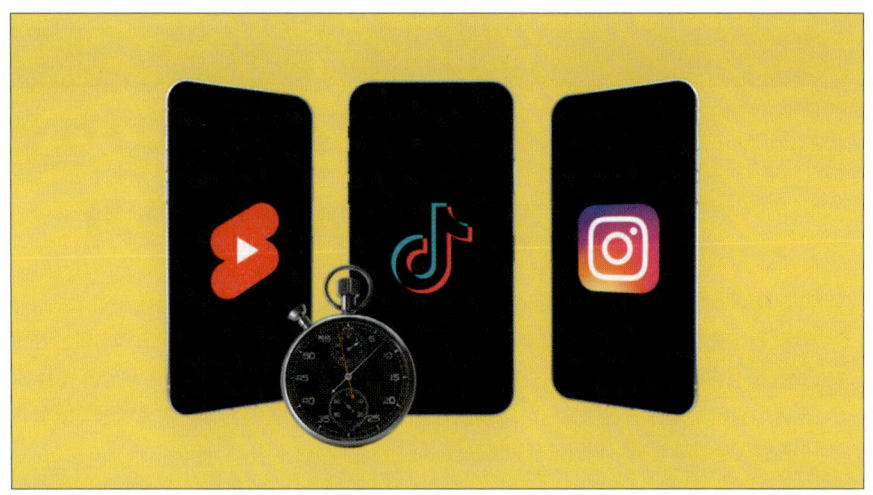

❶ **빠른 확산력:** 알고리즘이 새로운 콘텐츠를 적극적으로 노출시켜 짧은 시간 안에 많은 사람에게 도달할 수 있습니다.

❷ **높은 참여율:** 짧은 길이 덕분에 사용자들이 끝까지 시청할 확률과 좋아요, 댓글, 공유로 연결될 가능성이 높습니다.

❸ **트렌드 반영:** 특정 음악, 챌린지, 밈(Meme)을 활용해 트렌드를 따라가며 브랜드를 자연스럽게 홍보할 수 있습니다.

✦ 숏폼 영상 SNS 플랫폼 TOP 3

짧은 시간 안에 정보를 얻고 부담 없이 즐길 수 있다는 점에서 사람들은 숏폼 영상에 열광하고 있습니다. 브랜드와 크리에이터들도 이를 활용해 더 많은 사람에게 도달하고 빠르게 바이럴을 일으키고 있는데요. 숏폼 콘텐츠가 바이럴되는 대표적인 플랫폼을 살펴보겠습니다.

틱톡(https://www.tiktok.com/ko-KR)

틱톡(TikTok)은 숏폼 콘텐츠의 선두주자로, 15초에서 3분 길이의 영상을 공유할 수 있습니다. 최근에는 10분 이상의 긴 영상도 지원해 플랫폼의 다양성을 높였습니다. 틱톡은 참여형 챌린지와 유머 중심의 콘텐츠가 많으며, 주로 10대를 비롯한 Z세대의 활발한 참여가 특징입니다. 사용자들은 콘텐츠 시청 후 좋아요, 댓글, 계정 팔로우 등 적극적인 반응을 보이며, 이는 참여형 마케팅에 효과적입니다.

인스타그램 릴스(http://instagram.com)

인스타그램 릴스(Instagram Reels)는 최대 90초 길이의 짧은 동영상을 공유할 수 있는 기능으로, 인스타그램 앱 내에서 릴스 탭을 통해 접근할 수 있습니다. 시각적이고 감각적인 콘텐츠에 강점이 있으며 MZ세대로부터 선호도가 높습니다. 릴스는 스토리에서 사용하던 인터랙티브 스티커를 활용해 사용자와의 교류를 강화할 수 있으며, '숍(Shop)' 기능을 통해 영상에서 직접 제품 구매로 이어지는 경험을 제공합니다.

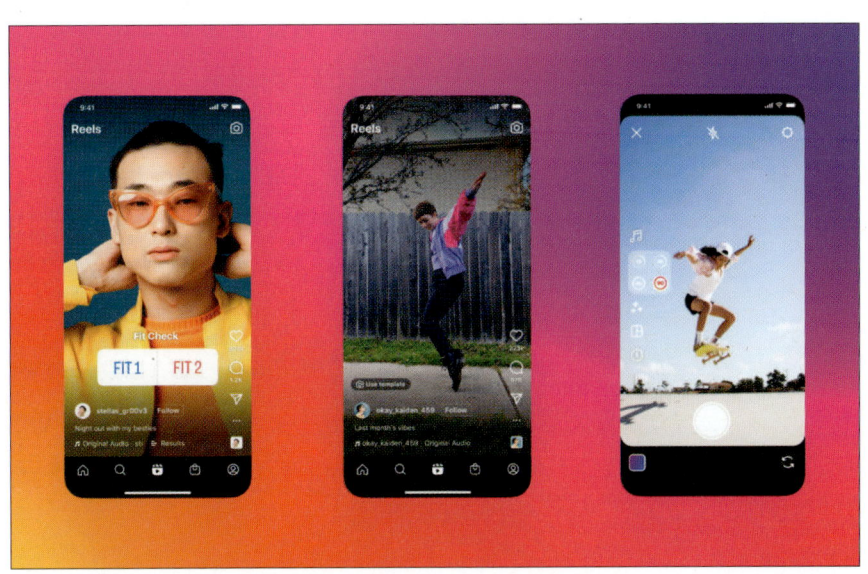

유튜브 숏츠(https://www.youtube.com)

유튜브 숏츠(YouTube Shorts)는 최대 3분 길이의 짧은 동영상을 공유할 수 있는 기능으로, 유튜브 앱에서 쇼츠 피드를 통해 접근할 수 있습니다. 유튜브의 방대한 사용자 기반을 바탕으로 빠르게 성장하고 있으며, 다양한 연령대의 사용자가 이용합니다. 기존의 유튜브 콘텐츠를 쇼츠로 재편집해 새로운 구독자를 유입시키거나 브랜드 스토리를 짧고 효과적으로 전달하는 데 유용합니다.

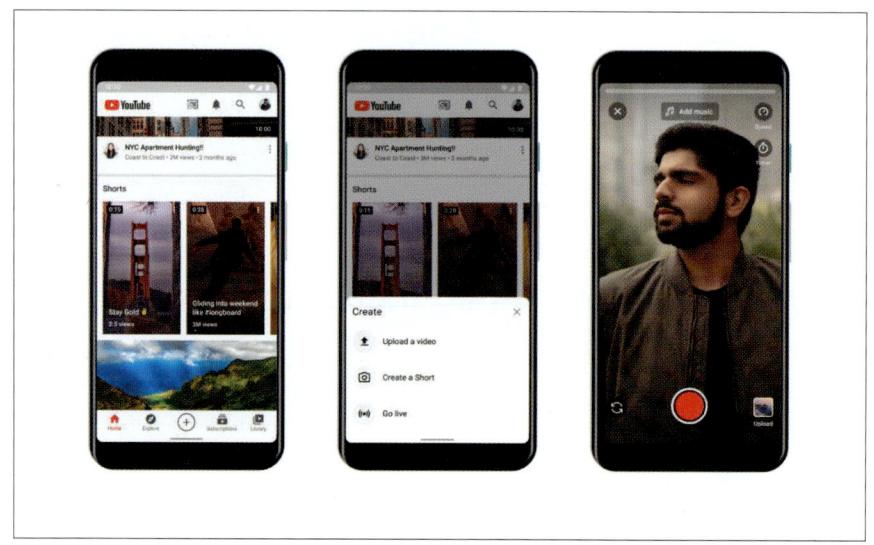

◆ **효과적인 제품 홍보를 위한 숏폼 콘텐츠 유형**

숏폼 영상은 짧은 시간 안에 소비자의 관심을 끌고 브랜드와 제품을 효과적으로 홍보하는 강력한 마케팅 도구입니다. 하지만 무작정 영상을 만들기보다는 제품의 특성과 타깃에 맞는 콘텐츠 유형을 선택해야 합니다. 효과적인 제품 홍보를 위한 대표적인 숏폼 콘텐츠 유형과 활용법을 알아보겠습니다.

1. 정보성 콘텐츠

숏폼 영상은 제품을 단순히 보여주는 것을 넘어, 소비자의 문제를 해결하는 방법을 전달할 때 가장 효과적입니다. 사람들이 궁금해할 만한 정보나 팁을 제공하면 브랜드에 대한 신뢰도가 높아지고 자연스럽게 제품에 관심을 갖게 됩니다.

- 소비자가 공감할 만한 문제를 먼저 제시한 후, 제품이 해결하는 장면을 보여줌
- "이런 문제 겪어본 적 있나요?"와 같은 질문형 오프닝으로 시청자의 관심 유도
- 영상 마지막에는 "더 많은 정보는 프로필 링크에서!"와 같은 행동 유도 문구 삽입

▶ 60초 내에 AI를 활용해서 상세페이지를 만드는 모습을 보여주는 정보성 릴스
더 자세한 내용이 궁금한 사람들은 댓글 달면 정보를 DM으로 보내주도록 퍼널 설계

2. 후기 및 사용자 경험 콘텐츠

제품을 직접 사용한 사람들의 진짜 반응만큼 강력한 광고는 없습니다. 신뢰할 수 있는 리뷰 콘텐츠는 소비자에게 구매 결정을 내릴 명확한 이유를 제공합니다. 특히 숏폼 영상에서는 실제 사용자의 반응을 강조하면 더욱 강한 바이럴 효과를 얻을 수 있습니다.

- 실제 소비자가 제품을 사용하는 비포 & 애프터 장면 비교
- 사람들이 놀라거나 감탄하는 순간을 강조해 신뢰도를 높임
- 수많은 사람들이 극찬을 남겼기 때문에 놓치지 말라며 FOMO(Fear of Missing Out) 자극

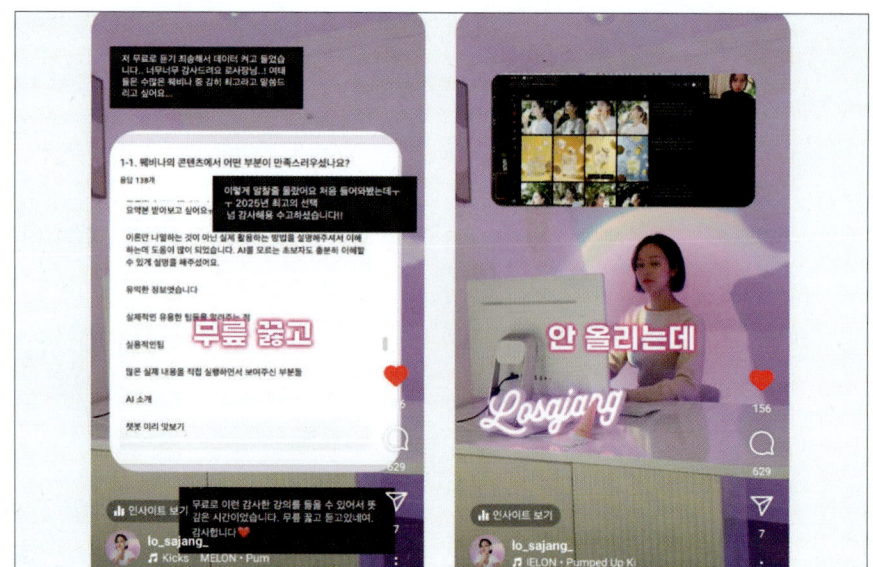

▶ 500명이 참여했던 AI 웨비나를 강조하며, 수많은 극찬이 쏟아졌던 자료를 특별 이벤트로 공유

AI 웨비나 자료 맨 마지막 페이지에는 진행하던 펀딩에 대한 홍보 내용을 담음

3. 트렌드 & 챌린지 활용 콘텐츠

틱톡, 인스타그램 릴스에서 인기 있는 숏폼 영상 트렌드는 매일 변하고 있습니다. 브랜드는 이 흐름을 놓치지 않고 트렌드에 맞춘 숏폼 영상을 제작해야 합니다. 사람들이 따라 하고 싶은 챌린지를 만들거나 인기 있는 밈 요소를 활용하면 자연스럽게 브랜드가 확산됩니다.

- 틱톡 & 인스타그램에서 유행하는 음악과 효과를 적극 활용
- 특정 행동(언박싱, 테스트, 변신 등)으로 참여형 콘텐츠를 제작
- 사람들이 공유하고 싶어지는 재미있는 요소를 추가

▶ 인스타그램에서 유행하던 영상을 오프닝으로 패러디한 릴스
여럿이 모여서 사진을 찍으며, 아직도 AI를 안 써본 사람이 여기 있다면서 카메라를 가르키는 후킹 영상

숏폼 레퍼런스 참고하고 AI로 영상 기획하기

숏폼 영상은 단순히 감각적인 연출만이 아니라 기획이 핵심입니다. 터지는 숏폼을 기획하기 위해서는 이미 SNS에서 바이럴 됐던 좋은 예시들을 레퍼런스 삼아야 합니다. 터진 숏폼 사례들을 찾아본 후 AI로 인기 있는 숏폼 콘텐츠들 기획하는 방법을 함께 알아보겠습니다.

✦ 바이럴 성공한 릴스 모음 웹사이트, 숏트렌드 (https://shortrend.com)

해외와 국내에서 높은 조회수를 기록한 숏폼들을 모아볼 수 있는 '숏트렌드'를 살펴보겠습니다. 숏트렌드는 인스타그램 릴스 콘텐츠 제작을 지원하는 플랫폼으로, 현재 인기 있는 릴스 영상을 모아 보여주어 트렌드를 파악하고 벤치마킹할 수 있도록 돕습니다.

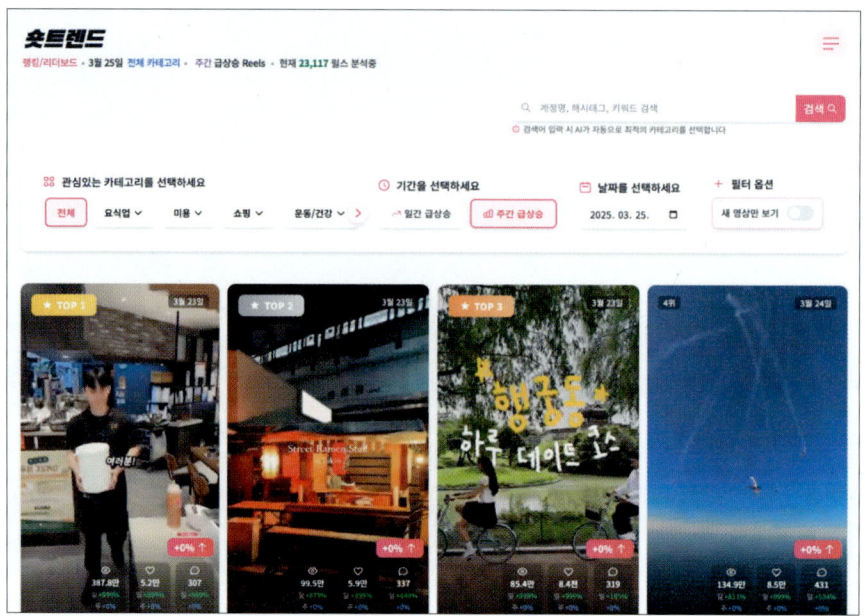

숏트렌드 웹사이트에 접속하면 검색창에서 원하는 키워드를 입력할 수도 있고 하단의 카테고리를 선택해서 인기 있는 릴스를 볼 수 있습니다. '요식업' 카테고리를 클릭했더니 요식업 분야에서 인기 있는 릴스 콘텐츠들이 보입니다.

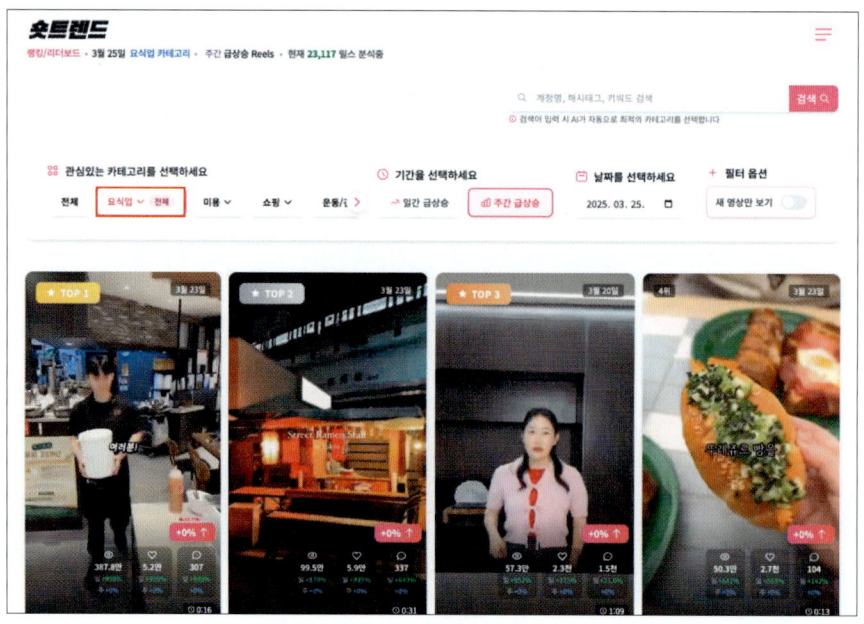

자세히 보고 싶은 콘텐츠를 클릭하면 원본 릴스로 가는 링크와 캡션, 그리고 나레이션까지 표시됩니다. 바이럴 됐던 콘텐츠 형식들을 벤치마킹해서 우리 제품에 잘 적용해서 잘 터지는 숏폼을 기획해볼 수 있겠죠.

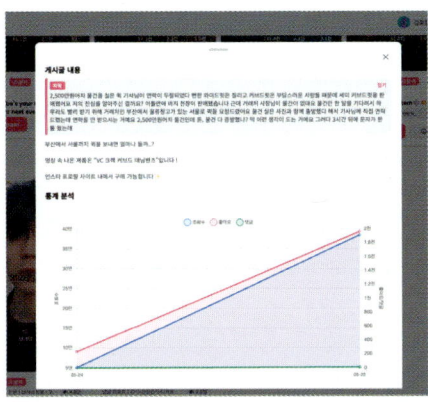 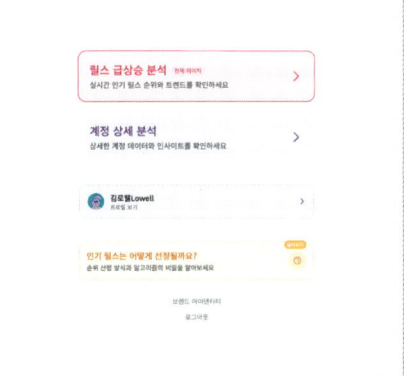

추가로, 내가 운영하는 인스타그램 계정을 분석해주고 참고할만한 레퍼런스 계정까지 추천 줍니다. ❶ 오른쪽 상단 '메뉴'를 클릭한 뒤 [계정 상세 분석] 메뉴를 클릭해보겠습니다. ❷ [계정 상세 분석] 메뉴의 검색창에 인스타그램 계정 아이디를 입력하고 ❸ 〈검색〉을 누르면 몇 분 정도 뒤에 내 계정에 대한 분석이 나옵니다.

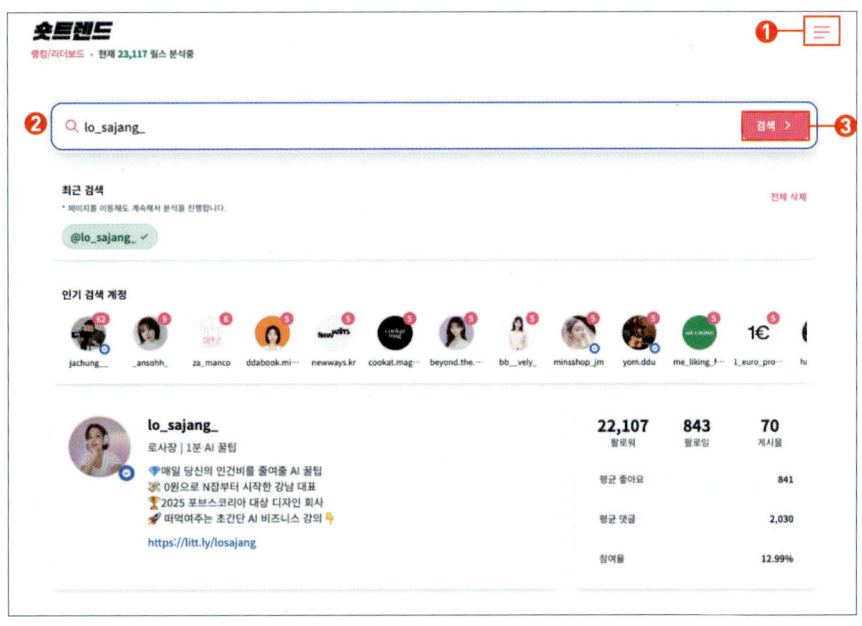

스크롤을 내려보면 [연관 프로필] 섹션이 나타나는데요. 여기서 우리 계정의 콘텐츠와 결이 맞고 벤치마킹할만한 인스타그램 계정 리스트가 표시됩니다. 해당 계정들을 클릭하면 올린 콘텐츠들을 볼 수 있습니다. 해당 콘텐츠들을 스터디해서 우리 영상 대본 기획에 벤치마킹해보겠습니다.

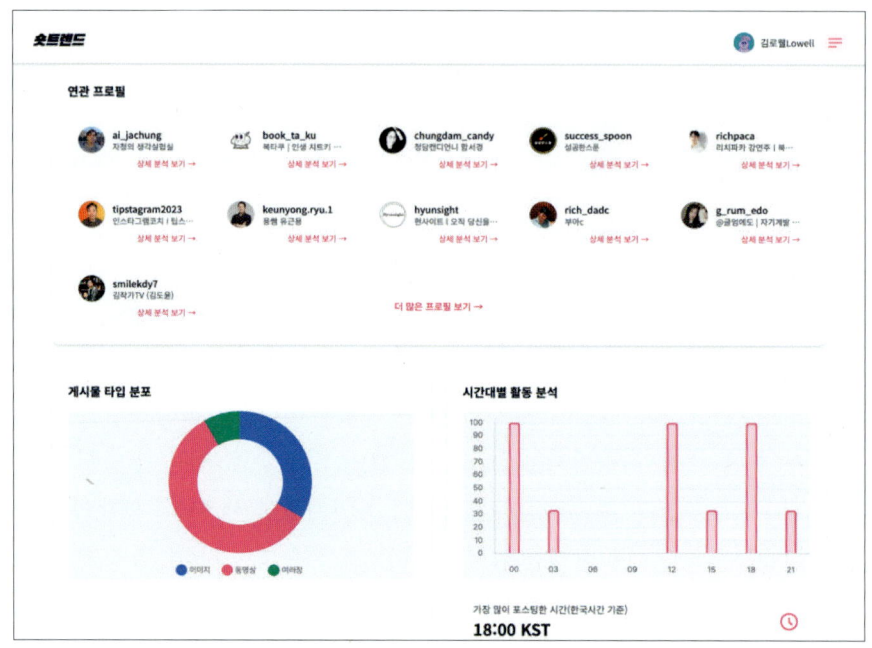

✦ 챗GPT로 후킹하는 영상 대본 기획하기

숏트렌드에서 이미 성공적인 릴스 콘텐츠 레퍼런스를 잘 살펴보았다면 이제 본격적으로 챗GPT와 우리 릴스 콘텐츠 대본을 기획해보겠습니다. 프롬프트에 우리 인스타그램 계정 컨셉이 무엇인지, 타깃이 누구인지, 그리고 릴스를 통해서 어떤 목적을 이루고 싶은지 자세히 써주세요.

Prompt 사업가, 프리랜서를 대상으로 AI 노하우를 주는 인스타 계정 '로사장'을 운영하고 있어. 릴스는 30초 정도로, 내가 화면에 등장해서 후킹하는 표현을 써서 조회수를 높이려고 해. AI에 관심있을 만한 사람들을 AI 강의를 듣게 하는게 목표로, 후킹한 릴스 스크립트를 써 줘.

여러 가지 버전의 릴스 스크립트를 써줍니다. 공감형 후킹부터, 도발형 후킹, 위기감 자극형을 제안해주네요. 여기서 더 나아가서, 벤치마킹할 스크립트를 보여주면서 참고해서 릴스 스크립트를 개선해달라고 하겠습니다.

Prompt 여기는 벤치마킹할 릴스 소재야. 이걸 참고해서 릴스 스크립트를 써 줘. #레퍼런스#
(숏트렌드에서 찾은 레퍼런스 릴스 스크립트 복사 붙여넣기)

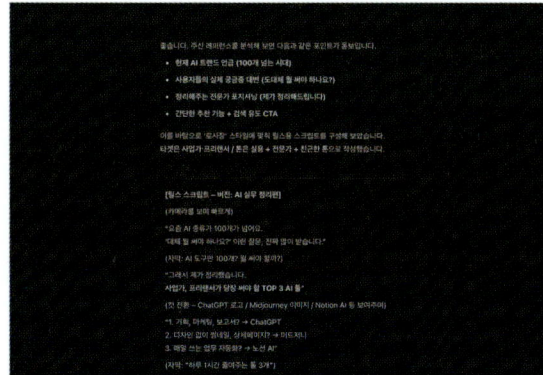
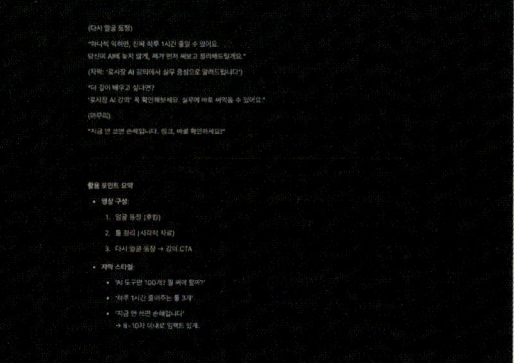

방금 첨부한 레퍼런스를 기반으로 릴스 스크립트를 다시 써주었습니다. 처음에 써줬던 스크립트보다 훨씬 더 후킹 요소부터 강의 구매 전환을 위한 CTA까지 잘 설정이 된 것 같습니다. 마지막으로, 한눈에 볼 수 있도록 표로 정리해보겠습니다.

245

> **Prompt** 좋아, 해당 릴스 스크립트를 표로 정리해 줘. 시간, 스크립트, 장면, 자막으로 나눠서.

아래는 요청하신 릴스 스크립트를 시간(Time), 스크립트(Script), 장면(Scene), 자막(Subtitles) 4개 항목으로 표 형태로 정리한 내용입니다.
영상 길이는 약 30초 내외를 기준으로 했으며, 로사장이 직접 등장하는 형식을 기준으로 구성했습니다.

시간(Time)	스크립트(Script)	장면(Scene)	자막(Subtitles)
0–3초	"요즘 AI 종류가 100개가 넘어요. '대체 뭘 써야 하나요?' 이런 질문, 진짜 많이 받습니다."	로사장 정면 등장, 빠르게 말하면서 손짓	AI 도구만 100개? 뭘 써야 할까?
3–6초	"그래서 제가 정리했습니다."	화면 확대, 집중 유도	지금 써야 할 TOP 3 AI 툴
6–13초	"사업가, 프리랜서가 당장 써야 할 TOP 3 AI 툴"	툴 아이콘 또는 실제 툴 예시 컷으로 전환	사업가·프리랜서용 필수툴
13–20초	"1. 기획, 마케팅, 보고서? → ChatGPT 2. 디자인 없이 썸네일, 상세페이지? → 미드저니 3. 매일 쓰는 업무 자동화? → 노션 AI"	툴 이름 + 실제 사용 장면 스크린 캡처 순차적으로 노출	하루 1시간 줄여주는 툴 3개
20–24초	"하나씩 익히면, 진짜 하루 1시간 줄일 수 있어요."	로사장 재등장, 고개 끄덕이며 진지하게	진짜로 시간 아낍니다
24–27초	"당신이 AI에 늦지 않게, 제가 먼저 써보고 정리해드릴게요."	뷰티컷 or 정적인 마무리 컷	제가 먼저 써봤습니다
27–30초	"더 깊이 배우고 싶다면? '로사장 AI 강의' 꼭 확인해보세요."	강의 썸네일, QR or 링크 노출	지금 바로 배우기!
30초 이후	"지금 안 쓰면 손해입니다. 링크, 바로 확인하세요!"	링크 클릭 유도 + CTA 모션	지금 안 쓰면 손해!

AI로 이미지를 실사 영상처럼 움직이게 만들기

과거에는 영상 제작이 크리에이티브 분야 중에서도 가장 높은 기술력과 비용이 필요한 작업이었습니다. 전문 장비와 고급 편집 기술이 필수였고, 하나의 광고 영상을 만드는 데 수많은 인력과 시간이 소요됐죠. 하지만 이제 AI 기술의 발전으로 누구나 이미지를 실사 영상처럼 변환할 수 있는 시대가 됐습니다. AI를 활용해서 나만의 영상을 생성해서 SNS에서 고객들의 눈길을 사로잡아 보겠습니다.

◆ 영상 생성형 AI TOP 3 추천

단순한 프롬프트만으로도 내가 상상하는 것을 현실로 만들 수 있는 영상 생성형 AI를 소개하겠습니다. 클링, 런웨이, 루마 등 현재 가장 주목받는 AI 기반 영상 생성 툴들로, 이미지나 텍스트 입력만으로 영화같은 콘텐츠를 만들어 낼 수 있습니다.

클링(https://www.klingai.com)

클링은 텍스트와 이미지를 기반으로 영상을 생성하는 AI 플랫폼입니다. 간단한 텍스트 프롬프트를 입력하거나 이미지를 업로드해 원하는 영상을 만들 수 있습니다. 특히, 5초 길이의 영상을 생성한 후 이를 최대 3분까지 확장할 수 있는 기능을 제공합니다. 또한, 생성된 영상의 특정 부분을 캡처해 새로운 영상으로 발전시키는 등 다양한 편집 기능을 지원합니다.

❶ 클링 웹사이트에 접속해서 ❶ 〈AI Videos〉를 클릭하면 AI 영상 생성할 수 있게 됩니다. ❷ 〈Text to Video〉는 텍스트 프롬프트만 입력해도 5초~10초의 AI 영상이 생성됩니다. 예컨대 ❸ 프롬프트에 다음과 같이 입력한 후 ❹ 〈Generate〉 버튼을 클릭합니다.

> **Prompt** Woman working on laptop
> 노트북으로 일하고 있는 여성

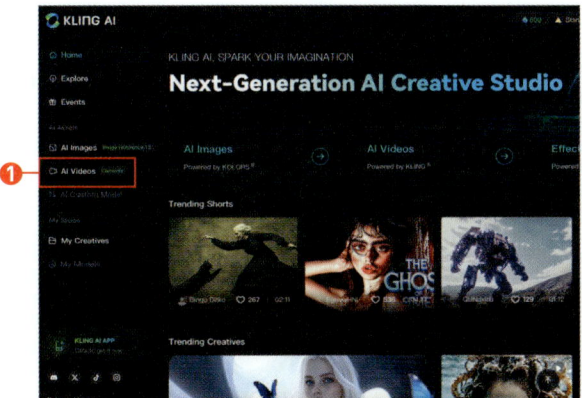
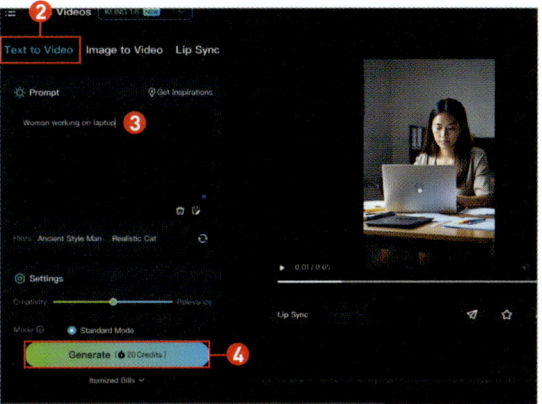

❷ 〈Image to Video〉에서는 이미지를 업로드해서 영상화를 할 수 있습니다. ❶ [Image to Video]를 클릭하고 ❷ 〈Frames〉 설정을 클릭하면 한 장의 이미지를 업로드할 수 있는데요. 기존에 있던 제품, 모델 이미지나 AI로 생성한 이미지 모두 가능합니다. 앞서 미드저니로 제작한 노트북으로 일하는 여성 모델 이미지를 업로드해 볼게요. ❸ 텍스트 투 비디오 때와 똑같은 프롬프트를 입력한 후 〈Generate〉 버튼을 클릭합니다.

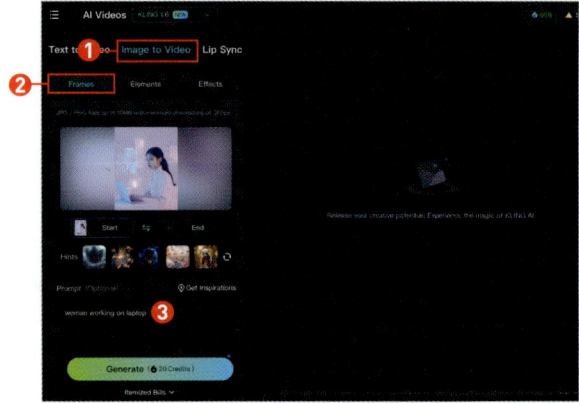
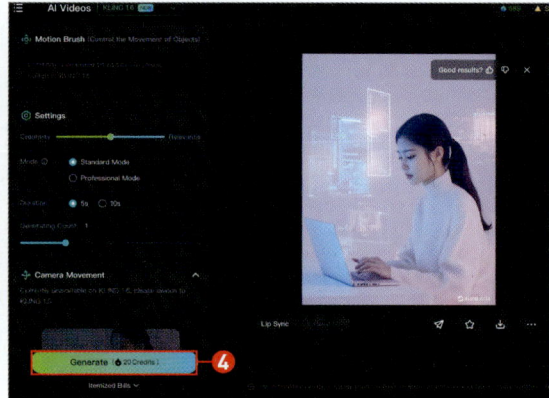

똑같은 프롬프트를 입력했지만 텍스트를 영상화하는 것과 이미지를 영상화하는 데는 큰 차이가 있습니다. 이미지를 생성할 때 이미 내가 원하는 색감, 느낌, 톤을 결정할 수 있죠. 내가 원하는 분위기로 영상을 연출하고 싶다면 Image to Video 기능을 활용하는 것을 추천합니다.

런웨이 (https://app.runwayml.com)

런웨이는 텍스트나 이미지를 입력해 영상을 생성하는 AI 플랫폼으로, 특히 'Gen-2'와 'Gen-3' 모델을 통해 고품질의 영상을 제공합니다. 사용자는 텍스트 프롬프트를 입력하거나 이미지를 업로드해 원하는 영상을 생성할 수 있습니다. 생성된 영상의 길이는 기본적으로 4초이며, 최대 16초까지 확장할 수 있습니다. 또한 생성된 영상을 다양한 스타일로 변환하거나 편집할 수 있는 기능도 제공합니다.

❶ 런웨이 웹사이트에 접속한 후 〈Generate Video〉를 클릭해서 새로운 세션을 오픈해보겠습니다. 클링과 마찬가지로 텍스트 프롬프트를 영상화하거나 이미지를 업로드해서 움직이게 만들 수 있습니다.

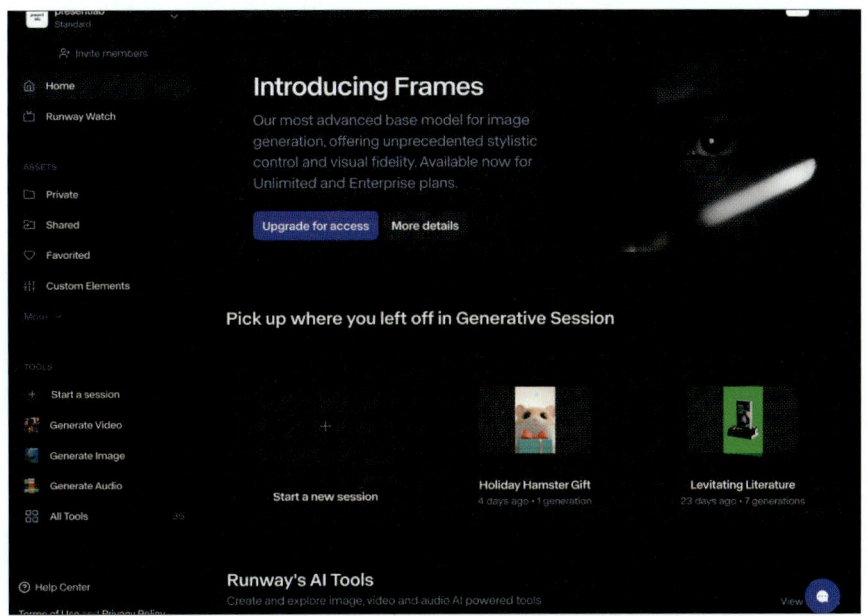

❷ ❶ 미드저니로 생성했던 노트북과 AI 로봇 이미지를 업로드해 보겠습니다. ❷ 가로형(1280x768px) 혹은 세로형 (768x1280px) 중 영상을 생성하려는 크기로 설정할 수 있습니다. 원하는 사이즈를 선택하고 〈Crop〉 버튼을 클릭하면 프롬프트 입력창이 나타납니다.

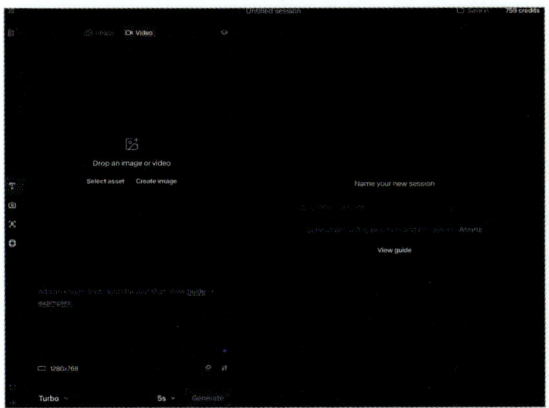
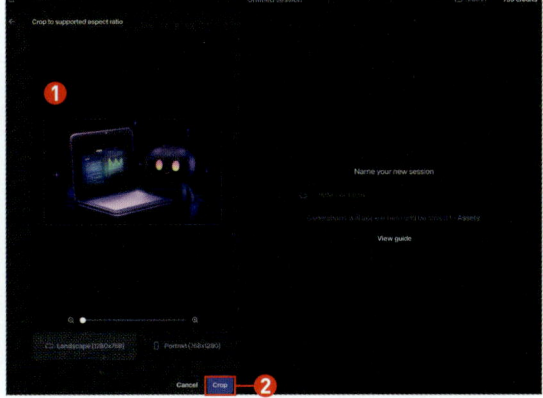

③ ❶ 간단한 프롬프트를 입력하고 ❷ 〈Generate〉 버튼을 누르면 짧은 AI 영상이 생성됩니다. 런웨이에서는 음성 생성, 립싱크 영상 생성 등 다양한 기능도 제공되고 있으니 마스코트를 만들어 숏폼 시리즈를 제작하는 방법도 좋습니다.

> **Prompt** Floating robot and laptop
> 떠다니는 로봇과 노트북

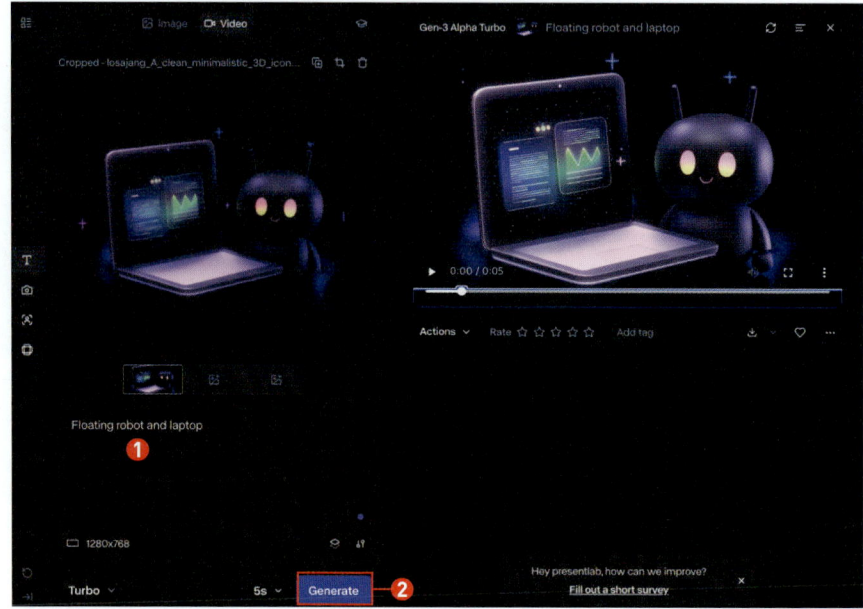

루마(https://lumalabs.ai/dream-machine)

루마는 '드림 머신(Dream Machine)'이라는 AI 영상 생성 도구를 제공하며, 텍스트나 이미지를 입력해 영상을 생성할 수 있습니다. 'Start Frame'과 'End Frame', 즉 시작 프레임과 마지막 프레임 이미지를 각각 넣을 수 있는데요. 마지막에 어떤 장면으로 끝날지 컨트롤이 어려운 AI 영상의 단점을 보완할 수 있는 기능입니다. 두 가지 다른 장면을 이미지로 넣으면 자연스러운 전환 효과를 녹인 모핑 영상까지 생성할 수 있죠.

❶ 먼저, 루마 웹사이트에 접속한 후 ❶ 〈Try Now〉 버튼을 클릭하면 다양한 작업 보드들이 나옵니다. ❷ 〈+〉 버튼을 클릭해서 새로운 작업 보드를 생성해보겠습니다.

 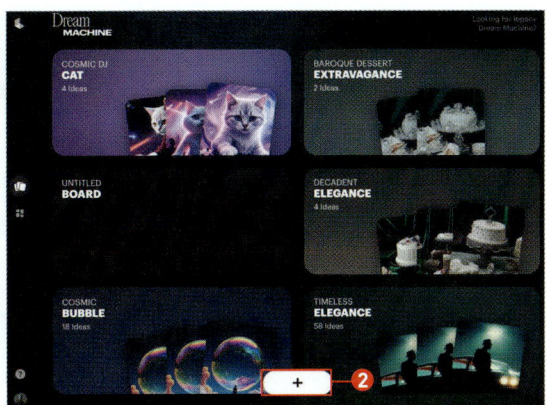

❷ 프롬프트 창 하단에 있는 옵션을 클릭하면 이미지 생성과 영상 생성 중 설정을 고를 수 있습니다. ❶ 〈Videos〉로 선택하고 ❷ 영상 비율 등을 체크합니다. ❸ 영상화를 원하는 이미지를 업로드하고 카메라의 움직임을 프롬프트로 넣어 보겠습니다.

> **Prompt** Camera moves slightly
> 카메라가 천천히 움직임

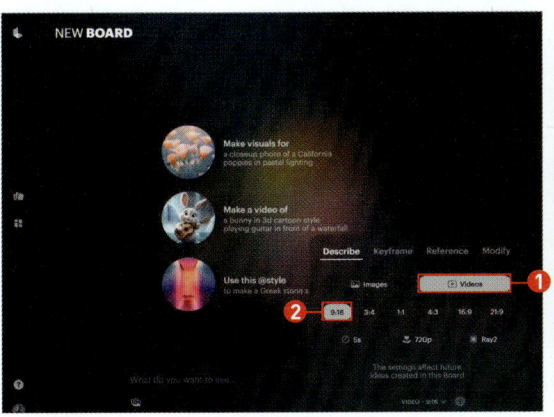 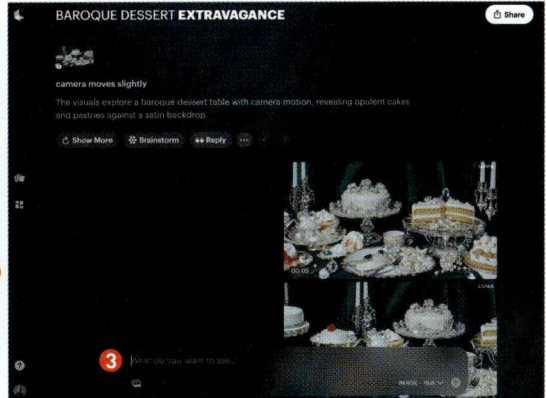

TIP
이미지 속의 등장인물이나 개체가 움직이지 않고, 카메라 앵글만 움직이게 하려면 카메라에 대한 프롬프트를 입력해주세요.

이처럼 이미 제품 이미지가 있다면 고객들에게 더욱 생생하게 전달하기 위해 AI 영상화하는 방법도 좋은 전략입니다.

◆ 효율적인 바이럴 영상 작업을 위한 필수 AI 툴들

앞서 영상 자체를 생성하는 AI 툴들을 살펴봤다면 이제 효율적으로 영상을 편집해주고, SNS 마케팅 자동화까지 해주는 툴을 알아보겠습니다. 캡컷을 통해 AI 기능을 활용해 손쉽게 영상 편집을 하고, 인비디오로 바이럴 영상을 완성하고, 매니챗으로 인스타그램 마케팅 자동화를 할 수 있습니다.

캡컷(https://www.capcut.com/ko-kr)

캡컷은 무료 동영상 편집 프로그램으로 다양한 AI 기능을 통해 영상을 간편하게 제작할 수 있습니다. 주요 기능으로는 자동 자막 생성, 텍스트를 음성으로 변환하는 기능, 배경 제거 및 이미지 보정 등이 있습니다. 모바일 앱 버전도 있어서 간편하게 핸드폰을 통해 영상 편집할 수도 있고, PC 앱에서 작업도 가능합니다. 유료 유저들은 음성을 자동 인식해서 자막을 만들어주는 기능 및 다양한 AI 편집 기능을 활용할 수 있죠.

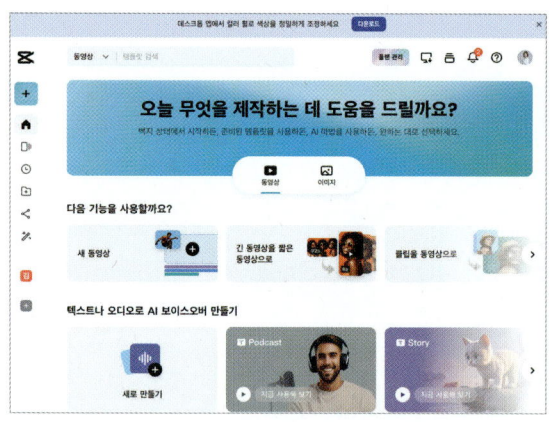
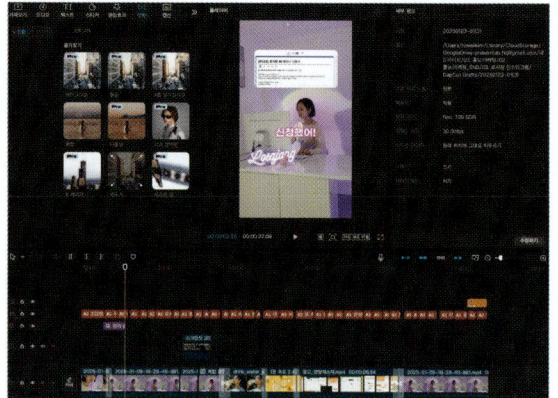

인비디오(https://invideo.io)

인비디오는 AI 기반 바이럴 영상을 생성 및 편집해주는 서비스입니다. 프롬프트를 입력하면 AI가 관련된 영상 클립과 자막을 자동으로 생성해 완성된 영상을 제공합니다. 5~10초짜리 한 가지 장면 영상만 생성해 주는 영상 생성 AI툴들과는 달리, 인비디오는 최대 몇 분짜리 영상을 컷 편집, 내레이션, 스토리텔링까지 완성해 줍니다. SNS에서 바이럴되는 AI 영상을 원한다면 인비디오를 체험해보세요.

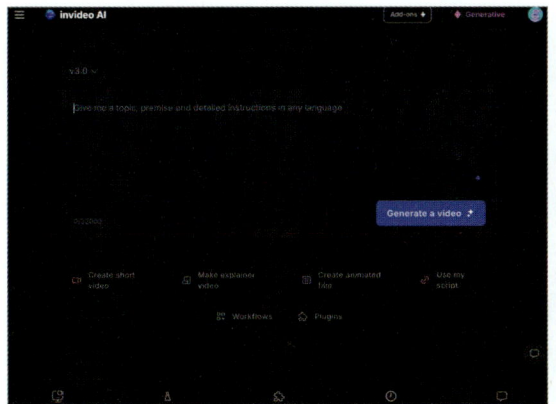
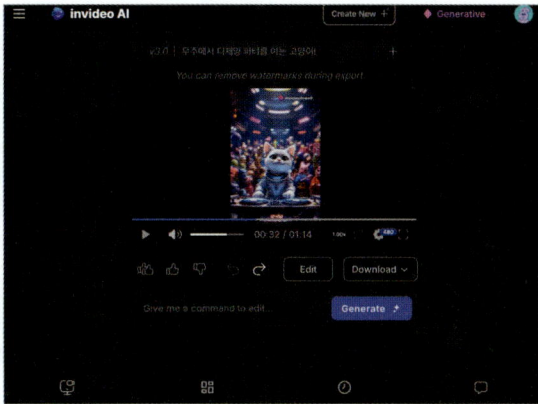

매니챗 (https://manychat.com)

매니챗은 AI 챗봇 플랫폼으로, 마케팅 및 고객 지원을 자동화할 때 유용한 서비스입니다. 인스타그램 콘텐츠에 특정 키워드가 담긴 댓글을 남기면 자동화된 메시지를 발송할 수 있습니다. 인스타그램 릴스나 피드에서는 바로 클릭 가능한 URL을 공유할 수 없어 매니챗을 통해 URL을 다이렉트 메시지로 보내면 마케팅 효율성을 높일 수 있습니다.

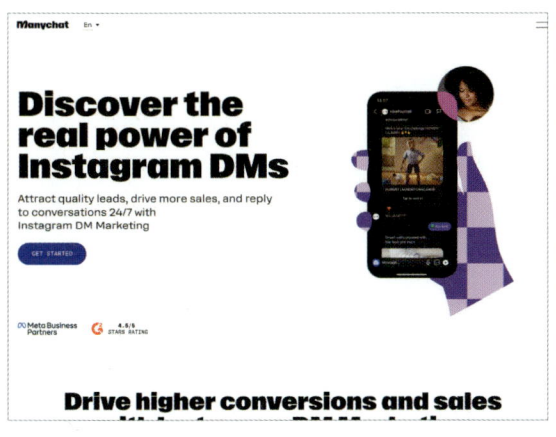
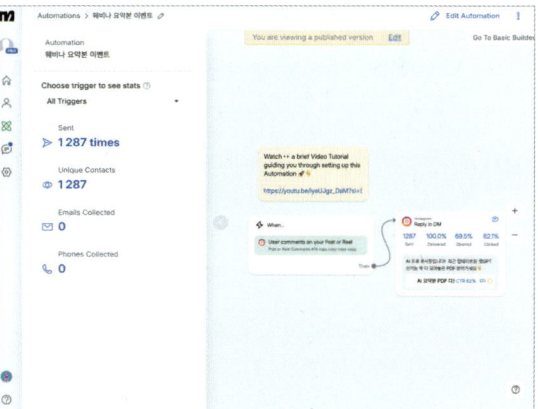

DAY 7

AI로 성장하는 비즈니스 시스템 구축하기

사업 아이디어를 MVP로 검증하는 데 성공했다면 본격적으로 시장에 진입할 차례입니다. 하지만 단순히 제품이나 서비스를 만들었다고 해서 고객이 알아서 찾아오지는 않습니다. 고객의 마음을 끌고 신뢰를 구축하며, 운영 시스템을 체계적으로 정비하는 과정이 필요하죠. 1인 기업, 혹은 스몰 브랜드도 빠른 사업 성장을 이루기 위해 AI와 자동화 기술을 활용해 비즈니스 시스템 구축하는 과정이 꼭 필요합니다.

DAY 7에서는 AI 기반 툴을 활용해 사업을 빠르고 효율적으로 확장하는 방법을 다룹니다. 먼저, AI 프레젠테이션 툴인 '감마'를 활용해 투자자나 고객을 설득할 강력한 비즈니스 피칭 자료를 만드는 법을 배웁니다. 두 번째로 코딩 없이 웹사이트를 구축할 수 있는 노코드 플랫폼인 '아임웹'을 활용해 온라인에서 브랜드를 강화하고 고객과의 접점을 만들어봅니다. 마지막으로 슬랙, 노션, 챗GPT와 같은 AI 기반 자동화 시스템을 활용해 고객 응대, 데이터 정리, 내부 운영 프로세스를 최적화하는 방법을 소개합니다.

AI를 활용해 사업 확장에 필요한 모든 시스템을 구축하고, 효율적으로 운영하며, 빠르게 시장에서 자리 잡을 수 있도록 준비해볼까요?

chapter 01

AI로 비즈니스를 어필하는 프레젠테이션 완성하기

사업 아이디어 검증이 끝났다면 본격적으로 시장에 나설 차례입니다. 이때, 투자자, 파트너, 고객들에게 우리 회사를 소개하고 신뢰를 얻기 위해서는 완성도 높은 회사소개서가 있어야 합니다. AI를 활용해서 우리 비즈니스의 비전을 제시하고, 설득력 있는 스토리텔링 기반으로 프레젠테이션 디자인까지 완성해보겠습니다.

AI에게 비즈니스 자료에 필요한 정보 인풋하기

회사소개서는 단순한 소개 문서가 아니라 우리 회사의 비전, 가치, 강점을 전달하는 가장 중요한 도구입니다. 특히 초기 사업자들에게 회사소개서는 투자 유치, 파트너십 체결, 신규 고객 확보를 위해 반드시 준비해야 하는 필수 자료입니다. 우리 브랜드를 더욱 매력적으로 선보일 수 있도록 AI를 활용해서 비즈니스 프레젠테이션을 제작해보겠습니다.

◆ 목적에 따른 다양한 비즈니스 프레젠테이션 종류

기업을 운영하다 보면 다양한 이해관계자들과 소통해야 하는 순간이 옵니다. 스타트업이라면 투자자에게 회사를 소개하는 사업계획서, 기업 고객에게 협업을 제안하는 제안서, 소비자에게 브랜드를 알리는 기업 브로슈어 등 여러 형태의 문서를 준비해야 합니다.

1. 회사소개서 - 기업의 기본을 소개하는 필수 문서

회사소개서는 기업의 전반적인 정보를 담은 가장 기본적인 문서입니다. 회사의 개요부터 비전과 미션, 주요 제품과 서비스, 핵심 경쟁력 등이 분명히 드러나야 합니다. 브랜드의 공식적인 첫인상을 결정하는 자료인 만큼 우리 브랜드의 스토리텔링과 차별화 포인트를 잘 녹여야 합니다.

2. 사업계획서 - 투자 유치를 위한 전략 문서

투자자 혹은 정부 기관에 투자를 유치하기 위해 사업계획서는 매우 중요한 역할을 합니다. 단순히 회사의 개요를 설명하는 것을 넘어 시장 분석, 경쟁사 비교, 비즈니스 모델, 수익 구조, 마케팅 전략 등을 체계적으로 정리해야 하죠. 특히 투자자들에게 신뢰를 주기 위해 명확한 수익 모델과 성장 가능성을 명확히 설명해야 합니다.

3. 제안서 - 협업과 프로젝트 수주를 위한 맞춤형 문서

B2B(Business to Business) 비즈니스에서는 협력사나 고객사를 대상으로 제안서를 작성할 때가 많습니다. 제안서는 특정 프로젝트나 협업을 제안하는 문서로, 우리 회사가 제공할 수 있는 솔루션과 강점을 강조하는 데 초점을 맞춰야 합니다. 보통 제안서에는 프로젝트의 배경과 목표, 제공하는 서비스의 상세 내용, 프로젝트 수행 계획, 예상 효과 등이 포함됩니다. 기업 간 계약이나 정부 기관의 입찰 사업을 수주할 때 필수로 활용되는 문서입니다.

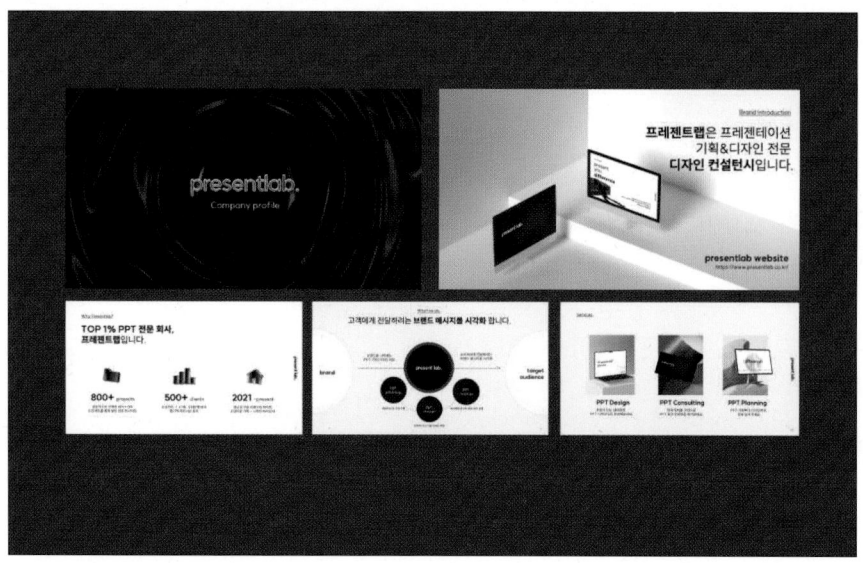

챗GPT와 회사소개서 필수 요소 채워가기

챗GPT에 우리 회사소개서를 위해서 어떤 내용이 필요한지부터 물어보겠습니다. 그리고 챗GPT가 필요하다고 요청하는 브랜드 관련 정보들을 준 다음 본격적으로 회사소개서를 만들어보겠습니다.

Prompt 우리 회사는 사업가, 프리랜서 대상으로 온라인 AI 교육을 제공하는 '1프로클래스' 야. 1프로클래스의 회사소개서를 만들기 위해서 필요한 내용들은 뭐가 있는지 표로 리스트업 해 줘.

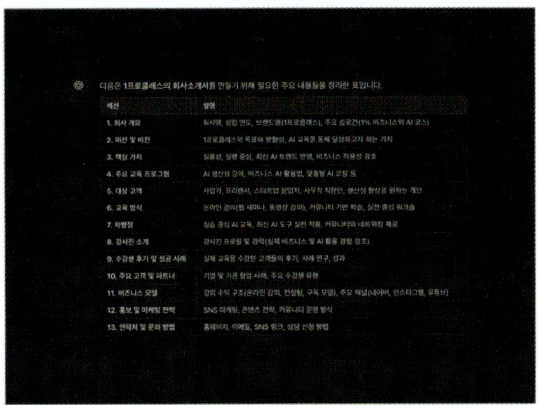

기존에 학습시켰던 우리 비즈니스 슬로건, 타깃 등을 기억하고 대답해줬습니다. 추가로 더 필요한 자료들이 무엇인지 물어보겠습니다.

Prompt 이 중에서 내가 추가로 대답해 줘야 하는 정보에 대해서 질문을 해 줘.

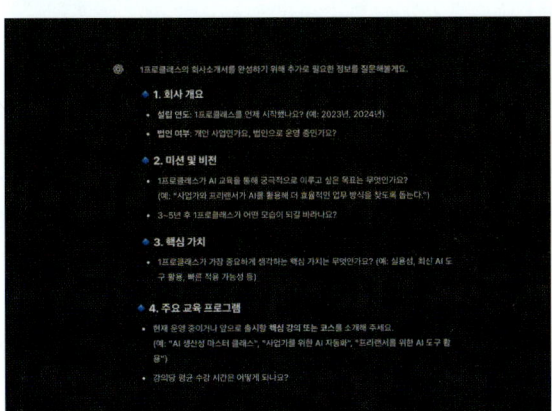
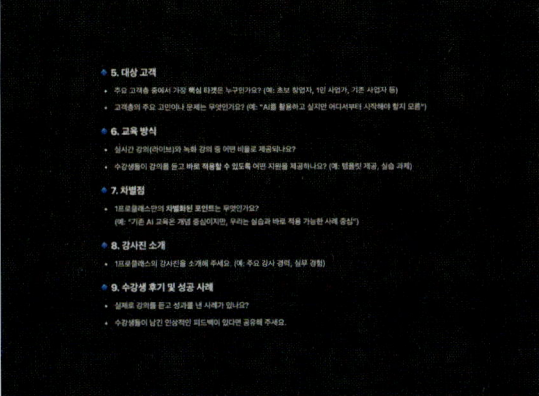

회사소개서를 채우기 위해 우리가 제공해야 하는 정보 목록을 대답해줬습니다. 우리 브랜드 관련 정보들을 다음과 같이 순서대로 학습해달라고 하겠습니다.

아래 내용에 대해 학습을 해 줘.
1. 2024년부터 시작한 브랜드야
2. 사업가와 프리랜서가 AI를 통해 더 효율적인 업무방식을 찾도록 돕고, 시간과 비용을 아껴주고 싶어
3. 가장 중요한 가치는 생산성을 높이고, 실무에 적용할 수 있고, 비즈니스 수익화를 돕는 것
4. AI로 회사소개서 만들기 4주 챌린지, AI로 상세페이지 만들기 4주 챌린지 등
5. 1인 사업가, 스몰 브랜드 오너, 프리랜서
6. 매주 줌 라이브로 강의를 진행하고, 매주 과제가 주어지는 실습 중심
7. 실제 사업하는 로사장이 커리큘럼을 짜서, 바로 비즈니스에 적용 가능한 실무중심 강의
8. 로사장, 5년차 디자인 에이전시 사업가, 강의 경력은 8년, 책 5권 집필
9. 수강생 후기는 'AI로 신세계 발견했다' 등 여러 개 있어

챗GPT에게 회사소개서에 필요한 브랜드 정보를 학습시킨 뒤 회사소개서를 쓸 때 중요 요소들을 요청해보겠습니다.

 이제 내가 회사소개서를 쓸 때 가장 중요한 포인트들을 알려 줘.

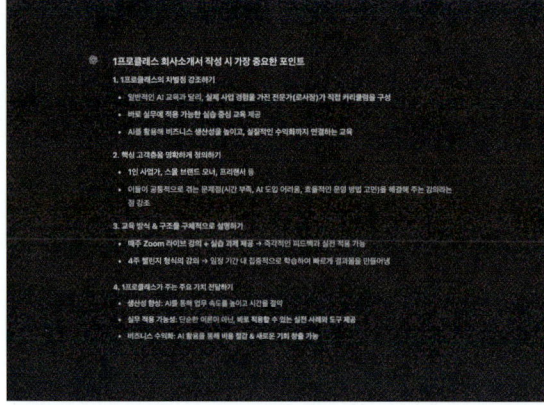
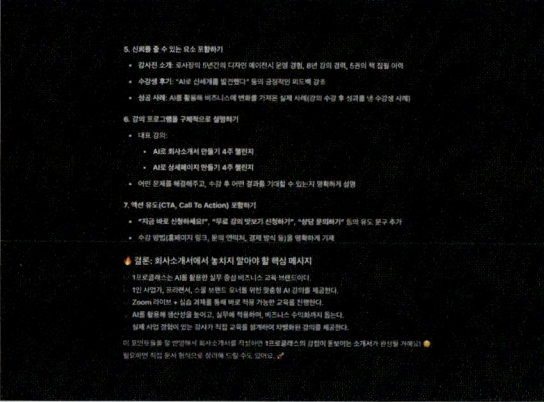

1프로클래스의 차별점을 강조하고 핵심 고객층을 명확하게 정의, 교육 방식과 구조 설명 등 회사소개서 작성에 필요한 포인트들이 정리됐습니다. 이 요소들을 기억하면서 회사소개서 작성을 시작해보겠습니다.

챗GPT로 회사소개서 작성하고 파일로 다운로드하기

앞서 챗GPT와 논의한 내용을 바탕으로 회사소개서의 구성을 잡고, 그 안에 들어갈 카피라이팅까지 채워봅니다. 마지막으로는 완성된 회사소개서 내용을 워드 파일로 다운로드해 활용해보겠습니다.

◆ 챗GPT와 회사소개서 장표 구성 짜기

앞서 회사소개서를 만들 때 꼭 담아야 할 포인트부터 챗GPT에 제공해야 할 정보까지 학습시켰습니다. 이제 본격적으로 회사소개서의 구성을 함께 잡아보겠습니다.

Prompt 좋아. 이제 1프로클래스를 타깃 소비자들에게 가장 잘 어필할 수 있는 회사소개서 구성을 짜줘. 컴팩트하게 10P 이내 분량으로 정리해 줘.

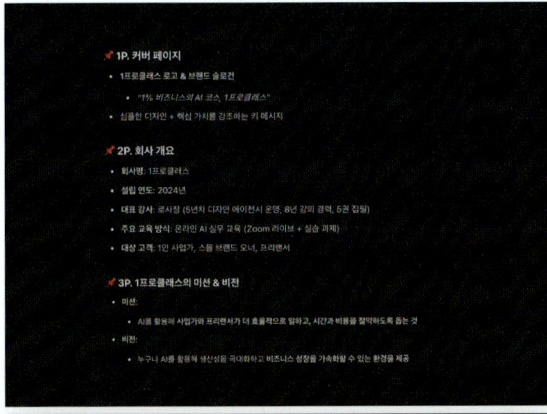
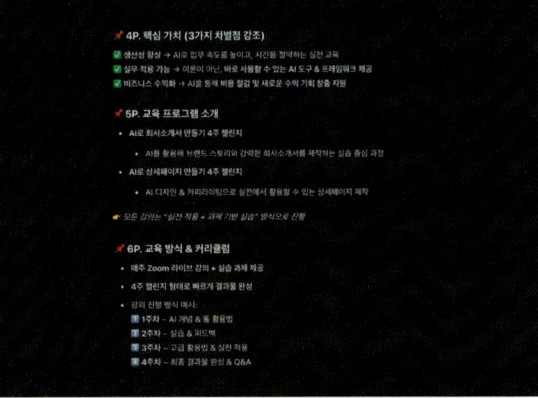

컴팩트한 회사소개서를 위해 10페이지 내의 구성을 요청했습니다. 챗GPT가 표지까지 포함된 9P 구성의 회사소개서 목차를 제안해줬습니다. 이를 한눈에 볼 수 있도록 표로 정리해달라고 요청하겠습니다.

> **Prompt** 위 목차와 들어갈 내용을 표로 정리해 줘.

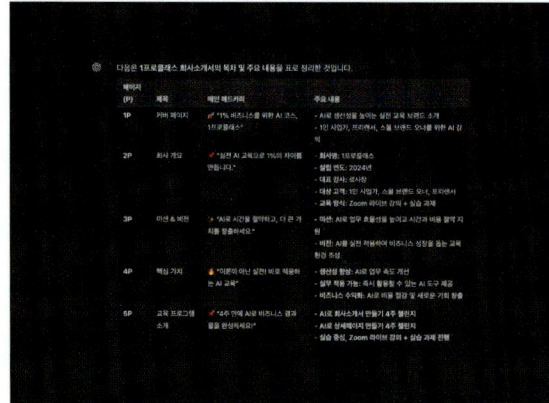
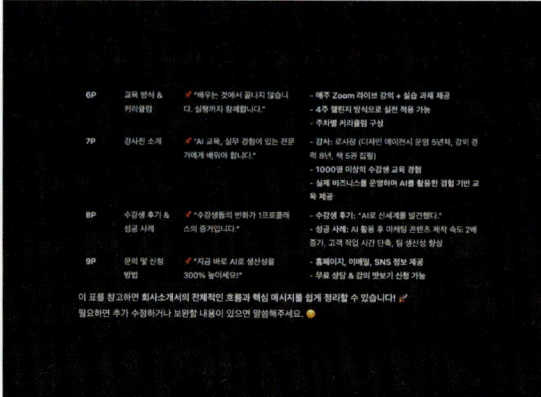

회사소개서의 구성 목차를 한눈에 보면서, 수정할 곳은 없는지 점검하면 좋습니다. 목차가 완성됐다면 각 장표별로 들어갈 카피라이팅까지 완성해보겠습니다.

✦ 챗GPT로 회사소개서 카피라이팅 완성하기

회사소개서 목차를 완성했으니 회사소개서 슬라이드별 들어갈 카피라이팅도 써보겠습니다.

> **Prompt** 이제 실제 회사소개서 PPT에 들어갈 카피라이팅을 써 줘. 한줄의 메인 헤드카피와 본문에 들어갈 내용들을 정리해 줘.

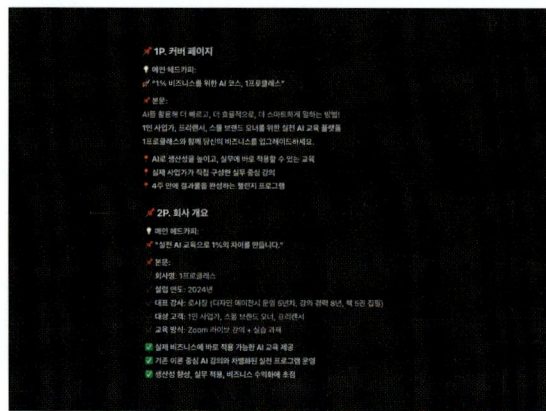
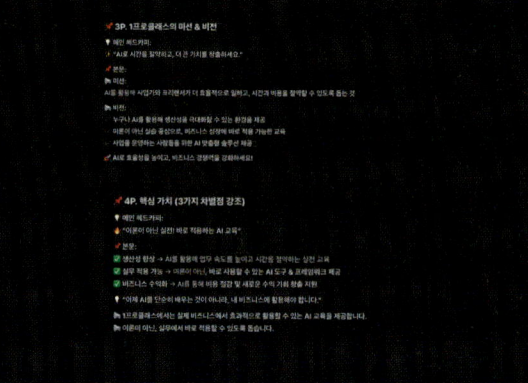

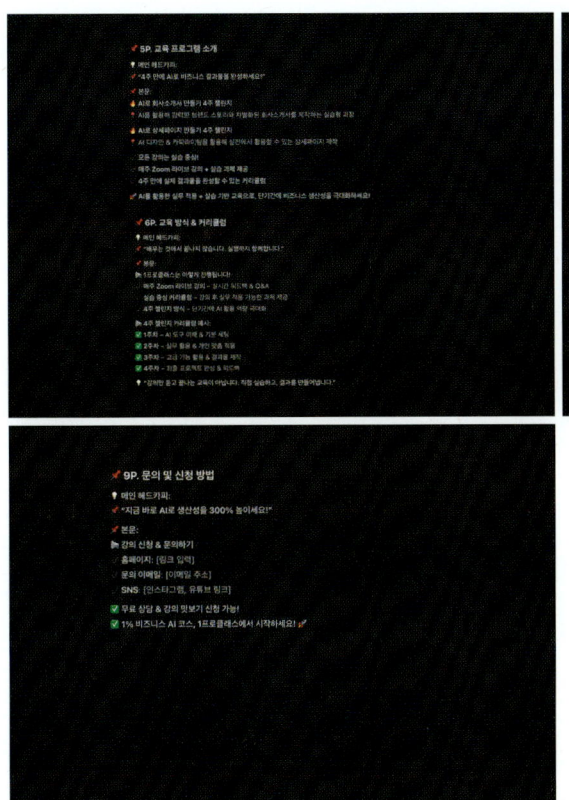

챗GPT가 길게 써준 글들을 한눈에 편집하기 쉽도록 캔버스 형태로 보겠습니다.

> **Prompt** 1~9P를 원고 형태로 보여 줘.

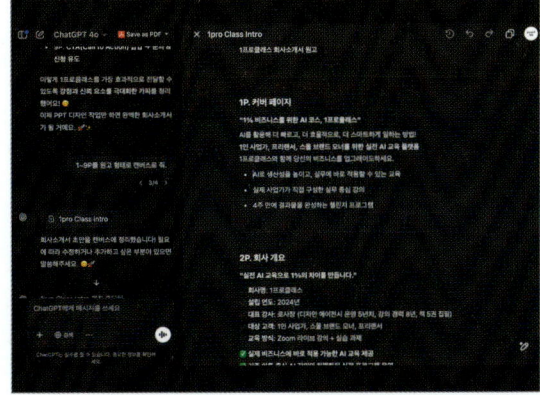

캔버스 형태로 긴 원고를 검토하면서 고칠 부분이 있다면 수정합니다. 마지막 점검이 끝나면 회사소개서 원고를 워드 파일로 만들어달라고 요청하겠습니다.

Prompt 1~9P를 다운로드할 수 있는 워드 파일로 줘.

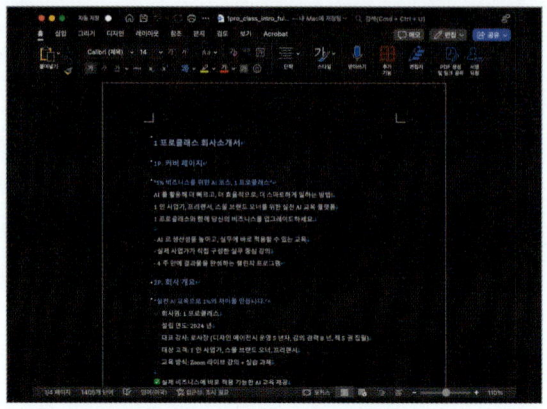

챗GPT가 워드파일로 회사소개서 원고를 만들어줬습니다. 이제 이 원고를 기반으로 회사소개서 PPT 디자인까지 AI로 완성해보겠습니다.

감마 AI로 회사소개서 제작 완성하기

감마(Gamma)는 AI 기술을 통해 사용자가 프레젠테이션을 손쉽게 제작할 수 있도록 돕는 툴입니다. 필요하다면 AI가 프레젠테이션에 들어갈 구성과 문구부터 짜주며, 원고를 넣으면 프레젠테이션 디자인까지 해줍니다. 플러스와 같은 이미지 생성 AI와 연동돼 있어 프레젠테이션에 들어갈 이미지까지 생성해주죠.

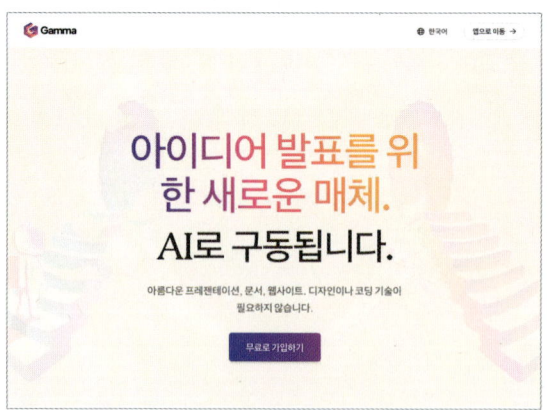

✦ 감마 AI로 프레젠테이션 디자인 구성하기

챗GPT와 함께 만든 프레젠테이션 원고를 활용해서 감마에서 프레젠테이션 디자인까지 해보겠습니다. ❶ 먼저, 감마에 회원가입하면 무료 400 크레딧이 주어집니다. 로그인 후에 〈+새로 만들기(AI)〉 버튼을 클릭합니다. ❷ 'AI로 만들기' 페이지의 세 가지 옵션 중 AI가 초안 내용부터 써주길 원하면 〈생성〉을, 텍스트나 원고 파일이 있다면 〈텍스트로 붙여넣기〉 혹은 〈파일 또는 URL 가져오기〉를 선택합니다. 〈파일 또는 URL 가져오기〉를 선택하면 파일을 업로드하거나 드라이브 혹은 URL로 프레젠테이션 초안을 가져올 수 있습니다.

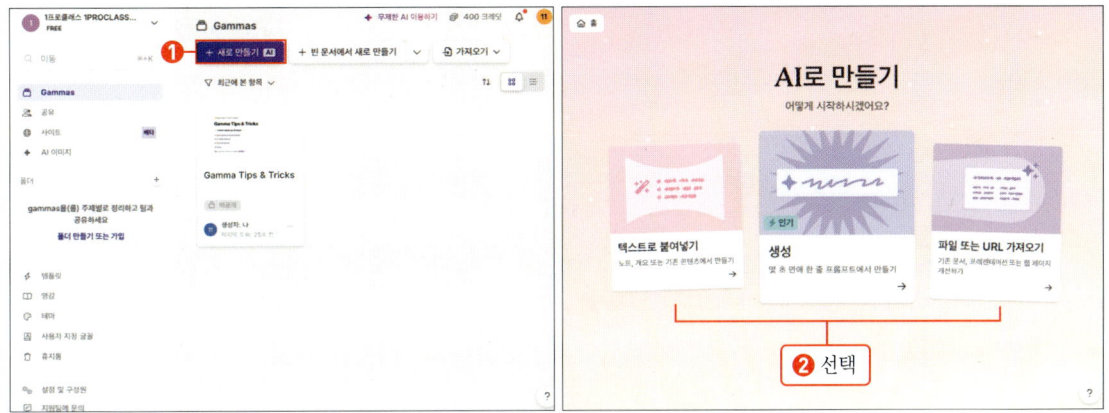

❸ 〈파일 업로드〉를 클릭해 챗GPT가 워드 파일로 만들어주었던 회사소개서 초안 파일을 업로드하겠습니다. ❹ '이 콘텐츠로 무엇을 만들고 싶으신가요?'에서 '프레젠테이션' 옵션을 클릭하고 ❺ 〈계속〉 버튼을 클릭합니다.

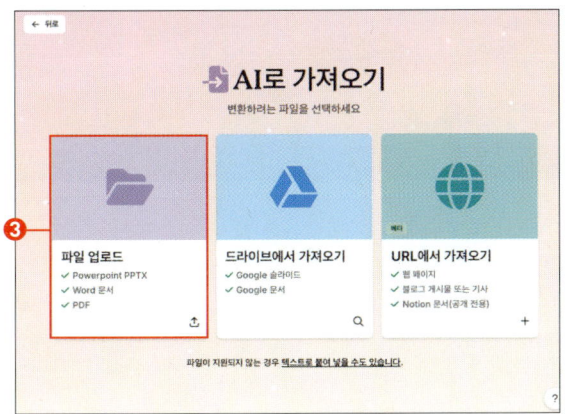
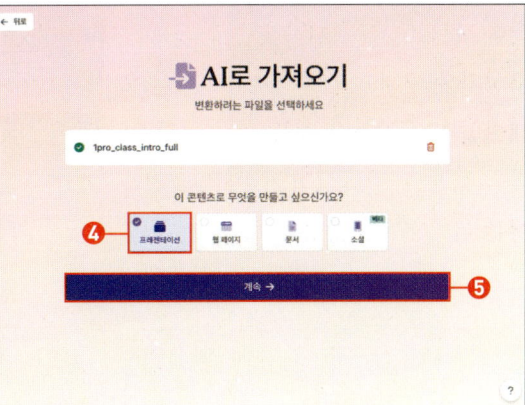

❻ 업로드한 파일을 바탕으로 '프롬프트 편집기' 창이 나타납니다. 화면 왼쪽에서 자세한 프롬프트를 설정할 수 있는데요. 원고의 내용에 충실한 프레젠테이션을 만들기 위해서 '텍스트 콘텐츠'는 〈보존〉을 선택합니다. ❼ 출력 언어는 '한국어'로, 이미지나 형식 등 디테일한 설정까지 가능합니다. ❽ 하단에서 추천해주는 카드 개수가 뜨는데요. ❾ 여기서 카드는 슬라이드 수라고 생각하면 됩니다. 설정이 끝났다면 〈계속〉 버튼을 클릭합니다.

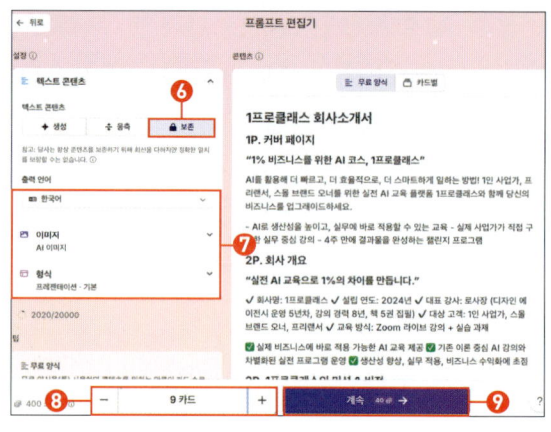

프레젠테이션의 테마를 설정할 수 있습니다. 프레젠테이션 배경, 색상, 폰트 등의 테마를 설정하면 해당 디자인으로 프레젠테이션이 만들어집니다. ❿ 어두운 배경에 입체적인 느낌을 연출하는 'Soft Coal' 테마를 선택하고, ⓫〈생성〉 버튼을 클릭합니다. 그러면 앞서 설정했던 9개 카드의 프레젠테이션 디자인이 완성됩니다.

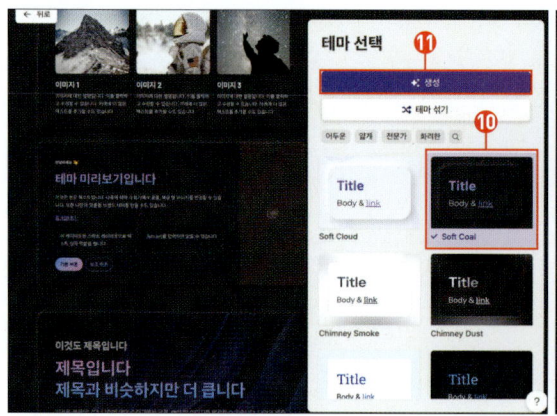

✤ 감마 AI로 디자인 수정하고 PPT로 다운로드하기

감마 AI가 1차적으로 만들어준 프레젠테이션에서 원하는 대로 디자인 수정을 더 해보겠습니다. ❶ 먼저, 오른쪽 상단의 〈...〉을 클릭하면 설정 옵션이 나타납니다. ❷ 여기서 〈페이지 설정〉을 클릭한 다음 ❸ '페이지 스타일'을 〈전통 16:9〉로 선택합니다. ❹ 그리고 하단의 '콘텐츠 크기를 맞춰 조정하세요'를 ON으로 바꿉니다. 그러면 기존에 자유분방했던 슬라이드 크기들이 PPT 슬라이드에 맞춘 16:9 사이즈로 바뀝니다.

이번에는 표지에 들어간 이미지를 수정해보겠습니다. ❺ 이미지를 클릭하면 밑에 여러 가지 옵션들이 나타납니다. ❻ 여기서 〈강조 이미지 수정〉이라는 옵션을 클릭하면 AI 이미지 프롬프트를 수정할 수 있습니다.

외국인 이미지에서 한국인이 등장하는 이미지로 바꿔보겠습니다. ❼ 프롬프트에 'Korean people'이라는 키워드를 추가한 다음 ❽ 〈생성〉 버튼을 클릭합니다. 새로운 AI 이미지를 생성할 때마다 10 크레딧이 소요됩니다. ❾ 추천해주는 세 가지 이미지 중 최종 이미지를 선택하면 원하는 AI 이미지로 변경할 수 있습니다.

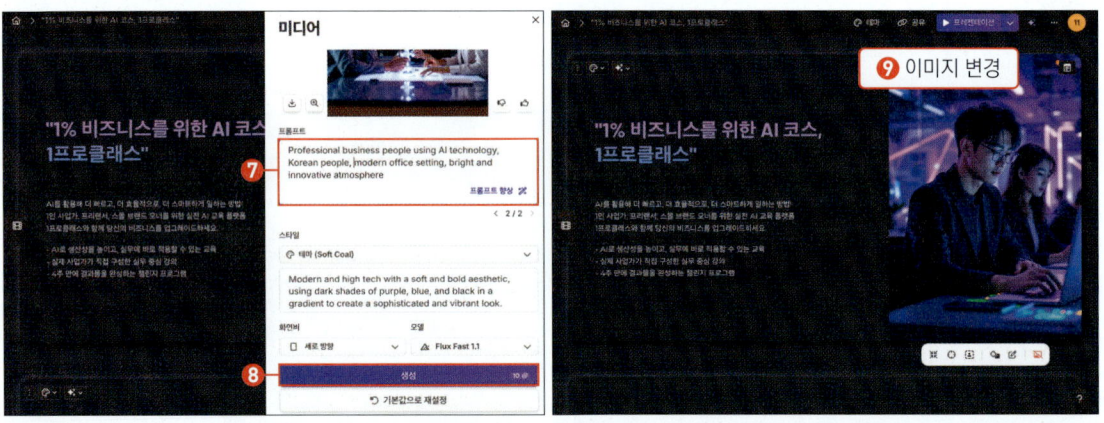

슬라이드별로 구성된 레이아웃이나 도식화도 바꿀 수 있습니다. ❿ 바꾸고 싶은 구성을 클릭하면 팝업 창이 나타나는데요. ⓫ 현재 '화살표' 레이아웃으로 된 도식을 ⓬ '단계'로 수정해봅니다. 같은 내용도 다른 도식화로 변경됩니다.

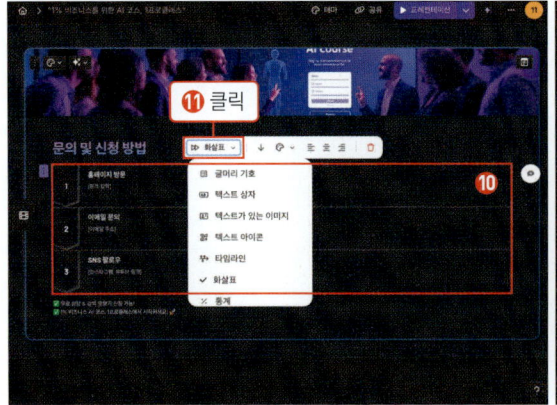 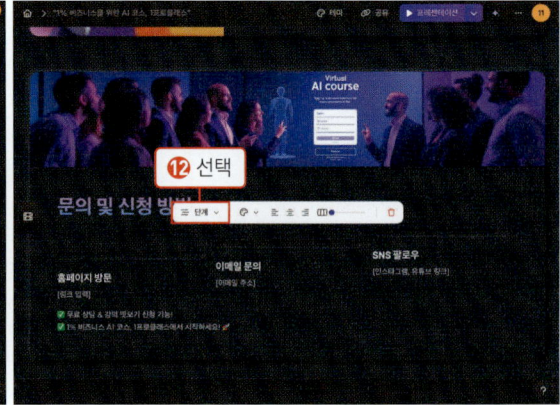

⑬ 최종 파일을 원하면 상단의 〈공유〉 버튼을 클릭합니다. ⑭ 〈내보내기〉 옵션을 선택하면 세 가지 내보내기 옵션이 나타납니다. PDF, PowerPoint 혹은 PNG 파일로 내보낼 수 있는데, PowerPoint를 클릭하면 수정 가능한 PPT 원본 파일로 다운로드할 수 있습니다. ⑮ 원하는 옵션을 선택해서 회사 소개서 파일을 다운로드합니다.

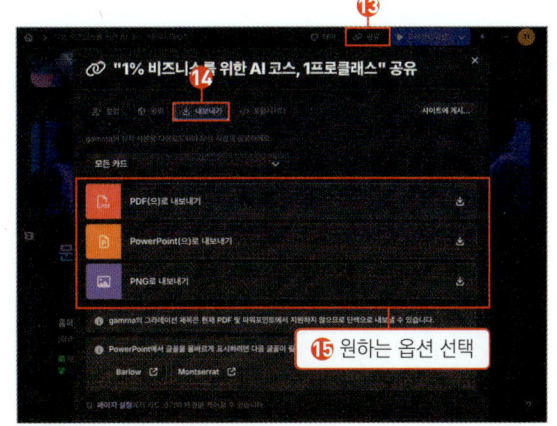

완성된 회사소개서는 다음과 같습니다. 세세한 부분은 PPT 형태에서 수정하거나 보완합니다.

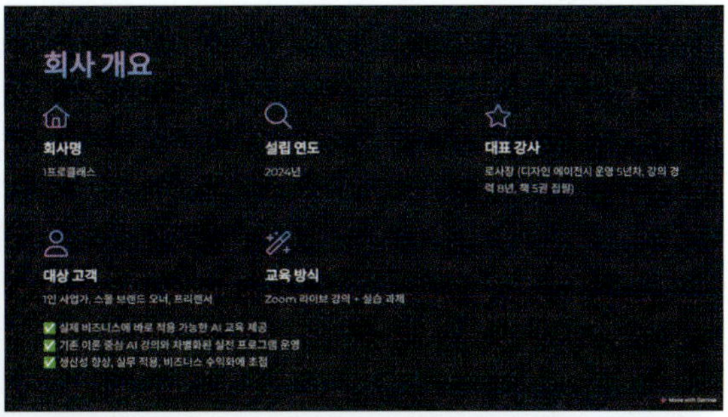

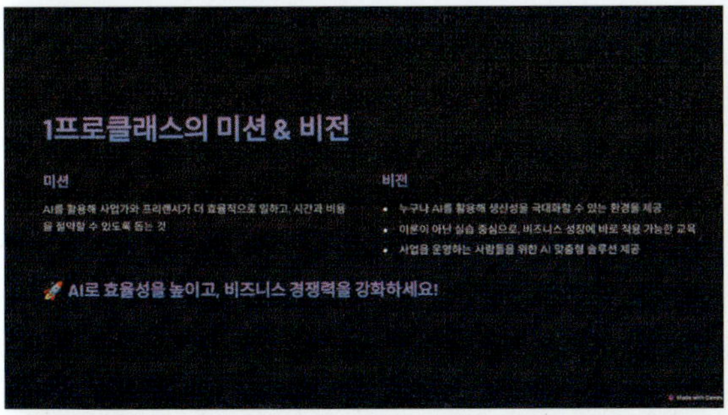

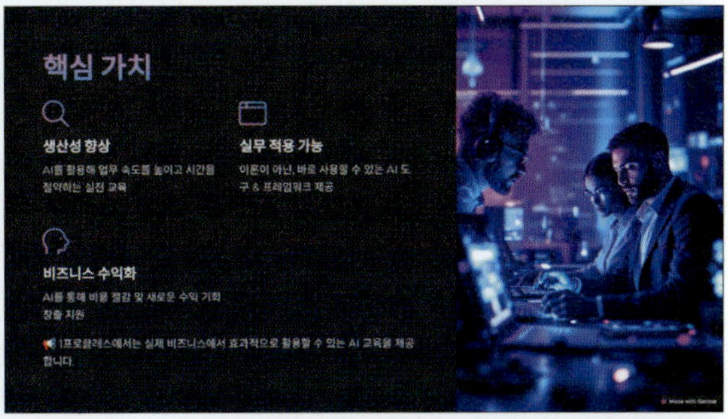

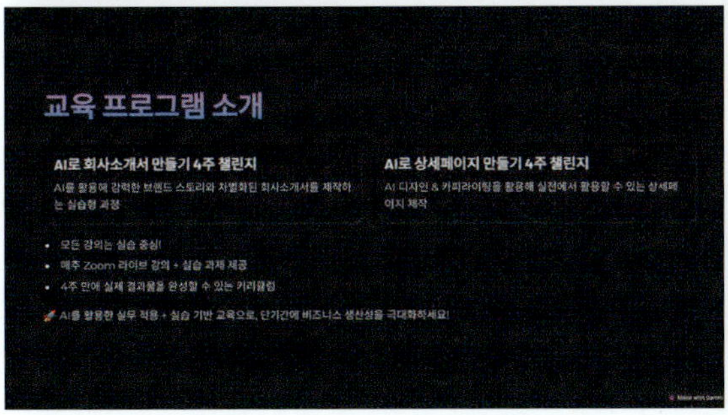

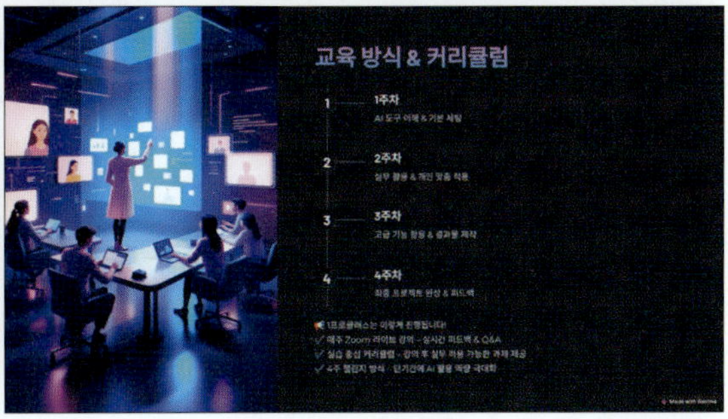

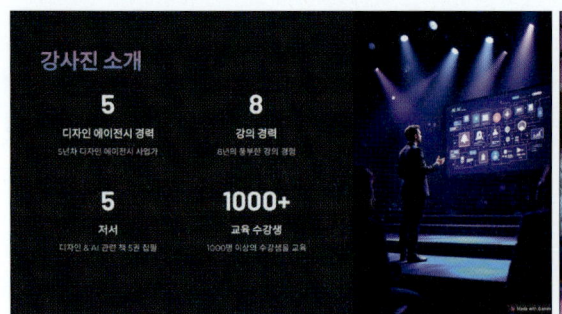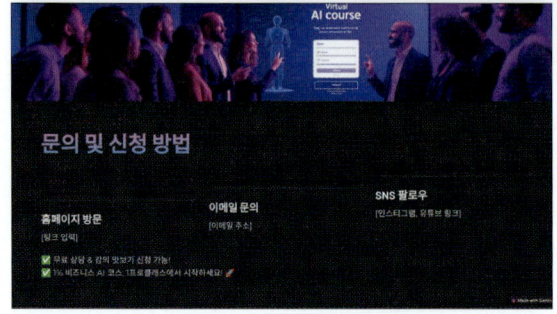

chapter 02
코딩 없이도 노코드 툴로 웹사이트 론칭하기

사업을 확장하려면 브랜드 웹사이트 론칭을 반드시 거치게 됩니다. 자사 웹사이트는 고객들의 신뢰를 쌓고 트래픽을 유도할 수 있는 강력한 수단이죠. 또한, 자사 웹사이트에 쌓이는 고객 행동 데이터를 기반으로 마케팅을 최적화하고, 맞춤형 관리도 가능합니다. 제품을 판매한다면 타 플랫폼에 수수료를 내지 않고 자사몰을 통해 수익성까지 극대화할 수 있습니다. 기존에는 웹사이트 개발에 개발자가 필수였지만, 요즘엔 코딩 없이도 가능한 '노코드 툴'을 통해 손쉽게 웹사이트를 빌딩할 수 있습니다.

누구나 웹사이트를 만들 수 있는 노코드 툴

노코드(No-Code) 웹빌더란 코딩 없이도 누구나 손쉽게 웹사이트를 제작할 수 있도록 도와주는 툴입니다. 프로그래밍 지식이 없는 사람도 마우스 클릭과 드래그 앤 드롭 방식으로 웹사이트를 구축할 수 있으며, 직관적인 편집 환경을 제공해 빠르게 원하는 형태의 사이트를 만들 수 있습니다. 웹빌더는 웹사이트 구축의 진입 장벽을 낮추고, 시간과 비용을 절감하는 데 큰 장점이 있죠.

◆ 코드 몰라도 웹사이트를 만들 수 있는 웹빌더, '아임웹'

아임웹은 국내에서 가장 널리 사용되는 노코드 웹빌더 중 하나로 개인 홈페이지, 기업 사이트, 온라인 쇼핑몰 등 다양한 유형의 웹사이트를 구축하는 데 최적화된 플랫폼입니다. 별도의 개발 과정 없이도 반응형 디자인이 적용되며, 호스팅과 보안 기능까지 포함하고 있어 웹사이트 운영에 필요한 요소를 한 번에 해결할 수 있습니다. 드래그 앤 드롭으로 손쉽게 나만의 웹사이트를 만들고 싶다면 아임웹 서비스를 추천합니다.

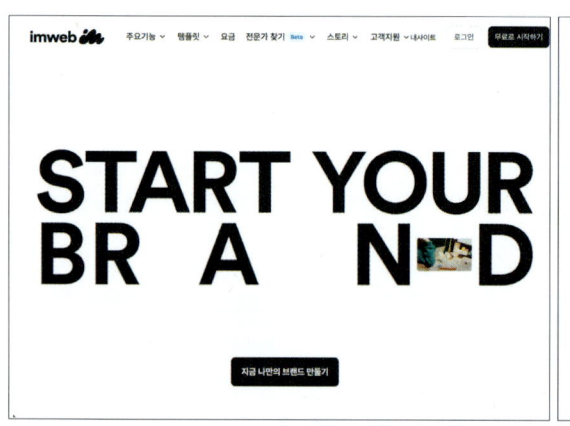
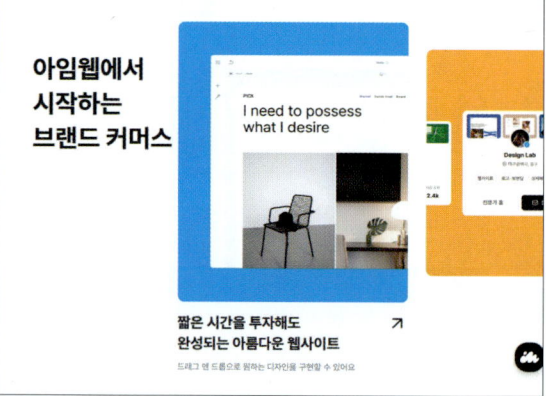

❶ 디자인 모드 및 기능

아임웹은 블록마다 내가 원하는 내용과 이미지를 넣고 드래그 앤 드롭해서 옮길 수 있습니다. 디자이너가 아니어도 템플릿을 활용하면 손쉽게 멋진 디자인의 웹사이트를 완성할 수 있습니다. 아임웹 웹사이트 내에는 입력폼, 지도, 게시판, 갤러리 등 다양한 기능들도 활용해서 관리할 수도 있죠.

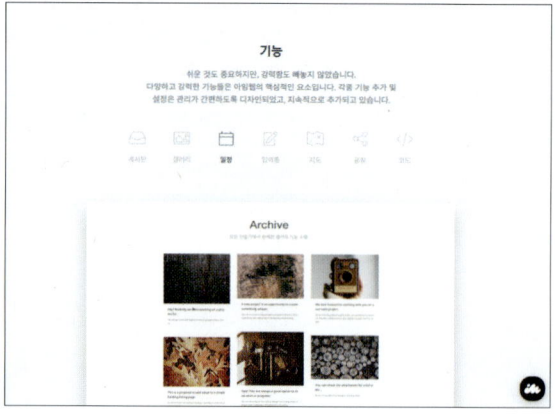

❷ 쇼핑 기능

내 상품을 판매하고 싶다면 쇼핑 기능과 결제대행사인 PG(Pay Gateway)사 연결까지 가능합니다. 간단하게 내 상품을 등록하고, 주문 관리까지 원스톱으로 아임웹에서 관리할 수 있습니다. 자사몰에서 구매하는 회원 데이터를 분석하고 트래킹할 수 있어 고객 관리도 손쉽습니다.

❸ 광고&CRM 캠페인

통합 마케팅 관리를 위한 다양한 광고 툴들도 지원합니다. 인스타그램, 페이스북, 구글 광고를 운영하면서 통합 광고 대시보드에서 한눈에 성과를 파악할 수도 있죠. 또한, 고객 관리 회계인 CRM(Customer Relationship) 캠페인 자동화를 통해 특정 행동을 하는 고객군에 맞춤형 메시지 발송도 가능합니다.

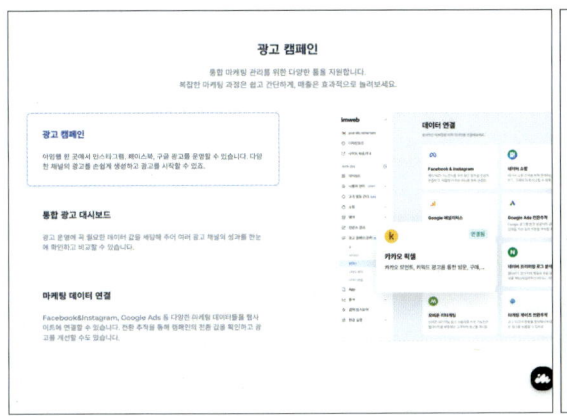
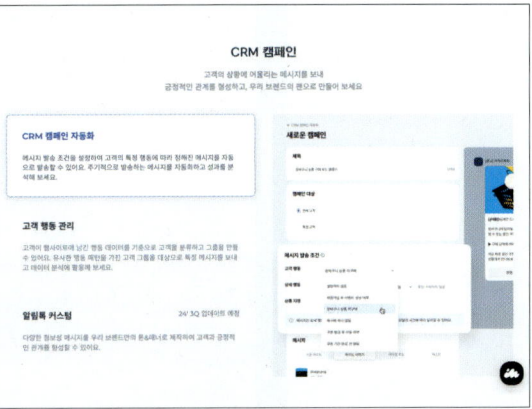

④ 관리 기능과 접근성

여러 명의 관리자 권한을 부여해 웹사이트를 관리할 수 있습니다. 또한, 통계를 통해서 어떤 경로로 웹사이트에 유입됐는지 파악도 가능합니다. 아임웹으로 만든 웹사이트는 PC, 태블릿, 모바일 환경에 맞춰서 그리드 시스템이 알아서 맞춤형으로 바꿔 주는 반응형 웹사이트기 때문에 기기별 호환도 문제 없습니다.

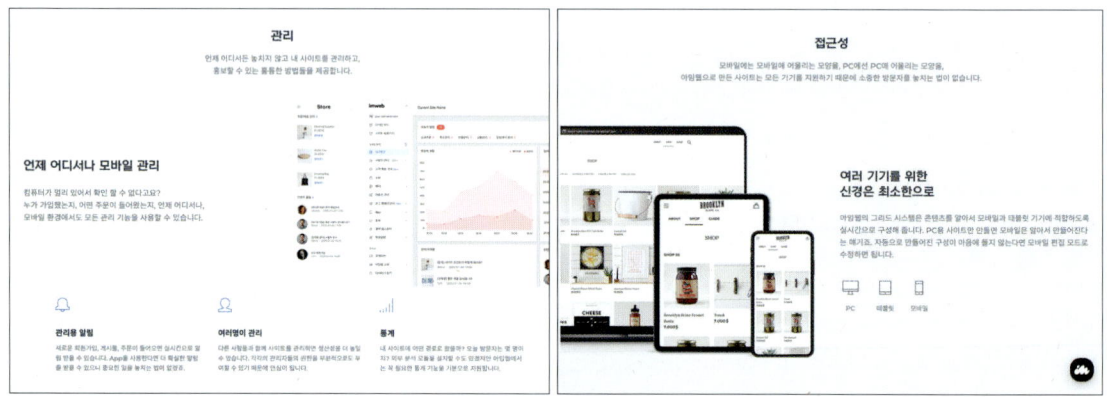

✤ 무료부터 프로까지, 나에게 맞는 아임웹 요금제 가입하기

아임웹에서는 무료로 웹사이트 개설도 가능하며, 원하는 기능에 따라서 다양한 유료 요금제 중에 선택할 수 있습니다. 무료부터 스타터, 프로 요금제까지 어떤 요금제가 내게 필요한지 살펴보겠습니다.

① 개인용 포트폴리오 웹사이트가 필요하다면? FREE 요금제

아직은 월 구독료가 부담스럽다면 0원으로 시작 가능한 'FREE' 요금제로 아임웹을 시작해보세요. 간단한 개인 포트폴리오 웹사이트나 소수의 상품만 판매할 경우 무료 요금제도 충분합니다. 무료 요금제에서 총 5개의 웹 페이지까지 생성 가능하며, 5개의 상품 등록과 사용 가능한 위젯 수의 제한이 있습니다. 무료 요금제는 개인 도메인이 아닌 아임웹 도메인(imweb.me)로만 주소를 생성할 수 있으며, 웹사이트 하단에 '이 사이트는 아임웹으로 제작되었습니다.'라는 광고 배너가 나타납니다.

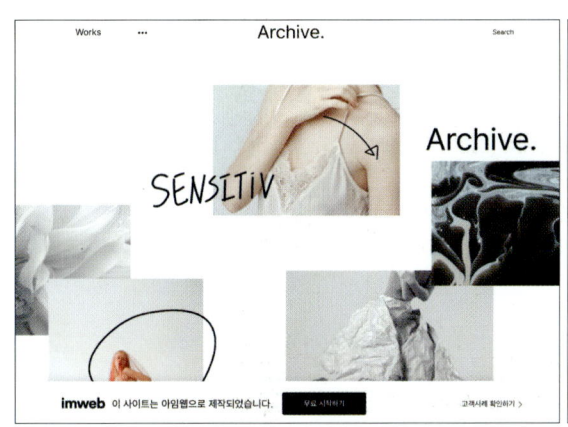 

② 내 브랜드를 위한 공식 사이트가 필요하다면? STARTER 요금제

내 브랜드를 소개하는 멋진 웹사이트와 문의까지 받고 싶다면 STARTER 요금제를 추천합니다. 스타터 요금제부터는 내가 구매한 도메인으로 웹사이트 주소를 등록할 수 있고, 생성 가능한 페이지 개수도 무제한이 됩니다. 또한, 무제한으로 이미지나 파일, 게시글 등을 업로드할 수 있습니다. 트래픽을 웹사이트로 유도해서 문의까지 받는 퍼널을 원한다면 아임웹 광고 배너가 뜨지 않는 스타터 요금제가 좋습니다.

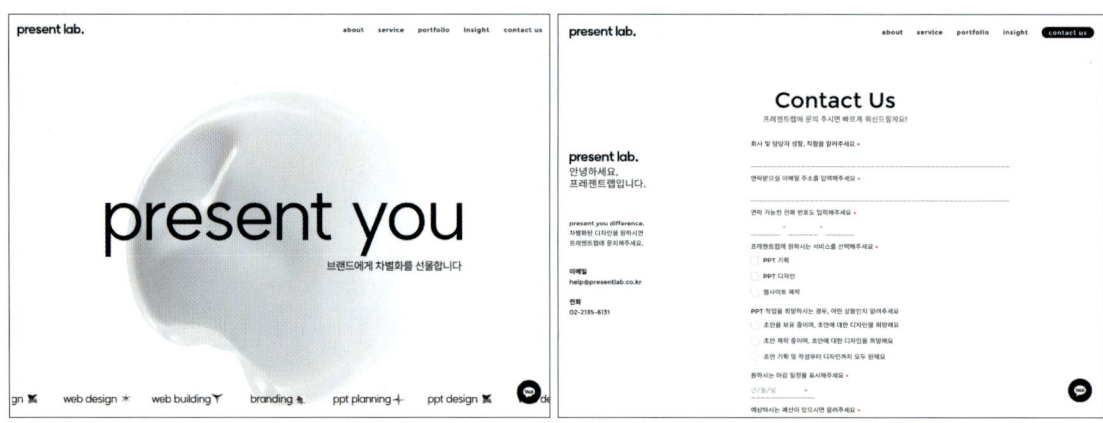

❸ 10개 이상의 상품이 있는 쇼핑몰이 필요하다면? PRO 요금제

스타터 요금제까지는 10개의 상품을 올릴 수 있는데, 그 이상의 상품을 판매할 계획이면 PRO 요금제가 필요합니다. 상품 수부터 카테고리, 쿠폰까지 무제한 으로 발급할 수 있습니다. 그 외에도 쇼핑몰에 유용한 선물하기 기능, 네이버 페 이 결제부터 네이버 쇼핑이나 카카오 쇼핑하우에 노출할 수도 있어 제대로 자 사몰을 키워보고 싶다면 PRO 요금제를 선택해보세요.

아임웹으로 브랜드 소개 웹사이트 만들기

본격적으로 아임웹으로 웹사이트 제작하는 방법을 간단히 살펴보겠습니다. 아임웹의 기본 템플릿을 활용해 브랜드 소개 혹은 포트폴리오 페이지를 손쉽게 완성해보겠습니다.

✦ 아임웹 디자인 템플릿으로 웹사이트 커스텀 시작하기

❶ 아임웹 사이트의 메뉴 중에서 〈템플릿〉을 클릭하면 다양한 디자인의 템플릿들이 보입니다. '쇼핑' 태그가 붙어있는 템플릿은 쇼핑몰 기능이 있는 템플릿이고, 태그가 없으면 일반 웹사이트 포맷입니다. ❷ 간단한 포트폴리오 웹사이트를 만들기 위해 일반 템플릿 중 마음에 드는 형태를 클릭하고 ❸ [미리보기]를 눌러 디자인을 살펴봅니다. ❹ 마음에 들면 오른쪽 상단의 〈사이트 개설〉 버튼을 클릭합니다.

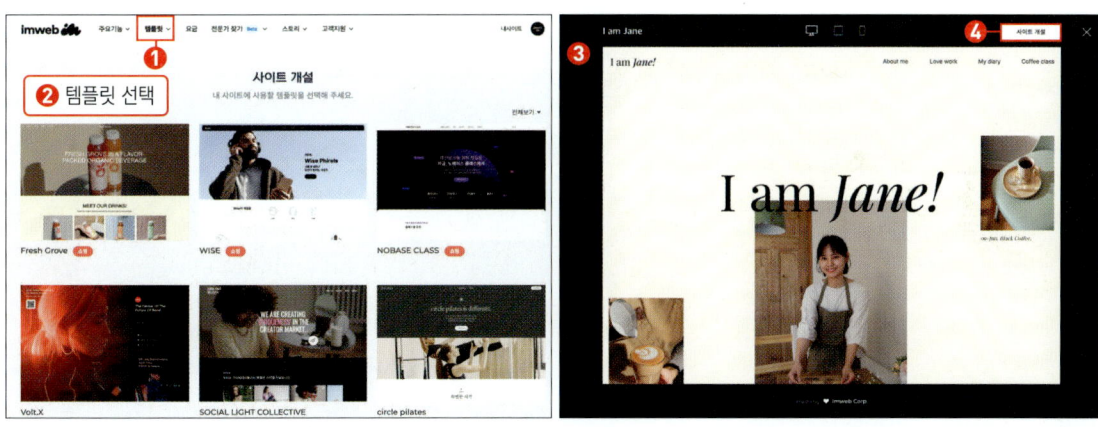

새로운 웹사이트의 이름과 도메인 주소를 정할 수 있는데요. 여기서 디폴트로 'imweb.me' 도메인이 생성되는데, 추후에 웹사이트 주소는 언제든지 바꿀 수 있습니다. ❺ 〈개설하기〉를 클릭하면 내 사이트에 추가됩니다. ❻ 웹사이트 리스트 중 작업하고 싶은 웹사이트의 〈관리〉 버튼을 클릭합니다.

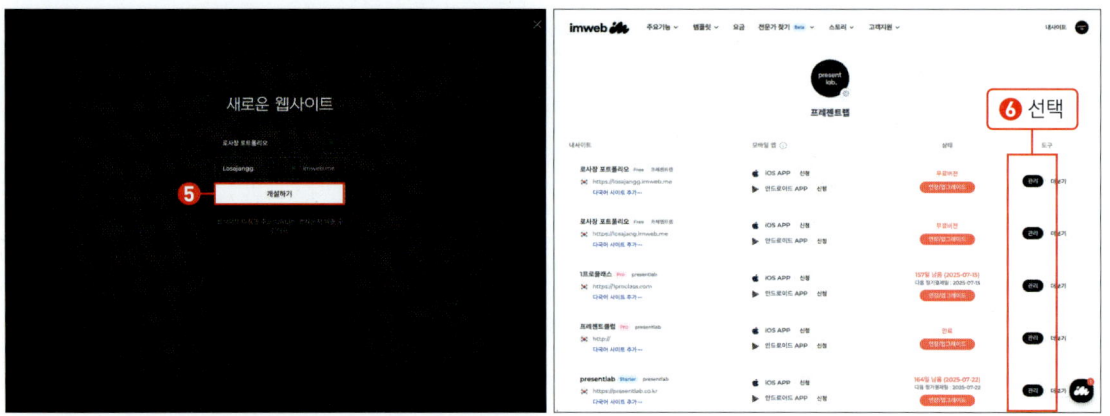

해당 웹사이트를 관리하고 수정할 수 있는 매니지먼트 페이지가 표시됩니다. 웹사이트를 갓 개설했다면 메인 페이지에 나타나는 기본설정, 판매하기, 성장하기, 추천작업 등에 나와 있는 작업을 순서대로 진행하면 좋습니다. ❼ [기본설정]에 있는 첫 작업을 클릭하면 순서대로 어떤 설정을 하면 좋을지 추천해주는데요. ❽ 〈설정 페이지로〉 버튼을 클릭해보겠습니다.

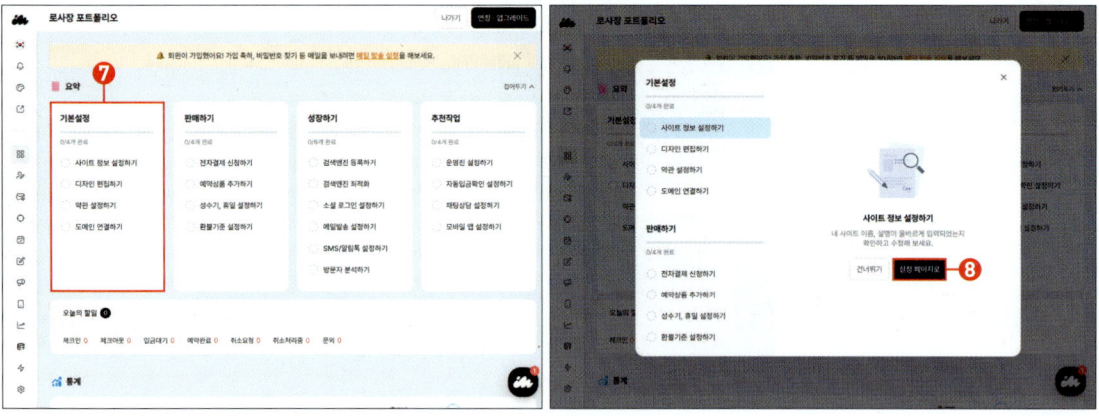

사이트 이름, 설명, 대표 이미지 등 사이트의 기본설정을 관리할 수 있는 페이지가 나타납니다. ❾ 여기서 차례대로 사이트의 정보를 입력합니다. ❿ 본격적으로 웹사이트 디자인에 들어가고 싶다면 왼쪽 메뉴 페이지에서 〈디자인 모드〉를 선택합니다.

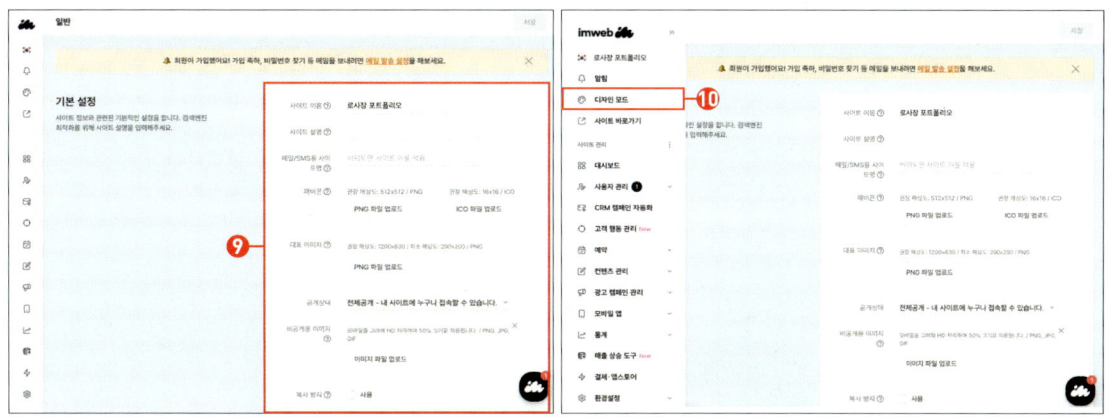

⓫ 방금 선택했던 템플릿대로 구현된 웹사이트 디자인 모드에 진입합니다. 여기서 이미지, 텍스트, 폰트 등 다양한 디자인 설정을 편집할 수 있습니다. 왼쪽 메뉴 창을 열면 이 사이트의 상단 메뉴들에 접속하거나 메뉴를 추가 혹은 제거할 수 있습니다.

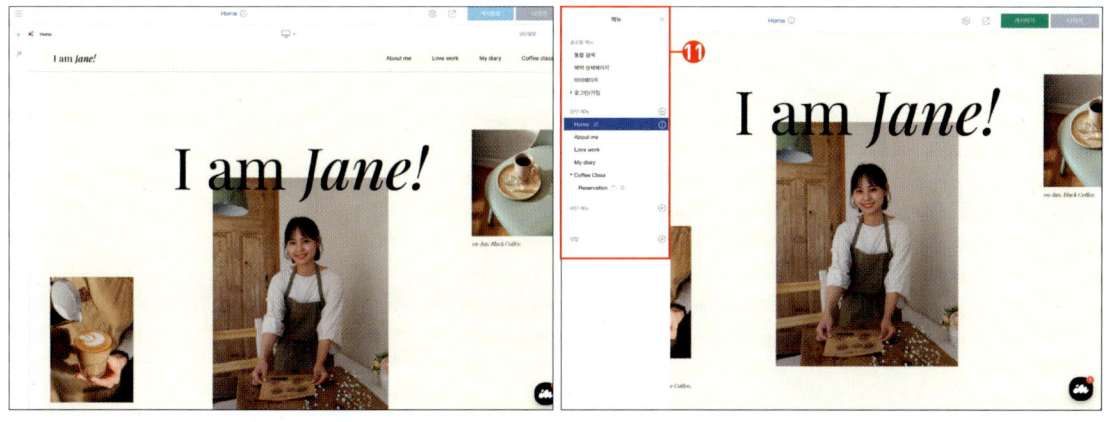

⓬ 오른쪽 상단의 톱니바퀴 아이콘을 클릭하면 〈공통 디자인 설정〉창이 화면 오른쪽에서 나타나는데요. 여기서는 기본 테마 색상부터 본문 및 제목 폰트 설정, 버튼 스타일 등 사이트에 공통으로 적용되는 디자인을 설정할 수 있습니다. 아임웹에서 제공하는 기본 폰트 및 디자인 스타일 중 마음에 드는 것으로 선택합니다.

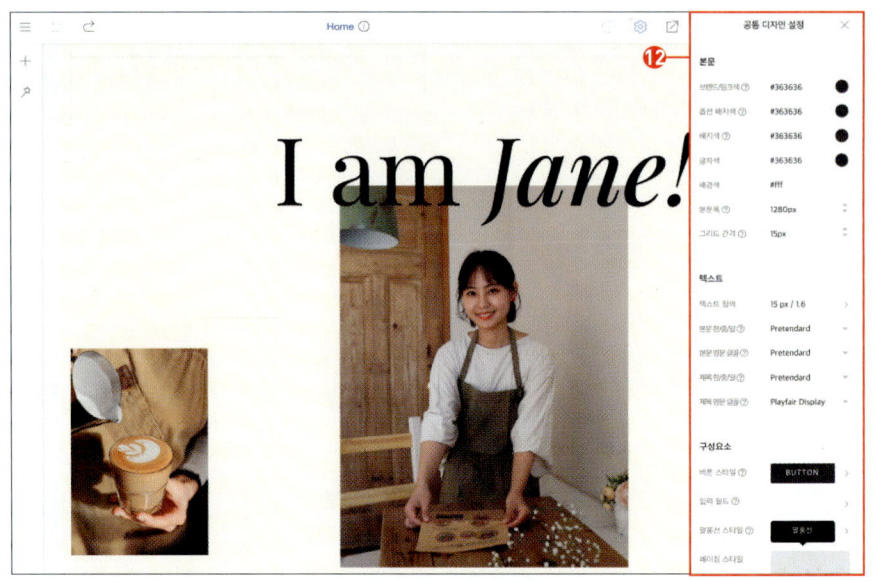

❖ 아임웹으로 맞춤형 디자인 작업 후 퍼블리싱까지

이제 기본적으로 설정된 템플릿 디자인을 우리 내용에 맞게 수정해봅니다. ❶ 먼저, 템플릿에서 설정된 이미지 섹션에서 마우스 오른쪽 버튼을 클릭하면 여러 설정 옵션이 나타납니다. ❷ 여기서 〈이미지 설정〉을 클릭하면 이미지 설정 창이 나타납니다. ❸ 기존 업로드된 이미지를 선택한 후 ❹ 〈업로드〉 버튼을 클릭해 원하는 이미지를 업로드합니다.

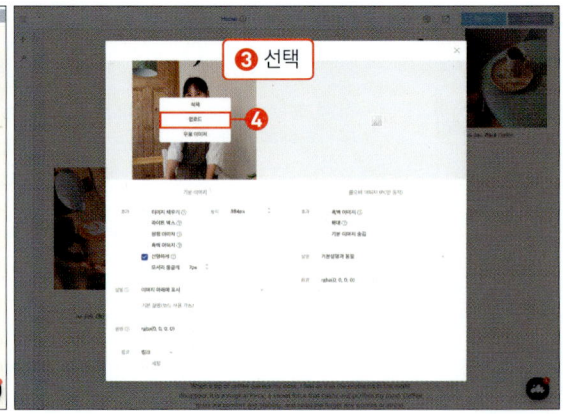

이미지 설정 창에서 나오면 기존 이미지에서 내가 업로드한 이미지로 교체됩니다. 이번에는 섹션의 배경 색상을 변경해보겠습니다. ❺ 원하는 섹션에서 마우스 오른쪽 버튼을 클릭하고 ❻ 〈섹션 설정〉을 선택합니다.

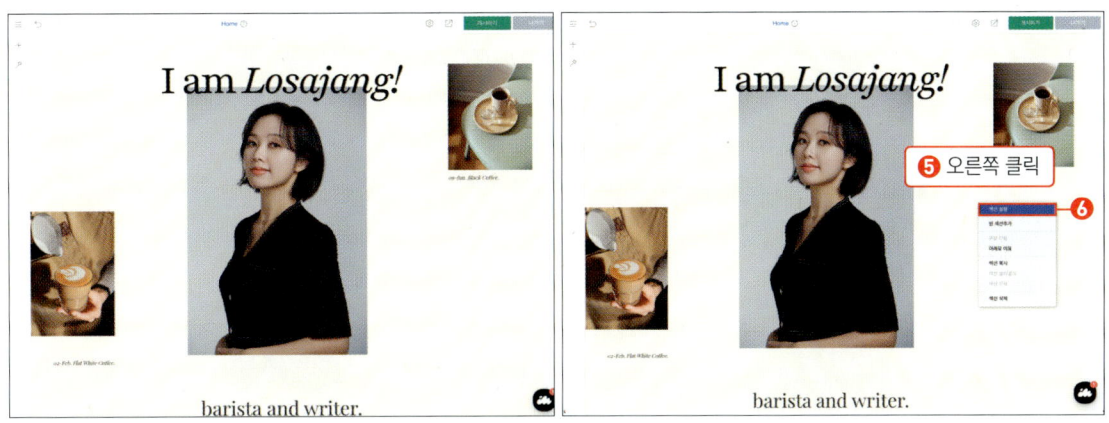

❼ [섹션 설정] 창이 나타나면 기존에 설정되어 있던 배경 색상 이미지를 클릭해 컬러 편집 창을 표시합니다. ❽ 여기서 원하는 색상을 설정하거나 컬러 코드를 입력합니다. 섹션 설정 창에서 빠져나오면 섹션의 배경 색상이 원하던 색상으로 변경된 것을 확인할 수 있습니다.

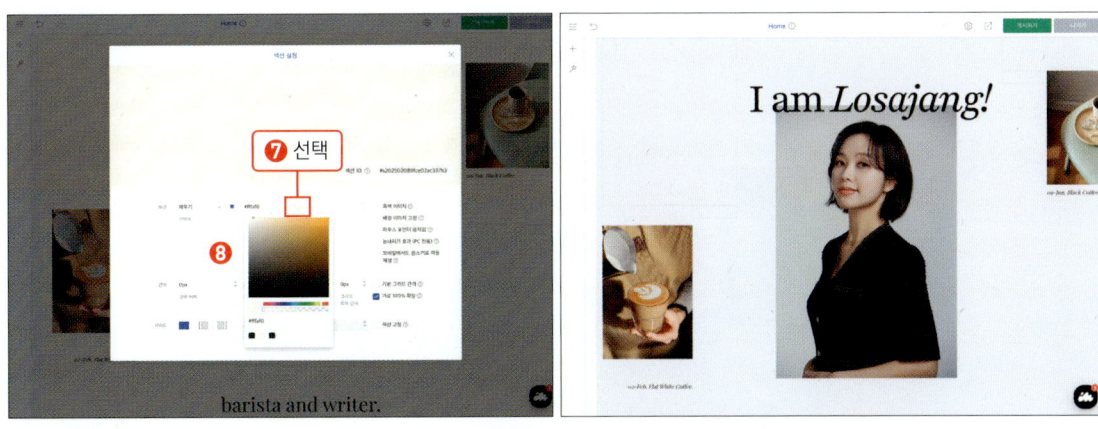

이번에는 텍스트를 수정해보겠습니다. ❾ 수정하고 싶은 텍스트 위에 커서를 두고, 더블 클릭을 하면 텍스트 편집 옵션이 나타납니다. ❿ 기존에 있던 텍스트를 삭제하고 나의 내용에 맞춘 카피라이팅을 입력합니다. ⓫ 웹사이트 편집을 마무리한 후 오른쪽 상단의 초록색 〈게시하기〉 버튼을 클릭합니다.

> **TIP**
> 텍스트 편집 시 웹사이트에 게시됐을 때의 디자인을 확인하고 싶다면 오른쪽 상단 메뉴 중에 〈미리보기〉 아이콘을 클릭합니다.

해당 주소로 들어갔을 때 현재 버전의 웹사이트 디자인이 보입니다. 이렇게 메뉴별로 내가 원하는 대로 맞춤형 디자인을 하고 내용을 수정해서 웹사이트를 론칭해보세요.

아임웹으로 내 상품을 판매하는 쇼핑몰 론칭하기

아임웹은 국내 결제 시스템 연동이 편하다는 장점이 있어 많은 쇼핑몰 사장님들이 선호하는 웹빌더입니다. 이번에는 나만의 상품을 판매하기 위해 PG 즉, 결제 대행 서비스를 신청해서 고객들이 구매할 수 있게 해보겠습니다.

◆ 내 상품 카테고리 및 정보 등록하기

❶ 쇼핑몰 기능을 추가한 아임웹 템플릿을 만든 후 웹사이트 관리에서 왼쪽 메뉴를 열면 〈쇼핑〉 옵션이 나타납니다. ❷ 〈쇼핑〉 메뉴를 클릭한 후 하단 메뉴 중에서 ❸ 〈상품〉을 선택하면 상품을 추가하고 관리할 수 있는 페이지가 열립니다. ❹ 왼쪽에서 〈카테고리 관리〉를 선택하겠습니다.

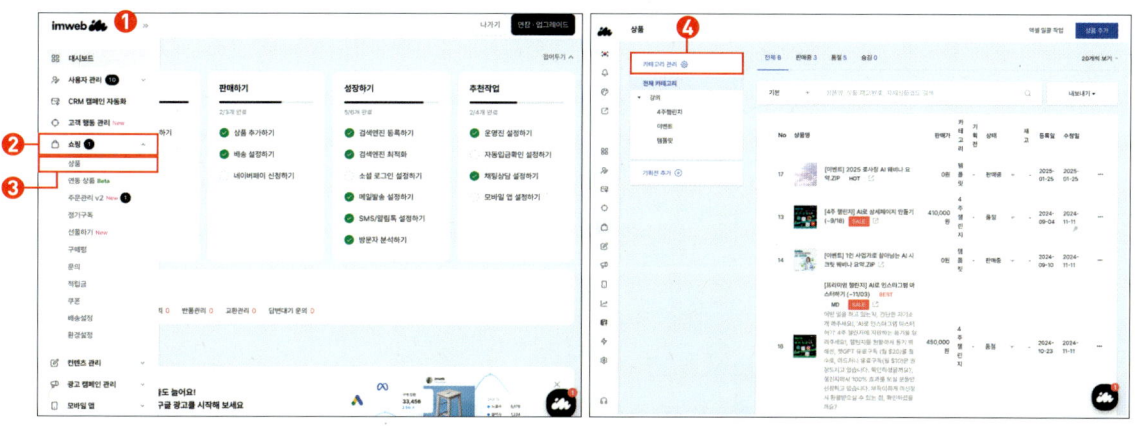

카테고리를 관리할 수 있는 창이 나타납니다. 여기서 카테고리 이름을 바꾸거나 새로운 카테고리도 추가할 수 있습니다. ❺ 내 상품을 나눌 수 있는 카테고리 군에 따라서 생성하고 〈저장〉 버튼을 클릭합니다. ❻ 이번에는 〈상품〉 메뉴에서 오른쪽 상단에 있는 〈상품 추가〉를 클릭하겠습니다. 새로운 상품에 대한 내용과 상세페이지, 가격 등 전반적인 모든 작업을 관리할 수 있는 페이지가 나타납니다.

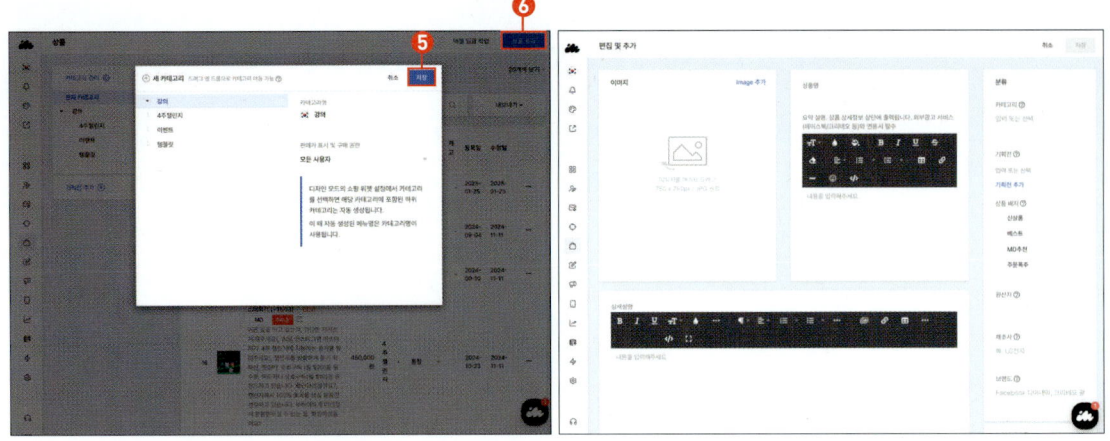

❼ 왼쪽 [이미지]란에 이미지를 추가하면 상품의 대표 섬네일로 등록됩니다. ❽ [상품명]과 [상품 소개]를 쓰면 상품 섬네일을 노출할 때 함께 노출됩니다. ❾ 오른쪽에서 [분류]에서는 상품 카테고리나 기획전, 상품 배지 등을 설정할 수 있습니다. 하단의 [상세 설명]은 상품의 상세페이지에 해당하므로 이미지와 텍스트, 영상 등을 업로드해 상품의 상세페이지를 완성할 수 있습니다. 스크롤을 내리면 상품의 판매방식, 판매기간과 가격, 할인 설정 등까지 디테일한 옵션을 세팅할 수 있습니다.

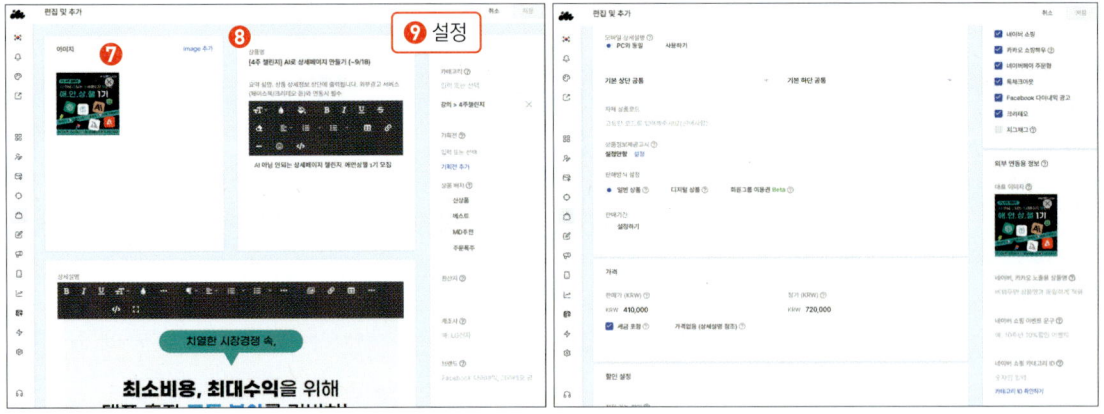

❿ 좀 더 하단으로 스크롤을 내리면 배송 및 택배 설정을 관리할 수 있습니다. 상품 상세페이지 하단에 연관 상품이나 추가 상품으로 추천할만한 제품을 선택도 가능합니다. 재고 관리부터 옵션을 추가 세팅(사이즈나 색상 등을 추가)할 수 있습니다. ⓫ 모든 상품 설정을 완료하면 〈저장〉 버튼을 클릭합니다.

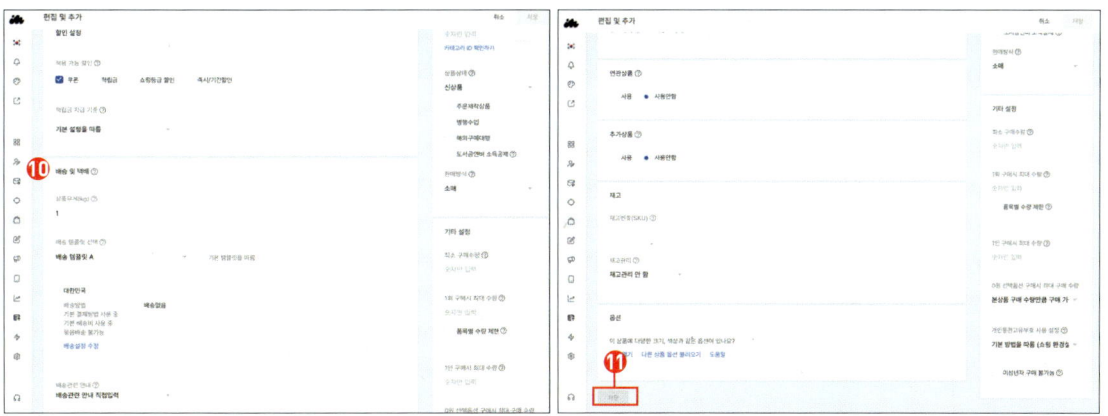

⓬ 왼쪽에서 아임웹 메뉴를 펼쳐본 다음 〈디자인 모드〉에 들어가서 상품을 사이트에 보이도록 설정하겠습니다. ⓭ 디자인 모드에서 섹션 사이에 '+' 아이콘을 클릭하면 추가할 수 있는 다양한 디자인 요소 및 DB 요소들이 나타납니다. ⓮ 여기서 [DB 요소]에 있는 〈쇼핑〉을 선택합니다.

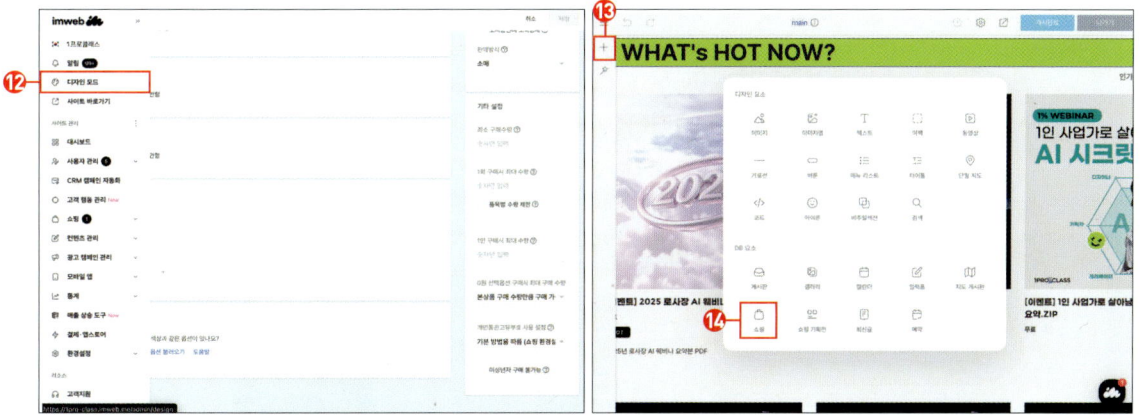

쇼핑 위젯이 추가되면 마우스 오른쪽 버튼을 클릭하고 〈쇼핑 설정〉에 들어갈 수 있습니다. 쇼핑 설정에서는 다양한 디테일 옵션들을 선택할 수 있는데요. 먼저 [표시 옵션]에는 상품 섬네일에 표시되는 다양한 요소를 ON/OFF 체크할 수 있습니다. [진열]에서는 어떤 카테고리의 상품을 보여지게 될 것인지, 인기 순 혹은 판매되는 순 등으로 정렬할 것인지, 총 몇 개의 상품 섬네일들이 출력될 것인지 등을 설정합니다. [디자인]은 상품 섬네일의 이미지 비율부터, PC에서는 가로 한 줄에 몇 개 상품을 보여줄지, 혹은 텍스트 사이즈와 간격 등까지 선택할 수 있습니다.

[쇼핑 설정] 옆에 [배지 설정]을 클릭하면 상품 섬네일 옆에 보이는 배지 아이콘들을 설정할 수 있습니다. 쇼핑 설정과 배지 설정까지 끝나면 〈쇼핑 설정〉 창밖으로 나와 내가 설정한 대로 상품들이 잘 보이는지 확인합니다.

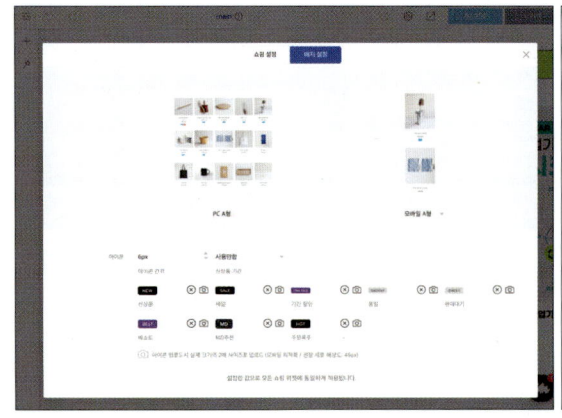
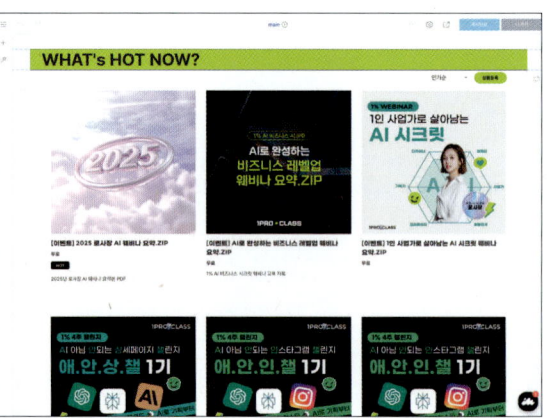

◆ 상품 주문 관리 및 카드사 PG 연결하기

상품을 성공적으로 업로드했다면 상품 주문 관리하는 법과 카드사 PG로 연결하는 방법을 알아보겠습니다. ❶ 사이트 관리 페이지에 들어간 후 왼쪽 메뉴 중에서 〈쇼핑〉의 〈주문관리 v2〉를 선택하면 이때까지 접수된 주문들을 한눈에 볼 수 있습니다. 상단 필터를 통해서 전체 주문, 결제 대기, 상품 준비중, 배송 대기 등 다양한 상태에 있는 주문을 모아서 관리할 수 있죠. ❷ 특정 주문을 클릭하면 주문 번호와 결제 정보, 구매자 정보, 배송지 정보 등 디테일한 주문 현황을 확인할 수 있습니다.

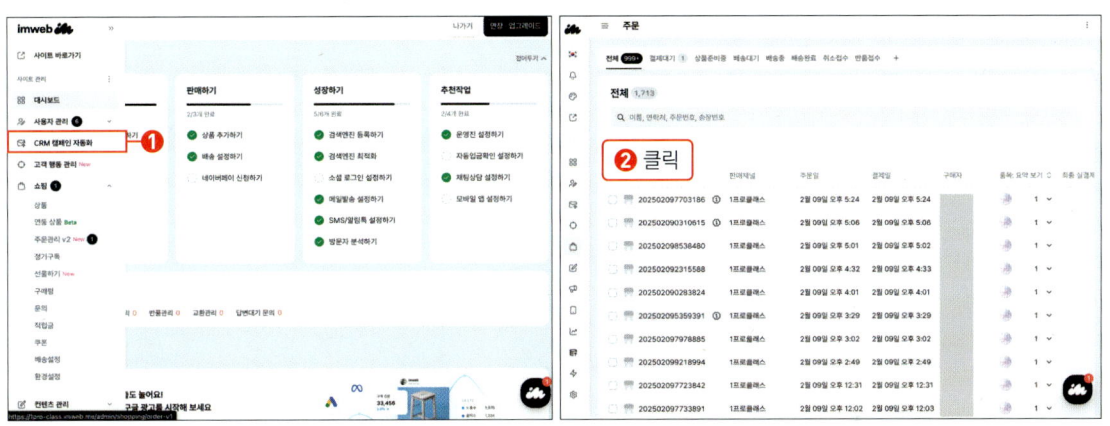

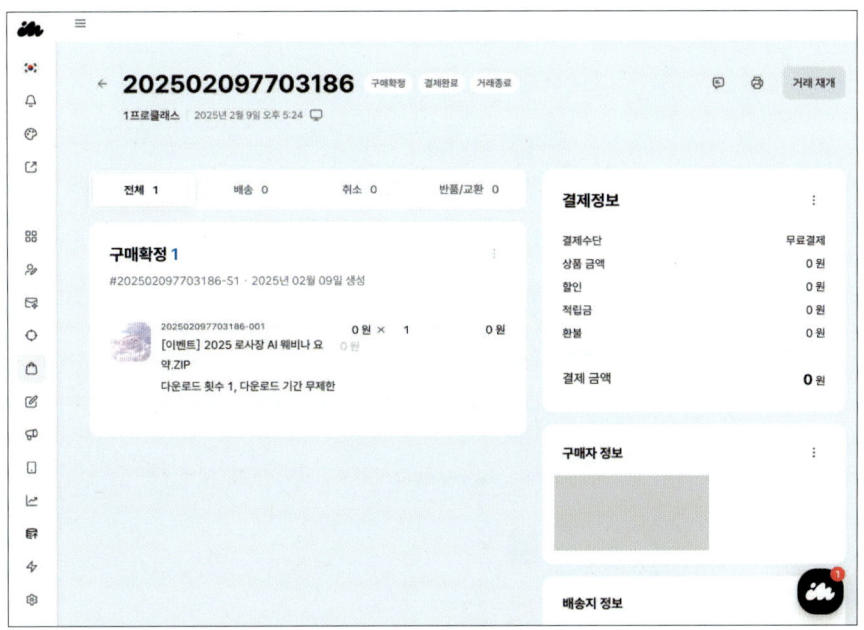

❸ 이번에 다시 왼쪽 메뉴 창을 열어서 〈환경설정〉의 〈전자결제(PG)〉를 선택합니다. 전자결제 창에서는 고객들이 어떤 수단으로 결제할 수 있는지 설정할 수 있는데요. 기본적으로는 무통장 입금으로 설정돼 있고, 그외 카드 결제를 연결하려면 각 PG사에 신청 및 계약을 진행해야 합니다.

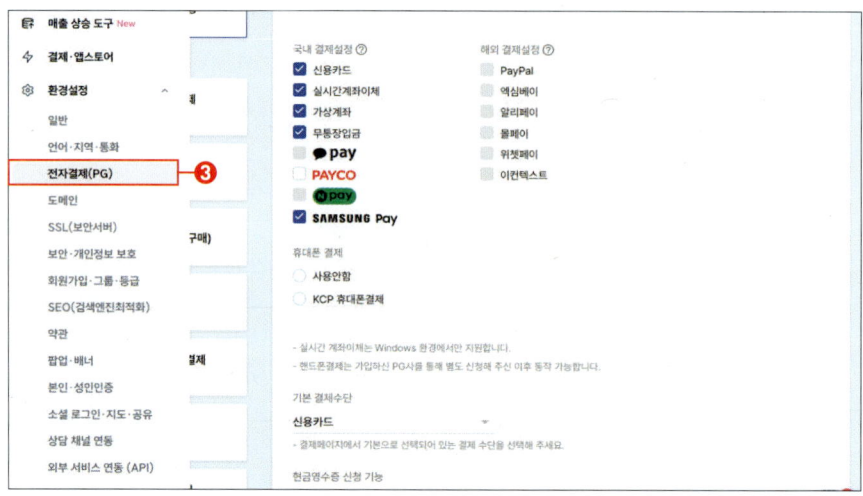

❹ 국내 전자결제를 위해 왼쪽에 〈국내 전자결제〉, 혹은 〈네이버 페이〉 등 원하는 결제 옵션을 선택하고 각 PG사에서 요청하는 정보 등을 입력하고 신청해야 합니다. 여기서 결제 수단을 설정 체크해두면 고객이 결제할 때 원하는 결제 수단으로 구매를 진행할 수 있습니다.

chapter 03
AI로 자동화 사업 시스템 구축하기

사업 초반에는 모든 업무를 직접 처리하지만, 시간이 지나면 반복해서 처리할 업무가 쌓이며 성장 속도가 느려집니다. 이를 해결하는 것이 자동화 시스템이죠. 자동화는 단순한 효율 향상이 아니라 시간 절약, 실수 감소, 확장 가능한 비즈니스 모델 구축을 가능하게 합니다. 과거에는 높은 비용과 기술이 필요했지만, 이제 AI를 활용하면 누구나 쉽고 저렴하게 자동화 시스템을 구축할 수 있습니다.

데일리 업무를 자동화시키는 AI봇 만들기

사업을 운영하다보면 매일 혹은 주기적으로 반복하는 '루틴'적인 업무들이 있습니다. 이렇게 특정 프로세스 혹은 템플릿을 따르는 업무들을 챗GPT의 맞춤형 봇을 통해 업무 효율성을 극적으로 높일 수 있습니다.

◆ 챗GPT TASK 기능으로 데일리 뉴스 봇 만들기

정해진 요일과 시간마다 챗GPT에게 정해진 업무를 시킬 수 있는 TASK(작업) 기능이 2025년 1월에 출시되었습니다. 기존에는 챗GPT 베타 모델 중 하나인 'GPT-4o 일정 예약'에서 일정을 예약할 수 있었는데요. 정식 기능으로 전환되면서 이제는 별도 모델이 아니라 모든 모델에서 일정 예약을 요청할 수 있게 되었습니다.

직접 데일리 루틴 업무를 시켜보겠습니다. 챗GPT에 접속해서 모델 이름이 적힌 곳을 클릭하면 다양한 모델이 보입니다. 여기서 고급 이성을 사용하는 'o3' 모델을 선택해 보겠습니다. 데일리 업무를 요청할 때 'o3' 모델이 제일 잘 생성하는 편입니다. 매일매일 빠르게 AI 트렌드를 파악할 수 있도록 AI 관련 뉴스 요약본을 가져와달라고 하겠습니다.

`Prompt` 매일 오전 10시에 생성형 AI 관련 영어 뉴스 요약본을 나한테 가져와 줘. 출처는 모두 영어로 된 뉴스여야 해.

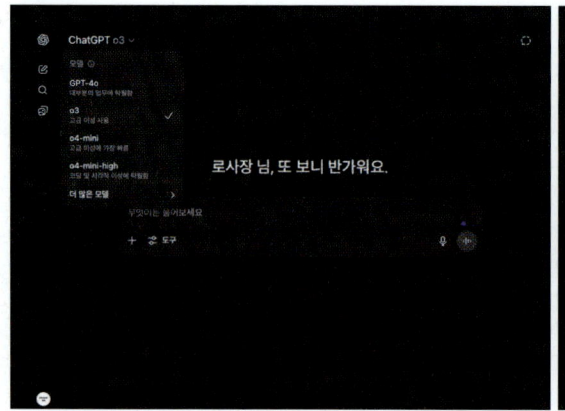
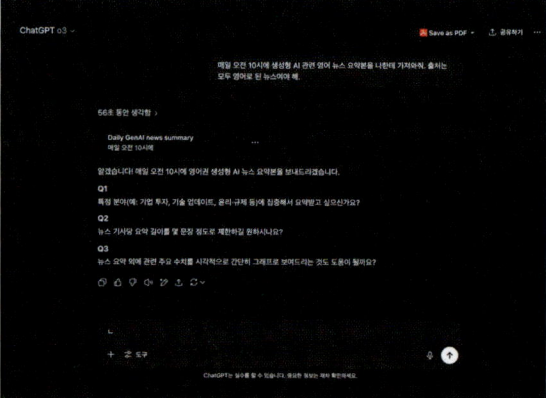

챗GPT가 대답을 하는데, 이때 박스형 텍스트를 클릭하면 '작업' 팝업 창이 나타납니다. 여기서 작업의 이름과 지침, 일정 예약 등을 확인할 수 있고 필요하면 수정하거나 일시정지, 혹은 삭제할 수 있습니다.

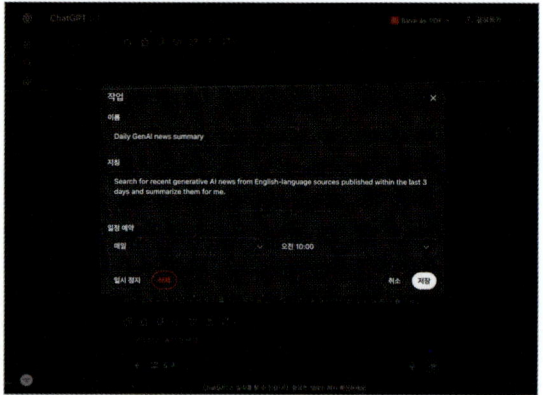

이제 챗GPT에서 일정이 추가되며, 매일 오전 10시에 맞춰서 그날 최근 업데이트된 뉴스 요약본을 가져옵니다. 각 뉴스의 끝에 출처 뉴스도 표기돼 있어, 원문 뉴스 기사까지 확인할 수 있게 됩니다. 기존에는 30분 이상의 시간을 소요하여 뉴스를 검색해야 했다면, 이제 챗GPT가 완벽한 AI 비서처럼 효율적으로 업무를 처리해 줍니다.

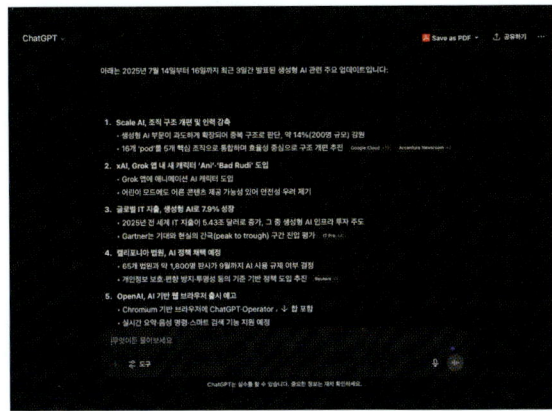 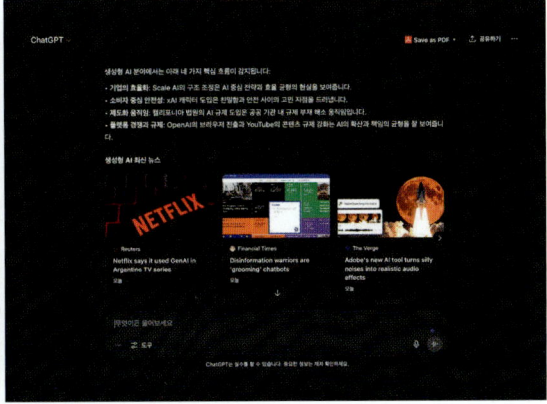

❖ 챗GPT로 회의록 템플릿 맞춤 보고서 봇 만들기

이번에는 챗GPT에서 맞춤형 봇을 만들어 우리 회사에서 자주 쓰는 보고서 포맷을 자동화할 수 있게 설정해보겠습니다. 회사에서 내부 혹은 외부 미팅을 종종 갖게 되는데, 미팅 내용을 회의록 형태로 정리하는데도 최소 30분 이상을 씁니다. 이때, 간단히 쓴 메모나 녹음 파일만 넣어도 회사 회의록 형태로 정리해주는 챗봇을 세팅해보겠습니다.

❶ 챗GPT 웹사이트 왼쪽 메뉴 패널에서 [GPT]를 클릭하면 <GPT 탐색> 페이지가 나타납니다. ❷ 오른쪽 위에 [+만들기] 버튼을 클릭합니다.

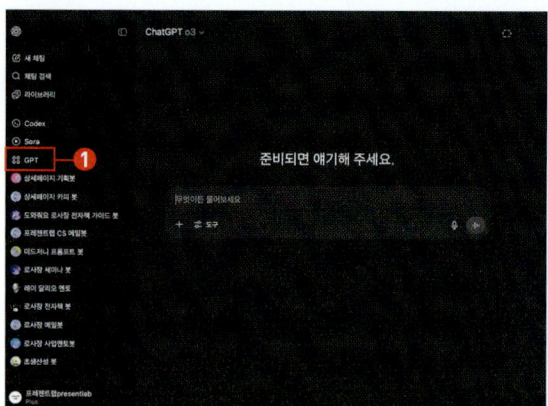 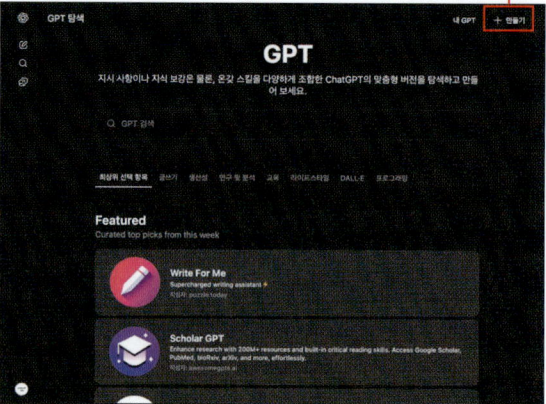

나만의 GPT를 편집하고 구성하는 페이지가 나타납니다. 각각 항목들을 살펴보겠습니다.

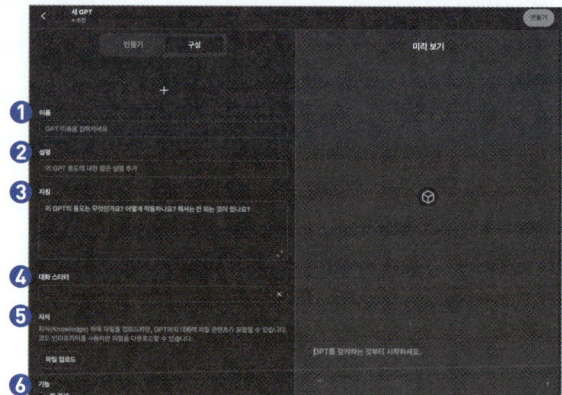

❶ 이름: GPT의 이름을 입력하세요. GPT 스토어에 공개하면 해당 이름으로 검색해서 찾을 수도 있습니다.

❷ 설명: 해당 GPT 봇에 대한 간단한 설명을 써주세요.

❸ 지침: GPT 봇이 어떤 목적으로 만들어졌고, 진행하는 작업에 대한 프롬프트를 입력하는 란입니다. GPT의 페르소나, 목표, 맥락, 혹은 대답 템플릿 등을 지시할 수 있습니다.

❹ 대화 스타터: 봇을 클릭했을 때 맨 처음에 뜨는 자동 프롬프트입니다. 자주 쓸 것 같은 프롬프트를 등록해두면 편합니다.

❺ 지식: 지식에 GPT가 참고하면 좋을 파일들을 업로드할 수 있습니다. 이미지, PDF, PPT 등 다양한 파일을 업로드할 수 있으며, 참고할 레퍼런스나 템플릿 자료를 올려두면 좋습니다.

❻ 기능: 해당 GPT가 사용할 추가 기능들을 체크할 수 있습니다. 웹 검색, 캔버스, DALL·E 이미지 생성, 코드 인터프리터 및 데이터 분석 등의 옵션이 있습니다.

그럼, 회의록 봇을 만들어 겠습니다. ❹ 이름과 설명을 입력한 후, 가장 중요한 지침에 구체적인 요구사항을 입력해볼게요. 우리 회사의 회의록에 대한 구체적인 가이드라인과 템플릿을 써보겠습니다.

Prompt #Role 넌 회의록 작성 전문가야.
#Objective 녹음된 대화 텍스트를 가져와서 중요한 주제, 결정 사항, 실행 계획, 책임 당사자에 대한 정보를 구조화한 회의록을 작성해야 해.
#Template
- 주요 피드백 사항
- 전반적인 기획 과정에서 주의할 사항
- 전체적으로 개선이 필요한 부분
- 추후 전달 예정인 자료
- 추후 진행 예정인 일정
그 외에 클라이언트가 [특정 주제]를 이해하기 위해 참고하라고 한 자료들을 정리해 줘.

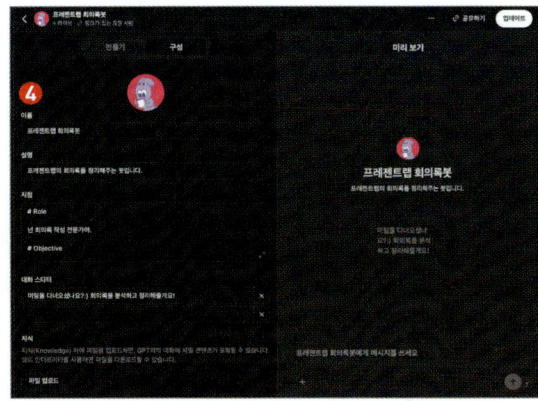

❺ 챗봇 설정이 되면 오른쪽 상단의 〈만들기〉 버튼을 클릭합니다. 해당 GPT를 어디까지 공유할 수 있을지에 대한 옵션 선택 창이 나타납니다. 여기서 원하는 옵션을 선택합니다.

❶ 나만 보기: 오직 내 챗GPT 아이디로 접속했을 때만 사용할 수 있는 프라이빗한 봇이 만들어집니다.

❷ 링크가 있는 모든 사람: 내가 챗봇 링크를 공유해준 사람들까지 챗봇을 사용할 수 있습니다.

❸ GPT 스토어: 모든 사람이 검색했을 때 내 챗봇을 찾아서 써볼 수 있습니다.

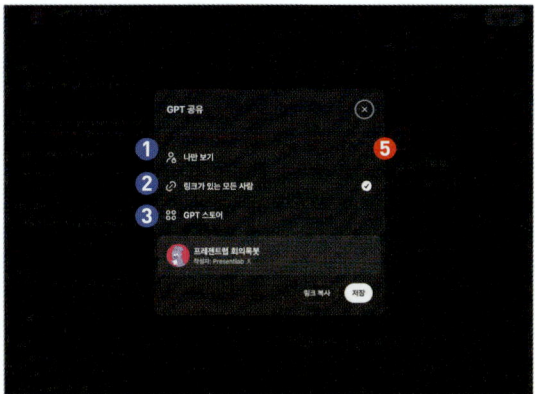

회의록 봇에 회사의 PR 기사를 위한 내부 미팅 자료를 넣어보겠습니다. 굉장히 러프한 메모 수준으로 넣었는데, 템플릿으로 지정한 포맷대로 회사 회의록 보고서가 표시됩니다.

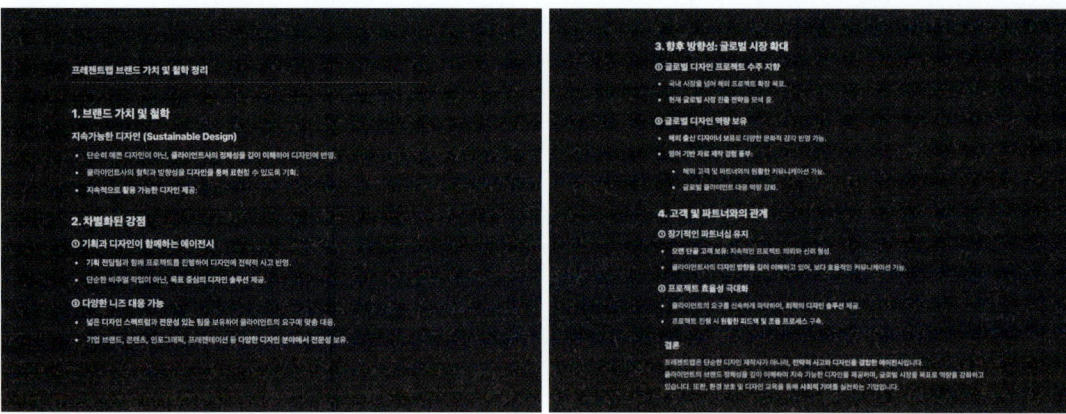

마케팅 자동화로 오가닉 트래픽 확보하기

앞서 자사 웹사이트를 론칭했다면 유료 광고를 돌려서 고객을 모객하지 않고 콘텐츠를 통해 자연스럽게 방문자를 유입시키는 방법이 있습니다. 바로 검색 엔진 최적화, 즉 SEO(Search Engine Optimization) 방법입니다. 웹사이트가 구글이나 네이버와 같은 검색 엔진에서 더 잘 노출되도록 최적화하는 과정이죠. AI를 통해서 SEO 최적화된 콘텐츠를 자동화하는 마케팅 전략을 세워보겠습니다.

◆ 웹사이트 트래픽 확보하는 구글 SEO 최적화하기

웹사이트 트래픽을 많이 끌어모으기 위해서는 검색 엔진 알고리즘이 선호하는 고품질 콘텐츠를 꾸준히 발행해야 합니다. 1프로클래스의 웹사이트에서도 '아티클' 메뉴에 생성형 AI 관련된 정보성 콘텐츠를 업로드했는데요. 1프로클래스의 AI 강의에서 다루는 다양한 AI 툴에 대한 아티클들을 올렸습니다.

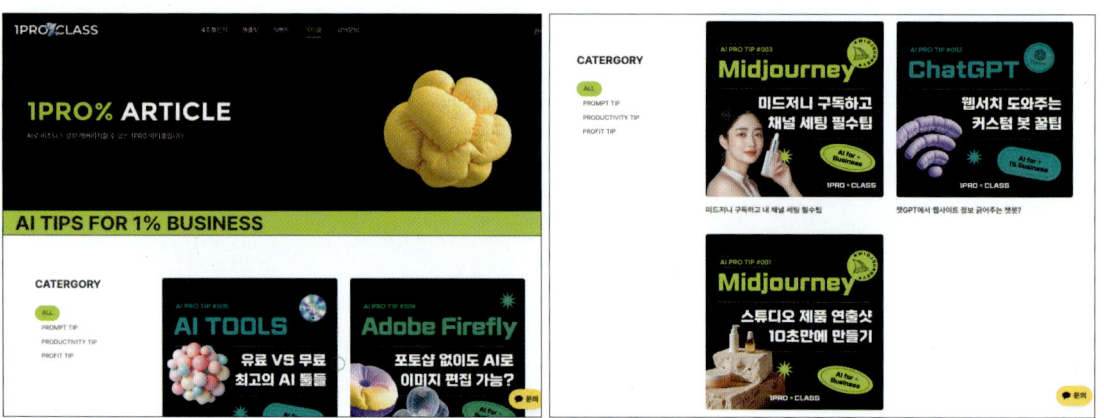

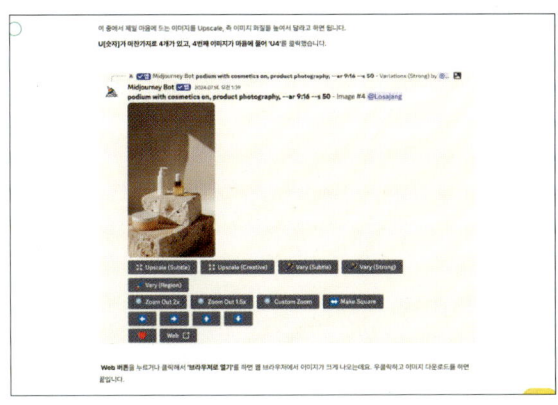

❶ 구글에서 얼마나 많은 방문자들이 어떤 키워드로 우리 웹사이트로 자연 유입되는지 알기 위해 구글의 서치 콘솔(https://search.google.com/search-console) 페이지에 접속합니다. 구글 검색 최적화를 하기 위해서도 구글 서치 콘솔에 웹사이트 등록은 필수입니다. ❷ [URL 접두어]에 웹사이트 도메인을 입력해서 등록하면 방문 수치를 확인할 수 있는데요. ❸ 왼쪽에서 〈실적〉 메뉴를 선택합니다.

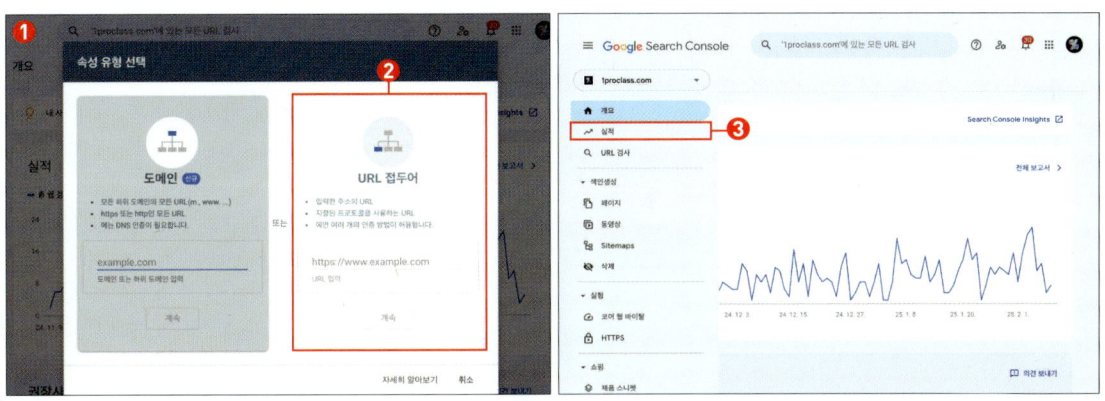

실적 메뉴에서는 내가 설정한 기간 동안 웹사이트 총 노출 수, 클릭 수, 평균 클릭률이라고 하는 CTR(Click Through Rate), 평균 게시글 게재 순위까지 볼 수 있습니다. 페이지를 쭉 드래그하면 인기 검색어 목록이 표시되는데요. 어떤 키워드를 통해 오가닉 트래픽이 많이 유입되었는지, 노출 횟수와 클릭 횟수를 볼 수 있습니다. ❹ 오른쪽 상단의 〈내보내기〉 버튼을 클릭해서 이 자료

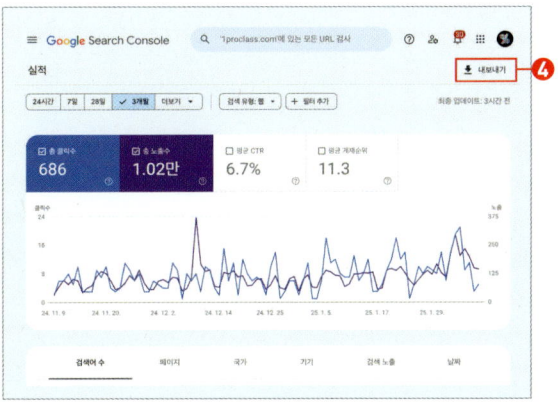

를 CSV 파일로 다운로드하겠습니다. 여러 파일 중 '검색어 수'라고 적힌 파일에서 구체적인 수치까지 확인할 수 있습니다.

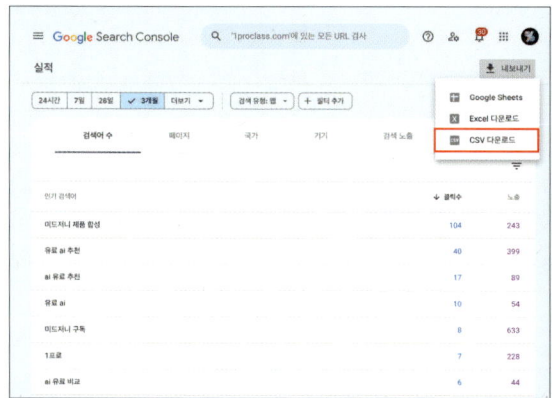 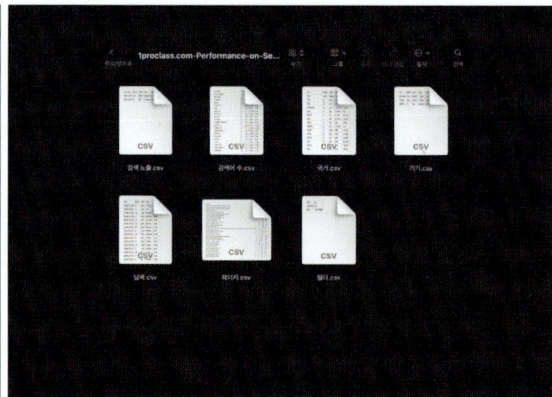

◆ **챗GPT로 트래픽을 유도하는 아티클 작성하기**

방금 다운로드했던 '검색어 수' 파일을 챗GPT에 학습시켜 가장 높은 클릭률을 만들 수 있는 키워드를 도출해보겠습니다.

Prompt (검색어 수 파일 첨부) 너는 구글 SEO 전문가야. 이 검색어 결과를 분석해 줘.

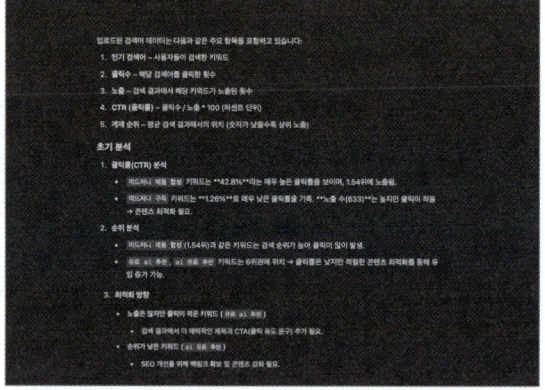

혹시 챗GPT가 파일을 읽는 데 실패한다면 파일 이름을 영문으로 바꿔주세요.

챗GPT가 검색어 수 파일을 분석해 클릭률, 순위, 최적화 방향까지 제안해줍니다. 우리 웹사이트로 방문객 트래픽을 유도할 수 있는 콘텐츠 소재들까지 뽑아볼게요.

Prompt 이 검색어 결과를 바탕으로, 우리 웹사이트 트래픽을 유도할 생성형 AI 관련 유용한 아티클 주제들을 추천해 줘.

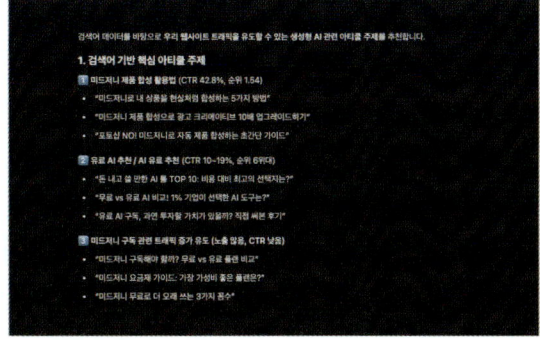

분석 데이터를 기반으로 가장 높은 순위와 CTR이 나올 주제들로 추천해줬습니다. 이 주제들을 디벨롭해 전체 아티클로 작성해달라고 요청해보겠습니다.

Prompt CTR이 높은 아티클을 주제로, 아티클을 작성해 줘. 친절하게 유용한 정보를 전달해야 하고, 마지막에는 우리 강의를 구매하도록 유도하는 CTA로 마무리해 줘.

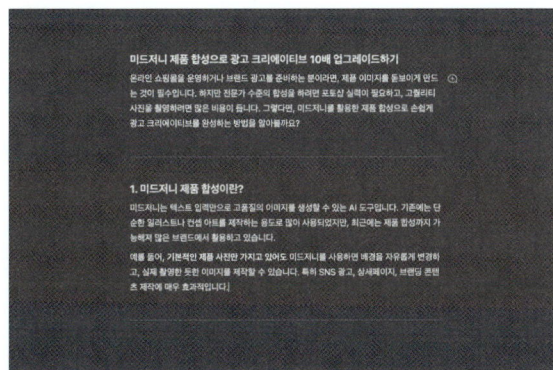

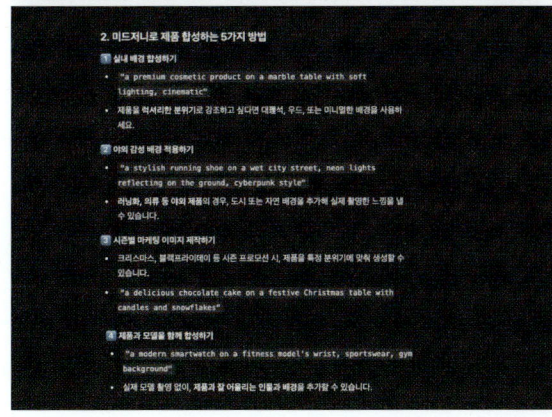

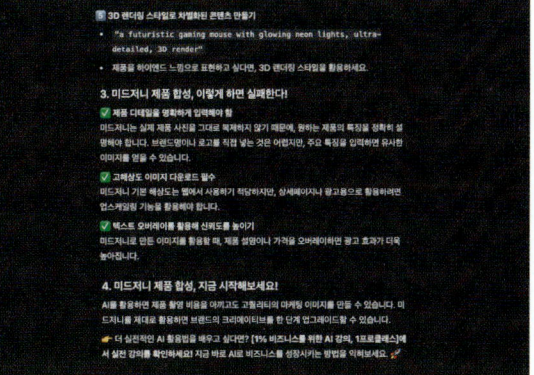

이렇게 완성된 아티클을 웹사이트가 정기적으로 발행해 오가닉 트래픽을 유도하는 마케팅 전략을 세울 수 있습니다. 광고비를 쓰지 않고도 잠재 고객을 유입시킬 수 있어서 장기적인 사업 성장에 큰 도움이 되는 발판 역할을 합니다.

생산성 높이는 협업툴 시스템 구축하기

사업이 성장하면 직원을 채용하고 회사 내 체계적인 협업 시스템을 구축하는 시점이 반드시 다가옵니다. 시스템이 없다면 자잘하게 소모되는 시간이 많아지고, 축적되면 회사 생산성에 좋지 않은 영향을 미칩니다. 슬랙이나 노션과 같은 협업툴을 잘 활용해 회사에 시스템을 구축하고, AI로 자동화를 도입해서 생산성을 높여보겠습니다.

◆ 커뮤니케이션 및 보고 툴, 슬랙

슬랙(Slack)은 단순한 메시지 툴을 넘어 업무 자동화, AI 연동, 다양한 툴과의 통합을 지원하는 올인원 협업 플랫폼입니다. 팀별 커뮤니케이션을 진행하고, 프로젝트 스레드에서 진행 상황을 파악하고, 봇을 통한 업무 자동화를 통해 업무 생산성을 극대화할 수 있습니다.

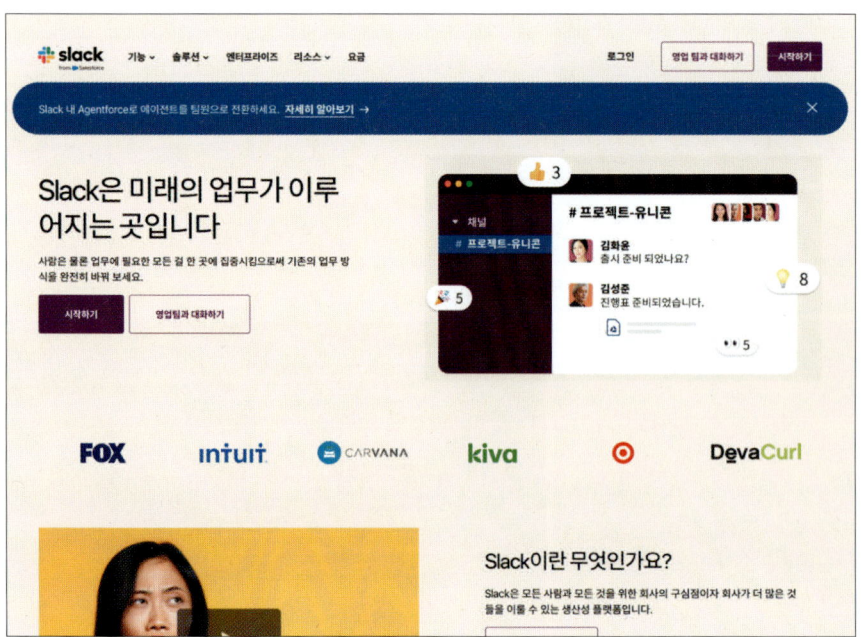

❶ 슬랙 채널을 활용한 체계적인 소통

슬랙에서는 주제별 채널(Channel)을 만들어 특정 팀원들과 해당 주제에 맞는 업무를 논의할 수 있습니다. 가령, 마케팅팀은 마케팅 채널에서, 디자인 팀은 디자인 채널에서 관련 팀원들과 프로젝트 파일과 피드백을 공유할 수 있죠. 또한, 외부 협업 파트너와의 소통이 필요할 때는 게스트 초대 기능으로 채널을 공유하기도 합니다.

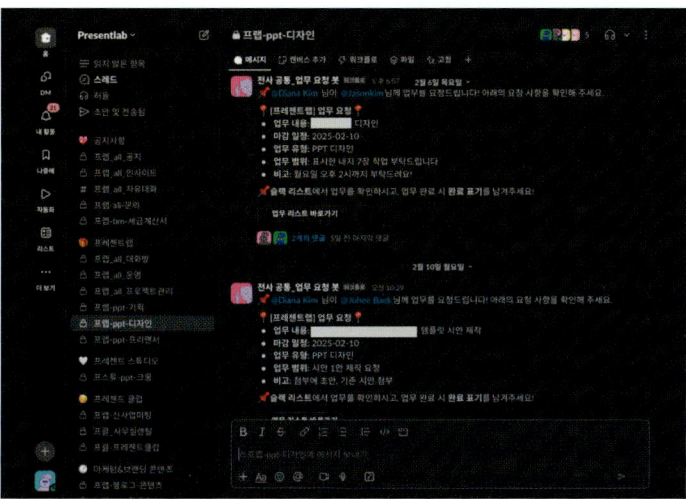

❷ 미팅 알림 자동화 봇 만들기

매주 정해진 위클리 미팅을 잊지 않도록 정해진 시간에 알림을 주는 자동화 봇을 세팅할 수 있습니다. 슬랙 왼쪽 메뉴 중 〈자동화〉의 〈워크플로〉를 선택하면, 업무 프로세스를 자동화한 다양한 봇들이 표시됩니다.

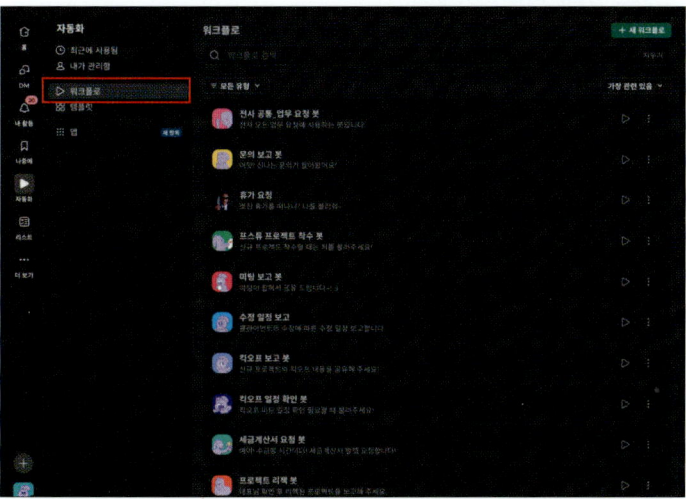

여기서 '월요일 미팅 알림봇'의 편집모드에서 구성을 살펴보겠습니다. [워크플로 시작]에서 특정 요일과 시간대에 해당 워크플로가 자동으로 실행되도록 설정할 수 있습니다. 그후 어떤 채널에 해당 봇이 메시지를 보낼지 설정하고 반복되는 화상회의 링크 등을 삽입합니다. 알림이 지나면 해당 알림 댓글에 회의록 링크 등을 첨부해서 업무 효율성을 높일 수 있죠.

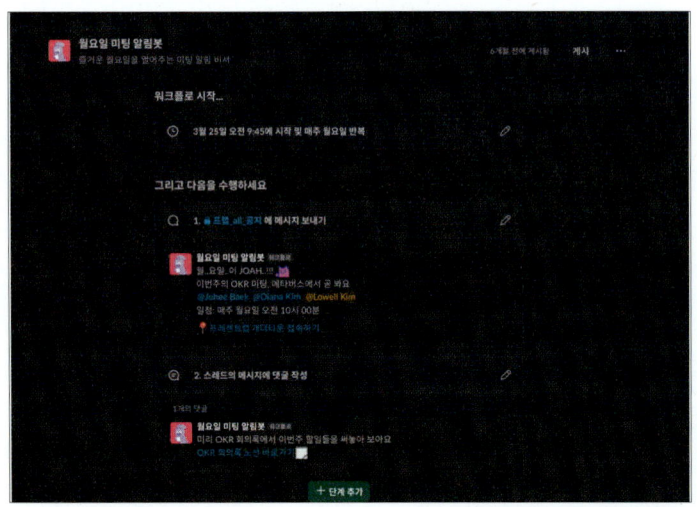

워크플로를 세팅해둔 요일과 시간에 정해진 채널에서 자동으로 메시지가 나타납니다. '월요일 미팅 알림봇'이 매주 월요일 오전 10시에 있는 주간 미팅을 위한 가상회의 링크를 함께 주며, 참여자들을 태그해서 알림이 가도록 합니다. 정신없이 일하는 중에 주기적으로 있는 미팅 일정을 잊지 않을 수 있습니다.

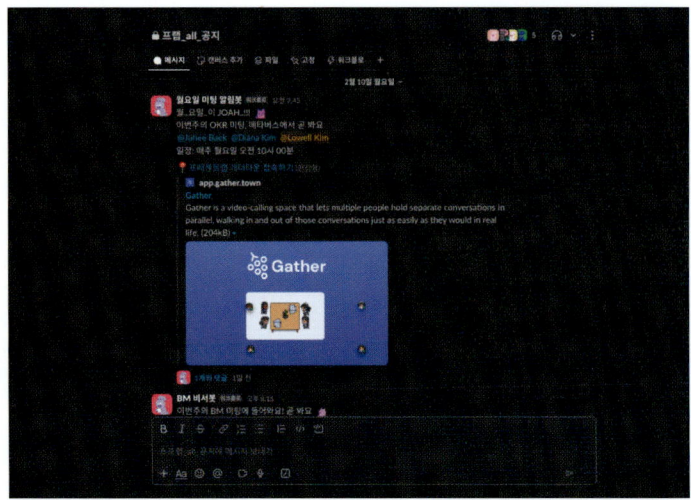

③ 데이터 관리 자동화 봇

<워크플로> 기능을 활용해 회사의 중요한 수치 및 데이터들을 자동으로 관리할 수 있습니다. 예컨대 '문의 보고 봇'은 문의가 들어올 때마다 정해진 템플릿에 맞춰 입력하면 구글 시트에 연동해 데이터를 쌓을 수 있게 설계했습니다. 클라이언트, 프로젝트 분야, 문의 채널, 문의 내용, 담당자 등 대답 옵션들을 세팅해서 정보를 수집할 수 있습니다.

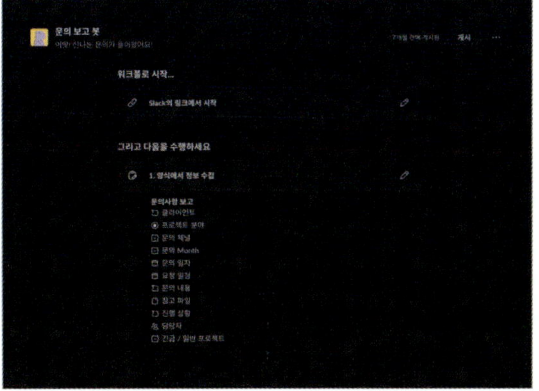

템플릿에 맞춰 내용을 입력하면 슬랙 채널에서 해당 문의 내용을 요약한 메시지가 나타납니다. 마지막으로 문의사항 보고를 관리하는 구글 시트에 자동으로 업데이트까지 됩니다.

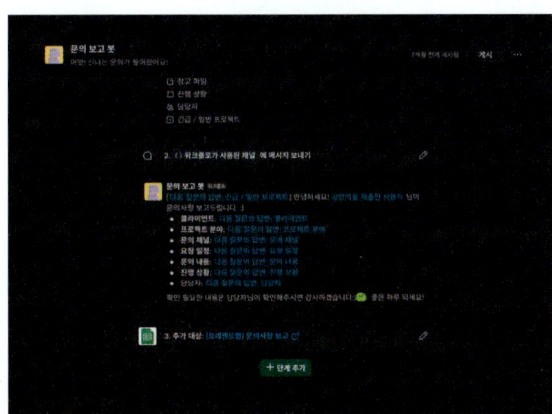
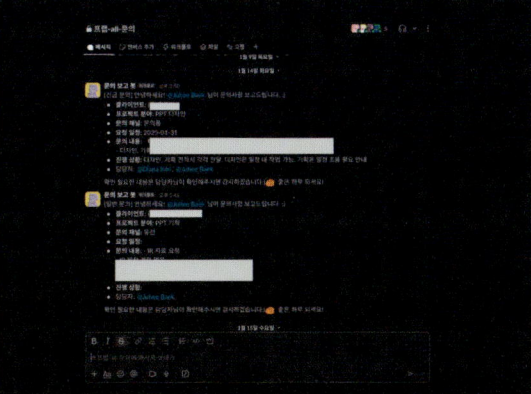

이렇게 쌓인 문의 보고 데이터는 구글 시트에 세부적으로 아카이빙, 즉 기록물이 체계적으로 보전돼 데이터로 한눈에 볼 수 있습니다. 구글 시트에서 전체 문의 수, 착수 프로젝트 수, 문의가 들어온 채널 등을 수치와 퍼센티지로 볼 수 있으며, 매월 프로젝트 문의 추이를 그래프로 한눈에 확인 가능합니다. 이렇게 회사의 중요 데이터를 관리하면 문의가 많이 들어오는 성수기 시즌이나 문의 착수 전환율 등을 알고 미리 그 시기에 대비할 수 있습니다.

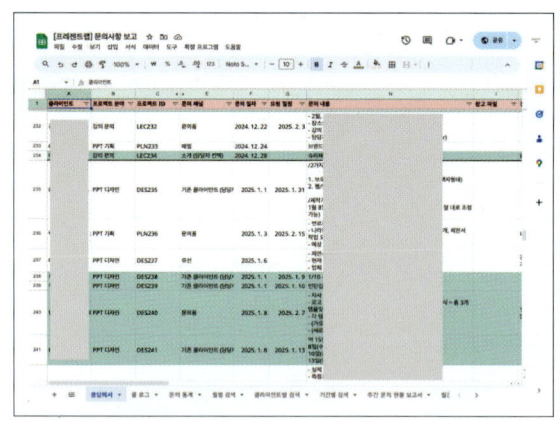 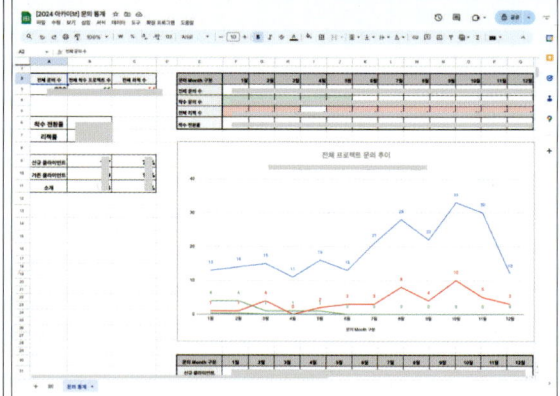

◆ 회사 매뉴얼과 프로젝트 관리 툴, 노션

노션(Notion)은 메모, 문서 작성, 데이터 정리 등을 하나의 플랫폼에서 수행할 수 있는 통합 협업 툴입니다. 특히, 회사와 팀이 정보를 체계적으로 정리하고 공유할 수 있는 데이터베이스 기능과 강력한 노션 AI 기능을 제공합니다. 회사의 기본 정보, 매뉴얼, 프로젝트 관리, 회의록 등을 관리해 팀원들과 협업할 수 있습니다.

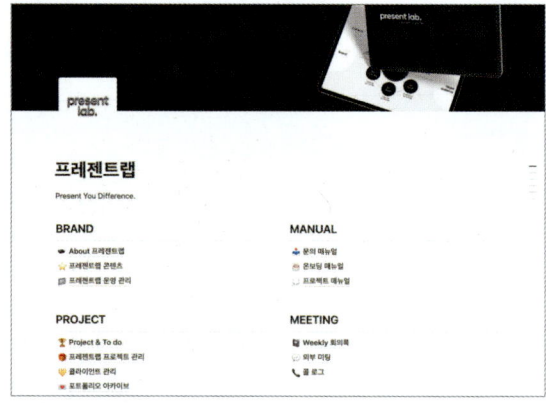

❶ 업무 매뉴얼

새로운 팀원을 온보딩하거나 기존 작업의 체계를 더욱 견고히 할 때 매뉴얼은 매우 유용합니다. 노션의 페이지 기능으로 프로젝트, 생산성, 미팅 등 매뉴얼 카테고리를 나눌 수 있는데요. 각 작업의 자세한 매뉴얼이 필요하면 키워드를 찾아서 확인하면 됩니다.

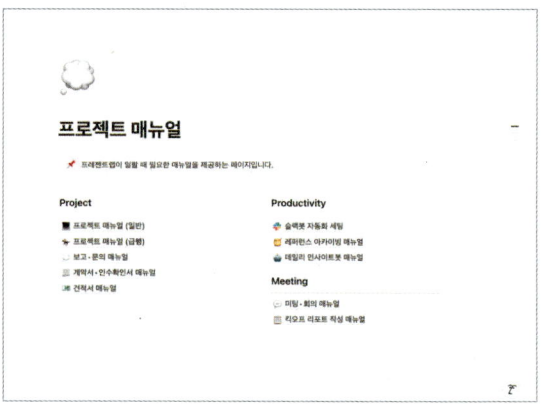

프로젝트 매뉴얼의 경우 데이터베이스 기능으로 프로젝트 진행 시의 순서별 작업 매뉴얼을 볼 수 있습니다. 각 순서별 작업을 클릭하면 해당 작업을 할 때 유의 사항이 무엇인지, 어떤 포맷으로 작업을 진행해야 하는지 등의 지침이 있습니다. 이렇게 작업에 대한 가이드를 기록해두면 새로운 사람이 올 때마다 별도 교육을 하는 에너지를 아낀다는 장점이 있습니다.

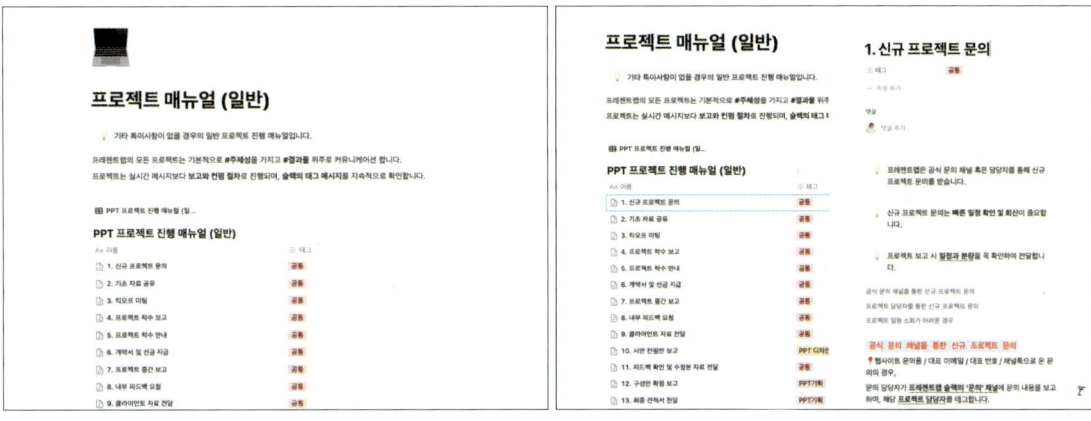

❷ 프로젝트 관리

현재 진행 중인 다양한 프로젝트들의 진행 상황과 일정 등을 한번에 관리하는 노션 페이지입니다. 각 담당자가 프로젝트명, 프로젝트 분류, 마감일정, 현황 등을 표기해 내부 회의 때 각 주차 혹은 월별 스케줄을 파악하기 쉬워집니다.

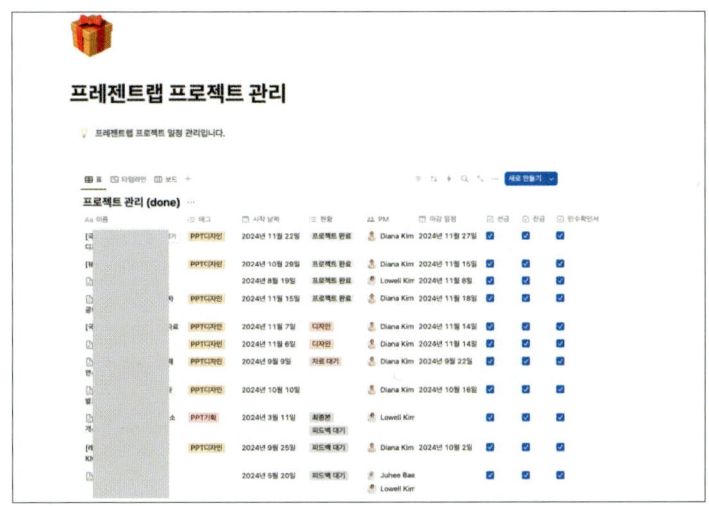

특히, 여러 명의 팀원 혹은 팀이 협업해야 할 때는 프로젝트에서 중요한 일정이나 사전 확인이 필요한 내용을 꼭 기록해야 합니다. 새로운 팀원이 프로젝트의 히스토리를 파악해야 할 때가 있기도 합니다. 이럴 때 담당자에게 따로 묻기보다 노션에 기록된 내용을 통해 쉽게 프로젝트의 줄기를 파악하기 쉬워집니다.

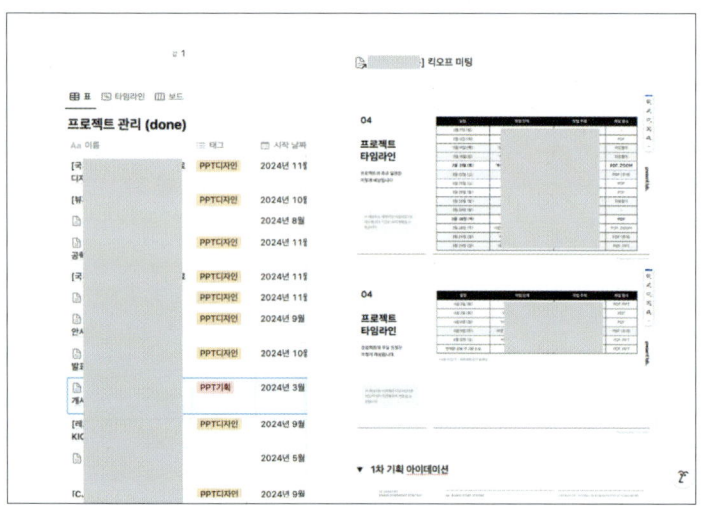

❸ 포트폴리오 아카이브

회사에서 진행했던 작업물의 최종본을 분류해서 아카이브할 수 있습니다. 여기서 중요한 점은 단순히 작업물을 업로드하는 것이 아닌, 태그 형태로 카테고리화 하는 것입니다. 클라이언트 산업, 디자인 스타일, 문서 종류 등 세 가지 항목으로 정리했습니다.

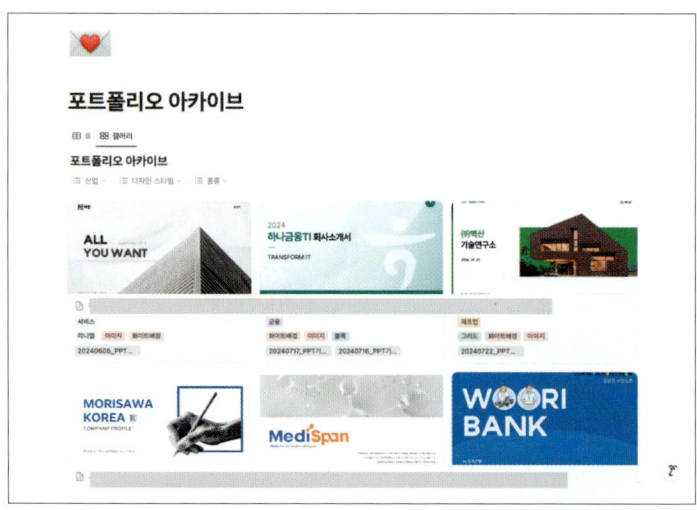

노션 데이터베이스의 필터 기능을 활용하면 각 항목별로 따로 모아서 보고 싶은 분류를 선택할 수 있습니다. 산업에서 'IT'를 체크하면 지금까지 진행했던 프로젝트 중에 IT 산업 포트폴리오만 모아 볼 수 있습니다. 또한, 디자인 스타일로 분류하고 싶다면 해당 필터를 선택해서 원하는 태그를 선택하면 됩니다. 이런식으로 회사의 시스템을 구축하면 회사가 성장하면서 더욱 생산성이 높아지게 될 겁니다.

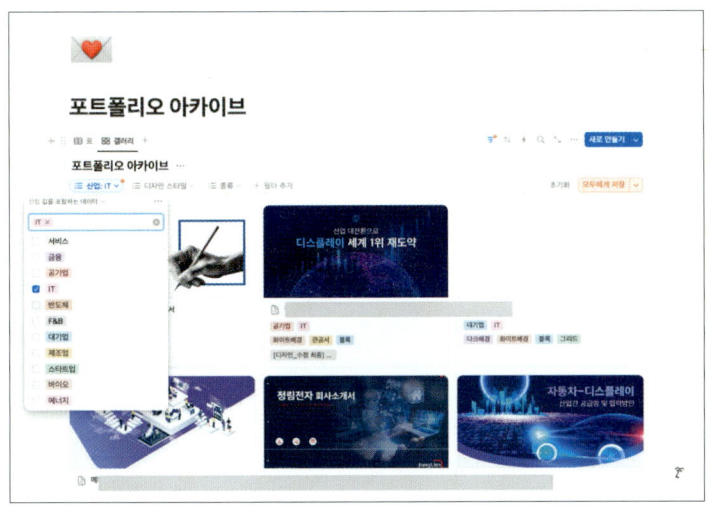

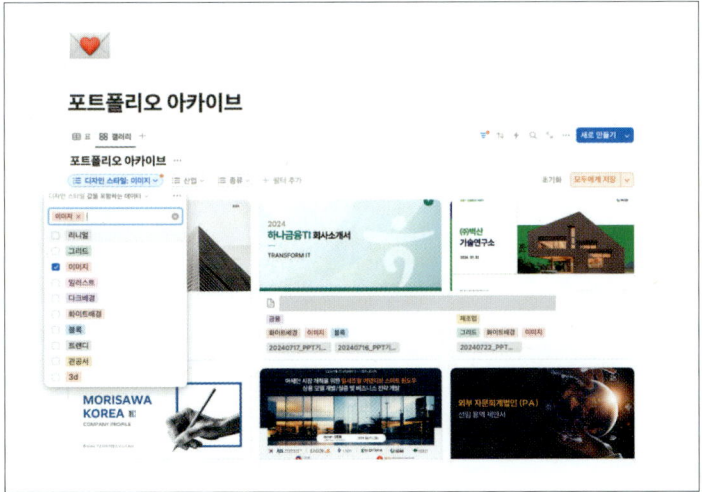

INDEX

ㄱ~ㄹ

가설 검증	91, 96
감마 AI	262
개인화	129
경쟁사 레퍼런스 찾기	160
고객 세그먼트	78, 89
구글 SEO 최적화하기	292
구글 트렌드	63
그래프	177
냅킨 AI	179
네이버 데이터랩	62
네이버 블로그	208
노션	200
노코드 툴	269
뉴스 봇 만들기	287
랜딩페이지 퍼널 전략	158
런웨이	34, 248
레퍼런스	40, 128
루마 드림머신	34, 250
리텍스쳐	133

ㅁ~ㅅ

매니챗	253
미드저 가입	112
미드저니	31
미리캔버스	195, 232
보고서 봇 만들기	289
브랜드 미션	108
브랜드 슬로건	102
브랜드 컬러	137
브랜드 키 비주얼	148
브랜드 폰트	138
비즈니스 모델 캔버스	87
비즈니스 프레젠테이션 종류	255
상세페이지 구성	170
상세페이지 키 비주얼	183
상품 USP 기반 타깃 분석	168
섬네일 디자인	193
숏트렌드	241
수노	35
스레드	206
슬랙	296
심미성 파라미터	126

ㅇ~ㅋ

아웃풋	42
아이디어 도식화	179
아임웹	201
아임웹	269
아티클 작성하기	294
어도비 익스프레스	193
와디즈	202
웹사이트 커스텀	275
이미지 사이즈 파라미터	125
인비디오	252
인스타그램	221
인스타그램 릴스	237
제디터	196
젠스파크	65
젠시	198
챗GPT	29
챗GPT 응답 방법	50
캐릭터형 로고 만들기	144
캔바	32, 229
캡컷	252
클로드	30

ㅌ~ㅎ

텍스트형 로고 만들기	140
틱톡	236
파라미터	124
파이어플라이	32
파이어플라이	187, 191
판다랭크	214
퍼플렉시티	29, 60
페르소나	39
페인포인트	73
프로젝트 기능 세팅	157
회사소개서	257
회사소개서 장표 구성	259
회사소개서 카피라이팅	260

기타

3D 아트형 로고 만들기	142
5WHY	108
Edit	132
MVP	92
OUTPUT	42
PARAMETER	124
PERSONA	39
Personalize	129
PRODUCTIVITY	23
PROFIT	26
PROMPT	24
REFERENCE	40, 128
Retexture	133
To-do 리스트	96
USP 찾기	163
클릭	247
키워드 분석하기	214